歴史を読み替える

ジェンダーから見た世界史

三成美保・姫岡とし子・小浜正子 編

大月書店

はしがき——『歴史を読み替える』の企画趣旨

◆**なぜ，歴史を読み替えねばならないか？**　歴史は，ジェンダー視点から読み替えられなければならない。それは，歴史学のなかの「ジェンダー・バイアス（ジェンダーにもとづく偏り・偏見）」を発見し，歴史学を書き換えるための試みにほかならない。

歴史学は，けっしてジェンダー中立な学問として成立したわけではない。近代科学としての歴史学は，法学や経済学と同様，19世紀ヨーロッパで確立した。当時，学問は男性の領域とみなされ，歴史学の研究対象もまた，国内政治や国際関係，経済活動などのいわゆる「公的領域」に限られていた。その結果，政治史（事件史）中心の歴史学では，登場人物はほとんど男性政治家に限られてしまい，「高尚な文化」として選抜された哲学・文学・芸術のみで語られる文化史は，政治史以上に男性に偏ったものとなった。他の地域で語られ，書かれてきた歴史もまた，権力を握っていたのが多くは男性であったことを反映して，その社会の主流の男性の目線で，男性の活躍を述べたものがほとんどだった。そして，その影響を受けた歴史教科書や通史には，女性や主流でない男性に関する記述は非常に少ないのである。

いったい，歴史のなかで女性はどこにいったのだろう。セクシュアル・マイノリティの人びとや非主流の男性はどこにいったのだろう。彼女ら彼らは何もせず，何も生み出さなかったのであろうか。そうではない。従来の歴史学が，無意味として切り捨ててきたもの，評価に値しないとみなしてきたものをつぶさに検証してみると，そこには豊かな歴史の営みと文化，激しい権力闘争があった。女性と男性の対抗協力関係が，歴史を動かしたこともまれではない。

ジェンダー視点から歴史を読み替えるとは，過去の歴史学の成果を否定するものではない。むしろ，従来の歴史学の成果をいっそう実りあるものにして，歴史の全体像を描くために，ジェンダー視点が不可欠なのである。

◆**『歴史を読み替える』の企画趣旨**　『歴史を読み替える』全2巻（ジェンダーから見た世界史／ジェンダーから見た日本史）の企画は，2009年12月に開催された日本学術会議公開シンポジウム「歴史教育とジェンダー」を機にスタートした。このシンポジウムでは，確かに日本のジェンダー史研究は大きな発展を遂げているが，それらの成果は，高校や大学の教育現場で十分に活用されていないことが明らかになった（長野

ひろ子・姫岡とし子編『歴史教育とジェンダー――教科書からサブカルチャーまで』青弓社，2011年）。その過程で，私たちは，政治史中心の歴史を学んできた人に，ジェンダー史の成果をわかりやすく解説するテキストが不在であることを痛感したのである。

　このため，私たちは「比較ジェンダー史研究会」（科学研究費（B）「歴史教育におけるジェンダー視点の導入に関する比較研究と教材の収集及び体系化」2012～2014年度）を結成して共同研究を進めてきた。本書は，その成果の一部である。

　本書の刊行にあたり，多くの方々に執筆のご協力をいただいた。いずれも，日本を代表するジェンダー史に造詣の深い研究者の方々である。心より感謝申し上げたい。本書では，史料や年表などの情報を掲載して読者に便宜をはかるようにしたが，割り付けや校正には想像以上の時間と苦労を要した。それらはすべて大月書店編集部の角田三佳さんのご尽力に負う。編集の最終責任はもとよりわれわれ編者一同にあるが，彼女の綿密なチェックがあったからこそ，本書は無事完成したといえる。角田さんにも心から感謝申し上げたい。

　なお，本書刊行にあわせて，「比較ジェンダー史研究会」のＨＰを用意した（http://ch-gender.sakura.ne.jp/wp/）。本書に盛りこむことができなかった史料・資料や図版のほか，研究会の成果などを提供している。随時更新しているので，本書とあわせて利用していただきたい。

　本書は，歴史教育におけるジェンダー主流化の一里塚である。本来なら，ジェンダー視点から，時代区分や地域区分の見直しを含めて，歴史学の構想自体の読み替えをも提案すべきであろうが，残念ながら，現時点ではそこまでは到達していない。しかし，高等学校の歴史教科書のほぼ全域をカバーする本書は，類書をみないジェンダー史の概説書である。高校や大学の歴史教育の場で活用されるだけでなく，歴史好きな多くの方々に気軽な読み物として手にとっていただきたい。

2014年5月

　　　　　編者一同
　　　　　世界史　三成美保・姫岡とし子・小浜正子
　　　　　日本史　久留島典子・長野ひろ子・長志珠絵

『歴史を読み替える　ジェンダーから見た世界史』をお読みいただく前に

本書は，以下の原則に従って執筆されています。ご利用にあたって，ご参照ください。

（1）全体の構成

①全体として，一般的な高校歴史教科書の章立てを参考に章節を構成した。

②本書は，全15章からなり，各章の特徴は以下のとおりである。

　a) すべての節は「見開き2頁」を1単位とし，見やすく，補助教材として利用しやすいよう配慮した。

　b) 第1章には，ジェンダー史にとって重要な論点を「総論」としてまとめた。

　c) 各章は，「概説」「各論」「特論」の3種の節から構成される。

　　1) 「概説」では，各章の全体を見通すための概論を中心とするが，各節で言及できなかった問題を補遺的に論じる場合もある。右頁には章ごとの年表をつけた。

　　2) 「各論」では，左頁に本文（解説），右頁に史料・資料・図版を配した。本文中に挿入した❶・❷・❸…と対応させている。

　　3) 「特論」では，時代や地域を越えたトピックを論じている。

③各論（本文＋史・資料の見開き2頁分）の執筆者は原則1名とし，本文末尾に（　）で記している。複数の執筆者がかかわる場合に限って，その箇所に（　）で執筆者名を記している。

（2）記述方法について

①各節のタイトル

　a) 教科書 には，高校世界史教科書の関連項目をあげた。

　b) ☞ には，本書のうち，関連性の高い節を3箇所程度あげている。

②史料の引用は，【史料】として明記している。必要に応じて【解説】をつけた。

③参考文献は，各節ごとに3点程度あげているほか，本書全体にかかわる文献を中心に巻末に参考文献一覧を掲載している。

④人名や地名などの固有名詞の表記は，原則として，高校世界史教科書に従った。しかし，研究成果を反映して，執筆者の判断に従い，教科書以外の表記を用いた場合もある。

⑤年表には，国家名が明確な場合には冒頭に国家名を略記した。

⑥索引は，ジェンダー史において重要な項目を中心に作成した。

（3）比較ジェンダー史研究会のHPについて

Gender History
ジェンダー視点で歴史を読み替える　比較ジェンダー史研究会

「比較ジェンダー史研究会」HP（http://ch-gender.sakura.ne.jp/wp/）を，本書の「補遺・補充版」として，あわせてぜひご活用ください。

目　次

はしがき——『歴史を読み替える』の企画趣旨　2
『歴史を読み替える　ジェンダーから見た世界史』をお読みいただく前に　4
序論　歴史学におけるジェンダー主流化をめざして　10

第1章──総論　歴史とジェンダー
1-1　概説①　歴史を読み直す視点としてのジェンダー　14
1-2　論点①　家父長制とジェンダー　16
1-3　論点②　アジアの家父長制　18
1-4　論点③　人口変動と歴史　20
1-5　論点④　身体をどう読むか？　22
1-6　論点⑤　男性性（マスキュリニティ）の歴史　24
1-7　論点⑥　ジェンダーの視点から科学史を見る　26
1-8　特論①　国際社会における21世紀の課題　28

第2章──オリエントと地中海世界
2-1　概説②　古代地中海世界とジェンダー　32
2-2　古代オリエント社会のジェンダー秩序　34
2-3　ホモソーシャルな市民社会としてのポリス　36
2-4　ポリス社会と家——アテナイとスパルタ　38
2-5　西洋古代における東方世界の表象　40
2-6　古代ローマの共和政と家父長制　42
2-7　ローマ市民の生活と家　44
2-8　特論②　フェミニズムが変える先史時代　46

第3章──アジア・アフリカ・アメリカ古代文明の諸相
3-1　概説③　古代文明とジェンダー　50
3-2　ヒンドゥー教の社会とカースト秩序　52
3-3　古代中国——父系社会の形成　54
3-4　東南アジア社会の多様なジェンダー秩序　56
3-5　南北アメリカ——古代文明〜近代中南米　58
3-6　特論③　仏教における女性　60

第4章──東アジア世界の形成と発展
4-1　概説④　東アジア世界のジェンダー秩序　64
4-2　中国貴族制社会の女性の活躍　66

4-3　朝鮮半島（三国〜高麗時代）——農耕社会における強い母権　68
　　4-4　宋代の社会——儒教的ジェンダー規範の浸透のはじまり　70
　　4-5　特論④　外戚と宦官　72

第5章　イスラーム世界の形成と発展
　　5-1　概説⑤　中世イスラーム社会のジェンダー秩序　76
　　5-2　中世イスラーム社会と家父長制　78
　　5-3　イスラーム化の諸相——アフリカと東南アジア　80
　　5-4　特論⑤　イスラーム教とイスラーム文化　82

第6章　ヨーロッパ世界の形成と発展
　　6-1　概説⑥　キリスト教ヨーロッパ社会の成立とジェンダー　86
　　6-2　ゲルマン社会からフランク王国へ　88
　　6-3　ビザンツ帝国とジェンダー　90
　　6-4　カトリック教会と教会婚姻法　92
　　6-5　封建制と貴族社会　94
　　6-6　中世ヨーロッパの農村と都市　96
　　6-7　百年戦争とジャンヌ・ダルク　98
　　6-8　中世ヨーロッパの女性知識人と大学　100
　　6-9　中世ヨーロッパの医学校・修道院　102
　　6-10　東西交流ネットワークの形成　104
　　6-11　特論⑥　キリスト教とセクシュアリティ　106

第7章　成熟するアジアの諸文明
　　7-1　概説⑦　アジア諸文明のジェンダー秩序　110
　　7-2　モンゴル帝国の皇后とチンギス家の婚姻戦略　112
　　7-3　明清中国のジェンダー秩序　114
　　7-4　後期帝政期中国の文化　116
　　7-5　朝鮮王朝時代の文化——朱子学と男女有別　118
　　7-6　オスマン帝国のジェンダー秩序　120
　　7-7　インド中世・近世社会の諸相　122
　　7-8　特論⑦　纏足と辮髪　124

第8章　近代ヨーロッパの成立
　　8-1　概説⑧　ヨーロッパの拡大・危機とジェンダー　128
　　8-2　大航海時代——海を渡る男性と女性　130
　　8-3　ルネサンス芸術と女性——描かれた女／描く女　132

8-4　宗教改革とセクシュアリティ管理の強化　　134
　8-5　魔女迫害と魔女裁判　　136
　8-6　エリザベス神話　　138
　8-7　絶対王政とその時代——宮廷社会と民衆文化　　140
　8-8　特論⑧　男女の身体をめぐる言説——性差はどのように解釈されたか　　142

第9章　ヨーロッパ主権国家体制の展開
　9-1　概説⑨　「啓蒙の世紀」と公私二元モデルの形成　　146
　9-2　啓蒙専制主義と民衆啓蒙　　148
　9-3　啓蒙思想と公論の形成——性別役割規範の成立　　150
　9-4　エカテリーナとその時代——18世紀のロシア　　152
　9-5　食・薬の伝来と変化——アメリカからヨーロッパへ　　154
　9-6　大西洋奴隷貿易のなかのジェンダー　　156
　9-7　特論⑨　科学革命とジェンダー　　158

第10章　近代欧米市民社会の形成
　10-1　概説⑩　市民の世紀とジェンダー秩序　　162
　10-2　アメリカ独立革命とジェンダー　　164
　10-3　フランス人権宣言と『女権宣言』　　166
　10-4　近代市民法のジェンダー・バイアス　　168
　10-5　慈善活動・福祉活動　　170
　10-6　48年革命とジェンダー　　172
　10-7　工業化と労働のジェンダー化　　174
　10-8　階級とジェンダー——労働者大衆の生活と家族　　176
　10-9　社会主義・共産主義思想と女性解放　　178
　10-10　セクシュアリティと近代　　180
　10-11　特論⑩　近代市民家族の形成　　182

第11章　近代欧米国民国家の発展
　11-1　概説⑪　近代国民国家とジェンダー　　186
　11-2　軍隊とジェンダー　　188
　11-3　教育制度とジェンダー　　190
　11-4　改革と反動の時代——19世紀ロシア　　192
　11-5　フロンティアの拡大　　194
　11-6　南北戦争と奴隷解放——黒人女性への二重差別　　196
　11-7　ヴィクトリア女王の時代　　198

11-8　女性の職業と社会進出　　200
　　11-9　フェミニズムの第一の波　　202
　　11-10　女性参政権運動の時代　　204
　　11-11　男性優位の科学への挑戦──女医の誕生　　206
　　11-12　特論⑪　ファッションとジェンダー　　208

第12章──帝国主義とアジア・アフリカの民族運動
　　12-1　概説⑫　アジア・アフリカの社会変動と女性の地位　　212
　　12-2　近代インドにおける社会改革と民族運動　　214
　　12-3　オスマン帝国の女性地位改革　　216
　　12-4　清末の社会変化と女性解放思想の登場　　218
　　12-5　東南アジア民族運動とジェンダー　　220
　　12-6　植民地化に対するアフリカの抵抗運動　　222
　　12-7　帝国主義時代を生きた女性たち　　224
　　12-8　特論⑫　「伝統文化」の表象としてのサティー（寡婦殉死）　　226

第13章──二つの世界大戦
　　13-1　概説⑬　世界大戦の時代　　230
　　13-2　総力戦とジェンダー　　232
　　13-3　ソ連の女性と家族　　234
　　13-4　大衆政治化・バックラッシュ・参政権獲得　　236
　　13-5　産児制限運動の展開と優生学　　238
　　13-6　中国の新文化運動と新しい社会秩序の模索　　240
　　13-7　トルコ近代化改革と女性解放　　242
　　13-8　朝鮮の植民地化──「新女性」から「慰安婦」まで　　244
　　13-9　革命と戦争のなかの中国女性　　246
　　13-10　ナチズムとジェンダー　　248
　　13-11　戦争・占領とセクシュアリティ　　250
　　13-12　特論⑬　「新しい女」・モダンガールと消費文化　　252

第14章──冷戦と第三世界
　　14-1　概説⑭　冷戦体制とジェンダー　　256
　　14-2　インド独立と女性　　258
　　14-3　社会主義中国のジェンダー変革　　260
　　14-4　変化するジェンダー政策──
　　　　　韓国軍事独裁の女性抑圧と両性平等への戦い　　262

14-5　ベトナム戦争のなかの女性たち　　264
14-6　アフリカの独立とジェンダー　　266
14-7　ジェンダー平等に向けた国連の取り組み　　268
14-8　フェミニズムの第二の波　　270
14-9　特論⑭　映画とジェンダー　　272

第15章──現代の世界

15-1　概説⑮　ジェンダー主流化への道　　276
15-2　性の自由と家族の多様化　　278
15-3　改革開放政策下の中国　　280
15-4　変化する台湾社会のジェンダー秩序　　282
15-5　ソ連・東欧の社会主義体制の崩壊とジェンダー　　284
15-6　ドイツ統一の光と影　　286
15-7　アフリカの平和構築に活躍する女性　　288
15-8　現代イスラーム社会とジェンダー　　290
15-9　グローバル化とジェンダー　　292
15-10　特論⑮　現代科学とジェンダー　　294

主要参考文献　　296
索引　　305

序論　歴史学におけるジェンダー主流化をめざして

◆ジェンダー　もともと文法用語として名詞の性を意味した「ジェンダー（gender）」は，1960年代に新たな意味を獲得した。「自然的・身体的性差（生物学的性差）」という意味の「セックス（sex）」と対比して，「文化的・社会的性差」という意味で用いられるようになったのである。しかし，セックスとジェンダーは，けっして二項対立的な概念ではない。今日の国際的定義が示すように，ジェンダーは，「生物学的性差に付与される社会的な意味」である❶。「知（知識）」として構築されるジェンダーは，現実の社会生活のなかで再生産され，法政策や社会規範に決定的な影響を及ぼす。「ジェンダー・バイアス（gender bias：ジェンダーにもとづく偏り・偏見）」は，歴史とともに構築されるのである。

◆人間像の転換　ジェンダー研究は，人間像を根本的に転換させた。従来の社会科学が前提としたのは，「自律的・理性的個人」であった。しかし，「自律的個人」とは，その実，「異性愛者として家庭を築き，妻子を養うことができる白人中産階層の健康な青壮年期男性」にすぎない。排除されたのは，女性にとどまらない。非白人男性も労働者男性もゲイも，子どもや老人，障碍者・病人もまた「自律的個人」モデルから漏れ落ちていた。ジェンダー視点で歴史を読み替えるとは，女性や非白人，非異性愛者，老人・障碍者などを歴史の主体として取り戻し，不可視化されてきた諸問題――生活・家族・性・生殖・老いなど――を問い直すことである。それは，「歴史学におけるジェンダー主流化」の試みにほかならない。

◆ジェンダー主流化　「ジェンダー主流化（gender mainstreaming）」の最終目標は，「ジェンダー平等（gender equality）」の達成である❷。性別にかかわりなく，誰もが対等に資源や意思決定過程にアクセスできる「ジェンダー公正（gender justice）」の実現は，21世紀の国際社会におけるきわめて重要な政策課題となっている。LGBTI（いわゆる性的マイノリティ）の権利保障も進みはじめた。しかし，武力紛争や家族のなかで暴力にさらされる女性や子どもはあとを絶たない。日本でも「ジェンダー平等法」と公式英訳される男女共同参画社会基本法（1999）が成立したが，ジェンダー平等の達成は滞っている。「女性の活用」を「経済成長戦略」❸にとどめず，国際社会と協調しつつ，政治・経済・教育・生活のすべてにわたるジェンダー主流化を進めることが今後の喫緊の課題である。（三成）

序論　歴史学におけるジェンダー主流化をめざして

❶【史料】国際社会における「ジェンダー」の定義
「ジェンダーは，生物学的性差に付与される社会的な意味と定義される。ジェンダーは，思想的，文化的な構築物であるが，同時に物質的な実行の領域においても再生産され，ひるがえってそのような実行の結果に影響を及ぼす。それは，家族内及び公的活動における資源，富，仕事，意思決定及び政治力，そして権利や資格の享受における分配に影響する。文化や時代による変化はあるものの，世界中あまねくジェンダー関係の顕著な特徴として，男女間の力の非対称がある。このように，ジェンダーは，社会階層を作り出すものであり，この意味において，人種，階級階層，民族，セクシュアリティ，年齢などの他の階層基準に類似している。ジェンダー・アイデンティティの社会構築及び両性間の関係に存在する不平等な権力構造を理解するのに役立つ」(国連「開発と女性の役割に関する世界調査報告書」1999年／女性差別撤廃委員会一般勧告第25号，2004年)。

❷【史料】ジェンダー主流化とジェンダー平等
(1) 国連経済社会理事会(1997年)「ジェンダー視点を主流化するということは，あらゆる領域とレベルにおいて，法律，政策もしくはプログラムを含む全ての活動が，男性と女性に対して及ぼす影響を評価するプロセスなのである。これは，女性の関心と経験を，男性のそれと同じく，あらゆる政治，経済，社会の分野における政策とプログラムをデザインし，実施し，モニターし，評価するにあたっての不可欠な部分にするための戦略であり，その結果，男女は平等に利益を受けるようになり，不平等は永続しなくなる。主流化の最終の目標は，ジェンダー平等を達成することである」(山下・植野：468頁以下，一部変更)。

(2) 世界サミットの成果文書(2005年)「59. 我々は，ジェンダー平等を実現するためのツールとしてジェンダー主流化の重要性を認識する。この目的のために，我々は，政治，経済，社会のあらゆる分野における政策及びプログラムの企画，実施，モニタリング，評価において，ジェンダーの視点の主流化を積極的に推進することを約束し，さらに，ジェンダー分野において国連システムの対応能力を強化することを約束する」
(http://www.mofa.go.jp/mofaj/gaiko/unsokai/pdfs/050916_seika.pdf)。

【解説】「ジェンダー主流化」をはじめて明確に示したのは，第4回世界女性会議・北京宣言(1995)である。翌年，EU（欧州連合）は，ジェンダー主流化に関する通達を採択した。2010年，欧州委員会は「女性憲章」を採択し，EU諸国では，雇用・賃金・意思決定・暴力排除・ジェンダー平等の国際的推進という五つの優先分野で取り組みが強化されている。とくに，国会議員や企業管理職で一定割合を女性に振り当てるクォータ制（ポジティブ・アクション）を義務化する傾向にある。

❸【史料】成長戦略としての女性活用（2013年6月閣議決定「日本再興戦略」）
「特に，これまで活かしきれていなかった我が国最大の潜在力である「女性の力」を最大限発揮できるようにすることは，少子高齢化で労働力人口の減少が懸念される中で，新たな成長分野を支えていく人材を確保していくためにも不可欠である」(http://www.kantei.go.jp/jp/headline/seicho_senryaku2013.html)。

「性別の二元構造」とLGBTI　ヒトが有性生殖によって種を存続させる以上，「メス/オス」という「性別の二元構造（生物学的性差）」がなくなることはない。しかし，生物学的性差をつくりだそうとする発生の仕組みそのものが，ヒトの身体を多様にする。「典型的な男女」に属さない人びとは，近年の国際文書では「LGBT/LGBTI」と総称され，彼らの権利保障が課題となっている。性染色体（XX, XY），性腺（性ホルモン），解剖学的性（内性器＝卵巣・精巣／外性器）の発達状態が「非典型的」である先天的状態は，医学的には「性分化疾患」と呼ばれ，治療が必要な場合も少なくない。アイデンティティとして「インターセクシュアルI」を名のる場合もある。「性的指向」には，異性愛・同性愛（ゲイG・レズビアンL）・両性愛（バイセクシュアルB）がある。性的指向は必ずしも固定的ではなく，一生のうちに変化することもある。身体的性別と性自認が一致しないケース（医学的には「性別違和症候群」）を「トランスジェンダーT」という。トランスジェンダーのあり方は多様で，性別再指定手術が必要な場合（いわゆる「性同一性障害」GID）・異性装（トランスヴェスタイト）・名称変更を望むだけの場合まで幅広い。

参考文献　山下泰子・植野妙実編著『フェミニズム国際法学の構築』中央大学出版部，2004

第1章

総論 歴史とジェンダー

1-1 概説① 歴史を読み直す視点としてのジェンダー
☞1-5, 1-6, 1-8

◆**新しい女性史の登場**　歴史の見え方は，見る観点によってまったく異なってくる。為政者や権力闘争，あるいは社会構造を中心に歴史を見ていた1970年以前の歴史叙述には，女性は一部を除いて登場しなかった。この状況を変えたのがフェミニズムの興隆で，女性の過去について知りたかったフェミニストは，女性の視点から歴史を考察しはじめた。同時期に台頭していた普通の人に焦点をあてる下からの社会史もフェミニスト歴史研究者に大きな影響を与え，1970年代半ばに「新しい女性史」研究が誕生する。

新しい女性史は，女性は歴史に規定される受動的な存在，あるいは歴史の被害者という従来の見方を退け，普通の女たちの日常生活に目を向けて，彼女たちを，歴史を動かす主体ととらえた。新しい女性史の目的は，何よりも女性の歴史経験を可視化することにあった。そして，女性の視点の導入によって男性中心の歴史研究にパースペクティブの転換を迫り，歴史叙述全体を男女両性の体験をふまえたものに書き直そうとしたのである。

女性の可視化のためには，女性の居場所に注目し，その歴史的意味や役割を問わなければならない。その結果，公領域中心だった歴史研究の対象が私領域にまで拡大され，公領域における女性の活動も私領域との関連のなかでとらえられた。たとえば，私領域をベースにした女性運動や福祉活動の展開と女性の公領域への進出である。女性の就業労働も家や家族との関連で見直され，家内労働など視野から抜け落ちていた多くの労働が可視化されて，従来の労働概念がいかに男性中心に構成されていたかが浮き彫りにされた。女性解放や女性就業の拡大につながったと肯定的にとらえられていた近代把握に関しても，近代におけるあらたな女性抑圧的ジェンダー規範や役割分担の登場を指摘することによって，否定的な側面も明らかにした。それと同時に「女性の天職」とされていた家事や育児も，近代に登場した歴史的形成物であることが明らかになったが，女性の視点なくしては，こうした事柄が解明されることはなかったといえる。

◆**女性史からジェンダー史へ**　1980年代は女性史研究の黄金期で，女性が歴史の表舞台に登場し，膨大な研究成果が蓄積された。その結果，女性の歴史的経験が明らかになり，従来とは異なる歴史像が提示されたが，にもかかわらず，女性史のめ

ざした歴史叙述全体の書き換えにはいたらなかった。女性史が一般史から孤立して，「特殊で別個な女性史の枠内の問題」となってしまったのである。こうした状況の変革をめざし，女性史をジェンダー史へと転換させる契機をつくったのが，1989年に出版されたスコット『ジェンダーと歴史学』である。彼女は，ジェンダーを「身体的性差に意味を付与する知」と簡潔に定義し，ジェンダー・カテゴリーの歴史分析への適用を主張した。ジェンダー概念の最大のメッセージは「性差はつくられる」ということで，ジェンダー史も性差は本質的なものではなく，「真理」を規定しうる権力としての「知」により身体的性差にさまざまな意味が付与されて，女／男が歴史的に差異化されていくというところから出発する。こうして構築されるジェンダーは，政治・経済・社会・文化というあらゆる領域において秩序化や差異化，序列化がおこなわれる基盤となり，規範や価値観，アイデンティティを形成し，行動様式や活動空間を規定し，法律や制度のなかに組みこまれるなど，まさに構造をつくりだす力として作用する。ジェンダー史は，女／男の差異化の過程を把握し，そのうえでジェンダーがつくりだす構造を解明し，それが歴史のなかで，どう作用して，どのような歴史的帰結につながっていったのかを読み解いていく。

◆**歴史研究とジェンダー**　女性が可視化されても男性中心の一般史という性格が揺らがなかった理由の一つに，一般史が語る人間，市民，労働者などが，男性中心だったにもかかわらず，男性とは意識されず，ジェンダーに無関係な中性的存在か，あるいは男女双方を含むものとして考察されてきたことがあげられる。その結果，女性だけが特殊な存在となり，従来の歴史研究が対象としてきた男性は，普遍的な人間一般とみなされつづけたのである。これに対してジェンダー史は，男性も歴史的に構築されたジェンダー的存在として考察の俎上にのせ，男性性が歴史のなかではたす役割を問うと同時に，普遍や一般という意味の問い直しをおこなっている。ジェンダーの視点が導入されたことにより，軍隊など女性が不在の領域，あるいはナショナリズム，文化，階級など，ジェンダーに無関係と考えられがちな分野でも，それらが，いかにジェンダー（男性性／女性性）に依拠して形成されているかが検討されるようになった。そして，現在では，ジェンダー史と銘打たない研究のなかに，数は少ないけれども，ジェンダー視点を導入した考察を織りこむものが登場するようになっている。〔姫岡〕

参考文献　J.W. スコット（荻野訳）『ジェンダーと歴史学』平凡社，1992／荻野美穂「思想としての女性——〈女性史〉，〈ジェンダー〉史，それとも？」『岩波講座世界歴史28　普遍と多元』岩波書店，2000／上野千鶴子「歴史学とフェミニズム——「女性史」を超えて」『岩波講座日本通史　別巻1　歴史意識の現在』岩波書店，1995

1-2 論点① 家父長制とジェンダー
☞1-3, 2-6, 10-11

◆「家父長制」概念　「家父長制」という概念は，17世紀以降に欧米で成立した。分析概念としては，おもに二つに分けられる。(1)特定の支配形態や家族形態を示すものとしての「家父長制(patriarchalism)」，(2)権力の所在が男性(家父長)にあることを示す「家父長制／父権制(patriarchy)」❶である。戦後日本の社会科学は「家(イエ)」制度の分析概念として(1)を用い，1970年代以降のジェンダー論は(2)を用いる。概念の混乱が生じたのはこのためである。(1)は，17世紀にフィルマー(1588頃~1653)により，王権神授説を正当化するための政治学用語として導入された❷。20世紀初頭，ウェーバー(1864~1920)は，(1)の家父長制を「伝統的支配」の純粋型とした❸。(2)は，19世紀におもに文化人類学の親族理論で用いられた。patriarchyの対義語がmatriarchy(母権制)である。今日，母系制(財産や地位を母系で継承する)は各地で確認されているが，J.J.バッハオーフェン『母権制』(1861)が想定したような原始母権制❹は実証されていない。

◆ジェンダー研究と「家父長制」概念の再検討　フェミニズムの第二の波の登場とともに，「家父長制(patriarchy)」は1970~80年代半ばにおけるジェンダー論の中心テーマとなる。嚆矢(こうし)となったのは，K.ミレット『性の政治学』(1970)とS.ファイアストーン『性の弁証法』(1970)である。ミレットは，家父長制を普遍的・非歴史的な「性支配」(「あらゆる領域で生じている，男による女の支配一般」)を表す概念として再定義した。ファイアストーンは，F.エンゲルス『家族，私有財産，国家の起源』を援用し，再生産(生殖)が社会編成の土台であるとした。彼女は，家父長制は生物学的性(生殖関係)の不平等に由来するとみなし，女性が生殖コントロール権を握ることと家族の消滅が必要と説いたのである。

◆「家父長制」からジェンダーへ　1980年代半ば以降，「知が構築される」と考えるポスト構造主義の影響を受け，ジェンダー論でも「家父長制」概念の根本的見直しがはじまった。それは，①家父長制概念の「歴史化」(歴史的・個別的考察の開始)，②家父長制概念の「複合化」(家父長制規定要因の拡大・多様化・流動化)，③構造から「文化への転向」である。①は，家父長制のあり方もそこで抑圧される女性の経験も時代と文化によって異なるという認識にもとづく。②は，ジェンダー・人種・セクシュアリティ・階級などの差異化要因を重層的・連関的に分析しようとするアプロー

チの登場を意味する。③は，家父長制や資本主義を所与の社会構造ととらえ，それによって文化や意識が規定されるという考え方を相対化するものである。「肉体的差異に意味を付与する知としてのジェンダー概念，さらに社会編成原則としてのジェンダー概念」(スコット)，「すべての社会関係はジェンダー化されている」(アッカー) といった考え方は，その後のジェンダー理論に大きな影響を与えた。

◆**今後の課題**　「家父長制」の歴史構築性に目を向けるならば，比較史はじつに豊かになる。そのさい，家父長制の多様性を詳らかにしなければならない。権力や資源の配分，意思決定過程への参与，財産継承ルール，身分制や階級・階層との関係，女性にゆだねられた権限などは，時代と文化に応じて異なる。家父長制概念の精緻化をふまえたジェンダー秩序の歴史的考察が求められる。(三成)

❶ **Patriarchy**（家父長制・父権制）
　Patriarch（家父長）という語は古代ギリシアにさかのぼる。原義の patriarches は pater（父）と arché/archon（支配・権力）を組み合わせた語であり，「父たちの第一人者・諸部族の父」をさした。その最古の用例はヘブライ語聖書の「族長」のギリシア語訳に見られる。それはやがて転じて「長老」を意味した。カトリック教会も高位聖職者の名誉称号として Patriarchat を用いた。ヨーロッパでは，イスラエル族長・長老・高位聖職者を意味する用法が中世から近世まで続いたのである。

❷ 【史料】**R. フィルマー『父権論（Patriarcha）』**（1680）
　「国王の絶対的支配権は人類の祖アダムの子どもに対する父権に由来する」。
【解説】　フィルマーは，家父長制という語をはじめて国家理論に取り入れた。しかし，旧約聖書や古代ギリシア哲学を引証したフィルマーの家父長制国家論は，同時代のロックやのちのモンテスキューによって時代錯誤だと痛烈に批判された。ロックは，社会契約論の立場から家父長制国家を否定したが，家における家父長制（父＝夫による妻子の支配）は擁護した。(右図は『父権論』)

❸ 【史料】**M. ウェーバーの支配類型論**
　「伝統的支配は，昔から存在する秩序と支配権力との神聖性を信ずる信念にもとづいている。最も純粋な型は家父長制的な支配である」(『世界の名著61　ウェーバー』中公バックス，1979)。
【解説】　ウェーバーは，支配を「合法的・カリスマ的・伝統的」の3類型に分けた。家父長制（Patriarchalismus）の典型は，古代ローマである。また，ウェーバーは，家産制（Patrimonialism）を家父長制支配の1変種とした。家産制概念は，19世紀初頭にドイツのK.L.ハラーが，絶対王政や市民社会に対して封建制的領邦国家を擁護するために提唱した「家産国家（Patrimonial state）」にはじまる。歴史学では，封建国家を論じるさいに家産制概念が利用された。

❹ 【史料】**J.J. バッハオーフェン**（1815～87）**の母権制論**
　「父性が制限的原理であるのに対して，母性は普遍的原理である。……すべて人間を等しく包む同胞愛の考えは，子を産む母性に由来する。しかしそうした意識や認識は，父権制の確立とともに消え去っていく。父権制に基づく家族が個人の集団であるのに対して，母権制に基づく家族は典型的普遍的性格を持った集団である。こうした普遍性は，すべての人間の発展の端緒において見られ，精神的に発達した生活よりも，物資的な生活の特徴である」(バッハオーフェン〔吉原訳〕『母権制序説』2002：167～168頁)。

参考文献　K. ミレット（藤枝ほか訳）『性の政治学』ドメス出版，1975／S. ファイアストーン（林訳）『性の弁証法』評論社，1975／J.W. スコット（荻野訳）『ジェンダーと歴史学』平凡社，1994／上野千鶴子『家父長制と資本制』岩波書店，1990

1-3　論点②　アジアの家父長制
☞1-2, 4-5, 5-2, 7-1

◆**皇帝・国王権力と家父長制**　近代に国民主権の共和政体が成立する以前，ほとんどの国は皇帝や国王が統治する世襲王朝の政治体制であった。支配者の地位が特定の家に世襲される家産制の国家では，国家の統治機能と家産の管理機能が融合しており，その国家のあり方は，当該社会における家族のあり方に大きく規定される。それゆえ当該社会の家族構造の理解は，前近代国家の政治体制と権力構造の理解にも不可欠である。多くの世襲王朝をもつ社会は，年長の男性が支配する家父長制（partriarchalism）の家族形態で，また男性が権力をもつ家父長制（partriarchy）でもあり，二重の意味での家父長制の社会であった。

◆**多様な家族の類型**　家族のあり方は，各地域の文明によってさまざまなパターンがある。血統観念は父系的な社会，母系的な社会，双系的な社会といろいろであるし，結婚形態も，一夫一妻，一夫多妻，一妻多夫などがあり，その具体像も通い婚，嫁入り婚，婿取り婚などバラエティに富んでいる。家長の権限も，古代ローマのように家族員の生殺与奪権をもつ強いものである場合も，国家や共同体による規制や干渉を受ける江戸時代の日本のような場合もある。古い時期の史料が存在せず，王家にかかわる伝承のみが伝わる社会も少なくないが，その場合は，逆に王権のあり方からその社会と家族の形態を類推することになる。

　地域ごとの家族形態はそれぞれ「型」をもったかなり安定的なものだが，長期的には変化する。そのさい，政治的な集権化や他の先進文明の影響のもとで，父系的，あるいは父権的な要因が強まる例は，歴史上，少なくない。

◆**日本の家族の歴史的変化**　われわれが暮らしている現代日本社会の家族とジェンダー構造は，さまざまな要因の影響を受けながら歴史的に形成されたものである。原始日本社会の母系的・双系的な家族構造は，古代国家形成のさいに中国の法を取り入れながら制度化され，中世には父系の家父長制が成立した。近世には日本独特の「家(イエ)」の構造をつくりあげた。明治維新後，「家(イエ)」制度は大日本帝国の末端構造として再編強化され，第二次世界大戦後には近代的なジェンダー秩序を基本とした新たなシステムに転換した。日本の家族構造は，前近代には中国の儒教的家族，明治以降には西洋の近代家族の理念の影響を受けつつ変化してきた。

◆**伝統中国の家族理念と現実の家族像**　日本に大きな影響を与えてきた中国の家

族構造とは、どのようなものだろうか。中国の漢族社会では、朱子学的なジェンダー秩序にもとづいた家族像が、宋代から清代までのほぼ1000年にわたって正統とされてきた。高い安定性をもっていた伝統中国社会の家族理念は、強い父系血統主義である。父系の祖先を同じくする人びとは共通の姓をもつ同族とみなされた。姓はアイデンティティの中核とされる父系血統を表すもので一生変わることはなく、女性は結婚後も父の姓で呼ばれる（日本人の姓がどのイエに属すかを表し、結婚や養子縁組などによって変わるのとは異なっている）。

　婚姻は一夫一妻多妾制の嫁入り婚である。父系血統を基準とした外婚制であり、「同姓不婚」が原則で同族は結婚できない。ただし母系は同族とみなされないので、母方イトコ婚や父方オバの子との結婚はさしつかえなく、しばしば見られた。結婚は親が決定し、「門当戸対」で同格の家から妻を迎えた。妾は妻よりも地位の低い準家族員で、妻妾同居が基本だった。夫が亡くなって妻がその兄弟に嫁ぐレヴィレート婚は礼制上忌避されるが、亡き妻の姉妹をめとるソロレート婚はしばしば見られた。

　家庭内は、子は父に従い、妻は夫に従い、年長者を尊ぶ、尊卑の序によって秩序づけられる。このような男尊女卑の、夫は妻の天であるという儒教的な考えがある一方、男性は陽の気、女性は陰の気を分けもち、世界を構成する二つの根源的存在の一つを担う妻は、夫と対等であるという道教的な認識もあった。とりわけ夫が死亡または不在のとき、妻は夫にかわる権限をもつとされ、しばしば寡婦は家庭内で強い権力をもった。父の財産は、生母が妻か妾かにかかわらず息子の間で均分相続され、娘には嫁ぐときに任意の持参財産が与えられるのみだった。息子がいない場合は、「異姓不養」で婿養子は正統とされなかった（実際は庶民層に多く見られた）。

　以上は伝統中国社会で支配層の男性たちを中心に共有されていたあるべき家族像である。現実の家族の姿は、時代や地域、階層によって多様であったし、漢族以外の周辺の民族の多様な家族形態と、相互に影響しあっていた。しかし日本には、書物のなかで語られる朱子学的な中国の家族理念が伝わった。われわれは、さまざまな地域の家族像の理念と現実、その変化の様相を知ることによって、現代社会の家族像を相対化できるだろう。（小浜）

参考文献　M.ウェーバー（世良訳）『支配の諸類型』創文社、1970／滋賀秀三『中国家族法の原理』創文社、1967／瀬地山角『東アジアの家父長制——ジェンダーの比較社会学』勁草書房、1996

1-4 論点③ 人口変動と歴史
☞ 13-3, 13-5, 15-10

◆**家族復元と人口動態** ヨーロッパでは国家統計が導入される以前の時代、教会が洗礼（出生）・婚姻・埋葬を通じて教区民の動向を把握していた。その台帳＝教区簿冊を使って家族を復元する歴史人口学は、従来の人口学による集計データの範囲を越えて、年齢別婚姻出生数・出生間隔・一夫婦の出生数・初婚年齢など、家族との連関における詳細な人口行動を明らかにした❶。結婚後の夫婦による世帯管理が一般的な北西欧（単純世帯システム）と合同世帯が一般的な南東欧とのあいだに人口行動の違いが見られ、前者では晩婚（男26歳以上、女23歳以上）・生涯独身率の高さ（10％以上）・奉公人の世帯間移動が見られたのに対し、後者では早婚（男26歳未満、女21歳未満）・独身率の低さ（5％未満）、奉公人の比率の低さが特徴である。平均世帯規模についても、イギリスでは16世紀半ばから19世紀末まで4.75人の核家族で安定していたことがわかり、「工業化以前の家族は大家族」というイメージは崩壊した。

◆**人口転換（多産多死から少産少死へ）** 近代以前は1人の女性が7～8人の子どもを産んでいたが、4人に1人が生後1年以内に死亡し、また戦争、疫病、飢饉などの影響で死亡率が高かったため、人口増加は抑制されていた（多産多死）。人口カーブは1750年頃から急激に上昇する❷。工業化によって土地相続と結婚が連動しなくなって結婚年齢が低下したこと、出産時の女性の死亡減少などもその理由であるが、決定的なのは、農業革命による農業生産性の向上と農作物の収穫量の増加、さらに栄養・衛生状態の改善による死亡率の減少である（多産中死）。人口増は海外移住をうながし、1914年までの100年間に5000万人以上がアメリカやオーストラリアに渡った。19世紀末には、出生率も急激に低下する。子どもによりよい教育を与えるために、まずミドルクラスが出産数を減らし、20世紀初頭には労働者階級が続き、労働力確保のため相対的に多産だった農民も子ども数を制限するようになった。こうして人口は中産少死の時期をへて少産少死へと転換する。（姫岡）

|近代以前の出生抑制| 19世紀初頭までは、女性は結婚後、生殖可能なかぎり、ほぼ2年おきに平均、7～8人の子どもを産んでいた。とはいえ、死亡率の高い時代に成人を迎えられる子どもは、半数余りしかいなかった。出生間隔調整は授乳によっておこなわれ、妊娠を避けるためには長めに授乳した。晩婚や独身率の高さも、出生抑制に効果をもたらした。

1-4　論点③　人口変動と歴史

❶【史料】教区簿冊

　教区簿冊には洗礼を受けた人と両親の名前，婚姻の当事者2人の名前，埋葬者の名前が年月日とともに記されているため，家族復元が可能となる。

教区簿冊（Finnegan/Drake, *Studying Family and community History*, Cambridge University Press 1994, p.73.）

復元された家族（E.A. リグリイ［速見訳］『歴史と人口』1982：94頁）

❷人口変動

1750年から人口急増（河野：8頁）

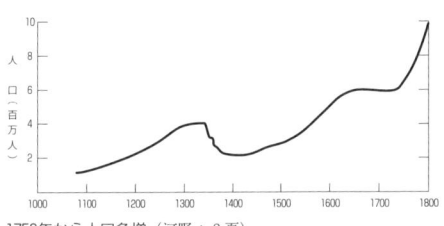

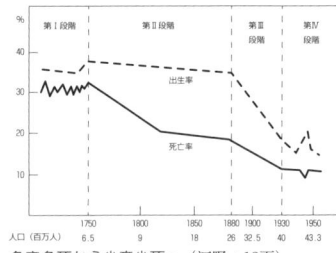

多産多死から少産少死へ（河野：13頁）

中国の人口変動　中国で最初に戸籍簿によって全国の人口がわかるのは前漢の西暦2年で5959万人，1223万戸であったという。平均すれば1家族ほぼ5人である。前漢末の動乱によって人口は減少し後漢初の57年には2101万人となった。その後，157年には5649万人に回復するが，後漢末期に社会を大混乱させた黄巾の乱をへた三国時代には魏呉蜀合わせて1000万人に満たず，中国の人口は社会の安定と混乱のサイクルに合わせて大きく変動した。その総合計は長いあいだ6000万人を超えなかったが，11世紀の宋代になって1億人を超えた。その後も増減を繰り返したが，17世紀に清朝の統治が安定して以降，それまでにない増加を見せて18世紀初めの1億5000万人が同世紀末には3億人となり，1850年には4億3000万人まで増え，華僑となって海外へもあふれ出した。

　清代の中国の人口は，父系的な家族観念のため男性人口が女性人口を上回っていた。女性はほぼ20歳前に結婚する皆婚で早婚な社会であったが，下層の男性には結婚できない者も少なくなかった。彼らは光棍（むき出しの棒）と呼ばれ，社会秩序を乱しかねない存在として警戒された。結婚している女性が生涯に産む子どもは5〜6人（全員が育つわけではない）止まりで，西洋社会より少なかったと考えられる。子どもの数およびその男女別は，さまざまな方法による避妊・堕胎・嬰児殺しで調整されていた。20世紀前半には，貧しい家庭より裕福な家庭のほうが子どもの数が多い傾向があり，富裕層から子どもの数を制限しはじめた西欧社会とは異なっていた。(小浜)

参考文献：R.E. イーストマン（上田・深尾訳）『中国の社会』平凡社，1994／橋本萬太郎編『漢民族と中国社会』山川出版社，1983

参考文献　速水融編『歴史人口学と家族史』藤原書店，2003／河野稠果『世界の人口（第2版）』東京大学出版会，2000／姫岡とし子『ヨーロッパの家族史』山川出版社，2008

1-5 論点④ 身体をどう読むか？
☞8-8, 13-5, 15-2

◆**身体に歴史はあるか？** 私たちは誰もがそれぞれの身体として生きている。古今東西，身体をもたなかった人間は存在しない。では，その身体に歴史はあるのだろうか。一般には，身体はいつの時代も変わらない自然なもので，それを扱うのは医学や生物学などの科学の分野だと考えられがちである。実際，伝統的な歴史には身体は不在で，重要人物たちは名前や業績，あるいはせいぜい肖像画として登場するだけだ。民衆にいたっては，「農民」「下層民」のような十把一絡げの概念にすぎない。フランスの中世史家ル゠ゴフはこれを，彼らは「肉体を奪われていた」と述べ，歴史に身体を返してやることが必要だと主張している。

というのも，身体には歴史があるからだ。確かに，頭と胴体と手足があって，という抽象レベルでの人間の身体は普遍的かもしれない。だが，人類学者のモースが指摘するように，その身体をどのように用いて歩いたり，食べたり，愛をかわしたり，子どもを産んだりするか——こうした最も生理的で「自然」と思われている身体技法でさえ，文化や時代によってさまざまに変化してきたのである。現代の私たちが，男女の性の違いの最も自明で確実な根拠と考える性器にしても，かつては男女の性器は本質的に同じもので，女は「不完全な男」にすぎないと信じられていた時代があった。つまり身体をどのように使って生きるか，身体をどのように理解したり意味づけたりするかは，言語の習得と同じように，それぞれの社会のなかで人びとが知らず知らずのうちに身につけていく「文化」なのである。身体の歴史の役割は，こうした歴史的に多様な身体のあり方とそれが各社会でもっていた意味を明らかにすると同時に，それらがいつ，どのように変化していったのか，その変化は政治や経済を含む社会全体の変化とどのような相関関係にあったのかについて，考察することにある。

◆**身体と性の政治** 人間の身体は，年齢や人種，障害の有無など，さまざまな指標によって差異化されるが，最も基本的なのは性別（男／女の区別）だろう。性別が社会にとって重要なのは，それが生殖，すなわち世代の再生産と関連しているからだ。生殖は男女両性の関与があって起きるが，受胎・妊娠・出産という一連のプロセスを直接担うのは一方の女の身体だけである。そのことは歴史のいたるところで，女に男とは異なる生き方や役割を割り当てる根拠として利用されてきた。たとえば，

伝統的な家父長制社会では「女の腹は借り物」といわれたように，女をたんなる生殖の器，男の種を育てるための畑とみなして，女の性を厳しく監視する風習を生んだ。多くの社会が，結婚までの娘には処女性を，結婚後の妻には貞節を命じてきたのも，生まれる子どもが間違いなく父系の血統を受け継ぐようにするためである。20世紀以降，フェミニズムのなかで避妊や中絶の自由の獲得が重要な目標となり，女の性的自己決定権が主張された背景には，こうした身体的差異のゆえに女は歴史的に抑圧されてきたという思いがあった。

また，国家が人口の量と質に関心を抱くとき，国民の身体はそれを管理するための媒体として権力の介入の対象となってきた。女は21歳までに結婚し，夫婦あたり5人の子を産むよう求めた第二次世界大戦期日本の「産めよ殖やせよ」政策，「アーリア民族」とユダヤ人との結婚を禁止し，障害児や精神病者の「安楽死」をおこなったナチス・ドイツ，あるいは国の一人っ子政策に背いて2人目を妊娠すると多額の罰金を課せられたり，中絶を求められたりしてきた現代の中国など，その例は枚挙にいとまがない。つまり身体は個人的なものであると同時に，つねにそのあり方をめぐって家族や共同体から国家や宗教，国際社会にいたるまで，多様な立場からの思惑や利害がぶつかりあう，きわめて政治的な場でもあるのである。

◆**性別と欲望**　生殖とならんで身体の歴史にとって重要なのは，セクシュアリティである。同性愛者の存在が次第に認められるようになったとはいえ，現代は男と女という異性間の恋愛や欲望こそ「自然」で「正常」だとする社会である。だが，人間を「異性愛者」と「同性愛者」に分ける発想そのものがじつは近代の産物であり，同性間の欲望や性的関係はさまざまなかたちで過去の社会に存在してきた。古代ギリシアや近代以前の日本のように，男同士の性的関係が「男らしさ」と結びついて高い価値を与えられた文化もある。また男女の区別についても，性別は身体と結びついていて変えることはできないと考える文化ばかりではなく，アメリカの先住民部族に見られた「ベルダーシュ」の風習のように，身体はそのままで性別を越境することに対して寛容な社会もあった。こうした身体の多彩なあり方と変化，それらが意味するものについて，現代人の「常識」や思いこみを捨てて見ていくことが，身体に歴史を取り戻すことにつながるのである。(荻野)

参考文献　J.ル=ゴフ（池田・菅沼訳）『中世の身体』藤原書店，2006／M.モース（有地ほか訳）『社会学と人類学（Ⅰ, Ⅱ）』弘文堂，1973-76／A.ベルナウ（夏目訳）『処女の文化史』新潮社，2008

1-6 論点⑤ 男性性（マスキュリニティ）の歴史
☞2-3, 6-11, 11-2

◆**男性史の意義**　「マスキュリニティ（男性性／男らしさ）」の定義は，ジェンダー秩序の「ヘゲモニー（覇権）」を決定するため，きわめて重要である。それにもかかわらず，マスキュリニティは男性の自然的な特性とみなされ，ともすれば自明視されてきた。ここに，マスキュリニティを分析対象とする積極的意義がある。「男性／男性性」の構築過程を歴史的に問うのが，「男性史／男性性の歴史」である。男性史は「男性学」と緊密なつながりをもつ。男性学の成果としての「序列化」「紐帯」をめぐる新しい理論は，男性史分析にも有益である。

◆**覇権的／従属的マスキュリニティ**　「序列化」に関する代表的理論が，R. コンネルの「覇権的／従属的マスキュリニティ」論である。多くの社会で政治的・文化的な支配権を掌握したのは男性である（父権制）。しかし，男性のすべてが支配権を行使できたわけではない。人種・身分・階級・階層・宗教や各種資源（能力・財産など）の基準に照らして男たちはふるいにかけられ，序列化された。少数エリート男性に権力や資源が集中するシステムが築かれてきたのである。コンネルはこれを「覇権的マスキュリニティ」と呼ぶ❶。「覇権的マスキュリニティ」から逸脱する男たちはしばしば「男らしくない」として，社会の意思決定システムから疎外された（「従属的マスキュリニティ」）。「覇権的／従属的マスキュリニティ」規範は，秩序構成原理として，女性を含む多くの人びとに共有された。

◆**ホモセクシュアル／ホモソーシャル／ホモエロティック**　男性間の「紐帯」をめぐっては，Y. セジウィックの理論がよく知られる。彼女は，「ホモセクシュアル（homosexual）」な関係（同性愛）と「ホモソーシャル（homosocial）」な関係（同志愛・兄弟愛・友愛）を区別した❷。性行為にはいたらない同性愛（潜在的ホモセクシュアリティ）とホモソーシャルな関係の共存は「ホモエロティック（homoerotic）」と呼ばれる。セクシュアリティにかかわる人的紐帯に付与される意味は文化によってどのように異なるのか，それには男女差があるのか，さらには性別役割分担規範とどうかかわるのか。これらを明らかにすることは，ジェンダー秩序の考察には不可欠である。とりわけ，市民社会のホモソーシャル志向，主従関係に介在しやすいホモセクシュアル，家臣団や軍隊におけるホモエロティックな関係などは，「男性性の歴史」にとってきわめて重要なテーマとなろう。（三成）

❶【史料】R. コンネルの「覇権的マスキュリニティ」と「従属的マスキュリニティ」

(1)「所与の文化や組織の中では一般的に，支配的もしくは「覇権的」な男らしさの形態がある。これこそが，ジェンダーによる差別の力の中心である。近代資本主義社会の中で，それは，大企業，国家（政府）の上層レベル，大規模なメディア，メディアが契約するスポーツといったもっともパワフルな組織の中で見出されるであろう」（コンネル「男性学の可能性」冨士谷・伊藤監修『ジェンダー学を学ぶ人のために』世界思想社，2000：67～68頁）。

(2)「大多数の男性と少年は，覇権的な男らしさとは区別された，張りつめた，もしくは対立した関係をもっている。……しかし，はっきりとした代替案は，文化的には，しばしば信用されず，軽蔑される。このテーマを実践する男性は，弱虫や臆病者，同性愛者などとして罵られがちである」（同上：70頁）。

【解説】 コンネルによれば，マスキュリニティにおけるヘゲモニックな支配とは，「動的なプロセスの全体を通じて使われる影響力」であり，物理的な暴力ではなく言語を通じて認識を改革する「文化的支配」を意味する。「文化的支配」としての「覇権的マスキュリニティ」は，他のマスキュリニティを暴力的に抹殺しようとはせず，従属させる。これを「従属的マスキュリニティ」（同性愛男性など）と呼ぶ。覇権的マスキュリニティは，女性たちに対しても受容や従属を強制するわけではない。むしろ，彼女たちの「自発的な同意」を得るための戦略がとられた。たとえば，「一家の大黒柱」には，女性たちから肯定的評価が与えられることが多い。女性たちは，母として妻として，マスキュリニティ規範を再生産してきたのである。

❷【史料】Y. セジウィック「ホモソーシャル」

(1)「「ホモソーシャル」という用語は，時折歴史学や社会科学の領域で使われ，同性間の社会的絆を表す。またこの用語は，明らかに「ホモセクシュアル」との類似を，しかし，「ホモセクシュアル」との区別をも意図して造られた新語である」（セジウィック：1～2頁）。

(2)「男性と女性のホモソーシャル性が歴史的に異なっていることは，男女間に長きにわたる権力の不平等があることを示すものであり，またそのメカニズムでもある」（同上：7頁）。

【解説】 セジウィックによれば，西洋近代社会では「ホモソーシャル」と「ホモセクシュアル」は，女性間ではほぼ矛盾なく連続するが，男性間では徹底的に切断される。「ホモソーシャル」が「ホモフォビア（同性愛嫌悪）」と結びつくためである。一般に，父権制には「強制的異性愛」が組みこまれており，同性愛嫌悪をともないやすいが，必ずそうというわけではない。古代ギリシアのように，少年愛というかたちで「ホモセクシュアル」を排除しない場合もある。

欧米における男性学・男性性研究の展開 欧米の「男性学」「男性・男性性研究」は，全体として，「性的指向の自由」をめざす権利運動と深く結びついており，およそ次の5段階をへて発展してきた。

第1段階（19世紀後半）性的指向としての「同性愛（Homosexualität）」概念が成立し（1869），それに対抗して「異性愛＝正常／同性愛＝異常（病気・犯罪）」の定式化が確立した。19世紀末から20世紀初頭にかけて，同性愛者の解放運動が起こったが，対象はほぼ男性同性愛者に限られた。

第2段階（20世紀前半）フロイト「精神分析学」以降，精神分析学にもとづく同性愛研究がはじまる。同性愛は個人的病理とされた。

第3段階（1970～80年代）ジェンダー研究のはじまりとともに「男性学」が成立した。また，ストーンウォール暴動（1969）をきっかけにゲイ解放運動が高揚し，「ゲイ・レズビアンスタディーズ」が登場する。「ホモフォビア」「強制的異性愛主義」などの概念が生み出され，同性愛を個人的病理とする考え方から，同性愛者を排除・抑圧する社会のほうを問題視する方向へと研究のパラダイム転換が起こった。

第4段階（1980年代）「社会構築主義」の影響下で「批判的男性学」が登場する。それは，マスキュリニティの歴史的・社会的構築過程に目を向けるものであった。「ホモソーシャル」概念も提示された。

第5段階（1990年代以降）「クイア研究（queer studies）」が登場する。「クイア（queer）」とは，もともと「変態」を意味する蔑称であったが，ゲイ当事者たちはあえてこの語を用いて「意味転換」をはかった。今日では，クイアは「規範に対する挑戦」の意味をもつ。

参考文献 R.W. コンネル（森ほか訳）『ジェンダーと権力』三交社，1993／R.W. コンネル（多賀訳）『ジェンダー学の最前線』世界思想社，2008／T. キューネ（星乃訳）『男の歴史』柏書房，1997／Y.K. セジウィック（上原・亀澤訳）『男同士の絆』名古屋大学出版会，2001／多賀太『男らしさの社会学』世界思想社，2006

1-7　論点⑥　ジェンダーの視点から科学史を見る

参照9-7, 11-11, 15-10

　私たちがよく知っている科学者はほとんど男性である。科学技術分野で活躍した女性が少ないのはなぜなのだろうか。家庭と研究の両立の大変さもさることながら，それぞれの時代に活躍した女性が直面した困難を考えてみよう。

　◆**高等教育から締め出されていた女性**　科学分野で女性が活躍するためには高等教育が受けられなければならないが，19世紀半ばまで公的な女子の高等教育はほとんど開かれていなかった。イギリスでは1870年代初めからフェミニストによるはたらきかけで，ケンブリッジ大学にガートン・カレッジ❶とニューナム・カレッジ，オクスフォード大学にレディ・マーガレット・ホール❷とサマヴィル・カレッジ❸のそれぞれ二つの女子カレッジが開かれた。アメリカではマウント・ホリヨーク神学校（1837年創立）が一つのモデルとなり，1865年のヴァッサー・カレッジのオープンを皮切りに，次々と女子カレッジがオープンし19世紀末までにセヴン・シスターズと呼ばれる7カレッジが誕生した。

　◆**学会から締め出された女性研究者**　科学研究の継続には学会に所属して絶えず最新の知識を吸収していく必要があるが，1660年創設のイギリス王立協会で最初の女性正会員が誕生したのは1945年，1666年創設のフランス科学アカデミーでは1979年のことである。マリ・キュリーは1911年アカデミーの会員に推薦されたが，僅差で落選。この直後，彼女は2度目のノーベル賞を受賞した。

　◆**ノーベル賞と女性科学者**　長く大学や学会から締め出されていた女性たちも20世紀になるとようやく公的機関に認められ，第一線で活躍しはじめた。20世紀にノーベル賞に輝いた女性は10人であるが，最初の3人はすべて夫とともに成果をあげて受賞している。例外的なのはマリ・キュリーで，単独で二つ目のノーベル賞も獲得している❹。続く3人の女性は夫とは独立に受賞しているが，彼女たち第2世代の受賞者は，第1世代の3人とともに全員結婚し子どもをもっている。女性研究者である前に，妻であり母である役割を強く意識せざるをえないダブルスタンダードが当然の時代であった。1980年代に入ると60年代からのフェミニズムの影響もあってか，続く第3世代の3人の女性はすべて独身でノーベル賞を受賞している。10人目の受賞者は，女子の高等教育が遅れたドイツからであった。〔小川〕

❶ガートン・カレッジ（1869年設立）

ガートン・カレッジはケンブリッジ郊外にあり学生は孤立を強いられたが、多くの女性科学者を育成し、とくに数学で抜群の才能をもつ女性を輩出した。19世紀末から女性参政権運動で活躍したミリセント・G. フォーセットの娘フリッパはケンブリッジ大学数学優等賞に輝き、グレイス・C. ヤングはさらにドイツのゲッティンゲン大学に留学しイギリス女性最初の数学博士号取得。女性が恒常的に科学分野で活躍できるために、教育機関のはたす役割は大きい。

（Alfred Waterhouse, Watercolour of Girton College, 1887 ©Girton College, Cambridge）

❷レディ・マーガレット・ホール（1878年設立）

学術の擁護者レディ・マーガレット・ボーフォートの名を冠するオクスフォード最初の女子カレッジ（103頁参照）。

❸メアリ・サマヴィル（1780〜1872）

メアリ・サマヴィル（右図）は19世紀イギリスを代表する科学のポピュラライザーである。数学を得意とし、天文学や自然地理学分野で著作をなした。ラプラスの『天体力学』を解説した『天界の機構』で成功を収め、1834年には彼女の代表作『物理科学の諸関係』を刊行した。バイロンの娘で世界最初のプログラマーとして知られるエイダ・ラヴレースを励まし、英米で爆発的売れ行きを見せた『化学対話』の著者ジェイン・マーセット、19世紀アメリカを代表する天文学者マリア・ミッチェルらと親交があり、サマヴィルは19世紀を代表する女性研究者の大きなネットワークの中心に位置した。

❹マリ・キュリー（1867〜1934）

マリ・キュリー（右写真）は、女性科学者のなかで最も有名な物理学者で、1903年に夫ピエールとともにノーベル物理学賞を、1911年には単独でノーベル化学賞を受賞した。長らく彼女は「キュリー夫人」の名で親しまれてきたが、近年の多くの研究成果から、彼女を夫ピエールに従属する夫人ではなく、独立した優れた女性研究者としてマリ・キュリーと記されるようになった。

またマリの長女イレーヌも1935年に夫とともにノーベル化学賞を受賞し、母に続いて女性2人目の受賞者となった。

マリが受賞したノーベル化学賞の賞状（1911年）

参考文献 L. シービンガー（小川ほか訳）『科学史から消された女性たち』工作舎、1992／川島慶子『マリー・キュリーの挑戦』トランスビュー、2010／小川眞里子「10人の女性ノーベル賞受賞者」『うらやましい人』文春文庫、2006

1-8 特論① 国際社会における21世紀の課題
☞14-7, 15-1, 15-9

◆「ミレニアム開発目標」 2000年9月，147の国家元首を含む189の国連加盟国代表が参加した国連総会で，21世紀の国際社会の共通目標として「ミレニアム開発目標」が採択された。そこでは，2015年を達成期限に，貧困・乳幼児の死亡・HIV／エイズやマラリアなどの蔓延(まんえん)・ジェンダーの著しい不平等を解決するために八つの目標，21のターゲットが掲げられた❶。2010年の中間総括では，「貧困人口の減少，就学率の向上，健康状態の改善では著しい前進をしている」と評価される一方，母子保健分野の遅れや飢餓の拡大が指摘された。積み残しの課題がとくに多い地域としては，サハラ砂漠以南のアフリカ諸国があげられている。

◆「持続可能な開発」 「ミレニアム開発目標」の第7目標「持続可能な開発（sustainable developement）」とは，「将来の世代のニーズを満たしつつ，現在の世代のニーズを満足させるような開発」をさす。これは，国連「環境と開発に関する世界委員会」の報告書『我らの共有する未来』の中心的理念とされ，広く普及した❷。近代以降の工業化にともなう経済発展が地球資源を枯渇させ，環境を破壊し，私たちの生活を脅かすことへの深い反省と強い警告でもあった。

◆ポジティブ・アクション 政治や雇用，教育におけるジェンダー平等を達成するための手段が，ポジティブ・アクションである❸。1990年代以降，急速に進んだグローバル化や相次ぐ内戦のもと，アフリカでは多くの女性・子ども・老人・障碍者が飢餓と貧困にあえいだ。今日，彼らの声を国政に反映させ，内戦や虐殺が二度と起こらないようにするために，アフリカ諸国の多くがポジティブ・アクションを導入している。その結果，世界の国会議員の女性比率ランキングで，アフリカ諸国は，中南米・北欧諸国とともに上位を占める。なかでも注目すべきは，凄惨(せいさん)な内戦と虐殺の舞台となったルワンダである。ルワンダは，2008年以降，下院議員選挙における女性比率の世界1位を誇る（2013年は63.8％）。また，中央・地方政府のあらゆる意思決定機関で女性を30％以上にするよう定められており，未成年者や障碍者にも下院議席の割り当てがある。EU諸国でも，政治・経済の意思決定過程における「ダイバーシティ（多様性）」の実現が重要課題とされ，ポジティブ・アクションが活用されている。ジェンダー・人種・世代の多様性こそが，政治的・経済的リスクを克服する手段として期待されているのである。（三成）

❶「ミレニアム開発目標」(2000) における八つの目標と21のターゲット

	八つの目標 (21のターゲット) ※数値目標は，1990年現状と2015年目標の対比にもとづく。
1	極度の貧困と飢餓の撲滅 (①1日1ドル以下で生活する人口を半減／②女性・若者の適切な雇用の実現／③飢餓人口の半減)
2	普遍的な初等教育の達成 (①初等教育の完全達成)
3	ジェンダー平等の推進と女性の地位向上 (①教育における男女格差の解消)
4	乳幼児死亡率の削減 (①5歳未満児の死亡率を3分の1に引き下げ)
5	妊産婦の健康状態の改善 (①妊産婦死亡率を4分の1に引き下げ／②リプロダクティブ・ヘルスの完全普及)
6	HIV/エイズ，マラリア，その他の疾病の蔓延防止 (①HIV/エイズの蔓延阻止／②HIV/エイズの治療の普及 [2010まで] ／③マラリアその他の主要な疾病の発生阻止)
7	環境の持続可能性を確保 (①持続可能な開発の原則を国家政策やプログラムに反映／②生物多様性の損失の減少 [2010まで] ／③安全な飲料水・衛生施設の確保／④1億人のスラム居住者の生活改善 [2020まで])
8	開発のためのグローバルなパートナーシップの推進 (①予測可能で差別的でない貿易と金融システムの構築／②後発開発途上国の特別なニーズへの取り組み／③内陸開発途上国・小島嶼開発途上国の特別なニーズへの取り組み／④途上国の債務問題への包括的取り組み／⑤安価で必要不可欠な医薬品を入手可能とする／⑥情報・通信での新技術による利益を得られる)

❷ブルントラント報告書『我らの共有する未来』(1987)

国連「環境と開発に関する世界委員会」は，ノルウェー初の女性首相 G.H. ブルントラント (1939~) が委員長を務めたため，ブルントラント委員会ともいわれる。報告書『我らの共有する未来』(ブルントラント報告書) では，貧困に起因する環境資源の摩耗を紛争の要因にあげ，「環境難民」の存在と安全保障への脅威を指摘した。安全保障を人の移動や環境の分野にまで拡大すべきとの提言は，1990年代における環境安全保障の高まりや「人間の安全保障」概念の形成に大きな影響を与えた。

❸ポジティブ・アクション（積極的差別是正措置）

ポジティブ・アクションには3タイプがある。①クォータ制 (割当制)，②タイム・ゴール方式 (一定期限までに数値目標を設定する)，③女性支援策である。最も厳格で最も効果が高いものが，①である。近年では，北欧・EUのみならず，アフリカ・中南米・アジア諸国でも，議席・議員候補者・取締役などの一定数 (比率) を女性に割り当てる国が増えているが，日本は②と③にとどまっている。

> **ノルウェー** ノルウェーは，世界で最もジェンダー平等が達成されている国の一つとして知られる。ジェンダー統計でも，同国は，例年，世界トップクラスに位置する。しかし，昔からそうであったわけではない。1913年に女性参政権が認められたが，19世紀以来の性別役割分担意識は根強く残った。第二次世界大戦後，ノルウェーは明確に福祉国家への道を歩みはじめる。当時は，女性人口の2割しか働いておらず，経済発展のもとで「専業主婦の時代」が到来した。しかし，1969年に油田と天然ガスが発見され，女性の大量労働参加が必要となる。やがて，フェミニズムの第二の波がノルウェーにも及んだ。男女平等法の成立 (1978)，初の女性首相ブルントラント内閣成立 (1981)，第2次ブルントラント内閣において18閣僚のうち8閣僚が女性 (1986)，クォータ制導入 (1988)，父親の育児休業制度 (パパ・クォータ) 導入 (1993)，政府系企業の取締役会にクォータ制導入 (2004)，民間会社・県議会・地方自治政府へのクォータ制導入 (2005)。このように，ノルウェーの法政策は，①意思決定過程におけるジェンダー平等の推進と②男性の家庭責任の実現に大きな特徴がある。①は政治分野 (議員) を超え，企業の取締役にまで及んでいる。②はスェーデンに引き継がれて「パパの月」となり，日本の育児介護休業法にも取り入れられている。ただし，日本での父親の育児休業取得率は1.89% (2012) であるのに対し，ノルウェーのそれは90%を超える。両国の制度上の違いと意識の違いを反映しているといえよう。ノルウェーは，自国が達成したジェンダー平等や福祉水準の低下を恐れて EU には加盟していない。

参考文献 長有紀枝『入門人間の安全保障』中公新書，2012／辻村みよ子『ポジティブ・アクション』岩波新書，2011／中山順子『世界の女性労働――ジェンダー・バランス社会の創造へ』ミネルヴァ書房，2005

第 2 章

オリエントと地中海世界

2-1　概説②　古代地中海世界とジェンダー

教科書　オリエントと地中海世界　　☞3-1,4-1,6-1

◆**市民共同体国家**　地中海世界は，オリエント文明の影響のもとにギリシア人とローマ人が築いた，独自の特質をおびた歴史的世界であり，そこに後代に大きな影響を与えることになる文明，ギリシア文明とローマ文明が開花した。両者を合わせて古典古代文明と呼ぶこともある。この歴史的世界には独自の性格をもつ都市国家が形成された。古代ギリシアの諸ポリスも都市国家ローマも，経済的に自立し，互いに対等な市民によって構成された共同体国家であった。ただし，その国家では市民である男性にのみ参政権があり，女性は政治ばかりでなく，ほとんどの公共の活動から排除されていた。政治を担当する市民は，戦争となれば自分で武装して国土防衛のために戦う義務があったが，戦争に参加できない女性には，兵士となるための男子と，将来兵士を産むことになる女子とを出産する役割が課され，厳しい行動規制が加えられていた。ポリスには政治，軍事に携わる市民にかわって労働する男女の奴隷などの非自由人たちもいたが，彼らは市民共同体の成員ではなかった。なお，ギリシアもローマも初期には共同体内で貴族と平民のあいだに貧富の格差があったことは付言しておこう。多くのギリシアのポリスではそれも次第に解消され，市民は誰もが平等に政治に参加できる民主政が成立したが，ローマでは貴族と平民のあいだの障壁は維持され，前1世紀に帝政が成立した。

◆**ポリスの内部統制とローマの外向性**　ギリシアもローマも家族形態は家父長制で，女性は家父に従属し，政治への参加はもちろん，社会的活動も宗教的な分野を除いてほとんど認められていなかった。市民は，家のなかでは妻や娘に対し家父として強権を振るった。ただし，家父の権限

古代地中海世界の少年愛　一般的に，古代社会において性的関係は異性間に限らず，同性間でも特別視されなかった。とりわけギリシアでは，成人男性と少年との関係が好ましいとみなされ，賛美されることもあった。年長者の愛情ある指導・教育を受けた少年がそれに応えて向上しようとする効果があったからだが，両者の関係は精神的な場合もあれば，肉体が介在することもあった。ただし，後者の関係は奨励されていたわけではなく，前4世紀のアテナイでは，祭典のために編成された少年の合唱隊を世話する担当者や，若者の軍事訓練を監督する役人は，40歳以上の市民から選出すると定められていた（アリストテレス『アテナイ人の国制』42.2, 56.3）が，この年齢条件は，成人男性が少年を誘惑するリスクを極力少なくするためであったと見られている（K.J. ドーヴァー［中務・下田訳］『古代ギリシアの同性愛（新版）』青土社, 2007）。（図は少年に口づけする男性）

に関しては，家に所属する者（家子）たちに対し生殺与奪の権限をもつローマの家父長に比べ，ギリシアでは家父長の権限にある程度の制約が加えられていた。それは市民の家に国家が介入する度合いが，ローマよりも強かったことによる。ローマでは近隣共同体を征服すると，その上層民にローマ市民権を与えて共同体を包摂し，領土を拡大していってついに大帝国を打ち立てたが，ギリシアのポリスは相互に独立を維持し，市民権を他者に付与することもまれだった。ローマほどに外に開かれていないポリスでは，逆に内部に対して厳しい統制がしかれ，市民たちに結束が求められていた。

◆ポリスに居住していた非市民たち

外に開かれていないとはいえ，ポリスには相当数の外国人が居住していた。アテナイ（アテネの古名）では，このような外国人はメトイコイと呼ばれ，商業や手工業などの経済活動に従事した。生産労働の担い手としては奴隷も不可欠の存在だった。大土地所有者の多いローマでは，多数の奴隷を所有して大農場で労働させる市民も多かったが，肥沃な農地の少ないギリシアでは，市民自らが農作業をおこなう小土地所有者が多く，彼らの場合所有する奴隷数も１人から数名と少なかった。（桜井）

参考文献　歴史学研究会編『世界史史料１』岩波書店，2012／G. デュビィ，M. ペロー監修『女の歴史（Ⅰ①②）』藤原書店，2000，2001

古代地中海世界（前3500〜500）

- 前3500頃　メソポタミア南部シュメルで都市文明発展
- 前3000頃　エジプトに統一王朝
- 前2334　アッカド王朝成立
- 前2000頃　クレタ島の宮殿文化はじまる
- 前1894　バビロン第１王朝（〜前1595）
- 前1700〜前1500　ミノア文明最盛期
- 前1650頃　ミケーネ文明の成立
- 前12世紀初め　ミケーネ文明の崩壊
- 前8世紀前半　ポリスの誕生，ギリシア文字の考案
- 前776　ギリシア：第１回オリュンピア競技会
- 前753頃　ローマの建国
- 前8世紀前半　ポリス・スパルタの成立
- 前8世紀末　ポリス・アテナイの成立
- 前600頃　ギリシアの抒情詩人サッポー活躍
- 前550　アケメネス朝ペルシア帝国成立
- 前525　ペルシアがエジプトを征服
- 前509　ローマで共和政はじまる
- 前508/7　アテナイでクレイステネスの改革
- 前490　ペルシアの第１回ギリシア本土侵攻
- 前480〜前479　ペルシアの第２回ギリシア本土侵攻
- 前450　ローマ：「十二表法」制定
- 前447〜前432　パルテノン神殿建造工事
- 前431　ペロポネソス戦争（〜前404）
- 前340　ローマとラテン同盟間のラテン戦争（〜前338）
- 前338　カイロネイアの戦いでギリシア連合軍がマケドニアに敗北
- 前323　アレクサンドロス大王（位前336〜前323）の死
- 前277　ヘレニズム３王国成立
- 前227　シチリアがローマ最初の属州に
- 前146　３次にわたるポエニ戦争（前264〜）終結　マケドニア，ローマの属州に
- 前128　属州アシア，成立
- 前30　エジプト：プトレマイオス朝滅亡
- 前27　ローマ属州アカイア成立　オクタウィアヌス，ローマ初代皇帝に（アウグストゥス）
- 前27〜後180　「ローマの平和」
- 前18　ローマ：ユリア法制定
- 30　イエス・キリストの刑死
- 260頃〜270頃　パルミラ女王ゼノビア活躍
- 284　ローマ：ディオクレティアヌス即位，専制君主政へ
- 313　ミラノ勅令によりキリスト教公認
- 370頃　数学者・哲学者・天文学者ヒュパティアが誕生（〜415）
- 380　キリスト教がローマ帝国の国教となる
- 389頃　西ゴート王紀，西ローマ帝国皇后ガラ・プラキディア誕生（〜450）
- 395　ローマ帝国の東西分裂
- 476　西ローマ帝国の滅亡

2-2　古代オリエント社会のジェンダー秩序

教科書　古代オリエント世界　☞2-3, 2-5, 2-6

◆**都市国家と記録システム**　農耕の発祥の地シュメルで都市は誕生した。前3200年頃にはシュメル語を表記する絵文字も発明され，それはまもなく楔形文字に転換し，この文字を粘土板に刻んで記録する制度がはじまった。記録文書の大半が行政・経済関係であり，専門の書記が記録を担当していたことから，未熟ながらも官僚制を備えた中央集権的国家が成立していたことがわかる。そのようなメソポタミアで古代世界の多くと同様に男女の役割は明確に区別され，男性が生産労働の大半や政治，軍事などを，女性は家のなかで家事や育児，織物などを担当した。女性の就く職業も料理や織物，子守，売春などに限られていた。

◆**帝国の成立と中央集権**　都市国家の分立が長く続いたシュメルで，都市同士は覇権を争い，交易や領土に関して抗争を繰り返した。軍隊は戦争を指揮する王から支給される武器で戦った。ここに，ギリシアの都市国家とは異質の，王を頂点とする官僚と軍隊に支えられた中央集権国家の存在を見ることができる。シュメルをアッカドと統合したサルゴン王（位前2334?～前2279?）は，メソポタミアにアッカド帝国（前2334～前2154）を打ち立てた。王は帝国の統治機構の一端として自分の娘を月神ナンナの女神官とした。身分制社会で上層身分の女性が支配者となりえた一例で❶❷，ギリシアの場合とは異なり，身分の差は性差よりも女性の社会的地位の決定要因として強くはたらいたのである。それは，その後に成立した新アッシリア帝国（前9世紀～前609）でさらにはペルシア帝国でも同様だった。

◆**エジプト**　エジプトでは前3000年頃に統一国家が形成されて以来，外部からの異民族の侵入が少ない地形だったからか，統一国家としての王国はほぼ維持されていた。王国では王族の権威は高く，王の妻（王妃）も時に摂政として実権をふるうことがあった❸。王妃は王の姉妹である場合があったが，これは王に姿を変えた国家神アメンと王妃のあいだに生まれた男子が次王となること，その妻は同じくアメン神の血を引く姉妹であることが望ましいとする，エジプト独自の伝承と慣行によるものだった。性別による役割の区別はエジプトでも明確だったが，隣接諸地域ほどには家父長の権限は強くなく，男女は法的に同等の権利を有していたとされる。ただし，社会慣習からも共同体内部の通念からも，女性にどこまでこのような権利の行使が可能だったのか疑問視されている。（桜井）

2-2 古代オリエント社会のジェンダー秩序

❶【史料】シュメルのシュルギ王（前2094〜前2047）の妻の子守歌
「私が歌っている間に，坊やがたくましく育ちますように，／私が歌っている間に，坊やが大きく育ちますように，／坊やが木の根のように強い基礎を置きますように，／坊やがシャキルの木のように広く枝を広げますように……」（小林登志子訳）。
【解説】シュメルに限らず，古代世界での識字率は高くなかったが，王族のなかには文才を開花させた女性もいた。この子守唄の作者の夫も読み書きのできる王だった。

❷【史料】贈り物の記録から（前24世紀前半，ラガシュの「王妃の家」から出土）
「成熟した牝ロバ10頭，つげの脚置台1脚，小さなつげのピン1本，小さな象牙の……ピン1本，アダブ氏のエンシの妻エンアグリグティがラガシュ市のエンシ，ルガルアンダの妻バルナムタルラに2度目の贈物をした。
彼女の使者アネダヌメアがマルガスに同行し，持参した。エバアン風の極上服1着をエンアグリグティがマルガスに与えた。［治世第］3年」（小林登志子訳）。
【解説】シュメルのラガシュ市の王妃バルナムタルラがアダブ市との友好を深めるため贈り物を繰り返した記録。王妃が管理する組織エミ（「王妃の家」の意）の行政経済文書の1枚。王妃が王を補佐し，外交，通商の一端を担っていたことを示す史料。

❸ハトシェプスト女王の平和外交
トトメス1世の嫡出の娘ハトシェプストは夫トトメス2世（トトメス1世の庶子）の庶子トトメス3世が幼少で即位すると，摂政として実権を握ったが，それにあきたらず，自らも「王」を称して即位式を敢行し，以後22年間共同統治者として権力をふるった（位前1490〜前1468頃）。女性が男性の王と同じ称号を名乗ったのは，彼女がはじめてであった。その治世はほぼ平和で，葬祭殿の建築やカルナックのアメン神殿を増築し，アフリカ東岸のプントに乳香，没薬を求めて遠征隊を派遣して，交易をするなど，平和外交を推進し，国力を充実させた。

ハトシェプスト女王葬祭殿（ルクソール）
ハトシェプストは公式の場では男装し，あごひげをつけたといわれる。

エジプトの女性 「女性は法的にも経済的にも男性と平等だった。第13王朝（前1750年頃）では，セネプティシという女性が織物工場などの不動産を所有していたし，第20王朝（前1200年頃）ではニウトナクトという女性が，特定の子供に財産を相続させないと決めることができた。それにもかかわらず，女性の社会的地位は男性と同等ではなかった。それがもっともはっきりと表れているのが，王権にかんするしきたりだ。男性しか王になれなかったのである。……このしきたりは非常に強く，そのためエジプトを実質的に支配した女王たちも，女王ではなく王を名のったほどだった。また必然的に，王権を女性にゆだねることはできず，行政機関や神殿の聖職者の地位はすべて男性が独占した。……こうした不利な状況を考慮に入れれば，古代エジプトの女性が法律の下では平等であり，離婚は妻からも夫からも同じように言い出すことができたというのは，意外に感じられるだろう。しかし末期王朝時代に入ると，おそらくギリシアの影響と思われるが，妻は夫に対する法的権利をしだいに失うようになり，たとえば離婚に際して妻に認められてきた財産分与の額が減らされるようになった」（A.J.スペンサー［近藤二郎監訳］『大英博物館図説古代エジプト史』原書房，2009：19,21頁）。

参考文献 大貫良夫ほか『世界の歴史1 人類の起源と古代オリエント』中公文庫，2011（初版は1998）／小林登志子『五〇〇〇年前の日常』新潮選書，2007／歴史学研究会編『世界史史料1』岩波書店，2012

2-3 ホモソーシャルな市民社会としてのポリス

教科書 ギリシア世界　☞2-4,2-5,2-6

◆**ポリスの市民**　市民共同体としての特質をもつギリシアのポリスが，常備軍や官僚制度を備えていなかったにもかかわらず存続するためには，市民のあいだの結束を強く維持しなければならなかった。そのため市民間の格差をなくし，相互に同等であるという認識を共有することが必要であった。スパルタの市民がホモイオイ（「同等者」の意）と名乗っていたことの意義はそこにある。彼らは経済的に同等では決してなく，貧富の差は存在していたが，鎖国同然にして経済活動を停滞させることにより，貧富の差の拡大を抑え，毎日1回，共同の食事をすることで互いにホモイオイであることを確認していた。一方，アテナイでは交易活動が活発だったため，市民間の経済格差は小さくなかったが，前594年のソロン（前640頃～前559頃）の改革によって身体を抵当に入れることが禁じられて以降，市民が負債のために奴隷身分に転落することはなくなり，さらに，前508/7年のクレイステネス（生没年不詳）の改革によってすべての市民が参政権をもつことになり，市民の一体感は強まった。ペルシアの侵攻に対し，アテナイが最も果敢に戦い，その撃退に成功したのは，この一体感が存在したからであろう。

◆**女性排除の心理**　しかし，相互に同等である，等質であるという認識は，他者を排除するまなざしと表裏一体の関係にある。外国人に対して市民権を認めることがまれであったところにもそれが現れているが，市民共同体を成り立たせている女性たち，すなわち市民の妻や娘が宗教の分野を除き公的な活動にほとんど参加せず❶，家庭内にとどまっていることが望ましいという通念が流布していたのも，そのような排除の心理と関連している。そして，この排除の慣行を支えていたのが，伝統的に存在していた「女性嫌悪」の思想であった❷❸。だが，古代ギリシアの大悲劇詩人ソポクレス（前497頃～前406）の作品『アンティゴネ』（前441年上演）で，国の掟に反して兄の亡がらを埋葬しようとする女性アンティゴネが描かれ，大喜劇詩人アリストパネス（前450年代～前388？）作『女の平和』（前411年上演）のなかでペロポネソス戦争をやめさせようと協力するアテナイとスパルタの女性たちが描かれている。当時の実情とは異なる筋書きであるが，しかし，声を発することのできない女性たちの思いを鋭敏な知性と感性の持ち主である詩人たちが感じとって，作品に仕上げたのであろう。(桜井)

❶【史料】宗教分野における女性の活躍

「リュシマケ ドラコンディデスを父とする生まれにして 88年の生涯であった。4人の子供をもうけた後、都合64年にわたり女神アテナに奉仕した。フリュア区の……エオスの母リュシマケ」(『ギリシア碑文集成2第2版』3853番)。

【解説】 アテナイのパルテノン神殿に祀られていたアテナ・ポリアス女神に仕える女神官であったリュシマケの墓碑銘。長年この職にあった彼女は、広く尊敬の対象であったらしい。前5、4世紀のアテナイでは、女性は家庭内にとどまっているべきとされていたが、例外的に宗教行事には参加できた。リュシマケのように宗教面で重要な役割をはたす女性は少なくなかった。

❷女性嫌悪の思想

すでに前700年頃の詩人ヘシオドス(生没年不詳)の作品『仕事と日』や『神統記』にその思想を垣間見ることができる。たとえば、「女たちは死すべき身の人間どもに大きな禍(わざわい)の因をなし、男たちといっしょに暮らすにも、忌(いま)わしい貧乏には連合いとならず裕福とだけ連合うのだ」(『神統記』:591〜593行)。ヘシオドスは北部ギリシアのボイオティア地方アスクラに生まれた農民で、労働のかたわら詩作をすることができる生活のゆとりがあったが、けっして富裕であったわけではない。それでも、貴族たちの不正に対し正々堂々と抗議するだけの自立心と自尊心をもつ農民だった。女性観を含め、ポリス市民の資質をすでに備えた人物であった、といえる(ヘシオドス[廣川訳]『神統記』岩波文庫、1984／ヘシオドス[松平訳]『仕事と日』岩波文庫、1986)。

❸【史料】男女の生来の相違

「家(オイコス)の運営には三つの部分があった。ひとつは、主人の(奴隷に対する)支配であるが、これについてはすでに述べられた。もうひとつは父親の支配、そして第三は夫の支配である。彼(夫にして父)は妻と子供を支配するが、両者を自由人として支配するものの、そのやり方は同じではない。妻に関してはポリス的に支配し、子供に関しては王の態度で支配する。なぜなら、もし自然に反した組み合わせでないならば、男性は本性において指導者たるに相応しいからであり、年長で成熟した者は若年で未熟な者よりも相応しいのである」(アリストテレス『政治学』:1259a37〜b4)。

【解説】 アリストテレス(前384〜前322)はソクラテス、プラトンと並ぶギリシアの大哲学者だが、女性も奴隷も生まれながらに男性市民に劣る存在である、という考え方をその作品のなかで述べている。一方で、自分の妻に対しては愛情あふれる遺書を残している(山本訳『政治学』岩波文庫、1961／牛田訳『政治学』京都大学学術出版会、2001)。

ギリシア神話 神話は古代ギリシア人の日常生活のなかに息づき、その文化の重要な一部を占めていた。文字が成立するはるか以前から人びとが語り伝えた神々や英雄たちの物語は、前8世紀以降にホメロスの叙事詩とヘシオドスの作品においてはじめて文字テキストとしてのかたちを獲得した。その後も、叙情詩人や悲劇詩人たちは、それぞれの時代、それぞれの地域の求めに応じて、物語を整理したり、付け加えたり、修正したり、まったく新しく創造したりしたため、神話はほとんど際限なく膨らみ、変容を重ね、豊かになっていった。したがって、物語相互のあいだの矛盾や齟齬(そご)はめずらしくなく、『ギリシア神話』というまとまりのある作品が現れるのは、ヘレニズム時代、ローマ時代になってからだった(ホメロス[松平訳]『イリアス(上・下)』岩波文庫／ホメロス[松平訳]『オデュッセイア(上・下)』岩波文庫／ヘシオドス[廣川訳]『神統記』／呉茂一『ギリシア神話(上・下)』新潮文庫、1979)。

女神アテネー

参考文献 桜井万里子『古代ギリシアの女たち』中公文庫、2010(初版は1992)

2-4　ポリス社会と家——アテナイとスパルタ

教科書 ギリシア世界　☞2-3,2-5,2-7

◆**スパルタのヘイロタイとアテナイの奴隷**　古代ギリシアに成立した1000を超えるポリスのなかでも、スパルタとアテナイは対極的な性格の制度を築いた。スパルタでは市民たちは日々軍事訓練に励み、生産活動はヘイロタイ（ヘロット）と呼ばれる隷属身分の農民が担当した。市民たちは、国内の「敵」であるヘイロタイを支配し、その反乱を抑えるに結束を固め、集団生活を基本とする軍事的体制を確立した❶。市民の妻たちは、軍事訓練のために留守がちの夫にかわって家を守る役割を担い、家の維持・運営のために積極的に采配をふるったらしい。それが他のポリスの人びとの眼には尋常でないと映ったようで、たとえばスパルタの女は放縦で贅沢であり、国の衰退を招いた、という誤解さえ生まれた（アリストテレス『政治学』1269b15〜35）。

他方のアテナイでは、多くの市民は、購入した奴隷とともに自分の農地を耕作する自営農民であった。ただし、国政のため、軍役のためには、農作業を奴隷にまかせて自分自身は市民としての義務をはたさなければならなかった。市民の妻たちは家のなかでの作業に従事した。男女の役割分担はスパルタ、アテナイともに明確だったが、ヘイロタイの男女の具体的生活や農作業の実態は不明である。

◆**市民の家とその継承**　スパルタもアテナイも家族構成は原則として市民である夫と妻、子ども数名からなる核家族であった。男の結婚年齢が高かったうえに（アテナイでは30歳くらいで妻は15歳前後、スパルタでは25歳くらいで妻は18歳前後）、家産は兄弟のあいだで均分相続されたので、大家族は少なかった。一夫一婦制が原則だったスパルタやアテナイでは、市民の妻は家のなかでの労働（家事、育児のほか、自家生産の農作物や羊毛などからパンや織物などの加工をする労働も）を奴隷を使っておこなった❷。

家族が居住する家（オイコス）は、先祖から継承した土地（ほとんどが農地）と家屋、そしてそこに暮らす家族と奴隷や家畜などを含む、市民の生活基盤であるとともに、ポリスの最小構成単位だった。したがって、オイコスの存続はオイコスを構成する当人ばかりでなく、ポリスの存続と繁栄にも不可欠であったので、オイコスの断絶を防ぐさまざまな方策がとられていた❸。アテナイでは女性に対する行動規制が厳しく、できるだけ外出を控えたり、家のなかでも来客と顔を合わせないことが望ましいとされていた。これも確実に夫の子を産むようにと、妻に他人の男性と接触する機会をもたせないためであった。（桜井）

❶【史料】新生児の身体検査（スパルタ）

「父親には生まれた子供を育てる完全な権限はなく，レスケーと呼ばれる場所へ子供を抱いて連れていった。そこには部族員のうちの最年長者たちが座り，赤児をよく検査して，もししっかりしていて強壮であれば，その子に9千の持分地のうちの一つを割り当てて，育てるように命じた。しかし，もしその子が劣悪で不恰好であれば，そもそもの始めからまったく健康と体力向きに生まれつかなかった子が生きることは，その子自身にも国家にもよくないとして，タユゲトス山の傍らのアポテタイといわれる深い穴のような場所へ送り出した」（プルタルコス［清水訳］「リュクルゴス伝」16『プルタルコス英雄伝（上）』ちくま学芸文庫，1996）。（図は，スパルタ出土と思われる「走る少女」）。

【解説】 軍国主義のスパルタではすべての市民は強健な兵士となるよう訓練を受けたが，彼ら市民はそもそも誕生の直後に健康な身体をもっているかどうかの長老たちによる検査を受けていたという。ただし，プルタルコスは後1世紀の人であるので，この記述の信憑性は確証されていない。

❷【史料】妻の仕事

「もし男たちが何かを家のなかにもたらそうとするならば，戸外での労働が必要だ。休耕地の耕耘，種まき，植樹，家畜の放牧，こういったことはすべて戸外の作業だね。生活の必需品はこのようにして生産されるのだ。でも，いったんそれが家のなかに入ってくれば，それを保管し，家内ですべき仕事を担当する人がいなければならない。生まれてきた子供の養育も家の中で行なうし，穀物を食料用に製粉するのも家の中の仕事である。羊毛から衣類を作る仕事も同様だ。戸外の作業，家の中の作業，どちらにも勤勉と配慮とが求められるけれども，私が思うに，神は女の本性を屋内の作業と配慮とに適したものとされたのだ」（クセノポン『オイコノミコス（家政論）』7.20～22）。

【解説】 クセノポン（前427頃～前354頃）はアテナイの上層市民でソクラテスの弟子だったが，前5世紀末にアテナイを離れ，晩年にいたるまで亡命者のように生きた。彼の代表作の一つである『オイコノミコス（家政論）』では，夫が若くて何も知らずに嫁いできた新妻に主婦になるための心得をいって聞かせる様子が描かれている。この記述に依拠するかぎり，女性は家のなかで重要な労働の担い手だった。

❸【史料】兄弟のいない娘と家の相続

「父は母の要請に応じて財産について疑義を申し出ようとしましたが，彼らは次のように父を脅したのです。もし父が（結婚の際に得た）嫁資で彼女を妻としていることをよしとしないのであれば，彼ら自身が彼女を法廷の裁決によって妻とすると。」（イサイオス『弁論』第10番19節）。

【解説】 この話者はアリスタルコスの娘を母にもつが，母が父と普通の結婚をしたあとで実兄が亡くなったため，最近親の男と結婚する立場におかれてしまったという。そこで，法的には現在の婚姻関係を解消しなければならなかったが，すでに子ども（この話者）も生まれている夫婦は離婚に踏み切ることができなかったため，親族の男たちが実家の家産を欲しいままにするのを傍観せざるをえなかった，と話者は訴えている。イサイオス（前420頃～前340年代）はアテナイの弁論作者。

市民の家庭生活 オイコスを継承する資格のある息子はいないが娘がいる場合，この娘の扱いにはアテナイというポリスの特質が現れている。不動産所有権をもたない女性は家産を継承できなかったので，父のオイコスを自分自身では継承できない。そこで，娘は最近親の男性市民と結婚し，この結婚で生まれた男の子が家産（この男の子にとっては母方祖父の家産）を継承する決まりであった。もし，兄弟がいるので普通の結婚をしたあとで，兄弟が亡くなってしまった娘の場合（子どもの死亡率が高く，また戦死者も多かったので，そのような場合はめずらしくなかった），彼女はその結婚を解消して，父の家の後継者を産むために最近親の男と結婚しなければならなかった。他方，スパルタでは女性も不動産所有権があったようで（男性と同等かどうかは不明），兄弟のいない娘は父の家を継承したらしい。

参考文献　クセノポン（松本訳）「ラケダイモン人の国制」『小品集』京都大学学術出版会，2000

2-5　西洋古代における東方世界の表象

教科書　ヘレニズム時代　☞2-2,2-3,2-4

◆**オリエンタリズムとジェンダーの交錯**　古代ギリシア人はペルシア帝国に代表される東方世界をどのようなまなざしで眺めていたのか。そこにはオリエンタリズムとジェンダーの二つの視点が交錯している。ペルシア戦争で勝利したギリシア人は，自らを自由で勇敢な人間とし，ペルシア人を専制君主に支配された奴隷同然の柔弱な者たちとして軽蔑した。これはオリエンタリズムの原型というべき思想である。ここにジェンダーがからむと，偏見は二重写しになる。男性優位のギリシア人社会が逆立ちしたかたちで東方に投影され，ペルシア王家では男が女に支配されているから軟弱で，国も衰退するのだとみなされた❶。こうして西方が東方に優るというオリエンタリズムと，男が女に優るというジェンダー視点が重なり，ギリシア＝西方＝男性的，ペルシア＝東方＝女性的という図式が成立する。

◆**女性と政治をめぐる虚実**　この図式は，ペルシア戦争を描いたヘロドトス（前484？～前425？）の『歴史』にも登場する。ペルシア宮廷では王妃が政策決定に関与したとされ❷，王族の反乱さえ王家の女性同士の確執として描かれている。他方で，政治にかかわった女性は確かに存在した。アレクサンドロス大王の母親オリュンピアス（前375頃～前316）は，大王死後の後継者戦争で，マケドニア王家の血統を守るべく政治の表舞台に登場し，自ら闘い，敗れた。オリュンピアスの政敵は彼女に対する偏見に満ちた逸話を広め，それゆえオリュンピアスは悪女として記憶された。

◆**クレオパトラの表象**　こうした偏見の集大成といえるのが，プトレマイオス朝エジプトの女王クレオパトラ7世（前69～前30）であろう。同時代のローマ人は，家父長制のもとで男性優位の社会に生きていた。ローマでは，身分のある女性が公的な場に現れること自体がふしだらと見られた。これに対してエジプトでは女性の地位が比較的高く，自分で夫を選ぶこともできた。クレオパトラは女王として公的な場所に，時には女神の姿で登場した。さらに王家には，兄弟姉妹が結婚して共同統治するという慣例もあった。ローマ人にとって，これは性的放縦かつ近親相姦にほかならない。そんなクレオパトラがカエサル（前100～前44）と同盟し，カエサル暗殺後はアントニウス（前83～前30）と手を握る。東方の女王がローマの将軍を籠絡し，ローマと敵対するなどということは，女性による男性領域の侵犯なのだった❸。

（森谷）

2-5 西洋古代における東方世界の表象

❶ペルシア王家の贅沢な教育

哲学者プラトン（前428～前347）の対話篇『法律』によると，ペルシア帝国の創設者キュロス2世の息子たちは，女たちや宦官たちによって教育された結果，「甘やかされて育った場合にありがちの性格へと，育っていった」。帝国の体制を固めたダレイオス1世（前522～前486）のあとには「またしても王室風の贅沢な教育によって育てられたクセルクセスがつづく……そのとき以来ペルシアには，呼名は別として，真にその名に値する大王は，ついに一人としてあらわれなかった」（『法律』695A～E）。要するに，大国となったペルシアはかつての質実剛健の気風を失い，宮廷を支配する女たちが王の息子を甘やかして育てたため，どの王も柔弱になって国も衰えたというのである（『プラトン全集13 法律』岩波書店，1976）。

❷ペルシア戦争は王妃の発案

ペルシア帝国はなぜギリシアに侵攻したのか。ヘロドトス『歴史』によると，その発端はダレイオス1世の妃アトッサにある。彼女はギリシア人の医師デモケデスに病気を治してもらった礼に，ギリシアへ帰りたいという彼の望みをかなえようとした。アトッサは寝室でダレイオスに，ギリシア人の侍女がほしいといってギリシア遠征を勧めた。翌日ダレイオスは，デモケデスを案内人とする偵察隊をギリシアに派遣することを命じたという（第3巻：133～135章）。ヘロドトスはアトッサを，大きな威信をもつ王妃として描いている。ダレイオス1世には6人の妻がいたが，彼の後継者に指名されたのはアトッサの長男クセルクセスであった。「それというのも全権はアトッサが握っていたからである」（第7巻3章）。ギリシア人の想像では，ペルシア王妃は王に対して強い影響力をもち，広範な国事に介入したのである（松平訳『歴史』岩波文庫，1972）。

❸女の支配は破滅への道

前31年，アクティウムの海戦でオクタウィアヌス（前63～後14）がアントニウスに勝利し，1世紀にわたるローマの内乱が終息した。伝記作家プルタルコス（46?～120?）はアントニウスの敗因を，彼がクレオパトラ（右図）に籠絡されたことに求めている。アントニウスは陸軍ではるかに優勢であったのに，クレオパトラの意見に従って海軍で戦うことにしたが，彼の艦隊は乗組員が足りず，練度も低かった。戦闘に入ると，形勢は互角であったのに，クレオパトラの船が戦場から脱走した。これを見たアントニウスは「指揮官らしくも，男らしくもふるまわず」，味方を見捨てて彼女の船を追いかけ，最後はみじめな自殺に追いこまれた。女に支配される者は破滅する。この伝記に読みとれるのは，ローマ社会のこうしたジェンダー思想である（秀村訳「アントニウス」村川堅太郎編『プルタルコス英雄伝（下）』ちくま文庫，1987）。

> **一夫多妻の政治学** 古代マケドニア王家は一夫多妻制で，オリュンピアスの夫フィリッポス2世は計7人もの妻をめとった。その目的は，第一に後継者を確保すること，第二に周辺諸国の王族・貴族と婚姻同盟を結んで王国の安全をはかることだった。複数の妻はすべて正妻として対等で，男子を産んだ女性が宮廷で重きをなした。他方で長子相続は確立しておらず，王位継承はその時々の政治状況や大貴族たちの力関係に左右された。即位した王は挑戦者を排除するため，しばしば兄弟や従兄弟を抹殺した。王位継承をめぐる条件がこれほど不安定なため，王である夫を失ったのちの妻が生き残るには，息子を王位に就けるしかない。こうして母と息子は王位獲得に向けて一心同体となる。前336年，フィリッポス2世が側近に暗殺されたとき，妻オリュンピアスと息子アレクサンドロス（大王）が関与したとの噂が流れたが，その背景にはこうした一夫多妻の政治学があったのである。

参考文献 森谷公俊『アレクサンドロスとオリュンピアス』ちくま学芸文庫，2012（初版は1998）／M.ヘイマー（正岡・橋本訳）『クレオパトラという記号』ありな書房，2003

2-6 古代ローマの共和政と家父長制

教科書 ローマ世界 ☞2-4, 2-6, 6-2

◆**絶対的家父長権と男性市民**　ローマもギリシアと同様に家父長制だったが、ローマの家父長にはギリシア以上に強力な権限が認められていた。家の財産（家産）を所有するのは原則として家父1人であり、家子は生活費を家父から与えられていた。まさに、家父は家子に対する生殺与奪の権限を掌握していたのである。ただし、家の外の公的世界では、男性市民は家父長権（多くは父親の）に服することなく、17歳になると民会での投票権を与えられ、30歳（帝政初期には25歳）で財務官職に立候補する資格を得て、政治活動に従事できた。

◆**女性に作用する実家と婚家の家父長権**　一方、女性の場合は結婚し、子どもを産むことが唯一の生き方と考えられていたが、前3世紀頃までの古い形式の婚姻（手権婚）では、女性は結婚とともに実父の家父長権の支配から離れ、夫の家父長権のもとに入った。つまり、妻は法律上は夫の「娘」となったのであった。しかし、前2世紀頃から一般的になった婚姻（無手権婚）では、妻は結婚後も実父の娘の地位を保持し、夫の家父長権に服することはなかった。そのため、妻は実父の家父長権に守られ、婚家でも比較的自由だった。夫からの独立性が高かったという点で、ローマの女性は古代のほかの社会における女性と比べてもより有利な立場にあったといえるだろう❶。

◆**貴族と平民**　共和政期ローマで政治の実権を握っていたのは元老院議員の座を占めるパトリキと呼ばれる貴族たちであって、平民であるプレブスの発言権は低く抑えられていた。そのため、残存する史料もほとんどがパトリキに属する者によるもので、女性についても上層市民の妻に関する記述がほとんどである。

◆**帝国市民の妻の義務と離婚の自由**　結婚に際しては、相手の人物よりも、一族の家柄や資産が重視された。妻となる女性に求められたのは純潔であり、結婚後は家の後継者を産むことが最大の使命とされた❷。ローマの人口を維持するには、女性は生涯に5人の子どもを産まなければならなかったという。離婚に関しては、手権婚では夫（家父長）にのみ決定権が認められていたが、結婚に際し何らの手続きも必要とされない無手権婚では、離婚も比較的自由になり、妻からの離婚申し立てもできるようになった。実際、共和政の後期には離婚、再婚もめずらしくはなかったらしい。(桜井)

❶【史料】女性と教養

(1)プルタルコス『ポンペイウス伝』55章
「この新妻は，若さのほかにもさまざまな魅力をそなえ，文芸の素養深く，竪琴をよく弾じ，幾何学に秀で，また哲学的な言説を聞いてこれを生活に生かす習慣を身につけていた」（[吉村訳]『プルタルコス英雄伝（下）』ちくま学芸文庫，1997）。（右図は，妻ユリア：彼女はカエサルの娘であり，美貌と教養を称えられたが，産褥のため若くして亡くなった）

(2)ユウェナリス『風刺詩集』6（2世紀初め）
「君の隣に寝そべって，弁論法や，もって回った表現でひねりを利かせた弁術的推論を弄ぶような女を妻にすることなかれ。あらゆる歴史に通じているような妻ではなく，書物の内容について少しくらいは理解できないところもあるような妻でありますように。……」（樋脇訳『世界史史料1』）。

(3)「小プリニウスから妻カルプルニアの叔母宛の書簡」（104〜105年）
「妻は文学にも深い関心を抱いています。これは私に対する尊敬の念から生まれたものです。私の著書を肌身離さず持ち歩き，朗読し，なんと暗唱することもできるのです。……さらに彼女は，私が朗読するときはいつでも私のそば近くの舞台裏の陰に腰を下ろして耳を澄まし，私への讃辞を聞き漏らさないようにしています。私の詩を歌ってもくれます。そればかりか，竪琴の伴奏に合わせて歌ってくれたりもします。……」
（樋脇訳『世界史史料1』）。

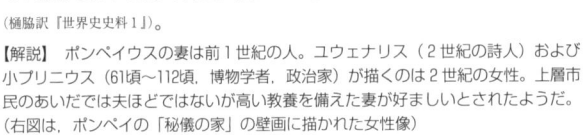

【解説】 ポンペイウスの妻は前1世紀の人。ユウェナリス（2世紀の詩人）および小プリニウス（61頃〜112頃，博物学者，政治家）が描くのは2世紀の女性。上層市民のあいだでは夫ほどではないが高い教養を備えた妻が好ましいとされたようだ。（右図は，ポンペイの「秘儀の家」の壁画に描かれた女性像）

❷子を産む義務

子を産む義務は自由身分の女性だけではなく，女奴隷にも課されていた。農業経営について著述したコルメッラ（1世紀の著述家，全12巻の『農業論』の著者）は，労働力確保のため，4人の子を産んだ奴隷に自由を与えるよう奴隷所有者たちに奨励している。これは，ギリシアのクセノポンの『オイコノミコス』のなかの，夜間は女奴隷の部屋に外からかんぬきをかけておくようにという叙述と対照的である。アテナイの生産性の低さを物語っている。

> **市民生活における少年少女と成人女性**　ローマでは，少女たちの受ける教育は少年たちの場合とさほど違いはなかったらしい。多くの市民の娘たちは息子たちと同様に公的な初等教育の学校に通った。また，少女は少年と同様に宗教儀礼に参加した。しかし，成人した（上層市民の場合，男子は14歳，女子は12歳）のちには，女性は公的な場で活躍する機会がないため，次第に男女のあいだの差異が拡大していったといわれている。彼女たちには何よりも結婚し，出産することが求められ，家事・育児の能力が重視されたからである。ただし，グナエウス・ポンペイウス（前106〜前48）の若き妻コルネリアのように，音楽の教養ばかりでなく，地理，文学，哲学についても秀でていた女性の例もあり，同様の女性は上層階層には少なくなかったに違いない。

参考文献　本村凌二『ローマ人の愛と性』講談社現代新書，1999／長谷川岳男・樋脇博敏『古代ローマを知る事典』東京堂出版，2004／歴史学研究会編『世界史史料1』岩波書店，2012

2-7　ローマ市民の生活と家

教科書　ローマ世界　☞2-6,6-2,6-3

　◆**核家族と相続人指定**　家父長制社会のローマで家の跡継ぎとなれるのは男性に限られていた。近年の研究によれば，ローマの家族は共和政期から帝政期まで基本的に核家族であった❶。遅くとも共和政中期頃までには，結婚を機に息子は親から独立して，別の世帯をかまえたらしい。核家族が主流となれば，家父の後継者となる男子が得られない家も少なくなかったはずで，家の財産の相続をどうするかという問題が生じやすかったため，遺言により相続人を指定することが一般的になった。法の整備が進む帝政期には，女性の権利もより明確に規定され，法の保護を受けるようになる。とくに，初代皇帝アウグストゥス（前63～後14）の治政以降は，遺言によって相続人を指定する義務と権利が，夫と妻の双方に平等に認められていた。誰をも相続人に指定できたので，子のない富裕者に取り入って相続人に指定してもらうことをもくろむ「遺産狩り」も横行したらしい。なお，家の存続や家産の継承にほとんど関心のない下層民の場合でも核家族が多かったことは，興味深い。

　◆**結婚の奨励と家父長権からの解放**　皇帝アウグストゥスは，上層市民に結婚を忌避する傾向，あるいは，結婚しても子どもを産まない傾向があり，人口減少が進むのを問題視し，前18年に制定したユリア法で，上層市民のなかの男25歳から60歳，女20歳から50歳の者を対象に，独身者で子のない者は政治生活や遺産相続に関して不利益をこうむる，と定めた。さらに，子どもを3人産んだ女性の場合には，実父の家父長権から解放され，財産の遺贈に関して自由，とされた。帝国の繁栄を維持，促進することに苦心する皇帝ら支配層と異なり，広大な領域に居住し，帝国の繁栄を享受する市民たちの多くには，帝国維持の責任の一端を担っているという意識はなかったであろう。帝政初期のローマの市民社会が，すでにギリシアのポリスや共和政期ローマに実現していた市民共同体社会とは異質であったことは，ここからも明らかである。

　◆**家よりも家族愛**　軍団によって擁立され，はじめての属州アフリカ出身の皇帝となったセプティミウス・セウェルス帝（位193～211）は，それまでは軍紀粛正のために禁じられていた兵士の結婚を認めた。このことは，皇帝にとって軍隊が支配の拠りどころとしてそれまで以上に大きな意味をもっていたことを示すとともに，個人にとっての結婚の意義がより強く意識されてきていたことを意味していよう。子を

得るための結婚，社会的名声や財産を狙っての結婚ではなく，男女の心のありように重きをおく傾向をそこに見ることができる。女性は，子どもを産むことが何よりも大事という重圧からいささかなりとも解放された。また，男女を問わず，人びとは内面を見つめるようになり，キリスト教の受容へと傾いていった。「古代末期」という新しい社会の到来がはじまる。（桜井）

❶ローマ市民の家庭生活

　上層と下層とでは市民の生活の様子は大きく相違していた。富裕者層は広々とした一戸建ての邸宅（ドムス）に住み，列柱廊つき中庭で外気にふれ，快適な生活を送ることができた。このような市民にとっては，財産の保全，継承は大きな課題であった。前1世紀末にある元老院議員が妻を追悼する演説を石に刻字した史料によれば，40年間の波乱続きの結婚生活のなかで，この妻は実父の遺産を詐取しようとする者たちを強い意志をもって法律論争で敗退させることに成功し，他方で，子供に恵まれなかったため夫を不幸にするのではないかと恐れ，次のような提案をした。「(夫にふさわしい子の産める女性を妻が探し出し，その女性から生まれてくる)子供たちは2人の子として，あたかも妻自身が産んだ子のように遇するつもり」（樋脇博敏訳）であり，長年2人で保持してきた家産は分割などせず，夫の裁量にまかせる，と（『世界史史料1』：266〜268頁）。

　一方で，地方から人びとが流入する都市ローマでは，アパート形式の集合住宅（インスラ）が密集し，貧しい市民たちはトイレもない上階を住居にした。彼らはゴミや糞尿を窓から投げ捨てて窓外の道を歩く通行人を脅かすこともあったため，法による規制もおこなわれたが，十分には守られなかった。このような下層民の救済や娯楽提供として皇帝は穀物の無料配布をおこない，戦車競技や剣闘士の戦いのような見世物をたびたび開催し，権威をいっそう高めた。さらに，帝国内の各地の都市でも，有力者が皇帝にならって同様の施しをおこなったので，貧者や貧困化した農民たちが都市に流入するようになった。また，貧困層の子どもたちを扶養するアリメンタ制度も設けられた。公的アリメンタ制度はネルウァ帝（位96〜98）によってはじめられ，トラヤヌス帝（位98〜117）のときに全イタリア規模で実施されるようになった。扶養の対象とされたのは，男子18歳，女子14歳までの子どもで，自由身分であることが条件とされた。支給額は都市によって違ったらしいが，生存可能ギリギリの額だったらしい。（図は剣闘士を描いた2世紀のモザイク）

ローマの捨て子　　ローマでは避妊や堕胎とともに，新生児の殺害や遺棄もおこなわれていた。虚弱であったり，身体に異常が認められる新生児が殺害される事例が多かったのに対し，健康な新生児の場合は生きたまま捨てられることが多かった。アウグストゥス帝は孫娘ユリアが産んだ子の養育を拒否し，クラウディウス帝は妻の産んだ娘を遺棄するよう命じたが，いずれも婚外子だった。貧困ゆえに子どもを遺棄する例はめずらしくなかった。とくに女子が遺棄されることが多く，男子の2倍の割合で遺棄されたとする研究もある。捨てられたあとで誰かに拾われて生き延びた子どもは，拾った者の奴隷として養育され，使用された。ローマが戦争によって領土拡張を進めていた時代には，戦争捕虜がおもな奴隷供給源だったが，「ローマの平和」の時代には戦争捕虜にかわり，捨て子が奴隷労働の重要な供給源であった，と考えられている。ローマでは青果市場の「乳の塔」という場所に新生児が捨てられることが多かったが，これは見つけられやすい場所に子どもが捨てられたことを物語っており，奴隷を取得するにはこの場所に行けばよかったということだろう。

参考文献　本村凌二『帝国を魅せる剣闘士』山川出版社，2011

2-8 特論② フェミニズムが変える先史時代

教科書 先史の世界　☞3-1,3-2,3-3

◆**男性主導の進化**　考古学や霊長類学分野の近年の研究成果から，先史時代はどのように書き換えられたのだろうか。人類の古代史を語る前に，類人猿から人間へと進化してきた過程について述べれば，人間が狩猟をとおして進化してきたという考えが根強いものであったことは，ダーウィンの著作などからもうかがえる❶。彼の言い方だと，人類の歴史で進化の担い手は男性で，女性は男性に引きずられかろうじて進化してきたことになる。しかし，人類の食料調達に関して，狩猟よりも日常的には女性の植物性食料の採取に依存していたことが次第に明らかになってきている。

◆**男性＝狩猟者仮説**　先史時代の描かれ方は，当時の女性にまったく言及することなく，きわめて男性中心的であった。女性の姿を見えにくくしたのは，1960年代に考古学で一つの学説が支配的であったからだ。シャーウッド・ウォシュバーンによる男性＝狩猟者仮説は，有力な証拠として動物を狩るための槍や獲物の解体用の肉切り包丁など道具の存在をあげ，狩猟のための共同作業といった観点から，人類の進化は男性狩猟者によって担われたとした❷。実際に旧・中石器時代の遺跡群からは獣骨が頻繁に見つかり，考古学者は肉こそが旧石器時代の主要食料と考えていた。

◆**採取者としての女性の評価**　しかし，霊長類や未開民族の研究などから，狩猟の頻繁な成功に疑問がもたれ，1970年代，女性文化人類学者のスロカム，タナー，ツィールマンらは，オス優位の初期人類社会という見方に再考を迫った。さらに1980年代から女性考古学者の活躍もあって，霊長類と初期人類の行動進化にメスが果たした重要な役割が明らかにされた。初期人類の食料は，広い地域から，メスによって採取される植物性食料に全面依存する現生霊長類の食料と似ていただろうと考えられるようになり，安定的な食料源は男性の狩猟による肉ではなく，女性の採取する植物性食料であっただろうと推定されるようになった❸。

◆**農耕文化は女性主導で拓かれた？**　新石器時代の最大の特徴は農耕文化の確立であろう。農耕技術は男性によるものとされてきたが，採取者として膨大な植物の知識を蓄積してきていた女性が，有用な植物を栽培するという積極的な行為に深く関与しなかったはずはないと思われる。(小川)

❶【史料】チャールズ・ダーウィン

ダーウィンは『人間の由来と性に関連した選択』(1871)のなかで「……敵をうまく避けたり攻撃したり，野獣を捉えたり，武器を作ったりするには，観察力，推理力，想像力もしくは発明の才能など，高度な知的能力の助けを借りなければならない。……これらの能力が少なくとも男盛りの時期に主として息子に伝えられる傾向があると考えてよいだろう」と論じている（『世界の名著　ダーウィン（第10版）』中央公論社，1974：500頁）。

❷男性＝狩猟者仮説の背景

ウォシュバーンが男性＝狩猟者仮説を唱えた時代は，まだ現生霊長類研究が本格化する前で，1950年から70年にかけておこなわれていたヒヒの観察と突き合わせると，オスが支配的なヒヒ・モデルとそれがよく合致したからである。その後1960年代にチンパンジーの詳しい行動研究を成し遂げたジェーン・グドール（右写真）をはじめ，マウンテンゴリラの研究で知られるダイアン・フォッシー，オランウータンを追い続けたビルーテ・ガルディカスなど，女性霊長類研究者が続々誕生した。伝統的な男性研究者の手法とは異なる彼女たちの詳細な霊長類行動研究は，人類の古代史の見方に影響を与え，女性の役割についても言及される余地を生み出した。

❸女性＝採取者仮説

早い時期に女性＝採取者仮説を唱えたのは，ウォシュバーンの学生であったアドリエンヌ・ツィールマンである。その仮説の延長で，石器のように残存することはなかったにしても，女性が籠や皮袋を採取のために発明して，保存のための土器の製作などで重要な役割

(Jeekc/Wikipedia)

をはたしたと考えられている。これによって，男性＝狩猟者と一体化していた男性＝道具製作者パラダイムも疑問視されるようになった。

新しい研究が示す女性の活躍（化石の研究，霊長類の行動研究，考古学）　旧・中石器時代の遺跡群から獣骨が頻繁に発見されることから，考古学者は次の二つの仮説を立てるようになった。
①動物はすべて野生なので，狩猟されたものであること。
②肉こそが旧石器時代の食物の最重要部分となっていたこと。

この仮説をもとに，男性は狩猟道具の製作や狩猟技法の開発で人類進化に大きく寄与し，他方で子どもを連れた女性は大型動物の狩猟に加わるのは不可能で植物性の食料の採取と小動物の捕獲程度の寄与にとどまっていただろうという推測が立てられた。しかし現存狩猟採集民や類人猿の行動研究から，初期人類の主要食物を肉とすることは疑問視されている。道具の発明が人類進化に重視されるが，狩猟道具や石器に限らず有機材料による掘り棒，皮袋，網，赤ん坊を運ぶ吊り網など文化的発明品ともいうべきものが女性の手によるとされつつある。食物を集め食べられるようにするための最初の道具は，植物性食料や小型動物との関連で使用されたと思われる。食糧採取には運搬のための容器が必要であり，土器開発（前7000年）を女性による重要な発明とする研究もあり，古代史ではたした女性の役割は徐々に大きくなってきている（エーレンバーグ，シービンガー）。

参考文献　M.エーレンバーグ（河合訳）『先史時代の女性』河出書房新社，1997／L.シービンガー（小川ほか訳）『ジェンダーは科学を変える!?』工作舎，2002

第 3 章

アジア・アフリカ・アメリカ 古代文明の諸層

3-1　概説③　古代文明とジェンダー

教科書　アジア・アフリカ・アメリカの古代文明　☞2-1, 4-1, 5-1

◆**古代文明とジェンダー**　古代文明は，農耕・牧畜文化の発展による食料の余剰生産と人口増加，そして人・物・思想の交流をもたらした長距離交易の進展などによる都市化に支えられて出現した。そのジェンダー秩序を明らかにするための論点として，ここでは性別分業，親族組織，宗教を取り上げる。

◆**性別分業**　性別分業は人類史の当初から見られたが，それが必ずしも男女の権力格差に直結していたわけではない。たとえば，狩猟採集社会は，現在でも性別分業がかなり徹底しているが，相対的にジェンダー間の格差は最小に抑えられている。性別分業と男女の権力格差との結びつきは，政治組織が形成され，軍事を掌握する男性が指導的地位に就いたことが契機となった場合が多い。その結果，社会が階層化され，労働の社会的価値が序列化され，女性の労働は軽視されたり，女性が要職から排除されたりしていくことになる。古代文明はこうした新しい性別分業の確立をともなうことによって展開したといえよう。このプロセスは中世から近世へと引き継がれてゆくことになるのだが，成立年代を異にしつつ各地域に出現した古代文明においては，女性が女性として政治にかかわる余地を残していたことが特徴である。しかし，そのかかわり方は地域によって異なり，しかも親族組織のあり方とも大きく関係していた。

> **アフリカの古代王国**　アフリカの古王国といえば，エジプトとスーダンのヌビア人国家ケルマやクシュ，そして世界最古のキリスト教国の一つであるエチオピア高原のアクスムがあげられる。このうち，クシュ王国の王家の女性に関しては，王母や王女たちが王位の継承や司祭としてある種の権力を行使する母系的社会の伝統が見られたことが知られている。少なくとも5人の女王が輩出されたことは，その証左であろう。9世紀以降になると西部や中部に，ガーナ，マリ，ソンガイ，カネム，ボルヌーなどの王国や都市国家が次々に台頭した。階層化が進展し，職人集団が形成されるなかで，あらたな性別分業も展開した。製鉄や牧畜や長距離交易は男性，農耕や織物や土器づくりは主として女性が担った。この時期は，イスラームの受容と奴隷制の展開によって，父系原理が強化されたが，奴隷の所有は女性も可能であり，そうした女性のなかには，農業を奴隷にゆだね，交易や商業で財をなした者も出現している。（図は，クシュ王国メロエ朝の女王の1人アマニトレ（位前50年頃）のレリーフ像〔Sven-Steffen Arndf/Wikipedia〕とそのピラミッド〔Lassi/Wikipedia〕）

◆**親族組織** ここで取り上げる地域では，拡大家族と核家族，父系制・双系制・母系制，単婚・多夫婚・多妻婚など，多様な親族の形態が併存し，しかも異なる家族法や慣習法が発展した。しかし，そうしたなかにあって，地域的特徴も見られた。たとえば，紀元前から父系原理の理念が形成されていたインドや中国，非父系的な基層文化を19世紀まで残している東南アジア，奴隷貿易や外部世界との接触により父系化が進んだアフリカ社会といった具合である。

◆**宗教／宇宙観** 古代文明を支えていた精神的支柱は宗教や宇宙観であり，それは政治と一体化して統治システムに組みこまれていた。したがって，ジェンダー構造も，宗教や宇宙観と相互に補強しあって，当該社会のジェンダー・イデオロギーを規定していたといってよい。とはいえ，それぞれの地域の支配的な宗教のジェンダー観が現実社会のジェンダー秩序とどのように関係していたかを実証

アジア・アフリカ・アメリカの古代文明
前3000頃　エジプト：第一王朝はじまる
前2900頃　西アジア：初期シュメール王朝はじまる
前2300頃　印：インダス文明の形成
前2000頃　北東アフリカ：ヌビア人国家ケルマ台頭
前1490～前1468頃　エジプト：ハトシェプスト女王の統治期
前1200頃　印：『リグ・ヴェーダ』讃歌の作成
前13世紀　中：殷の武丁の妻婦好の活躍
前900頃　北東アフリカ：クシュ王国の台頭
前5世紀　印：ブッダの活躍
中：孔子の活躍
前2世紀～後2世紀　印：『マヌ法典』の編纂
前51～前30　エジプト：クレオパトラ7世の統治期
40～43　ベトナム：徴姉妹の反乱
1世紀頃　エチオピア：アクスム王国台頭
230頃　日本：女王卑弥呼の時代
4世紀　中米：マヤ文明起こる
4世紀末～　東南アジア：「インド化」の進行
5世紀頃　印：『マールカンデーヤ・プラーナ』成立
690　中：武則天が皇帝に即位し周を立てる
9世紀　カンボジア：アンコール時代はじまる
10～11世紀前半　西部アフリカ：ガーナ王国栄える
1000頃　日本：紫式部の『源氏物語』成立
12世紀　スリランカ：比丘尼サンガの消滅
1250　アイユーブ朝エジプト：スルタンの愛妾シャジャーラ・ル・ドゥール，夫の死後スルタンに即位
14世紀　西部アフリカ：マリ王国最盛期
14～15世紀　東南アジア：大陸部の上座部仏教化と島嶼部のイスラーム化が本格化
15～16世紀初　中米：アステカ文明栄える
南米：中央アンデス地方にインカ文明栄える
1450頃　ビルマ：王女シンソープ，女王に即位
15世紀末～　インドネシア：アチェ王国台頭
16世紀　西部アフリカ：ソンガイ王国最盛期

するのは難しい。それぞれの地域では，多様な宗教が重層的に影響して，きわめて複雑な宗教／宇宙観とそれにともなうジェンダー秩序が展開してきたからである。とりわけ母系制から父系制への移行に宗教や宇宙観がどのように関係していたかの歴史的解明は，これからの課題である。たとえば，東南アジアやアフリカには，父系原理の強いイスラームを受容しながらも，母系制や慣習法を維持してきた社会も存在しているからである。(富永)

参考文献　川田順造編『新版世界各国史10　アフリカ史』山川出版社，2009／峯陽一ほか編『アフリカから学ぶ』有斐閣，2010／関西中国女性史研究会編『中国女性史研究入門（増補改訂版）』人文書院，2014／田中雅一編『女神』平凡社，1998／『新版東南アジアを知る事典』平凡社，2008

3-2　ヒンドゥー教の社会とカースト秩序
教科書　インドの古典文明　☞3-6, 7-7, 12-2

◆**ヒンドゥー法と女性の地位**　「ヒンドゥー法」と総称されるサンスクリット文献類は，紀元前6世紀頃から19世紀半ばまで綿々とバラモンによって書きつづけられた。時代により変容を遂げていくものの，ヒンドゥー法は徹底した父系原理でつらぬかれていた。「ストリーダナ」という女性固有の財産カテゴリーを除けば，娘には原則的に相続権は認められず，妻の相続権も限定的なものであった。「ヒンドゥー法」で示された規定が実際のところ，どこまで人びとの生活を律していたかは疑問であり，母系制を含み，各地域・集団ごとにさまざまな慣習法が存在したのは確かであるが，理念としての規定がもった影響力は否定できない。

◆**カースト秩序とジェンダー**　カースト秩序の成立と維持は，女性のセクシュアリティの管理強化と結びついていた。とくに上位カーストの女性がより下位のカースト男性と性的関係をもつことはカースト秩序を揺るがす。女子を初潮前に結婚させる極端な幼児婚，寡婦再婚の禁止，女性隔離（パルダー）の慣習は，バラモンなど上位カーストによって実践されていった❶。男性の結婚年齢も低下していったが，再婚は自由であり，重婚に規制もなかった。下位カースト集団が，バラモン的な慣習（たとえば，寡婦再婚タブーやパルダーなど）を取り入れて，カースト的な地位を上昇させようとする現象（サンスクリタイゼーション）も，後代になって確認される。

◆**「パティヴラター」という理念**　「パティヴラター」，すなわち，1人の男性に生涯献身的につくす貞女という理想像は，ヒンドゥー聖典・法典，叙事詩などで強調された。女性は夫を神とみなして崇敬することで救済されるのだという言説も確立する。「サティー（寡婦殉死）」はその究極の行為として，とくに中世以降，称賛する文献が増えていった。叙事詩『ラーマーヤナ』の女主人公シーターは，パティヴラターの代表的な例とされる。

◆**ヒンドゥー教と女神信仰**　ヒンドゥー教の世界においてあまたの女神（デーヴィー）が存在し，崇敬の対象となってきた事実は注目されてきた❷。ヴィシュヌ神やシヴァ神といった主神の配偶者としてのラクシュミーやパールヴァティーなどは女神の慈愛に満ち，穏やかで吉なる相を表すが，一方，男神から独立したカーリーなどは荒ぶる女神であり，動物供犠の対象である。8世紀頃に成立したとされる『デーヴィー・マーハートミヤ』（大女神威光の書）は，シャクティ（エネルギー，力の意味）を最高原理とし，そ

の顕現である女神を至高の存在とする代表的な文献である。女神信仰の台頭と，女性原理とされるシャクティを重視するタントリズムの登場には深い結びつきがある。こうした動きとは別に，天然痘などの伝染病や災害から人びとの安寧を守る村神は，そもそも女神であることが多い。女神が享受する崇敬と，実際のヒンドゥー女性の地位は，必らずしも対応するわけではない。（粟屋）

---

❶【史料】マヌ法典

5・148 子どものときは父の，若いときは夫の，夫が死んだときは息子の支配下に入るべし。女は独立を享受してはならない。

5・154 夫は，性悪で，勝手気まま振る舞い，良い資質に欠けていても，貞節な妻によって常に神のように仕えられるべし。

5・157 夫の死後は，清浄な花や根や果実［を食して］身体を痩せ細らせるのも自由である。しかし他の男のことは名前すら口にしてはならない。

5・158 死ぬまで，辛抱強く，自己抑制をし，貞節を守り，1人を夫とする妻にとっての最高の生き方（ダルマ）を求めるべし。

9・14 女は容姿を気にしない。彼女らは年齢を意に介さない。容姿がよくとも悪くとも男であることだけで受け入れる。

9・15 この世において，女たちは注意深く守られても，男に対する関心，移り気，そして生来の薄情から夫を裏切る。

❷闘うドゥルガー女神／学問・芸術を司る女神サラスヴァティー

水牛の姿をした魔神マヒシャースラを打ち負かすドゥルガー女神（左図）への信仰は，とくにベンガル地域で盛んである。サラスヴァティー女神（右図）は『リグ・ヴェーダ』に起源をたどることができる。ブラーフマ神と結婚したとされるが，尊像的には図にあるように独立した姿で描かれる。

「ヴェーダ時代」は女性にとって「黄金時代」だったか？　「ヴェーダ時代」（前1500〜前600頃）における女性の地位は高く，それ以降（しばしば，イスラーム勢力の「侵略」時代が名指しされる），低下していったという言説は，19世紀以降，西洋のオリエンタリストや民族主義的なインド知識人層によって唱えられた。彼らによれば，当時，女性にも男性と同じ教育の機会があり，幼児婚はおこなわれず，結婚相手の選択も自由であり，寡婦の再婚も許されていたということになる。こうした言説は，女性にとって仏教がもった一定のポジティブな意義や，インド社会におけるカースト・階層差を無視している点などがフェミニストから批判されてきた。

参考文献　渡瀬信之訳『マヌ法典』平凡社，2013／井狩弥介・渡瀬信之訳『ヤージュニャヴァルキヤ法典』平凡社，2002／小倉泰・横地優子訳『ヒンドゥー教の聖典二篇　ギータ・ゴーヴィンダ／デーヴィー・マーハートミャ』平凡社，2000／田中雅一編『女神』平凡社，1998

3-3　古代中国——父系社会の形成

教科書 中国の古典文明　☞4-1, 4-2, 4-4

◆**先秦時代の王位継承と「宗法」の成立**　中国では，新石器時代後期（前3000頃〜前2000頃）から邑と呼ばれる都市国家が興り，夏，殷，周の王朝の支配を受けた。これらの王はみな男性だと伝えられるが，支配層の氏族名には，姫，姜，妃など「女」を含む文字のものが多く，母系制の影響を論じる研究者もいる。殷王朝（前17世紀頃〜前11世紀）の30代の王の王位継承には，父子間だけではなく兄弟間の事例も多く伝えられており，ゆるやかな父系制だったようだ❶。周になるとおおむね直系の父子継承がおこなわれるようになり，支配層では父系制が確立してゆく。周代には，父系親族集団における人間関係を，世代や性別によって尊卑や親疎のヒエラルヒーに秩序づける「宗法」が成立した。しかし宗法は卿・大夫・士と呼ばれた支配層のもので，「礼は庶人に下らず」（『礼記』典礼編），庶民層の人びとは大らかな男女関係に生きていた❷。

◆**「男耕女織」——性別役割分業**　男が耕作し，女が紡織（採桑・養蚕・裁縫を含む）を司ることは，中国では古くから基本的な性別分業とされてきた。新石器時代後期の遺跡では，女性墓のみから紡錘車が出土し，男性墓からは農工具が発見されるので，その頃からジェンダー・ワークが成立していたらしい。漢代には，皇帝が耕作する籍田の儀式に続いて，皇后が紡織する親桑の儀式も行われるようになり，こうした性別役割が理想化された。しかし早くから家族での農業経営が広まっているなかで，女性が農業労働に従事することも少なくなかった❸。

◆**家族観と妻の地位**　漢代には，庶民層もみな父から伝えられる姓をもつようになったが，当時は，母や妻の一族や嫁いだ娘の子などの母系の血縁者をも同族とみなす考え方が生きていた❹。武帝（位前141〜前87）のとき，五経博士がおかれ，やがて儒学が官学化して，父系のみを同族とする家族観や妻は夫に従うという夫婦観が正統とされてゆく。女性のあり方のモデルや反面教師としての悪女像を示す劉向（前77〜前6）の『列女伝』も書かれた。しかしこれが広く読まれるのはのちの時代である。また漢代には，夫婦間での傷害についての刑罰は双方同等で，唐以降のように夫が妻を傷つけた場合にその逆より罪が軽いことはなく，刑罰上の妻の地位は夫と同じだった。（小浜）

3-3 古代中国

❶婦好（前13世紀頃）
殷の23代王武丁の妻婦好の墓が，1976年に発掘された。出土品や青銅器の銘文，甲骨文の内容から，彼女の暮らしぶりが明らかになった。婦好は，夫とは独立した財産をもち，自己の領地に住み，夫である武丁が彼女を領地に訪ねていた。彼女は戦時には指揮をとり，祭祀を主宰するなど公領域での活動をおこなっていた。とはいえ，婦好の財産は夫の武丁よりかなり少なく，支配層では男女に地位や財力の差があった。

殷代の庶民層の墓では，男女の格差は見られない。上の階層ほど男女の差が大きくなる傾向は，周代の遺跡の発掘からも見てとれる。

❷【史料】「溱洧」（『詩経』鄭風より）──詩に見える歌垣で集う男女の様子

溱與洧，方渙渙兮。	溱水と洧水に春の水がみなぎれば，
士與女，方秉蘭兮。	男女が水辺につどいあい，フジバカマの花を摘む季節。
女曰觀乎。	女が「見に行かない？」とさそえば，
士曰既且。	「もう行ってきたよ。」と男。
且往觀乎。	「もういちど見に行きましょうよ。
洧之外，洵訏且樂。	洧水のむこうは，それは広くて楽しいわよ。」
維士與女，伊其相謔，	そこで男と女はたわむれあい，
贈之以芍藥。	たがいに芍薬の花を贈りあう。

【解説】周代の鄭の国で，春３月３日に，溱水や洧水のほとりで男女が集う歌垣の情景が詠われている（訳は松枝茂夫編『中国名詩選（上）』岩波文庫による）。

❸家族の規模──「四世同堂」と五口の家
中国の家族については，「四世同堂」といわれる大家族が理想とされた一方で，「五口の家」と呼ばれる一家５人の小家族の存在も戦国時代から知られている。戦国時代に鉄製農具の使用が広まって以来，家族による農業経営も広くおこなわれるようになった。大規模な複合家族と単婚小家族は，大規模な荘園経営と小農経営と同じく，中国史を通じて併存していた。これはまた，何世代もの同居を理想とする家族観念と，財産分割などをめぐって分裂を繰り返す家族の現実との併存でもあった。（図は家のなかで紡織する女性像を描いた煉瓦。後漢時代）

❹血縁のとらえ方
武帝の母の景帝王皇后の異父兄弟であった田蚡・田勝は，王皇后の外戚として遇され，田蚡は武帝のときに宰相となった。また王皇后が景帝の妃となる前に生んだ異父姉の存在を知った武帝は，探し出して姉として遇した。以上からは，前漢時代には母系のきょうだいも同族と考えられていたことがわかる。中国社会では，のちには同姓の父系血縁者のみが同族とされて，母系の親族と区別されるようになっていった。

また，この例では再婚女性である王氏が皇后となることも受け入れられており，女性の貞節は問題にされていない。異父同母のきょうだいの存在も，自明なものととらえている。

参考文献　C. メイエール（辻訳）『中国女性の歴史』白水社，1995／関西中国女性史研究会編『中国女性史入門（増補改訂版）』人文書院，2014／小南一郎『西王母と七夕伝承』平凡社，1991／鷲尾祐子『中国古代の専制国家と民間社会──家族・風俗・公私』立命館東洋史学会，2009

3-4 東南アジア社会の多様なジェンダー秩序

教科書 東南アジアの諸文明　☞3-6, 5-3, 6-10

◆**多様性と流動性**　人の移動が活発で民族や宗教が多様な東南アジアでは、ジェンダーや家族・婚姻などのあり方も多様かつ流動的である。大陸部の山地民などで明瞭な父系制の集団がある一方で、イスラーム化した島嶼部を含めて母系制社会（ただし政治・軍事は母系氏族の長老男性か入り婿が握るのが普通）がめずらしくない。平地の伝統社会は一般に双系制的で、財産は男女を問わない均分相続が原則である。近代的仕組みとは違うにせよ、個人の役割や性行動の自由度が高く、女性も一定の法的権利や社会的役割をもち、離婚や女性の再婚は昔から日常茶飯事だった。家族の基本は夫婦と未婚の子どもからなる核家族（単婚小家族）である❶。祖先崇拝の観念はあるがそれほど強くはなく、氏族結合や客観的な出自・系譜より個々人から見た家族・親戚（父方・母方や夫方・妻方）のつながりが大事なので、父方や母方の祖先のうち誰をどう祀るかは選択的である（系譜より自分から見たつながりが大事なのだから「双系制」でなく「双方制」と呼ぶべきだという学説もある）。

◆**宗教・王権とジェンダー**　古代・中世の東南アジアでは、男性中心の教義をもつ世界宗教が伝わっても、それによって非父系制的な基層文化が変化することは少なかった。近世以降には一般的に経典に忠実であろうとする動きが強まり、ベトナムで儒教的な父系親族集団（ゾンホ）が一般化したり❷、上座部仏教圏で教団（サンガ）の指導層から女性が排除されるなどの変化が起こった。しかし、19世紀にイスラームを掲げて壮烈な反オランダの戦い（パドリ戦争）をしたスマトラのミナンカバウ人が現在まで母系社会を維持するなど、父系的・家父長制的な仕組みは全面的に広がってはいない。

　マジャパヒト、アチェなど女王が統治したことのある国家がめずらしくないにせよ、東南アジアでも王の大部分は男性だった。ただ双系制社会の場合、王位継承の順序や各王族の地位を血筋で自動的に決定することは不可能なので❸、結局は個々人の能力や、妻方・母方を含む有力者間の結びつきがモノをいう。そこで、王の妻や母、ときには娘の力が決め手になるケースも多くなる。また、古代ベトナムで後漢に対する大反乱を指導したハイバーチュン（徴姉妹）の反乱に限らず、適当な男性がいない場合に、女性が政治・軍事まで担当するのは当然のことだった。（桃木）

3-4 東南アジア社会の多様なジェンダー秩序

❶「大家族」という誤解

東南アジア以外の国でも同じだが，現代のルポなどでよく，発展途上国では大家族が一般的であるような誤解が再生産されている。これは，若夫婦が結婚後しばらくは親（妻方が多い）と同居する習慣があるほか，離婚や親の死，遠方への出稼ぎなど家族を不安定にする要因が多い一方で，親戚の助け合いや成功者による貧困者の扶養への義務感が強いため，一時的に親兄弟や親戚の家に同居する人が多いこと，都市では住宅事情が悪いことなどがその原因と考えられる。

ベトナムの山地民ジャライ族（母系制）の「ロングハウス」。母と娘の家族が大きな家に同居する。

❷近世ベトナムの家譜

儒教的な家族制度にもとづく家譜がそれぞれのゾンホによってつくられたが，初期には各成員の代数を，開祖から数えずに写真のように家譜作成者からさかのぼって表示する（右写真の一族では開祖を編纂者の「高高高高高高高高祖考」とする）など，父祖から子孫への縦の系譜を絶対視する儒教とは違った要素もしばしば見られた。また近世まで用いられた「国朝刑律」でも，唐律にならった条文が多いなかで，女性の財産権（両親の財産の男女を問わぬ均分相続，夫の死後の妻の相続など）や一定の条件下での妻からの離婚請求権その他，唐律など中国法には見られない（しかし古代の日本や朝鮮半島では普通だった）規定も含んでいた。

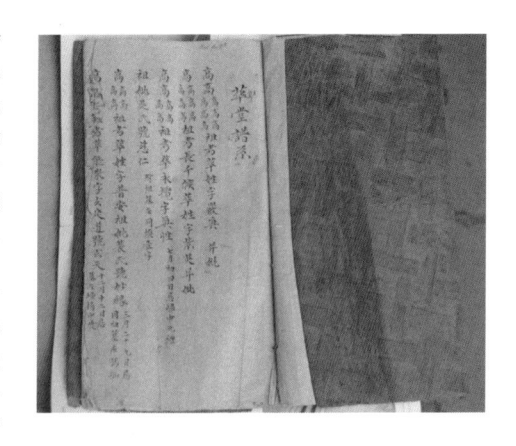

❸双系制下での王位継承

アンコールに都をおいた時代のカンボジア（9～15世紀前半）では，碑文から知られる26人の王（すべて男性）のうち先王の実子や兄弟は8人しかなかった。マジャパヒトでは2代目の王に男子がなかったため，初代クルタラージャサの妻ラージャパトニー（その長女夫妻と次女夫妻が東西の王宮をそれぞれ管理した），ラージャパトニーの次女の息子クルタラージャサの順で王位についた。中国から独立した10世紀のベトナムでも，中国式王朝国家の外見にもかかわらず帝位の世襲はほとんどできなかったが，李朝（1010～1225）では未成年の皇帝を母親（皇太后）と外戚が守るかたちで，陳朝（1225～1400）では上皇制と父系の一族内の結婚により外戚権力を排除するかたちで，人工的に父系による帝位継承の仕組みが定着させられた（それぞれ日本の平安前期・後期と似ている）。

参考文献　桃木至朗『わかる歴史・面白い歴史・役に立つ歴史』大阪大学出版会，2009／『新版東南アジアを知る事典』平凡社，2008

3-5 南北アメリカ —— 古代文明〜近代中南米

教科書 南北アメリカ文明　☞9-5, 9-6, 10-2

◆**女系先住民社会**　南北アメリカの先住民には，言語や文化などに共通項はなく，ヨーロッパ人がやってくる15世紀末，北アメリカだけでも，分類すれば50以上の語族，250〜300の言語が存在したとされる。先住民を示すスペイン語の「インディオ」，英語の「インディアン」も，彼らの多様性を無視した総称にすぎない。彼らの社会には母系，女系が多く，家事育児はもちろん，女性が政治，宗教，交易といった活動においても欠かせない役割を担っていた。北アメリカ大陸の大西洋岸一帯では，農耕の主体は女性であり，農産物の管理・分配も女性がおこない，社会の尊敬を集めていた❶。こうした先住民社会は，ヨーロッパ人がもちこんだ家父長制により，激変していくことになる。

◆**文明のなかの女性たち**　中央アメリカから南アメリカにかけての大西洋岸地域では，前1500年頃から農耕がはじまったが，ユーラシア大陸との交流はほとんどなく，独自の文化が育まれた。ユカタン半島に栄えたマヤ文明やメキシコ高原のアステカ文明ではトウモロコシが，アンデス高地のインカ文明ではジャガイモが，それぞれ主食であり，女性たちは種蒔きや収穫，加工などを担った。原色に多彩な模様を組み合わせた色鮮やかな織物も女性の仕事であった。各々の地域で，巨石建築，灌漑，道路建設に高い技術を有する文明圏が発展を遂げたが，社会の階層化にともなって女性の地位は低下していき，多くの労働を引き受ける一方で，高い身分の女性は政略結婚の道具とされた。インカ帝国のアクリャ❷のように，容姿や織物の才能が買われた例もあるが，女性の社会的評価には限界があった。

◆**ヨーロッパによる征服と現地女性**　15世紀末以降，南北アメリカにやってきたヨーロッパ人との出会いは，現地の女性たちの運命を大きく変えた。1521年，アステカ帝国を滅ぼしたスペインの征服者コルテスの遠征で通訳を務めたマリンチェはその典型的な例である❸。北アメリカでも，17世紀初め，イギリスからの移民団を救ったポウハタン族の首長の娘ポカホンタス❹，19世紀初頭，（ノースダコタから太平洋岸にいたる）ルイスとクラークのアメリカ大陸横断探検隊の通訳兼ガイド役を子どもを連れながら務めたショショーニ族サカガウィア（1788？〜1812）など，白人男性との関係が神話化された先住民女性は少なくない。　　（井野瀬）

❶ 北アメリカ北東部の先住民社会

「考古学的資料が示しているところによれば，この家父長制以前の社会はその一般的構造において，いかなる今日の標準に照らしても，驚くべきほどに平等なものであった。女が，生活のあらゆる面で指導的な役割を果たしていたように見えるとしても，この社会制度のなかの男の地位は，男性支配の制度に特有な女の隷属と抑圧と比べられるようなものをなにひとつ示してはいない」（アイスラー）。

たとえば，現在のニューヨーク州西部一帯にいた，モホーク，セネカら六つの部族からなるイロコイ連合という先住民集団では，首長は男だが，その選出は年長の女性たちにまかされていた。戦士は男たちだが，戦争開始の提案も，食糧供給を断つことで戦争を終結させたのも女性たちであった。この「女性支配」を，アメリカ大陸にやってきたヨーロッパ人は「野蛮」とみなし，家父長制による「文明化」とのりだした。

❷ インカ帝国のアクリャ

インカ帝国では，彼らの神，太陽神とその息子である皇帝に仕える娘たちを各部族に求めた。その条件は，インカの王やその親族の娘であること，他部族の血が混じっていないこと，容姿端麗で賢く，織物が上手な未婚の女性であること，であった。彼女たちはアクリャ（選ばれし処女／太陽の乙女）と呼ばれ，首都クスコにある特別な館で，「ママコーナ」という年老いた未婚女性の監視のもと，死ぬまで外界との接触を断ち，純潔を守り，太陽神のために糸を紡ぎ染め，チチャ（トウモロコシの実を発酵させた酒）をつくる日々を送った。話し相手といえば同じ仲間だけだったが，女性自身もその一族も，アクリャに選ばれたことを名誉とみなした。その一方で，処女性を喪えば，彼女自身のみならず，家族も村もすべてが焼かれる罰を受けた。

❸ アステカ帝国のマリンチェ

帝国内のある村長の娘だったマリンチェ（1502頃～1527）は，父の死後，再婚した母に売られて奴隷の身となり，各地を点々とするうちに，マヤ語とナワ語（奥地の言葉）に通じるようになった。恭順のしるしとしてコルテスに差し出された彼女は，スペイン語の上達も早く，彼の征服に通訳として大きな役割をはたした。当時の兵士の回想録には，彼女は機転がきき，賢明で勇気ある女性であったと記されている。征服の翌年，コルテスの子どもを産んだ彼女は，彼の部下と無理やり結婚させられ，まもなく死亡した。19世紀前半のスペインからの独立期，メキシコでアステカ帝国が理想化されると，マリンチェは「裏切り者」とみなされ，その存在も忘れられていった。（右上図の右端がコルテスとマリンチェ）

❹ ポカホンタス神話

ポカホンタス（1595？～1617．右図）は，イギリスからヴァージニアへの移民団のリーダーで，地元のポウハタン族に捕えられたジョン・スミスが処刑される直前，身を挺して救ったという「美談」で知られるが，この話の真偽は疑わしい。入植者の1人で，妻を亡くしたジョン・ロルフとの結婚も，当時の彼女が入植者に誘拐されて人質となっていたことを考えると，単純なロマンスとはいえないだろう。1616年，夫ロルフとともに渡英し，イギリス社会で評判を得た彼女だったが，翌年，帰国の準備中に急死した。

参考文献 R.アイスラー（野島訳）『聖杯と剣』法政大学出版局，1991／インカ・ガルシラーソ・デ・ラ・ベーガ（牛島訳）『インカ皇統記』岩波文庫，2006／有賀夏紀・小檜山ルイ編『アメリカ・ジェンダー史研究入門』青木書店，2010

3-6 特論③　仏教における女性

教科書　東南アジア世界／東アジア世界　☞4-2, 5-4, 6-11

◆**救済と性別**　もともと男性出家者（比丘）の教団（サンガ）として出発した仏教は，ブッダの在世中から女性出家者（比丘尼）も認め，『ジャータカ（本生譚）』にはブッダの導きで悟りを開いたさまざまな女性の話も含む。しかし，万人の救済を説く大乗仏教の成立後は，菩薩の性別は男子に固定され（観世音菩薩の女性的外見は，衆生を導くための変化にすぎない），悟りの根源となる般若波羅密（智慧）を諸仏の母にたとえるような発想も見られたものの，女性は成仏できない，仏国土や浄土に女性はいないなどの言説が広がってゆく。法華経の提婆達多品には，女性は梵天王，帝釈天，魔王，転輪聖王，仏の5種にはなれない「五障」があるという意見に対して，8歳の竜女（竜王の娘）が法華経の力により男性に変身し（変成男子）成仏してみせた話を載せるが，それは女性そのものの成仏を認めたわけではない。密教の一部などで性愛が称揚されることがあったにせよ，全体的には女性を修行の邪魔者，不浄な存在とみなす発想，性愛や妊娠への嫌悪感も強まった。『マヌ法典』の「三従」（女性は父・夫・息子にそれぞれ従わねばならない）の教えなどがそこに重なり，当初の母性崇拝すら弱められたとされる。

◆**上座部仏教社会の女性**　上座部仏教圏では12世紀にスリランカの比丘尼サンガが消滅して以降，女性の出家ができなくなる。出家して227戒を遵守することを通じた，自力での解脱をめざす上座部仏教の教義からすれば，これで女性の解脱の可能性は消滅したことになる。ただし，その前後から上座部仏教が普及した東南アジア大陸部は，もともと双系制的な家族・親族構造をもち，性別役割分業が不明瞭な世界だった。男性中心の教義そのものはとくに近世になるとかなり広がったが，女性はビルマ（ミャンマー）のナット，タイのピーのような在地の信仰にかかわりつづけただけでなく，ビルマのティーライン，タイのメーチーなど一定の戒律を守って比丘に準じた活動をする女性修行者も排除はされなかった。エリート主義的な教義とは裏腹に，民衆のあいだに広まったサンガへの寄進や僧侶への布施などの功徳により現世や来世の幸福を増大させようという信仰においても，女性の役割は小さくなかった。むしろ男性が，金銭を避ける戒律に出家時以外でも縛られて，農業や軍人・官僚以外の職業に就きにくくなったのに対し，解脱の可能性を否定された女性が商業などに積極的に関与したことが，経済面でのジェンダー格差を縮小させたと

いう説もある。

◆**東アジア仏教とジェンダー** 東アジアでは女性の出家は否定されなかったが、女性の「五障三従」などの説は、儒教とも結びつきながら根づいてゆく。東南アジアと同様に父系制・家父長制が確立していなかった中国南朝や古代の日本・朝鮮半島では、初期の出家者には比丘尼が多く、教団においても一般信者においても、女性の排除はあまり見られない。日本の場合、平安期からケガレ観念の強まりと並行して「五障三従」や「変成男子」の説が普及し、中

武則天に似せたといわれる竜門石窟の盧舎那仏

世仏教においては、道元のように救済における男女差を強く批判する思想も現れたが、「悪人」や女性を特別な救済の対象とする（つまりは通常の救済の対象とはみなさない）ロジックが一般的に語られる。実朝時代の鎌倉幕府を北条政子が、京都の後鳥羽院政を卿二位(きょうのにい)（藤原兼子(けんし)）が動かす状況を背景に、「女人入眼(にょにんじゅがん)の日本国」（女性が動かす日本国）という表現を『愚管抄』で多用した天台座主慈円は、日本が古来そうなっている理由を、善人悪人すべてが母の恩によって生まれるからだと説明している。日本型の一夫一婦制と「家」が成立してゆくこの時代、女性の役割は次第に「母」に限定されていった。近世にかけて、母性崇拝の一方で、経血のケガレの忌避や女人禁制など宗教上の女性排除が強まる。

これに対し支配的な倫理・思想として儒教の存在が大きかった中国・朝鮮では、儒教の父系制・家父長制（これは日本型の「家(いぇ)」と同様、近世に大衆レベルまで浸透する）を相対化する論理として道教や仏教が機能するケースがあり、中国史上唯一の女帝であった武則天（則天武后、位690～705）なども、自らを弥勒菩薩の生まれ変わりと称するなど、正当化・神聖化に仏教を用いたことが知られている。ベトナムでは、中世には仏寺は男女を問わぬ信仰の場だったが、近世には村落社会まで儒教化が進み、村落守護神を祀る神社で村落共同体の集会所を兼ねるディン（亭）とその儀礼が男性に占有される一方で、仏寺は女性の集う場に変化していった。この例も同様に、儒教の相対化という文脈で理解できるだろう。（桃木）

参考文献　総合女性史研究会編『日本女性史論集5　女性と宗教』吉川弘文館、1998／鶴岡瑛『通説を見なおす　女性と仏教』朝日新聞社、2003／石井米雄編『講座仏教の受容と変容2』佼成出版社、1991

第4章

東アジア世界の形成と発展

4-1　概説④　東アジア世界のジェンダー秩序

教科書 東アジア世界の再編と変動　☞3-1, 7-1, 12-1

◆**東アジア世界の国々**　漢が滅びてからモンゴル帝国の支配までの1000年余りの東アジアでは，多くの民族による王朝が興亡し，相互に影響を与えるなかで，中国を中心とした東アジア文化圏が形成された。中国の魏晋南北朝（3～6世紀）は分裂と動乱の時代であったが，遊牧民族の要素を取り入れた普遍性のある文化が成熟し，それは7～10世紀の隋・唐の統一王朝のもとで周辺諸国に大きな影響を与えた。周辺諸国では中国と朝貢や冊封などの関係を結ぶなかで，中国の統治システムおよび儒教や仏教のジェンダー秩序などの影響が及びはじめた。唐が衰えてかわった宋は，対外的には守勢に立って中国文化をより深化させたが，周辺でも民族的な特徴をもつ国家が自立していった。

◆**冊封体制と和蕃公主**　中国の王朝は，周辺諸国と冊封や朝貢などの関係を結ぶほか，和親のために近隣諸国の支配者に公主（皇女）を嫁がせることがあった。これを和蕃公主（わばんこうしゅ）と呼ぶ。古くは漢の王昭君が有名だが，五胡十六国から北朝をへて隋唐に和蕃公主が最も多く出現した。唐からはチベットの吐蕃王（とばん）ソンツェンガンポに嫁いだ文成公主（ぶんせいこうしゅ）（写真）をはじめ，吐谷渾（とよくこん）・契丹（きったん）・回紇（ウイグル）などに多くの公主が嫁いだ。逆に，突厥（とっけつ）・柔然（じゅうぜん）など近隣諸国の王女が中国王朝に入嫁した例も，五胡十六国・北朝時代に少なくない。文成公主が唐の文化をチベットに伝えたように，この時期の活発な国際交流には政略結婚も大きな影響を与えていた。

◆**女性君主の時代**　7～8世紀の東アジアでは，女性君主が相次いで登場した。日本では，推古天皇（位592～628）から孝謙（称徳）天皇（位749～758, 位764～770）まで，日本史上8人10代の女性天皇のうち6人8代が7～8世紀の古代国家の形成期に出現しており，この時期の男性天皇7人にほぼ匹敵する。国家形成の途上にあったヤマト王権の統率者には男性であることは必須ではなく，先王の血筋でキサキとして統治経験もある熟達した年長女性がふさわしいと考えられる場合が多かったのである。朝鮮半島では，新羅に善徳女王（位632～647）・真徳女王（位647～654）が出て，三国統一に功ある英主と称えられた。少しのちの真聖女王（位887～897）と合わせて，朝鮮史上で女王は3人だけしか見られない。唐では，

文成公主：吐蕃に嫁ぎ唐の文化を伝えて敬愛された

皇后・皇太后として30年の執政後，中国史上唯一の女帝として武則天（位690～705）が即位した。この時期の東アジア各国では，王家における地位と実力があれば，女性でも君主になることができたのである。

◆**日本古代社会のジェンダー秩序**　遣隋使・遣唐使によって中国に朝貢した日本は，中国の律令を模した法を制定して律令制の国家をつくろうとする。

当時の日本社会はツマドヒ婚で，夫と妻はそれぞれの母系親族のもとで暮らし，夫婦の絆は弱くて子どもは母方で育つことが多かった。このような社会に，男性家長を代表とする嫁入り婚の夫婦同居の父系家族による小農経営がおこなわれる社会を基盤とした中国の律令はそのままでは適用しがたく，必要な改変がほどこされた。またヤマト王権では支配層は，男女ともに役職をもって政治に参画していたが，中国の男性のみの官僚制度を導入するなかで，女性の公的役割は縮小してゆき，官職の父系継承などもはじまる。仏教の導入も，そこに含まれる女性蔑視を伝えた側面があった。

東アジア世界（3～12世紀）
220　後漢の滅亡，魏呉蜀の三国時代へ
239　邪馬台国女王卑弥呼，魏に遣使
280　晋による中国の統一
304　華北，五胡十六国時代はじまる
317　江南で東晋が建国
4世紀　日本列島でヤマト王権の統一進展
朝鮮半島に百済・新羅成立
420～　江南に宋，斉，梁，陳が興亡
439　北魏の華北統一
465　北魏の馮太后，執政開始（～490）
5世紀　江南：宋で『妬婦記』『世説新語』成立
534　北魏の分裂
589　隋による中国統一
592　日本最初の女帝・推古天皇の統治はじまる（～628）
600頃　遣隋使がはじめて派遣される
618　隋が滅び，李淵が唐を建てる
626　唐で玄武門の変，太宗が即位
630　遣唐使がはじめて派遣される
632　新羅，善徳女王の統治はじまる（～647）
641　唐の文成公主，吐蕃王ソンツェンガンポに嫁ぐ
647　新羅，真徳女王の統治はじまる（～654）
655　武則天，唐高宗の皇后となり垂簾聴政をはじめる
660　唐・新羅連合軍，百済を破る
668　同，高句麗を破る
676　新羅，朝鮮半島の大半を統一
690　武則天，皇帝となり周王朝を開く（～705）
755　唐で安史の乱起こる
764～770　称徳天皇の統治（日本古代最後の女帝）
794　日本：平安京への遷都
9世紀初　唐：元稹，『鶯鶯伝』を執筆
887　新羅，真聖女王の統治はじまる（～897）
907　唐の滅亡，五代十国へ
918　高麗の建国（～1392）
960　宋の建国（～1127）
1084?　宋：詩人李清照の活躍（～1153?）
1127　南宋の成立（～1279）
1130　南宋：朱子学の祖，朱熹誕生（～1200）
1192　日本：源頼朝，鎌倉に幕府を開く（～1333）

中国にならった中央集権の国家体制づくりは，総じて双系的で性別による権力の配分の差が少なかった日本社会に，男性優位・父系の理念が導入され，法制をつうじて徐々に社会全体に浸透してゆく契機となった。〈小浜〉

参考文献　高世瑜（小林・任訳）『大唐帝国の女性たち』岩波書店，1999／藤野月子『王昭君から文成公主へ――中国古代の国際結婚』九州大学出版会，2012／久留島典子ほか編『歴史を読み替える　ジェンダーから見た日本史』大月書店，近刊

4-2　中国貴族制社会の女性の活躍

教科書　魏晋南北朝から隋唐へ　☞3-6, 4-3, 4-5

◆**活発な女性，自由な恋愛**　魏晋南北朝から隋唐時代の中国は，家柄を誇る門閥貴族が政治的・社会的・文化的に活躍した時代である。彼らは「門当戸対」の同格の家のあいだで婚姻を結んで貴族社会を形成していたが，貴族の女性たちも婚家に負けない家格の実家を後ろ盾に，闊達に自己主張をおこなった❶。この時代には，中国社会の人びとの貞節意識はきわめて薄かった❷。女性の離婚や再婚にもまったくタブーはなく，公主の再婚・再々婚も普通におこなわれていた。女性たちの活動空間も広がっていて，北朝の宮廷女性は騎馬甲冑で出かけ，弓矢に巧みな公主たちは賞賛されていた。南朝でも，3月3日の臨水の宴や，4月5日の清明の野遊びに出かけた。宮廷でも，のちの時代と違って宮女の出入りは自由だったし，男性も勝手に後宮に出入りしていた。后妃公主は遊びに出かけ，人の家にも招かれていった。

◆**女性権力者たち──馮太后から武則天へ**　遊牧民の拓いた北朝社会では，母系の影響力が強く，女性も強悍な気風で，女性権力者も輩出した。著名な北魏の馮太后（442～490）は，24歳で太后となり，丞相から権力を奪って政治にあたった。成人した献文帝と衝突すると，孝文帝を立て20年間実権を握りつづけた。政治的センスに恵まれ，権謀術数にもたけていた彼女は，均田制をはじめるなど，北魏の華北統治の基礎を築いた。北魏が分裂した西魏を受けた北周では，重臣独孤信は，長女を明帝の皇后とし，七女独孤伽羅は楊堅に嫁いだ。彼女は隋の建国に尽力し，皇后として文帝楊堅とともに統治して「二聖」と呼ばれた。四女は李氏に嫁いで唐の高祖李淵の母となった❸。北周から隋・唐への王朝交代が北朝貴族集団内部の権力移譲であることは女系を見ると明らかで，女性も大きな役割をはたしていた。

　唐の太宗が玄武門の変で兄の皇太子を除いて即位したのには長孫皇后の力も大きく，彼女は兄の宰相長孫無忌とともに政治に関与した。こうした女性権力者たちの基盤のうえに，中国史上唯一の女帝となった武則天（位690～705）❹が登場する。彼女は半世紀のあいだ実権を握りつづけたが，統治期間は反乱もほとんどないよい時代であった。武則天が科挙によって任官した実力ある官僚を重用したことは，政治の担い手が古い家柄の貴族から科挙官僚に移る契機ともなった。当時は公主，女官，貴族女性らも宮廷で政治に参画していた。武則天の死後も娘の太平公主が実権を握るが，玄宗はクーデターで太平公主を除いて権力を掌握したのである。〈小浜〉

❶妻たちの自己主張

東晋の謝安 (320〜385) は，淝水の戦いで前秦を破った名政治家だが，その劉夫人は，夫が妾を納れるのを許そうとしなかった。まわりの男たちが夫人に「周公（古代の聖人周公旦，周の武王・成王を補佐した）の詩も妾を納れることを許しているではないか」といったところ，夫人は「周公は男性だから，それを作ったのです。もし周公の妻が詩を編纂したなら，この詩はなかったでしょう」と言い返し，聖人を少しも恐れていなかった。この話は『妬婦記』（5世紀）に見える。貴族の男性が妾をおくことは社会通念として許されていたが，それに異を唱えた妻も多く，嫉妬は夫を統御するための妻の心得とされていた。

謝道蘊は謝安の姪にあたる陽夏謝氏の才媛だが，やはり名門の琅邪王氏の王凝之（王羲之の息子）に嫁いだ。しかし新婚の頃，王家の男性たちは謝家の男たちに比べて物足りない，と謝安に辛辣な愚痴をこぼした。のちに北方の軍隊が南下したさいには，武器をとって家族を守って戦った。また，南斉の沈文季の妻王氏は，三斗の酒を飲み干せる大酒飲みで，夫と差し向かいで飲んではともに楽しんだ。この二つの話は『世説新語』（宋：劉義慶編，5世紀）に見えるが，作者は闊達な南朝の女性たちを肯定的に描いている。

❷唐代の人気小説，元稹 (779〜831) 作『鶯鶯伝』

良家の令嬢崔鶯鶯が科挙受験生の張生と詩をやりとりし，恋に落ちて西の廂の間で情を交わす物語。のちに彼らは別の相手と結婚するが，なお詩のやりとりを続けた。結婚相手は親が決め未婚の男女の恋愛は野合とする儒教道徳からは許しがたい物語だが，唐代にたいへん好評を博した。この話はのち，代表的な元曲『西廂記』（王実甫作）として再現されたが，西廂記では2人は結婚することになっている。もとの物語の筋は，元代の社会では許容されなくなったのだろう。

❸北周（宇文氏）・隋（楊氏）・唐（李氏）系図

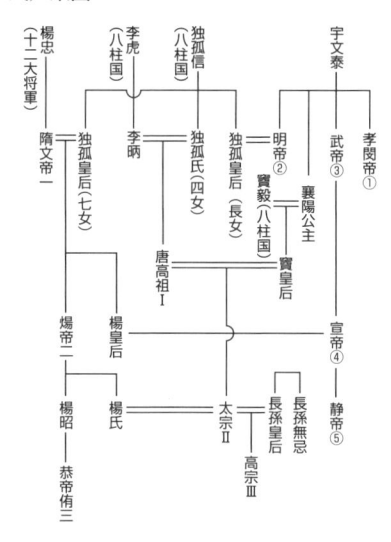

（系図：楊忠（十二大将軍）―隋文帝一―楊皇后・煬帝二・楊昭・恭帝侑三；李虎（八柱国）―李昞―唐高祖I―太宗II―高宗III；独孤信（八柱国）―独孤皇后（七女）・独孤氏（四女）・独孤皇后（長女）；竇毅（八柱国）―竇皇后；宇文泰―孝閔帝①・武帝③・明帝②・襄陽公主―宣帝④―静帝⑤；楊氏・長孫皇后・長孫無忌）

❹武則天（則天武后）(623〜705)

14歳で太宗の後宮に入った武照は，太宗の没後，高宗の妃となり，655年皇后となって，病弱な高宗にかわって垂簾聴政をおこなった。高宗の没後，子の中宗が即位するが，従わなかったので廃して弟を立てて睿宗としたが彼女の傀儡だった。690年には自ら帝位につき，周王朝を開いた。晩年の705年，迫られて退位し中宗が復位して国号も唐に復し，まもなく没した。死後は唐朝で皇太后として遇され，その後の唐の皇帝はみな彼女の子孫である。武則天が「牝鶏司晨（めんどりが時を告げる：女性が政権を握るのはよくない）」の悪女の代表とされたのは，のちに中国社会で女性が政治に参画するのが忌避されるようになってからである。

参考文献 氣賀澤保規『則天武后』白帝社，1995／李貞徳（大原訳）『中国儒教社会に挑んだ女性たち』大修館書店，2009／大澤正昭『唐宋時代の家族・婚姻・女性』明石書店，2005

4-3　朝鮮半島（三国〜高麗時代）——農耕社会における強い母権

[教科書] 三国時代の朝鮮　☞7-5, 13-8, 14-4

◆**三国時代の女性**　朝鮮半島は，4世紀半ばから高句麗（前1世紀頃〜668）❶・百済（345〜660）・新羅（356〜935）の鼎立する三国時代となるが，ともに双系制を色濃く残す社会であった。一例に高句麗の婚姻形態を見ると，妻方で婚姻の儀式をおこなったあとも夫は妻方に寄留し，一定期間をへて妻とともに夫方に移り住むものであった（婿留婦家制）。妻方にとどまる期間が長いほど妻の諸権利は認められた。2世紀後半の高句麗国王のように，亡き兄の妻をめとる制度（兄死娶嫂制）もあったが，三国時代末期には消滅した。高句麗の傍系である百済では，王の強引な誘惑にも負けず貞操を守ったという都弥夫人の説話（5世紀）や，女性の嫉忌が厳罰の対象とされたとする資料から女性の男性への従属は認められるが，地母神と融合した観音信仰からも女性の地位の高さがうかがえる。儒教も伝えられていたが，男女の社会的地位を変えるほどの影響はなかった。

◆**女王と統一新羅**　後発の新羅は，恵まれた気候・風土と，発達した農業，高い鉄の生産技術を基盤に，7世紀，三国を統一する。高句麗や百済には女王は出現していないが，新羅は三国時代に善徳（位632〜647），真徳（善徳の従妹，位647〜654）の2女王，統一後に真聖女王（位887〜897）を出している。高句麗や百済と異なり，王位継承順位では庶子より女子，貴族の男子より王族の女子が優先された。善徳女王の的確な情勢判断と唐を相手にした柔軟な外交姿勢で三国統一をはたしたといわれるが，女王の出現は，父系制確立の過程にありながらも，女王によるシャーマン的祭政を支持する国家的基盤があったためだとされる❷。

◆**男女均分相続**　新羅の三国統一後は，庶民の女性にも土地所有が認められながらも，男児多産の褒賞など父子相続の方向へ変化しつつもあった。真聖女王の評価が前の2女王より低いのは，女王を見る社会規範が変化したことによる。9世紀になると，新羅の支配力は弱まり，各地で豪族が台頭してくる。豪族の王建は各地の豪族と広く婚姻関係を結んで勢力基盤を固め，高麗王朝（918〜1392）を創建する。高麗では同姓婚はもとより，近親婚も広くおこなわれていた。新羅同様に女系の財産相続の慣習が認められ，男女間の往来も自由だったことが伝えられる❸。13世紀半ばの元の侵略により未婚女性が元に徴発されると，それを免れようと早婚がさかんにおこなわれた。(宋)

❶高句麗古墳（世界文化遺産）と相似する高松塚古墳壁画の女子群像

奈良県にある高松塚古墳は高句麗古墳の舞踊塚壁画の婦人像に似ているといわれる。被葬者も高句麗系だという説もある。（右図は、高松塚古墳壁画、下図は、高句麗安岳3号古墳）

(Mehdan/Wikipedia)

❷瞻星台（チョムソンデ）

善徳女王の治世に気象観測して星の位置を知るためにつくられた天文台。362個の石は陰暦の日数を象徴している。中央部の窓の上に12石，下に12石あるのは12か月と24節気を表す。

❸『宣和奉使高麗図経』（1123）

宋の国使臣随員の徐兢が開京に1か月滞在するあいだに記録した見聞記。全40巻。巻20「婦人」には高麗女性が身分別に紹介され，巻23「風俗」には男性とともに川べりで水浴びする姿が描写されている。

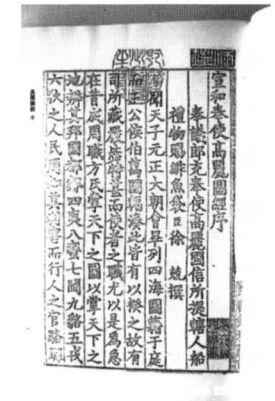

祭政における善徳女王の実力を伝えるエピソード「知機三事」 善徳女王が神秘的で宗教的な政治をおこなったことを伝える三つのエピソードがある。1番目は唐の太宗から贈られた牡丹の絵とタネ3升を見て，タネを植えても香りがしない花が咲くだろうと側近に語ったが，はたして開花した牡丹には香りはなかった。蝶が描かれていない牡丹から，唐の太宗が配偶者のいない女王をからかったことを見抜いたのである。2番目は，冬季，霊廟寺の玉門池に蛙の大群が発生したのを知った女王の謎解きの鋭さである。蛙は伏兵，玉門は女性器，女性器の色が白いところから西の方角の女根谷に百済の兵士が潜伏しているが，女性器に入る男性器は必ず死ぬと予言したことが見事に的中し，臣下を驚かせた。3番目は健康なのに自分の死期を予見し，墓所まで定めたことである。

参考文献　全浩天『世界遺産高句麗壁画古墳の旅』角川書店，2005／武田幸男編『日本と朝鮮——古代を考える』吉川弘文館，2005／歴史教育者協議会・全国歴史教師の会編『向かいあう日本と韓国・朝鮮の歴史　前近代編（上・下）』青木書店，2005

4-4　宋代の社会——儒教的ジェンダー規範の浸透のはじまり

教科書 宋代の中国　☞7-1, 7-3, 7-7

◆**「男は外，女は内」——新儒教とジェンダー規範**　中国では宋代より，科挙官僚が政治の主役となった。出身民族にかかわりなく広い階層に機会が開かれていたが，科挙を受験できるのは男性のみで，長期の勉強の必要な試験を突破できたのは，経済力をつけてきた新興地主層の子弟であった。門閥(もんばつ)貴族はすでに消滅しており，地主＝官僚層が活躍する時代が到来したのである。彼ら士大夫層の倫理規範として，刷新された儒学—宋学が創出される。朱子学に体系化される宋学は，強いイデオロギー性をもち，三綱五倫などの人間関係の上下の秩序を重んじた❶。「男は外，女は内」「男女有別」という儒教規範が，宋代以降，徐々に広い社会層に浸透し，女性の領域は家庭内だという考え方が広まっていった。

◆**裁判に訴える女性**　基本的に身分制のない自由で流動的な競争社会となったからこそ，士大夫層は代々科挙の合格者を出して一族が繁栄するように宗族を形成し，族規（家訓）を定めた。そこでは女性の行動規範が細かく定められており，階層差を表象するために「よい女性は家のなかにいるもの」という規範が重んじられたのである。しかし士大夫層の女性は，家族の栄達のために時には政治的にはたらきかけることも自身の領分と考え，活発に活動した。庶民層の女性は，農作業に従事したり，外に出て遊んだり，おおっぴらに恋愛したりしていた。当時の裁判記録からは，殺人や強盗のような事件でも，財産争いや色恋沙汰のこじれなどのさいにも，庶民層も含めて女性から裁判に訴えることが少なくなかったことがわかる。士大夫官僚である裁判官は，判決をとおして孝行や貞節などの儒教道徳を浸透させようとしていたが，人びとは儒教道徳のなかにおさまってはいなかったのである❷。

◆**女性の財産権**　中国における財産相続は息子のあいだでの均分相続が基本で，娘に対しては，結婚のさいに持参財が与えられた。宋代には，結婚のさいに男の家から女の家に贈られる聘財(へいざい)（結納）よりも持参財が上回ることも多く，娘への財産分与はかなり多かった。もし離婚や死別によって妻が実家に戻ったり再嫁したりする場合には，持参財を持ち去ることができた。夫の家に置いて出なければならないという法のできた元・明に比べて女性の地位は高かったといえる。南宋時代の判例集である『清明集』には，娘にも一定割合で財産を与える習慣がある，という記述も見える。(小浜)

❶三綱五倫と嫡庶

　三綱とは，君は臣の綱・父は子の綱・夫は妻の綱であり，後者は前者にそれぞれ絶対的に服従すべきだとする。五倫とは，父子に親あり・君臣に義あり・夫婦に別あり・長幼に序あり・朋友に信あり，とする倫理である。

　宋学が普及して，生母が嫡妻であるか妾であるかによって子の嫡庶を区別せず，息子は均しく父の「気」を伝えることができ，財産相続においても同じ権利をもつという考えが強まった。礼制上は，誰が産んだかにかかわらず，すべての子の母は父の嫡妻であるとされ，生母でないこのような母を嫡母と呼ぶ。また家族関係については，妻妾の区別がより明確になった。なお中国語では，「子」とはふつう息子のみをさし，娘は「女」と表す。「子女」で男女の子どもであるが，「子」で男女の子どもをさす表現も時に見られる。

❷【史料】「隣の女性が争って訴える」——南宋の判例集『清明集』より

　「阿周のおこないを見ると，けっして心根正しい婦人ではない。彼女は尹必用と隣り合って住んでおり，四六時中なれなれしく行き来していた。ただ，尹必用に色目を使っても，彼が手を出してくれないことに，普段から苦々しく思っていた。／いま阿周は次のように訴えてきた。「私は尹必用に抱きかかえられ，閨房(けいぼう)のなかに連れ込まれました。必死に抵抗してその場を抜け出し，やっとの思いで逃げ帰りました。どうぞお裁きのほどを」と。／しかしこれは，必ずやなきことであろう。もしこのようなことがあったなら，どうして即座に叫び声をあげ近所に知らせなかったのか。どうしてすぐにお上に訴えなかったのか。年を越してから訴えるなど，彼女のデタラメさを告白しているようなものではないか。／おおよそ町の女どもは仕事に励むこともなく，朝から晩まで飲み食いし，三々五々集まっては井戸端会議ばかりである。隣近所が不仲なのは，往々みなこれがためである。……」(巻13-64。訳は，大澤：140-141頁による)。

【解説】隣人にレイプされそうになったと女性が訴え出たが，逆に女性の身持ちの悪さがとがめられた判例。女性は罰として竹のへらで叩かれたうえで道路掃除を半月間することとなり，男性はおかまいなしの判決となった。女性が騒がなかったことや，すぐに訴えなかったことが落ち度とされており，裁判官の儒教道徳に固まった価値観がうかがえるとともに，街を自由に行き来し，おしゃべりしている女性たちの様子がわかる。

一代の文人・李清照(1084?~1153?)

　詞人として名高い李清照(りせいしょう)は，北宋末期に山東省で官僚の家に生まれた。号は易安居士。18歳で金石学者の趙明誠(1081~1129)に嫁いだ。夫婦仲睦まじく，文学をこよなく愛した2人は，衣類を質に入れては書籍や金石書画を購入して書は百万冊にのぼり，研究を重ねた。夫婦で詞のやりとりをしたが，夫は彼女の詞の才能をうらやんだ。しかし北宋末の動乱で蔵書は焼失し，南下して臨安の亡命政権に仕えた夫も急死する。彼女は趙明誠とともに編纂した『金石録』の後序を書いて刊行した。同書は中国の金石学の基礎を築いたとされ，後序は夫婦の想いを伝える名文である。その後，再婚した夫は文学を解しない商人で，虐待されて離別したのち，流亡のなかで優れた詞を多く生み出した。

　清新な感覚にあふれた李清照の詞は，宋詞のなかでもぬきんでたものとされるが，詞だけでなく，学識豊かで文章にも優れた彼女は，宋代の一級の文化人であった。中国では，文人の家庭に育った女性には各時代に優れた文人が出ているが，李清照は宋代を代表する文人の1人であった。

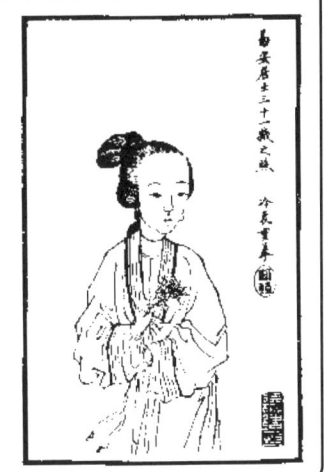

参考文献　柳田節子『宋代庶民の女たち』汲古書院，2003／大澤正昭『主張する愚民たち』角川書店，1996／高津孝編『中国学のパースペクティブ』勉誠出版，2010

4-5　特論④　外戚と宦官
教科書 中華帝国　☞4-4, 7-3, 7-4

◆**皇帝権力を操るもの——家産制国家の外戚と宦官**　外戚と宦官は，歴史上しばしば皇帝を操って権勢をふるう存在として指弾された❶。だが専制君主が絶対権力をもつ世襲王朝では，君主への私的な影響力をもつ者が権力を握りやすいのは当然ともいえる。前近代国家の権力構造とパワーゲームを理解するためには，外戚と宦官の理解は不可欠である。

◆**皇太后と外戚**　中国で最初に権勢をふるった外戚は，漢の高祖劉邦を若い頃から支えた妻，呂后（？〜前180）の一族とされる。呂后は高祖の留守に反乱を企てた韓信を処刑し，高祖亡きあとには幼弱な息子の恵帝にかわって権力を掌握，漢は秦のように天下統一後まもなく滅びることなく二百年の命脈を保った。皇帝が幼い場合の皇太后の執政は，民間社会で寡婦が息子を率いて家を切り回すのと同様に当然と考えられており，その後もしばしば見られた。皇太后が執政に同族の助けを得ると外戚が重用されるので，中国で権勢をふるう外戚は，皇后より皇太后の一族のことが多い。後漢は中期以降，幼帝が続き，皇太后執政時の外戚と皇帝親政後の取り巻きの宦官とが交互に権勢をふるった❷。貴族が勢力をもった魏晋南北朝から隋唐時代も外戚はしばしば政治に介入した。宋代にも，9人の皇太后による垂簾聴政がおこなわれたが，すでに門閥貴族は滅んで皇太后は後ろ盾となる実家をもたなかったので，外戚が権勢をふるうことはなくなった。

◆**宦官の活躍**　宦官とは，君主に使える去勢された男性をいう。中国の朝廷では，皇帝の私的な生活の場である内廷には一般の男性は立ち入れないとされたため，大勢の宦官が仕えた。皇帝は自らに忠実な私的な臣下として，内廷の任務だけでなく軍務や政務にも宦官を重用することがあった。宦官が大きな力を握ったとされるのは，後漢・唐（後期）・明である。唐末には，宦官が皇帝を擁立するようになり，「定策国老，門生天子（宦官は天子を擁立した元勲で，天子は宦官の試験に通った受験生）」といわれた。明代にも，魏忠賢（1568〜1627）らの宦官が権力をふるったが，皇帝の独裁権が確立していたので，皇帝に気に入られているあいだは専権がふるえても，その信頼を失ったり，皇帝が亡くなったりすればただちに失脚した❸。歴史史料の絶対多数は外戚や宦官と権力を争った男性官僚によって書かれてきた。外戚は女性が政治に関与し父系血統主義に反するために，宦官はそのセクシュアリティのために，

ともに中国社会で正統とされる儒教的なジェンダー秩序から逸脱しており，自らを正統な秩序の担い手と自負する男性官僚によって強い指弾の対象とされてきた。皇帝権力に近づきやすい外戚や宦官を忌避(きひ)するイデオロギーを，儒教的な家父長制のジェンダー秩序は内包していたのである。(小浜)

❶西太后（1835～1908）と宦官・李蓮英

同治帝の生母で皇太后として清末に長期間執政した西太后は，外戚には頼らず，洋務派官僚を登用するとともに宦官も重用した。（写真最前列右は，西太后お気に入りの総管太監［宦官の最高職］李蓮英）。

❷曹操（155～220）はなぜ悪役なのか

後漢第6代安帝の急死後，外戚閻氏の立てた傀儡皇帝が急死したとき，宦官孫程がクーデターによって廃太子を即位させて順帝とした。その功により，宦官は養子をとることを許されるようになった。順帝の学友の宦官であった曹騰(そうとう)は養子をとり，その子孫が魏の創始者曹操である。文武に優れた政治家で，後漢の混乱のなかから新しい時代を切り開いた曹操だが，『三国志演義』では，徳の高い蜀の劉備に対する悪役として描かれている。宦官の家の出身であることが，その評価に影響しなかったとはいえないだろう。

❸魏忠賢の専横

明では，官僚を統括する宰相は廃止されて各省の長官はすべて皇帝に直属した。皇帝1人が全責任を負うのは実際には大変なことで，優秀な官僚が内閣大学士として決裁案をつくったが，皇帝の決裁を代筆するのは宦官であった。神宗（位1572～1620）は治世の半ばから25年間も宮廷に出ず大臣にも会わなかったが，その間宦官が内廷で決裁を代行していた。

そのような状況のなかで，魏忠賢が権力を掌握して政務を壟断するようになり，天啓帝（位1620～1627）はその間，趣味の大工仕事に熱中していた。しかし天啓帝の死後，魏忠賢は弾劾されて自殺し，遺体は磔(はりつけ)にされた。

ビザンツ帝国などの宦官　宦官は，中国だけでなく，世界史上の多くの帝国に存在した。古代エジプト，メソポタミア，ペルシア，ビザンツから，ムガル帝国，オスマン帝国まで宦官が見られる。古代のギリシア，ローマにも存在したというが，中世の西欧では，キリスト教の浸透にともなって衰えた。日本は，歴史的に宦官をもたなかった，世界史上まれな地域である。

宦官のセクシュアリティに対するとらえ方は社会によって一様ではない。中国では，父母から受け継いだ身体を傷つけ，子孫を残すことができない宦官は，儒教的倫理から否定的な存在と考えられていた。しかし古代キリスト教世界では，宗教的清貧の思想から自ら生殖器を切り落とすことが流行し，ビザンツ帝国では，キリスト教によって賞賛される「聖なる第三の性」だとされていた。

ビザンツでは，宦官の活躍が知られ，歴代の皇帝の側近として内廷で権力をふるっただけでなく，ユスティニアヌス1世時代に東ゴート戦争を指揮した将軍ナルセス（478～573）や，総主教となった聖イグナティオス（位847～58，867～77）など，地方長官や軍の司令官，教会の総主教として，さまざまな分野で活躍した。

参考文献　三田村泰助『宦官』中央公論社，1963／井上浩一『ビザンツ文明の継承と変容』京都大学学術出版会，2007

第 5 章

イスラーム世界の形成と発展

5-1　概説⑤　中世イスラーム社会のジェンダー秩序

教科書　イスラーム世界の成立と発展　☞6-1, 7-1, 12-1

　本章では、イスラーム教が生まれた7世紀初めから、その影響の範囲が西アジア、アフリカ、中央アジア、インド、東南アジアなどの各地域へ拡大した16世紀頃までを対象とする。

　◆**イスラーム以前からの慣習**　イスラーム社会は、宗教的規範を基本としつつも、各地域の伝統的な慣習を取捨選択して残存させた。イスラーム教生誕の地メッカのあるアラビア半島では、イスラーム以前から父方の系譜が出自を規定する重要なものとして何代もさかのぼって記憶されていたが、その伝統はイスラームの拡大とともに各地に広まった。必ずしもすべてのイスラーム圏に浸透したわけではないが、そうしたアラブ式の名前を採用した地域も多い。男性が女性を管理するといった意味での家父長制的傾向は、イスラーム化以前の地中海・西アジア地域の習慣に由来すると考えられている。「名誉の殺人」（未婚女性の不貞を一族の不名誉として、父親などの年長男性が殺害すること）などはその1例であるが、現代ではそれがイスラーム的価値観にもとづくと考える人もいる。イスラームの象徴ともされる女性のヴェールは、古代メソポタミアでも見られ、中期アッシリア法では上流階層の女性を見分けるために使用されていたが、成人男女を隔離するイスラームの規範が整うにつれて各地の女性に広まったようである。

　◆**コーランによる革新**　ムスリム（イスラーム教徒）が最も尊重する聖典コーランは、男女の信徒に等しく語りかける章句を多く含んでいる。「誰でも善い行いをし（真の）信者ならば、男でも女でも、われは必ず幸せな生活を送らせるであろう」（コーラン蜜蜂章第97節）などである。またコーランは、女子の嬰児殺しを戒め、イスラーム以前のアラブでは男性父系血族にほぼ限られていた遺産相続権を、妻、母、娘などにも与えて女性の権利を拡大した。ところが一方で、ジェンダー不平等と解される言葉もコーランには示されている。「男は女の擁護者である。それは神が彼らを優位においたからであり、彼らが自分の財産から金を出すためである」（コーラン女性章第34節）。イスラームが広く世界に拡大するなかで、コーランの章句は多様な解釈をほどこされるようになったが、女性が家庭を守って子育てをし、男性が稼ぎを得て家族を養うという性別役割は定着していった。

　◆**預言者ムハンマドとハディース**　コーランに次ぐ聖典としてムスリムが規範の

礎とするのが，預言者ムハンマドの言行録（ハディース）である。口伝されたハディースは，9～10世紀に権威ある複数のハディース集成として編纂された。ハディースの伝承者には，妻たちをはじめとする多くの女性たちが含まれており，より多くの具体的な日常生活の指針が示されている。「結婚は信仰の半分である」というハディースが伝えられているように，イスラームは，婚外での男女関係を厳しく戒めるとともに，正式な結婚を奨励する。成人した男女は婚姻契約を結んで家庭生活を営み，子孫を繁栄させることが，よきムスリムの務めであるとされるのである。

◆**イスラーム法（シャリーア）の規範**
コーランとハディースから導かれる行為規範であるイスラーム法は，複数の法学派に属する法学者たちによって，10世紀頃までにおおよその体系が整えられた。イスラーム法学書には，儀礼行為の詳細から，家族法，財産法，刑法，裁判法等の広範囲にわたる分野について，神の定めた規範が示されている。西アジアを中心とする地域で形成されたイスラーム法の具体的規定には，女性にも一定の権利が確保されているが，イスラーム以前から続く男性優位の立場が随所に見られる。（小野）

イスラーム世界の成立と展開（6～16世紀）

570頃	ムハンマド，メッカに生まれる
610頃	ムハンマド，神の啓示を受ける。妻のハディージャが最初のイスラーム教徒となる
622	ムハンマドと弟子たちがメディナへ移住（ヒジュラ），イスラーム共同体形成の開始
632	預言者ムハンマドの死去。アブー・バクルが第1代正統カリフとなる
650	第3代正統カリフ・ウスマーンによるコーランの正典化
661	第4代正統カリフ・アリー暗殺。ウマイヤ朝（首都ダマスクス）の成立
750	アッバース朝（首都バグダード）の成立
801	女性神秘家ラービア・アダウィーヤ死去
909	ファーティマ朝（シーア派，首都マフディーヤ，のちにカイロに遷都）の成立
1250	マムルーク朝成立。シャジャルドゥッル妃が初代君主となる
1258	モンゴルによるバグダード攻略。アッバース朝の滅亡
1299	オスマン帝国の成立
1370	ティムール朝，中央アジアに支配権確立
1453	オスマン軍がコンスタンティノープル攻略，ビザンツ帝国滅亡
1464	ソンガイ王国成立。マリ王国にかわってアフリカのイスラーム化を促進
15世紀	マレー半島のマラッカ王国のイスラーム化が本格化
1501	サファヴィー朝，イラン地域に成立。シーア派を国教とする
1526	ムガル帝国，インド地域に成立

「天国は母の足下にある」（ハディース）と書かれたステッカー

参考文献　L.アハメド（林ほか訳）『イスラームにおける女性とジェンダー』法政大学出版局，2000／小杉泰『ムハンマド——イスラームの源流をたずねて』山川出版社，2002／小杉泰・江川ひかり編『イスラーム』新曜社，2006

5-2 中世イスラーム社会と家父長制

教科書 イスラーム世界の発展　☞5-4, 7-6, 15-8

◆**男性父系血族の絆**　7世紀のアラビア半島でイスラームの教えを説いた預言者ムハンマドは，男児を残さなかったが，娘のファーティマ❶の子ハサンとフサインをつうじて，その男系の血筋が後世に引き継がれた。男性父系血族の絆を重視するアラブ人の名前❷は，自身の名に父方の系譜を付して出自を示す。この習慣は，イスラームの拡大にともなって他の地域にも影響を及ぼした。また早い段階でイスラームの影響を受けた地中海沿岸地域では，父方平行イトコ婚❸が好まれる傾向が続き，男性父系血族の絆を維持する要素になっていた。イスラーム法は，夫婦とその子どもたちで構成される家族を単位とした家族制度を基本としたが，婚姻後見人の就任や相続権などに男性父系血族に有利な規定は残存し，とくに家父長たる男性すなわち父親に権威が集中しがちである。

◆**母性の尊重**　イスラームの規範が強大な父権に正当性を与えていく一方で，母性の尊重もまた強調された。コーランは「両親に孝行しなさい」(夜の旅章第23節)と説くが，ハディースにはとりわけ母親を敬うべきとするものがいくつかある。たとえば，預言者ムハンマドがある男に問われ，「最も尽くすべき者は母親であり，次も母親であり，その次も母親であり，その次が父親である」と答えたと伝えられている。

◆**婚姻と家族をめぐる法**　イスラーム法は，地域の慣習法や行政法と併存し，その適用の様態は時代や地域によりさまざまであったが，婚姻と家族をめぐる法規定は広く適用されていたと考えられている。婚姻契約は，当事者双方(または婚姻後見人)によって，証人2名のもとで締結され，夫は妻に対する婚資の支払いと扶養の義務を負う。男性がイスラーム教徒を含む啓典の民(キリスト教徒，ユダヤ教徒など)の女性と結婚できるのに対し，女性はイスラーム教徒としか結婚できない。そして，イスラーム教徒を父親として生まれた子はイスラーム教徒となる。姉妹や母など近親者との婚姻障害のほか，同じ女性から授乳された関係にある乳親族との婚姻を禁じる独特の規定もある。一夫多妻を許容するコーランの啓示により，男性は同時に4人までの女性と婚姻契約を結ぶことができるが，すべての妻に婚資や扶養料を支払う義務があり，実際に2人以上を妻帯する男性はわずかであったといわれる。ただし奴隷制が許容されており，性交渉が可能な女奴隷の数に法的な制限はなかった。

姦通を厳しく戒め，養子を禁ずるコーランのもとで，イスラーム法には生まれた子の父親を明確にする詳細な規定が整えられた。女性には離別後は3度の月経を見るまで，死別後は4か月と10日の待婚期間がある。離婚は避けたほうがよいとされるものの，禁じられてはいない。男性は，一方的な宣言によって離婚できるが，婚姻契約締結時に定めてあった婚資金残額を支払わなければならない。女性の側からの離婚請求も，一定の条件を満たせば可能ではあるが，多くの場合不利なかたちでの離婚となる。両親が離別または死別した場合の子の監護については，母親が最優先者とされた。(小野)

---

❶ファーティマ・ビント・ムハンマド（606頃〜633）
ムハンマドの4女。第4代正統カリフとなるアリー（シーア派では初代イマーム）と結婚し，2男2女をもうけた。ファーティマは，その慈悲深さや敬虔さなどから，ムスリム女性が身につけるべきあらゆる美徳を備えた理想の女性とされる。ムハンマドの子孫を無謬のイマーム（イスラーム共同体の指導者）として尊重したシーア派においては，とりわけ大きな崇敬の対象となっている。(右図は，ムハンマド[右]の隣に座り，天使ジブリールから衣を授かるファーティマ。右下図は，ファーティマの手。イスラーム以前から西アジアで邪除けのお守りとして知られていたものが，いつしかファーティマの名で親しまれるようになった)

❷アラブ人の名前
アラブ人を含むセム系言語を使用する人びとは，古くから，本人の名に連ねて父の名，父の父の名というように父方の系譜を名前とした。たとえば，預言者ムハンマドの名前は「ムハンマド(本人の名)・ブン(〜の息子を意味するアラビア語，娘の場合はビント)・アブドゥッラー(父の名)・ブン・アブドゥルムッタリブ(父の父の名)」であり，さらに父祖をさかのぼっていく場合もある。ここに尊称や通称，部族名，出身地名，職業名などが付されることもある。

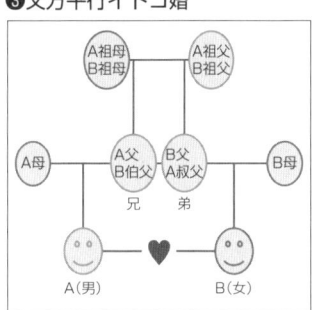

❸父方平行イトコ婚
父親が兄弟同士の関係にある婚姻。夫にとっては，親族の財産の分散が防げるということ，妻にとっては，幼少より親しんだ環境で暮らせることがメリットであるといわれる。

参考文献　G.ティヨン（宮治訳）『イトコたちの共和国』みすず書房，2012／Z.ミール＝ホセイニー（山岸監訳）『イスラームとジェンダー』明石書店，2004／柳橋博之『イスラーム家族法』創文社，2001

5-3 イスラーム化の諸相——アフリカと東南アジア

教科書 アフリカ・東南アジアのイスラーム化　☞3-4, 7-7, 12-5

◆**アフリカ社会のイスラーム化——土着の信仰との共存**　8世紀以降，サハラを南北につなぐ交易が活発になるにつれ，西アフリカのサハラ南縁にアフリカ人の諸王国が出現した。そのなかで早くからイスラームを受容したのがマリであった。14世紀のマンサ・ムーサ王のメッカ巡礼は，その最盛期を象徴する出来事である。東部アフリカでもムスリム商人との交流をとおして，沿岸部の多くの都市国家がイスラームを受容し，15世紀頃までには一般民衆のあいだにも普及した。イスラームは王権の権威を高める一方，公的職能から女性を排除したが，一夫多妻や男子割礼(かつれい)など，アフリカの慣習との共通点も多く，アフリカ土着の信仰との共存も許容してきた。そのなかでは憑霊(ひょうれい)信仰❶が，男性主導のイスラームとのバランスを保ちながら，女性の精神世界を支えてきた。たとえば西アフリカのボリや中東から北東アフリカで広く見られるザール，あるいは東アフリカ沿岸部のムズィムなどである。

◆**奴隷交易・奴隷制の拡大**　イスラーム化のプロセスは，中東イスラーム圏への奴隷供給フロンティアの拡大でもあった。イスラームでは原則としてムスリムを奴隷化することは禁じられていたからである。こうした奴隷交易の展開は，アフリカ社会内部における奴隷制の発展をうながし，さまざまな社会変化をもたらした。たとえば，西部と東部では，王や首長の支配下に貴族と平民が位置づけられ，最底辺を奴隷階層が支えるという階層社会が出現した。とはいえ，階層間の移動性も高く，たとえば，ソンガイ王はすべて奴隷出身の側室の子どもだったとされているように，女奴隷が王の側室となることによって，奴隷身分から脱却することもあった。一方，男性がイスラームを権力の正当化に用いはじめるにつれ女性は次第に政治権力を失っていった。しかし，アシャンティ王国（ガーナ）のヤー・キャー・アキャーワ(1770～1840)のように奴隷狩りにともなう社会の混乱に乗じて政治権力を男性と分有した女性や，イスラーム研究を奨励した支配層の女性も現れている。（富永）

---

❶憑霊信仰は世界中どの地域でも観察されているが，特徴的なことは，東北のイタコ，沖縄のユタなどと同様，アフリカにおいても女性の霊能者が多い。精霊をなだめ，女性の病気治療などをおこなう。

参考文献　I. バーガー・E.F. ホワイト（富永訳）『アフリカ史再考』未來社，2004／原ひろ子編『比較文化研究——ジェンダーの視点から』放送大学教育振興会，2002

◆**東南アジア社会のイスラーム化とアダット**　東南アジアには8, 9世紀からムスリム商人が来航したが、王権や社会のイスラーム化は13〜14世紀頃にはじまったと見られ、マラッカ王国のイスラーム受容が大きなインパクトを与えた。それから近代までかかって、フィリピン群島南部を含む島嶼部の大部分がイスラームを受容した。ただ東南アジアのイスラーム（東南アジア各地の発音では短母音のイスラムが普通）は、おそらくペルシアやインド以上に、各地のアダット（在地の慣習や信仰）との共存・妥協が顕著である❷。有名なスマトラ島のミナンカバウ人や大陸部のチャム人（「バラモン」と土着化したイスラーム「バニ」の2集団に分かれる）の母系社会以外でも、結婚後に妻方に住む、子どもの結婚は母親が中心になって決める、妻側からの離婚が容易であるなどの、非イスラーム的慣習はごく一般的である。大航海時代には、外国貿易や外交でも女性の活躍が記録されている。そればかりか、スマトラのイスラーム化を推し進めたアチェ王国のイスカンダル・ムダ（位1607〜36）のあと、アチェ王国には女王が4代続いたし、マレー半島の港市国家パタニでも100年以上にわたって女王が支配した。イスカンダル・ムダの宮廷は、女性の警護隊によって守られていたとされる（男性を信用しなかったためらしい）。これらは「男性によって動かされていた」とも見られ、近代的な「女性の地位の高さ」に結びつけるのは危険だが、イスラーム法が想定していない女性の活動が広範に展開したことは否定できない。また、男性の出稼ぎが大きな収入源となる一方で、ス

ベトナム・チャム族の母系集団の墓地。男性は死ぬと母方の墓地に葬られる。

ハルト政権（良妻賢母イデオロギーも広める）が全国一律に施行した1974年婚姻法で子どもの結婚への承諾が父親の権利となるなど、独立後の経済発展と「近代化」がもたらしたものは、「女性の地位向上」の方向ばかり向いているとは限らない。（桃木）

---

❷文化人類学者クリフォード・ギアツは、ジャワ島のイスラーム社会について、ヒンドゥー色の濃い貴族層（プリヤイ）、正統派信仰に忠実な商人層（サントリ）、精霊崇拝などの基層文化を維持している農民層（アバンガン）の3類型に分けて説明した。

参考文献　綾部恒雄編『女の民族誌1　アジア編』弘文堂, 1997／A. リード（平野・田中訳）『大航海時代の東南アジア（1・2）』法政大学出版局, 1997, 2002

5-4 特論⑤ イスラーム教とイスラーム文化

教科書 花開くイスラーム文明　☞3-6, 6-11, 15-8

◆**女性の職業**　商業都市メッカで誕生したイスラーム教は，商業を肯定的にとらえている。預言者ムハンマドの最初の妻ハディージャ❶も交易商人で，ムハンマドに隊商を依頼したことが出会いのきっかけであった。イスラーム教が各地に浸透するなかで，女性の家庭を守る役割が重視されるようになり，就労の機会は限られていったが，イスラーム法では女性にも遺産相続権があり，結婚後も自身の財産を処分することができたため，貿易に出資したり不動産を運用したりして財をなす女性たちもいた。イスラーム法の規定に則って私財の所有権を慈善目的のために放棄するワクフ制度にも，多くの女性がかかわった。マムルーク朝やオスマン朝などのワクフ文書には，女性のワクフ設定者や管理者が記録されている。ワクフより得られる収益はモスク（礼拝所）や学校，病院，ハンマーム❷などの運営にあてられた。また，高度な教育を受ける機会に恵まれた女性のなかには，教師や医師となる者もいた。あまり裕福でない女性の職業としては，産婆，パン屋，行商人，死体洗浄，葬儀の泣き女，浴場接客，娼婦などが記録されている。家内奴隷や側妾として主人に仕えた女性もいた。じゅうたん織や裁縫，刺繍など織物産業に関連する職業には，広い階層の女性たちが従事した。

◆**学問の発展と女性**　イスラーム文化の発展は，コーランやハディースに由来するイスラーム固有の学問と，ギリシアなどの外来の学問の双方に支えられていた。中世イスラーム圏における医学の発展には目覚ましいものがあったが，10世紀頃にはすでに産科・婦人科・小児科などに特化した医学書が書かれ，それらがヨーロッパに伝わり大きな影響を与えた。後世に名を残した学者は圧倒的に男性が多かったが，コーラン学や法学などのイスラーム諸学に加えて数学などの分野でも女性学者の名が知られている。女性学者でとくに多かったのがハディース学者である。もともと，預言者ムハンマドと日常的に接触のあった女性たちが多くのハディースを伝承したのであり，とりわけ妻のアーイシャ❸は，多くの重要なハディースを伝え，人びとにイスラームの教えを説いた。また，女性神秘家ラービア・アダウィーヤ❹は，同時代の著名な男性神秘家に比肩しうる立場を有し，のちのイスラーム主義思想にも多大な影響を与えた。法学の分野でも，女性学者に師事した経験をもつ男性学者の学問遍歴が記録されている。（小野）

❶ハディージャ・ビント・フワイリド（555頃〜619）

ムハンマドの最初の妻であり，最初のイスラーム教徒となった女性。裕福な未亡人であった彼女は，先夫の遺産を継いで，隊商貿易に出資していた。40歳の頃，15歳年下のムハンマドに自ら求婚したと伝えられる。ムハンマドとのあいだに3男（ただし男児はみな幼少時に夭折）4女をもうけた。彼女は亡くなるまで，唯一の妻として夫ムハンマドを支えた。

❷ハンマーム（公衆浴場）

清潔を保つことは，イスラームの教えにおいて義務づけられており，モスクの周辺を中心に，都市には多数のハンマームがつくられた。時間帯によって男性用と女性用に分けられるものもあれば，女性専用のハンマームもある。内部は脱衣所・休憩所，冷浴室，温浴室，蒸し風呂に分かれており，マッサージを頼むこともできる。女性たちは婚礼前や出産前後に，近親者と連れ立って長時間の入浴やおしゃべりを楽しんだ。ハンマームは，外出する機会の少ない女性たちにとって，社交場の機能もはたした。

❸アーイシャ・ビント・アブー・バクル（613頃〜678）

預言者ムハンマドの妻。第1代正統カリフ・アブー・バクルの娘。最初の妻ハディージャの亡きあと，メディナ移住後に10人ほどいたとされる妻のうち唯一の初婚女性であり，また最愛の妻であったとされる。ムハンマドは彼女の膝の上で亡くなり，彼女の部屋に埋葬された。ムハンマドの没後は，他の妻たちとともに「信徒の母」と呼ばれ，再婚せずに，人びとにイスラームの教えを伝えて生涯をすごした。

❹ラービア・アダウィーヤ（717？〜801）

女性の神秘家。バスラ生まれ。初期イスラーム神秘主義思想に「神への愛」の理念を導入したことで知られている。生涯独身をつらぬき，徹底した禁欲生活を送った。著作は残していないが，語録が伝えられている。ムスリム女性の模範の1人とされ，現代においてもたびたび小説や映画の主人公となっている。（右図は，映画『ラービア・アダウィーヤ』［エジプト，1963］）

『千夜一夜物語（アラビアン・ナイト）』の女性たち　アラビア語の説話集『千夜一夜物語』は，ペルシアやインドの物語の影響を受けて9世紀頃にその原型ができ，15世紀頃までに現在のかたちになったとされる。物語は架空のものであるが，中世イスラーム社会の様子が随所に描かれている。そこには，さまざまな魅力あふれる女性たちが登場する。男装して冒険する勇敢な女性，悪企みで人を陥れる女性，愛する男性に献身的に尽くす女性，さらには才色兼備で主人の窮地を助ける女奴隷等。そして何よりも，語り手シェヘラザードは，暴君シャハリヤール王に毎夜多彩な物語を聞かせつづけ，いつしかその荒れた心を癒し清めた，知恵と愛情にあふれる女性なのであった。

参考文献　竹下政孝『イスラームを知る四つの扉』ぷねうま舎，2013／深見奈緒子編『イスラム建築がおもしろい！』彰国社，2010／佐藤次高『イスラームを知る1　イスラーム』山川出版社，2009／林佳世子『興亡の世界史10　オスマン帝国500年の平和』講談社，2008／前嶋信次『千夜一夜物語と中東文化』平凡社，2000

第6章

ヨーロッパ世界の形成と発展

6-1　概説⑥　キリスト教ヨーロッパ社会の成立とジェンダー

教科書　ヨーロッパ世界の形成と発展・諸地域世界の交流　☞2-1, 8-1, 9-1

◆**西洋中世**　西洋中世はキリスト教社会としてはじまり，三つの時期に区分される。初期（500頃〜1050頃），中期（盛期：1050頃〜1250頃），後期（1250頃〜1500頃）である。

中世初期には，イタリア以外でローマ都市が衰退し，農業中心の自然経済が基調となった。王国とは王の領土をさし，諸部族には公がいて，国家は荘園には介入できなかった。人びとにとって大きな意味をもったのは，家・家族である。女性は，家父長の保護権のもとにおかれた。

「ヨーロッパ」が女性像で表されるのは，ギリシア神話に由来する（Europa als Reichskönigin in：Heinrich Bünting, 1588）。

中世中期には，都市化が進み，開墾農地が拡大した。キリスト教信仰は民衆にまで広がり，教皇権は頂点に達する。貴族は城に住みはじめ，騎士制度が生まれた。騎士身分の体面を維持するために財産相続は管理され，相続から排除された子女は修道院に送られた。大学の成立とともに，女性は学識活動から排除される。

中世後期は，飢饉と疫病が蔓延し，一揆が多発する危機的な時代であった。都市経済の成熟とともに，女性も経済活動に参加しはじめる。一方，農村では，地域差が拡大し，農民の階層分化が進んだ。世俗化と合理化の流れをうけ，カトリック教会の権威は大きく失墜した。

◆**身分制とジェンダー**　前近代（中世〜近世）ヨーロッパ社会は，身分制社会であった。身分制社会では，性差よりも身分差が前面に出る。しかし，ジェンダー差別がなかったわけではない。各身分内でジェンダーにもとづく差異化がおこなわれた。貴族女性は，農民男性よりも身分が高かったが，貴族男性に比べると王位継承・財産相続において劣位におかれたのである。

身分制を正当化する論理としてよく知られるのが，12世紀に成立した「三職分論」である。「祈る者，戦う者，働く者」（聖職者，貴族，農民）という三つの職分は，三身分に対して神が命じた役割であり，差別ではないとする考え方である。

序列は，それぞれの身分ごとに細かく設定された。聖職者は，ヒエラルヒー（聖職者階層制）のもと，教皇・大司教・司教・司祭・助祭などの職階に分かれた。司教

以上は，聖界貴族として領地を管理した。聖職者は独身男性に限られた。女性は女子修道院に入ることができたにすぎない。しかし，異端運動や在俗修道会では，女性が積極的に活動した。世俗貴族は，ヘールシルト制（公爵・侯爵・伯爵・子爵・男爵など）によって区分された。下級貴族は国王や上級貴族から封（封土と人民）を安堵されるかわりに，忠誠（戦争協力など）を誓った（封建制）。王侯貴族は婚姻政策をつうじて互いに姻戚関係を結んだ。城や領地の相続人には男性が優先されたが，男性がいなければ女性もまた相続人となった。

◆**家母としての女性** 中世中期には，貨幣経済が浸透して中世都市が成立した。市民には，「自由と自治」が特権として認められた。市民の家経営では家父と家母の共同が不可欠であり，女性だけの同職組合（ギルド）もわずかながら存在した。

中世初期に荘園が成立すると，農民は保護を受けるかわりに移動や結婚の自由を制限された農奴として領主直営地を耕作した。しかし，中世中期に開墾運動や都市の成立を受けて，農民の地位はある程度向上する。農地耕作権と共有地利用権をもつ農民の家父長は，村落共同体の正式成員となった。農民の妻は，農作業を手伝うほか，菜園管理も担当した。農民の家経営体でも，夫婦の協力が前提とされていたのである。こうした身分制の枠外には周縁民（賤民・乞食・ユダヤ人など）がいて，交際・居住・職業選択・婚姻などに関してさまざまな差別を受けた。（三成）

西洋中世（500～1500）
476　西ローマ帝国滅亡
480頃　聖スコラスティカ（女子修道院の創設者）誕生（～547頃）
496　メロヴィング国王がカトリックに改宗
500頃　サリカ法典（女性の土地相続を禁止）制定
797　ビザンツ帝国エイレーネー女帝即位（～802）
800　仏：カール大帝の戴冠
1065頃　仏：『ローランの歌』成立
1070頃　ローマ法学の復活
1077　カノッサの屈辱（トスカーナ女伯マティルデが仲介）
1088　伊：ボローニャ大学成立
1096　十字軍遠征開始（全7回。～1270）
1098　ビンゲンのヒルデガルト誕生（～1179）
1100頃　マリア信仰最盛期
●宮廷恋愛を理想とする文学の流行（『アーサー王物語』など）
●ベギン会（女子修道会）成立
1140頃　グラティアーヌス教令集（教会婚姻法を含む）成立
1163　ノートルダム大聖堂建築開始
1170頃　英：マリ・ド・フランス『12の恋の物語』刊行
1194　アッシジの聖クララ誕生（～1253）
1206　ドミニコ会（異端審問担当）設立
1209　アルビジョワ十字軍（異端カタリ派の弾圧）
1298頃　マルコ・ポーロ『東方見聞録』刊行
1347～51　黒死病流行
1365頃　クリスティーヌ・ド・ピザン（文筆家として自活した最初の女性）誕生（～1430）
1431　ジャンヌ・ダルク処刑裁判
1445頃　活版印刷術の確立
1474　カスティーリャ：イサベル女王即位（～1504）
1487　独：H. クラマー，J. シュプレンガー『魔女の鉄槌』刊行
1492　西：コロンブスがイサベル女王に新世界の存在を主張

参考文献　E. エンネン（阿部・泉訳）『西洋中世の女たち』人文書院，1992／A. ホプキンズ（森本監修）『中世を生きる女性たち』原書房，2002／H.K. シュルツェ（千葉ほか訳）『西欧中世史事典』ミネルヴァ書房，1997

6-2 ゲルマン社会からフランク王国へ

教科書 西ヨーロッパ世界の成立 ☞2-6, 6-3, 6-5

◆**ゲルマンの社会**　紀元前後の古ゲルマン人は諸部族に編成されていた。部族は，血統・血縁共同体かつ祭祀共同体であり，平和・法共同体，政治共同体でもあった。部族の最高決定機関が民会（部族集会）である。民会では，武装能力を有する自由人の成年男性が年1度集まって諸重要事を決定するとともに，12〜15歳に達した少年に武装能力ありと宣言して，民会に受け入れた❶。ゲルマンの家は家父長制的な小家族であり，より大きな親族集団（ジッペ）に包摂された。妻子は夫や父の保護下におかれた。しかし一方で，女性には一定の財産権が認められた。

◆**ゲルマン女性の婚姻と財産**　ゲルマンの部族法典によれば，婚姻可能年齢は男子14歳，女子12歳であった。贈与をともなう結婚（ムント婚）が完全な結婚とされ，花嫁の父と花婿（あるいはその父）が婚姻契約を取り結んだ。贈与のない結婚（和合婚）もあり，離婚も可能であった。夫婦別産制がとられ，妻には一定の財産権（不動産・家畜・金銭など）が認められた。嫁資（夫から妻に贈る），持参金（花嫁の父が花嫁にもたせる），「朝の贈り物（モルゲンガーベ）」（初夜の翌朝に夫から妻に贈る），寡婦扶養料などである。夫は妻の財産を管理したが，妻の同意なく処分することはできなかった。相続は分割相続を原則とした。不動産相続では息子が優先され，息子がいなければ娘が相続した。娘の相続権は，しばしば持参金贈与によって相殺された。子がいなければ，妻の持参財産は実家に戻された。

◆**フランク王国**　フランク時代（5〜10世紀）にはキリスト教的婚姻規範は貫徹しておらず，一夫一妻多妾制がとられた。サリカ法典❷に従って王国は男子が継承したが，王位継承順位は確定しておらず，庶子や兄弟にも相続権があった。このため王位継承紛争が絶えず，王家の女性たちも争いに加わった❸。カール大帝（位768〜814）は，5回結婚し，4人の第二夫人をもち，子は20人にものぼった。彼は女性の政治的影響力を排除しようと努め，相続争いを封じるために庶男子をすべて修道院に入れ，持参金による財産減少を恐れて娘を結婚させなかった。一方，彼は，「兄弟の連帯」という理念にもとづいて，王国を嫡男子3人で分割するよう遺言した。1人残った末子ルートヴィヒ1世（位814〜840）の治世に女性の政治的発言権がふたたび強まる❹。フランク時代には，性別よりも，むしろ出身一族の権勢や国王との人的関係が政治力の決定的要因になっていたといえよう。(三成)

6-2 ゲルマン社会からフランク王国へ　89

❶【史料】タキトゥス『ゲルマーニア』(90)
「第12章 民会においては訴訟を起こすことも，生死の判決を促すこともできる。刑罰の判定は罪に応じて異なっており，裏切り者と脱走者は木につるし，臆病者，卑怯者，あるいは恥ずべき罪を犯した者は，頭から簾(すだれ)をかぶせて，泥沼のなかに押し沈める」
(参考，岩波文庫：68頁，一部改訳)。

【解説】タキトゥスが『ゲルマーニア』を執筆した意図は，ゲルマン文化の「健全さ」と対比して退廃したローマ文化を批判することにあった。内容の信憑性には疑問ももたれているが，考古学的史料と符合する記述も少なくない。15世紀半ばに発見されたこのテキストは，のち，ゲルマン民族意識高揚に大いに利用され，19世紀にはドイツ的な男性的美徳のルーツとして「ゲルマン的自由」というイメージが煽られた。

沼沢死体　20世紀初頭，ドイツ北部の湿地帯で1世紀頃の死体が何体か発見された（沼沢死体）。死体は泥炭層に守られ，ほぼ完全にミイラ化していた。上は，髪を剃られ，目隠しをされた10代半ばの「少女」の死体とされ，むしろがかけられ，浮かばないように杭で止められていた。「恥ずべき罪」（姦通罪）に問われて溺殺刑に処せられたものと長く信じられてきたが，最近のDNA鑑定で「少年」であることが判明し議論が続いている。

❷【史料】サリカ法典（6世紀初頭）
第59章　女にはこの国の土地を相続する権利はない。

【解説】ここで想定されている土地は，4世紀以降ローマ帝国の兵役義務の代償として与えられた土地で，男系で継承された。14世紀の法学者たちは，土地相続規定である本条を，イギリス・プランタジネット朝の干渉を恐れて王位継承原則に読み替えた。こののち，本条は，女王・女系継承を禁じた条文として，フランス王国やハプスブルク帝国で利用された。実際には，女性が嫁資や持参金として土地や城・修道院をもらうことは多く，男性に劣後したとはいえ，土地相続から排除されていたわけではない。

❸政治的役割をはたした女性たち──プレクトルーデとベルトラーデ
メロヴィング家の宮宰ピピン(714没)は，モーゼル流域の相続人プレクトルーデを妻に迎えた。彼から孫の後見人に任されたプレクトルーデは，ピピンの庶子カール=マルテル(688頃~741)を孫の最大の脅威とみなして彼の財産を没収した。その後，プレクトルーデを排除したカール=マルテルは王国統一に成功する。彼の息子ピピン(位751~768)は，プレクトルーデの姉妹の孫娘ベルトラーデ(783没)と結婚し，多大な財産を得た。夫の死後，ベルトラーデはピピンの息子たちの相続争いを仲裁し，婚姻政策を進めるなど政治的役割をはたした。

❹悪女か，賢女か？──ユーディトの評価
ルートヴィヒ1世は，先妃亡きあと，バイエルン大公ヴェルフェン家のユーディト(795/807~843，右図)を2人目の王妃とした。教養豊かで美貌のユーディトは，夫に多大な影響力をもち，実家の権勢増大にも貢献した。ルートヴィヒ1世は，帝国整序令(817)で王国を先妃の3人の息子に分割相続すると定めていたが，ユーディトは息子シャルル(2世，位843~877)にも相応の相続分を求めてさまざまな策を練った。そのふるまいは貴族層の反発を買い，彼女は追放・復帰を繰り返す。ルートヴィヒ死後(840)の相続争いでユーディトはシャルルに援軍を送る。彼女の死後まもなくヴェルダン条約(843)によって，シャルルは西フランク王国を得た。ユーディトについては，当時もいまもまったく評価が分かれる。「諸悪の根源／尊敬すべき女性」「カロリング帝国没落のひきがねになった身勝手な悪女／息子や自分の地位を守るための当然の行動をした賢女」。このような評価の揺れ自体に，歴史認識のジェンダー・バイアスを見ることができよう。

参考文献　E.エンネン（阿部・泉訳）『西洋中世の女たち』人文書院，1992／H.K.シュルツ（千葉ほか訳）『西欧中世史事典』ミネルヴァ書房，1997／久保正幡訳『サリカ法典』創文社，1977

6-3 ビザンツ帝国とジェンダー

教科書 東ヨーロッパ世界の成立　☞2-6, 2-7, 6-10

◆**皇室の女性たち**　395年にローマ帝国は東西に分裂した。西の帝国は476年に滅亡したが，東の帝国は長らく存続したのち，1453年にオスマンの攻撃によってコンスタンティノープルが陥落し，滅亡した。古代ローマ帝国の正統な後継者を自認していたビザンツ帝国であったが，ギリシア語を公用語とし，古代ローマ帝国とはかなり異なる特徴を呈していた。教会の認める結婚のみを正規の結婚とし，離婚を原則として禁止したのもその一つである。ジェンダー視点からはさらに興味深い特質が見えてくる。ビザンツ帝国では他の中世世界には例のないほどに，皇后などの皇室の女性たちが政治的な影響力を発揮していた。「ローマ法大全」の編纂で有名なビザンツ皇帝ユスティニアヌス（位527〜565）の妻テオドラが，夫の皇帝が廃位されようとする危機に直面したとき，事態打開に大きく貢献した話はよく知られている。ユスティニアヌスは北アフリカのヴァンダル王国，イタリアの東ゴート王国，イベリア半島の西ゴート王国を軍事力で奪回し，かつてのローマ帝国を再興したと評される。532年に彼の財政政策に反対した反乱者たちが，対立皇帝を立てて市の中心部に火を放ち，ユスティニアヌスに退位を迫ったとき，皇帝は側近とともに逃亡の計画を検討していたが，テオドラは群衆の前に姿を現し，「紫の衣は良い死装束。逃亡するよりもこの帝衣を着たままの死を選びます」と決然と宣言したため，ユスティニアヌスも逃亡をやめ，軍を用いて反乱を鎮圧した。ビザンツ皇帝の妻や母たちのなかには，ほかにも皇帝権力を自在に操る者がいた❶。

◆**社会の流動性**　女性が政治的に活躍できた要因は何であったのか。そもそもコンスタンティヌス帝がギリシア人の植民市ビザンティオンを新しい都市コンスタンティノープルにつくりかえたとき，皇帝は帝国全土から集めてきた彫刻で首都を飾り立て，新しい元老院を設け，ローマからの移住を承諾した元老院身分の家族に土地と特権を与えた。しかし，多くの元老院身分家族は西方にとどまり，ローマ人としての伝統を誇る名門家系が存在しなかったため，この首都は有能な人物を広く受け入れる社会的流動性の高い都市となった。さまざまな男や女がエリートの階段をのぼろうと，属州やさらに遠方からコンスタンティノープルにやって来た。成功した者も少なくなく，皇帝や皇妃にのぼりつめた者もいた❷。積極的な女性が頭角を現す素地がこのような開放性，流動性にあったのだろう。　（桜井）

❶聖像破壊運動（イコノクラスム）と女性

聖像破壊運動に終止符を打ったのも女性だった。レオン3世（位717〜741）が730年にはじめたこの運動は中断の時期をはさんで843年まで続いた。イコンを認めないキリスト教信仰を打ち出して展開されたこの政策だったが、ローマでは教皇がこれに反対し、ローマとコンスタンティノーブルのあいだに亀裂が生じた。聖像破壊政策は45年間続き、レオン4世（位775〜780）の没後、その妻エイレーネーは息子コンスタンティノス6世の摂政として権力を握り、聖像破壊政策を破棄して公会議を招集し、聖像崇拝へと方向転換した。この変更は権力欲の強いエイレーネーが聖像破壊政策をめぐって

金貨に刻まれた皇帝エイレーネー

続いていた対立を利用した結果、とする見方もある。797年に単独統治をしようとした息子の眼を潰し、797年から802年まで自ら皇帝の座に就き（ローマ帝国最初の女性皇帝）、権力を行使したからである。

815年に皇帝レオン5世（位813〜820）が聖像破壊政策を再開し、それはテオフィロス帝（位829〜842）まで継承されるが、帝の死後、その妻テオドラが周囲の反対を押し切って聖像崇拝を復活させる。彼女は宮廷の宦官や聖像崇拝派の修道士らの支持を受けていた。このように聖像破壊運動の継続を阻止したのは2人の皇后であった。それはたんに彼女たちの権力欲のゆえだったのか。正教会の聖職者は男性に限られていたので、そのような教会内の権力関係から比較的自由な女性たちは、教会に敵対的な行動を起こしやすかったと考えることもできよう。

❷ユスティニアヌスとテオドラ

ユスティニアヌス（右図上）は伯父ユスティヌスの帝位を継承した。軍人で教育のない伯父とは異なり、帝国行政や法律、神学、宮廷儀礼などを学び、しっかり継承の準備をして帝位に就くが、その直前に踊り子テオドラ（右図下）と出会い、恋に落ちた。テオドラは熊使いだった父の死後、生活のため舞台に上がっていたのだった。上品とはいいがたいダンスを観客に見せていたらしい。その観客の1人がユスティニアヌスであった。当時、元老院議員と平民との結婚は法で禁じられていたが、ユスティニアヌスは反対の声があるなかでその法を改正し、525年にテオドラと結婚した。

> アンナ・コムネナとその母、祖母　ビザンツ最高の歴史家といわれるアンナ・コムネナ（1083〜1157）の人生には、実母、祖母、義母の影響を見ることができる。アレクシオス1世コムネノス（位1081〜1118）とエイレーネー・ドゥーカイナを父母とする皇女で、幼くしてミカエル7世とマリア・アラニアのあいだの息子コンスタンティノス・ドゥーカスと婚約し、7歳になると慣例により婚約者およびその母とともに暮らすようになった。アンナが敬愛する義母マリアは文芸サロンを主宰し、一流の著作家たちがそこに出入りしていた。この母の影響を受けたのであろう、アンナものちにマリアと同様文芸サロンを主宰する。婚約者の死により実家に戻り、自ら家庭教師を雇って知識の探究に努めたアンナは、父方の祖母アンナ・グラッセナを賞賛していた。この祖母は息子アレクシオスが軍事遠征で不在の折にはコンスタンティノーブルにおける全権を握ったほどの女性で、その敬虔さ、強い精神力、知的能力をアンナは自らの手本とし、政治的野心を燃え上がらせた。弟ヨハネスのかわりに夫を皇帝にしようとするアンナの陰謀は母エイレーネに助けられるものの失敗するが、アンナのこの野心は著書『アレクシアス』で父の権力掌握と帝国強化の過程を描くさいに役立ったと見られる。

参考文献　井上浩一・栗生沢猛夫『世界の歴史11』中央公論社、1998／J.ヘリン（井上ほか訳）『ビザンツ　驚くべき中世帝国』白水社、2010

6-4 カトリック教会と教会婚姻法

教科書 西ヨーロッパ世界の成立・変容　☞6-5, 6-11, 8-4

◆**生まれてから死後まで**　12世紀は，西洋文化における大転換期であった。秘蹟論と教会法が確立した結果，キリスト教が人びとの日常生活にまで浸透していったからである。カトリック教会は7秘蹟（洗礼・聖体・婚姻・叙階・堅信・告解・終油）を定め，信徒の人生の節目に必ず教会がかかわるようにした。教会法（聖職叙任・教会財産・典礼・秘蹟などにかかわる法）はグラティアヌス教令集（1140頃）をもとに成立し，15世紀に「教会法大全」として体系化された。13世紀に司教区単位で設置された教会裁判所が，婚姻事件や異端審問を管轄した。死者祭祀を担ったのは教会であり，死者は個人墓に土葬された。男女ともささやかな遺産のなかから教会に寄進したり，貧民に喜捨して，死後の魂の救済を願った。

◆**婚姻と性の統制**　カトリック神学では，男女とも純潔が至上価値をもつため聖職者は独身でなければならない（聖職者独身主義）。教会は，婚姻を信徒の信仰生活を守るための手段とみなし，その目的を「生殖・姦淫防止・相互扶助」においた。性交渉は夫婦間に限定され，生殖コントロール（避妊・堕胎）も売買春・姦通・同性愛も禁止された❶。カトリック婚姻法は，一夫一婦婚主義・婚姻非解消主義・合意主義（婚姻は男女の合意で成立する）を柱とした。別居（食卓と寝床の分離）は可能で，性的不能は婚姻を無効とした。7親等に及んだ婚姻禁止（現14親等に相等）は，1215年に4親等に減じるが，厳しすぎる婚姻禁止要件は，しばしば婚姻無効の申し立てに利用された。16世紀，プロテスタントは，秘蹟を洗礼と聖餐（聖体）に限り，離婚を認めた。

◆**宗教者としての女性**　カトリック教会は，教皇を頂点とする聖職者階層制を打ち立て，教会官僚システムを西ヨーロッパ全土に張りめぐらせた。その階層制に女性は入れなかったが，当初から女性が排除されていたわけではない。中世初期には，妻帯する聖職者もいれば，女性助祭もいた。カトリック神学と教会組織が確立するにつれて，聖職者独身主義と聖職者からの女性排除原則も確立したのである。中世中期，女性の「非聖性」が喧伝されるのに対抗するように，女性の宗教熱が高まっていく。マリア信仰と清貧運動が浸透するにつれ女子修道院が急増し❷，在俗の女子修道会も成立した❸。修道院に入ることは神との結婚を意味し，修道女たちはしばしば神との疑似恋愛に身をゆだねた。また，異端運動は，因習にとらわれずに女性にも指導的地位を認めたため，女性に歓迎された。〔三成〕

❶【史料】ヴォルムスのブルヒャルト『法令集』(11世紀)

「おまえは自分の妻と別の女と,犬のようなやり方であとから結合しなかったか。もしそのようにしたのなら,おまえは,パンとみずだけの十日間の苦行をせねばならぬ。……四旬節の大斎の期間に,おまえは自分の妻と淫らな行ないをしなかったか。おまえはパンと水だけの四十日間の苦行をするか,さもなくば二十六スーの施しをなさねばならない」(デュビーほか:160頁)。

❷女子修道院

ドイツの場合,女子修道院の概数は70 (900頃), 150 (1100頃), 500 (1250頃) と増えつづけた。13世紀半ばには2万5000人から3万人の修道女がおり,多くの市民女性が含まれた。女性の価値の高さは,しばしば「処女100,寡婦60,妻30」とたとえられた。一方,中世初期から存在し,大貴族の女性が集うベネディクト派の女子修道院には,清貧運動の影響はほとんど及ばなかった。

❸【史料】教皇クレメンス5世の教令(1311)──**在俗女子修道会**(ベギン会)**禁止令**

「一般にベギンとよばれ,だれにも服従を誓わず,財産を放棄することもなく,認可された修道会会則に従って生活することもなく,それゆえどのようにしても律修修道女とはみなされないにもかかわらず,いわゆるベギンの衣をまとい,特別なひいきによって特定の修道会と密着した女性たちがいる。繰り返しわれわれにもたらされた信頼すべき報告によれば,彼女らの何人かは,あたかも狂気に憑かれたかのように,至高の三位一体と神の本質について,また信仰の問題と教会の秘蹟に関して論争し,説教をし,そして正統教義とは相容れない意見を広めているという」(『西洋中世史料集』:228頁)。

【解説】ベギン会は,13世紀初頭から北西ヨーロッパの都市で広まった在俗の女子修道会である。14世紀には2タイプが発展する。一つは「ベギンホフ」(ネーデルランドなど)で,教会のまわりに小さな家が隣接し,1人の司牧者が指導した。もう一つは「ベギンの館」(ライン地方など)で,一軒の建物で共同生活を送った。メンバーは節制と簡素を誓い,機織りなどの手仕事に従事した。1243年には,ケルン市とその周辺に2000人のベギンがいると報告されている。ベギンから修道院に発展することもあったが,ベギン会は教会の管理外で活動するため,教会にとっては脅威であり,しばしば異端の疑いをかけられた。また,ベギンとベガルド(男性の在俗修道会員)が結婚せずに同居することもあった。

女教皇ヨハンナ伝説　歴史上ただ1人,女性のローマ教皇ヨハンナ(伝:位855〜858)が存在したという伝説は,13世紀半ばから16世紀半ばにかけて大いに広まり,彼女は実在したと信じられた。しかし,ヨハンナはあくまで想像上のヒロインである。13世紀の年代記によれば,ヨハンナは男装の少女であったが,「さまざまな学識に秀で,並ぶ者はいなかった。その後ローマに渡り,自由七科を教え,学生と聴衆の偉大な師となった。彼女の生活ぶりと学識の高さは市中で評判となり,彼女は万人にとってローマ教皇として選ばれる人となった。しかし,教皇位にあるあいだに,彼女は愛人の子を身ごもった。正確な出産予定日を知らなかったために,……細い路地で彼女は出産した。死後,彼女は同じ場所に埋葬された。教皇がつねにこの通りを避けるのは,この出来事を嫌悪するからである。彼女が聖なる教皇の一覧にくわえられることもないのは,女性であるためと,彼女にまつわる汚らわしさのゆえである」。13世紀に彼女の伝説を広めたのは,ドミニコ会修道士たちである。教皇権がピークを迎える時期に,否定されるべきスキャンダラスな女性教皇を男性教皇の対極において,教会からの女性排除を徹底しようとしたと思われる。他方,16世紀の宗教改革期には,「スキャンダル」としてカトリック教会を攻撃するために,プロテスタントが好んでヨハンナ伝説を利用した。

1493年の年代記の挿絵

参考文献　池上俊一『ヨーロッパ中世の宗教運動』名古屋大学出版会,2007／朝倉文市『修道院にみるヨーロッパの心』山川出版社,1996／E.エンネン(阿部・泉訳)『西洋中世の女たち』人文書院,1992／G.デュビーほか(福井ほか訳)『愛と結婚とセクシュアリテの歴史』新曜社,1993

6-5 封建制と貴族社会

[教科書] 西ヨーロッパ世界の成立・変容　☞6-4, 6-6, 6-7

◆**封建制と貴族**　12世紀には，結婚が教会の7秘蹟(ひせき)の一つとして確立する一方，これと対立的な宮廷風恋愛が発展した。宮廷風恋愛を含む貴族社会のジェンダー規範は，貴族身分の職分たる「戦」によって規定された❶。戦争の遂行を支えると同時に戦争を引き起こす原因ともなったのが，封建制である。主君は臣下に封（領地領民）を安堵し，臣下は主君に戦争協力義務を負った。互酬的な封建契約を介して，貴族はヒエラルヒーに組みこまれたのである。封建社会は，非生産者たる少数の戦闘専門身分が封建領主となり，生産身分である農民を搾取(さくしゅ)するシステムでもあった。貴族身分では「男＝戦／女＝家」という役割分担があったが，男性家長に支障があるときには妻・母が軍事に携わることもあった。勇気や肉体的頑健さは貴族女性の美徳とされた。また，男性相続人がいなければ，女性が所領や爵位を相続した。「カノッサの屈辱」（1077）で活躍したトスカーナ女伯マティルデ（1046～1115）のように，政治や戦争に関与・協力した女性も少なくない❷。

◆**家門**　貴族身分の再生産を支えたのが「家門」である。家門は，9世紀末から形成されはじめ，12世紀に完成した。武器・武勇および戦闘を支えるための財政基盤たる所領を父から1人の息子へと男系かつ単独で継承するために婚姻戦略が利用された。家門形成・維持のために，幼少時に親同士で子の婚約が取り決められた。娘は，10代半ばで動産中心の嫁資つきで結婚させられて実家の相続権を放棄するか，結婚が困難であれば修道院に入れられた。息子の場合，長男のみを結婚させて所領相続人となし，次男以下を主君の城に預けて騎士にするか，聖職者にした。世俗貴族と聖界貴族はしばしば血縁関係にあり，利害を共有した。

◆**近親婚の禁止と政治的利用**　貴族の家門政策は，教会の婚姻規範と鋭く衝突した。典型が近親婚である。教会法では，洗礼をおこなった代父母も含む7親等まで婚姻が禁止された。にもかかわらず，貴族は家門を維持するために，いとこ婚などの近親婚を好んだ。反面，よりよい条件の縁組みがあれば，近親婚を口実にしばしば婚姻無効が申し立てられた。事実上の離婚である。夫は，妻を嫁資つきで実家に戻し，寡婦産について示談した。近親婚をするために特免をもらうときにも，婚姻無効を認めてもらうときにも，教会には多額の寄進がおこなわれた。貴族の近親婚をめぐっては，教会も法違反を問わず，協調的な態度をとったのである。(三成)

❶騎士道物語と宮廷風恋愛

　騎士叙任は一般に20歳でおこなわれた。結婚から排除されて家長になれず，独身でありつづけた騎士たちは，しばしば諸家を渡り歩いて放浪した。馬上槍試合（騎馬試合・トーナメント）への参加は栄誉を得る格好の機会であり，その冒険譚を含む多くの「騎士道物語」が生み出された。教会は，妻帯者の性的放埒には厳しく接したが，独身男性の放埒には甘かった。各都市には売春宿がおかれ，騎士が未亡人や召使い女と情事を楽しんでも非難はされなかったのである。しかし，騎士は，主君の妻や女相続人といった「貴婦人」をなぐさみの対象にしてはならなかった。これゆえ，彼女たちの好意を得るための争いは，「宮廷風恋愛」として高度に洗練され，ゲーム化されていく。けっして姦通にいたらない「宮廷風恋愛」の主導権を握ったのは，女性たちではない。それはあくまで男たちのゲームであった。主君は，自分の妻を疑似餌に騎士たちの忠誠を得ようとしたのである。

馬上槍試合：12～16世紀に流行した模擬戦で，個人戦と団体戦があった。四旬節を避けて年中あちこちで開催され，多くの貴婦人がこれを見物した。試合後はその日のパトロンが豪華な宴会と余興を開き，最優秀者を決めた。

❷叙任権闘争と女相続人たち

　叙任権闘争の時代，皇帝や教皇に近い女相続人たちが重要な役割をはたした。シュワーベン大公家のギゼラ（989～1043）は，神聖ローマ皇帝コンラート2世（位1027～39）を3人目の夫とした。選挙王制で選ばれた皇帝よりもギゼラの家門が格上で，教会法上は許されない近親婚であった。金髪のギゼラは教養高く，識字能力があり，政治的才能にも優れていて，夫とともに帝国の共同統治者となる。上ロートリンゲン領の女相続人ベアトリス（1017?～76）は，ギゼラにひきとられて育ち，コンラートは彼女をトスカーナ辺境伯と結婚させた。ベアトリスの娘マティルデは8歳で父の所領の女相続人となる。ベアトリスは従兄弟たる下ロートリンゲン公と再婚した（1054）。皇帝権の強化をはかるハインリヒ4世（ドイツ国王1056～1105，皇帝1084～1105）は反旗を翻した公を罷免し，母子を人質とするが，やがて和解する。帰還した公は，義理の娘マティルデの相続領を管理した。公の死後，マティルデは，母によって公の連れ子と結婚させられる（1069/70）。彼女は夫を嫌ってすぐに別居した。

右がマティルデ，左下で跪くのが皇帝ハインリヒ

　母の死後（1076），マティルデはようやく自立し，カノッサ城で皇帝と教皇を仲介した（1077）。その後，皇帝がイタリアに侵攻し，彼女は領地の多くを失うが，一貫して教皇側を支援し，自分の軍隊も投入した。25歳以上も年下のバイエルン大公家のヴェルフ2世と政略再婚したものの（1090），大公家が皇帝側についたため離婚する（1095）。彼女の死後，相続人を失ったトスカーナ領（いわゆる「マティルデの所領」）は教皇領と皇帝領に分割された。教皇や皇帝との抗争を通じて所領内の都市はやがて自立していき，フィレンツェ・ピサ・シエナなどの都市国家へと発展する。

参考文献　G.デュビー（新倉・松村訳）『十二世紀の女性たち』白水社，2003／G.デュビー（篠田訳）『中世の結婚』新評論，1984／G.デュビー（福井・松本訳）『愛と結婚とセクシュアリテの歴史（増補）』新評論，1993／高山博『中世シチリア王国』講談社，1999／山辺規子『ノルマン騎士の地中海興亡史』白水社，2009

6-6 中世ヨーロッパの農村と都市

[教科書] 西ヨーロッパ中世世界の変容　☞6-5, 8-4, 8-7

◆**領主と農民**　西ヨーロッパでは領主直営地をもつ自給自足型の荘園は8世紀頃成立した。農奴は土地に緊縛され，男は，週3日程度，領主直営地で働き（労働地代），女は領主館で糸紡ぎをしたり，菜園で働いた。中世中期に直営地は解体して貨幣地代へと変わり，土地緊縛が緩んだ。都市建設や開墾活動によって人びとの移動が活発になるにつれ，土地・人格・裁判に関する領主支配権が分離・錯綜し，自由農民が増えていく。土地領主よりも裁判領主による治安維持の役割が大きくなり，人格的支配である体僕領主制は名目化していった。しかし，14~15世紀の農業危機の時代に，封建的分裂が激しい西南ドイツでは体僕領主制が強化され，ドイツ農民戦争における最大の争点となる❶。東ドイツ植民運動の入植地では，土地・人格・裁判支配権が一体化したグーツヘルシャフト（農場領主制）が形成された。

◆**村の男女**　13~14世紀には村落共同体が形成された。その正式成員は，家屋敷と農地をもつ男性家長で，彼らには森や川などの共有地用益権が保障された。中世末期に頻発した領主への抵抗運動は，村落共同体を拠点とした男性家長たちの異議申し立てであり，調停・裁判・一揆などの諸段階があった。一方，15世紀末から増える小屋住み農や農業労働者は，権利を制限された。村では老若男女みなが働いた。村の祭りは男女が交わる格好の機会であり，婚前交渉を禁ずるキリスト教会の厳しいセクシュアリティ規範は農村には容易に及ばなかった。試し婚の風習をもつ地域もあった。すでに子をもつ女性が妻として歓迎されたし，婚前交渉にも寛容で，婚外子やその母も家に受け入れられている。

◆**都市の「自由と自治」**　都市は，「市場・都市法・防御施設（市壁・市門・塔・堀）」によって農村と区別された平和領域である❷。都市の「自由と自治」は，近代的な個人的自由とは異なり，都市共同体に対して保障された身分制的特権であった。市民権と営業権（親方資格）はセットになっていた。都市法は市民の参政権や治安維持（刑事法）を定め，ツンフト規約（組合規約）は親方資格と品質を管理した。市民＝親方は原則として男性家長に限られ，妻子や奉公人（職人・徒弟など）を監督・保護した。大都市では王侯貴族を顧客とする遠隔地商人が都市貴族となったが，市民の大半は近隣市場向けの小売りを兼ねる手工業親方であった。市民権をもたない住民男女は，市政から排除され，裁判でも不利に扱われた。（三成）

❶【史料】ドイツ農民戦争の12箇条（1525）

第3条　第3に、私たちが農奴とみなされるのが、これまでの慣習であったが、キリストが、私たちすべてを、羊飼いも最高者も同様に、何人の例外もなく、その高価な血を流して救済され、贖（あがな）われたことを考えれば、これは悲しいことだ。それゆえ、私たちが自由であり、また自由であろうと望むのは、聖書にもとづくことなのである。……

第11条　第11に、私たちが死亡税と呼ばれる慣習を完全に廃止したいと思う。それは、多くの場所で取り立てられているが、それは、神に背き、名誉に反して、破廉恥（はれんち）にも寡婦や孤児からその財産を取り上げ、奪い取る慣習であり、私たちは、こんな慣習を我慢しようとも許そうともけっして考えていない。

【解説】　宗教改革後に起こったドイツ農民戦争（1525～27）は、西南ドイツ一帯に広がる大規模な抵抗運動であった。第3条で聖書にもとづく平等を謳い、各条で地代や裁判の不公正を批判している。農民は領主制の撲滅を要求しているわけではない。しかし、体僕領主制については完全廃止を求めた。体僕領主制は、死亡税と結婚制限を特徴とする人格的支配権である。死亡税は封建的な相続貢租で、男農奴が死んだときには最上の家畜を、女農奴が死んだときには最上の衣服を領主に差し出すというものであった。結婚制限は、農奴同士の結婚に対する規制である。「子は腹に従う」という原則のもと、子は母と同じ身分になったり、母子の帰属をめぐる領主間の争いは絶えなかった。やがて、領主たちは、結婚税を定めたり、互いに通婚契約を結ぶようになった。いわゆる「初夜権」は実際の領主権ではなく、新郎が新婦の領主に対して支払った結婚税をさすと思われる。（上図は、当時出版された12箇条の瓦版の挿絵。農民は農具で武装している）

❷中世都市

中世末期のドイツには3000近い都市があったが、大都市でも人口1万～2万で、都市の9割は人口2000以下の小都市であった。大都市は帝国自由都市として完全な「自由と自治」（立法権や最高裁判権をもつ）をもったが、小都市は領主に支配され、「自由と自治」は制限されていた。（右図は、帝国都市ニュルンベルク）

|高い初婚年齢・再婚の多さ|　「家経営」としての手工業経営には、家父たる親方と家母たる妻が不可欠であった。しかし、直系で家業を継ぐという原則はない。都市法は最も厳格に嫡出規範にこだわり、婚外子には市民権も親方資格も認めなかった。これは、自己の婚外子を都市に送りこもうとする貴族身分への対抗戦略であったが、市民身分にとっても後継男子を確保できないことを意味した。また、ツンフト規約は「営業の自由」を認めず、自由競争を排して親方数を制限したため、経営の空白期間をおけず、しばしば寡婦は職人のなかから有能な者を選んで夫とした。これらの市民身分では、男女とも10代前半で教育を兼ねて他家の奉公人となることが多く、奉公人生活はライフサイクルの一環をなしていた。親方の子弟はしばしば親方試験で優遇されたが、親方になるまで結婚できないため初婚年齢は高く、家経営を維持するために再婚率も高まり、妻が年上というケースはまれではなかった。近世には都市の産業が硬直化して親方数が絶対的に不足するようになり、職人たちの抗議行動が激化していく。（図は、P.ブリューゲル「農民の踊り」1568）

参考文献　E.ウイツ（高津訳）『中世都市の女性たち』講談社、1993／P.ブリックレ（前間・田中訳）『1525年の革命』刀水書房、1988／林毅『ドイツ中世自治都市の諸問題』敬文堂、1999／P.ブリックレ（服部訳）『ドイツの臣民——平民・共同体・国家1300～1800年』ミネルヴァ書房、1990

6-7　百年戦争とジャンヌ・ダルク

教科書　西ヨーロッパ中世世界の変容　☞6-5, 6-6, 8-5

◆**百年戦争**　百年戦争（1339～1453）は、封建制度に起因するきわめて中世的な王位継承戦争である。しかし、それはフランドル羊毛生産の利権や封土争いとも深く結びついており、王妃たちも戦争の帰趨（きすう）に関与した。アリエノール・ダキテール❶（1122～1204）がフランス国王から離縁されてイングランド王妃になると、イングランドとフランス西・南部を含むいわゆるアンジュー帝国が成立し、百年戦争の遠因となる。フランス王妃イザボー・ド・バヴィエール❷（1370頃～1435）は、率先して、娘の夫（イングランド王）にフランス王位継承権を認めた。

◆**ジャンヌ・ダルク**　ジャンヌ・ダルク（1412～31）は、フランス北東部ドンレミ村の比較的裕福な自由農民の娘として生まれた。母から伝統的な女性用手仕事やいくつかの賛美歌を学んだが、読み書きを教わる機会はなかった。13歳のときに「神の声」を聞き、16歳のとき父が勧める結婚話を拒否して、フランス王に忠実な貴族に謁見（えっけん）する（1428）。彼から剣と男物衣服を与えられたジャンヌは、死ぬまで男装をとおした。1429年、オルレアンを解放し、王太子をシャルル7世（位1422～61）としてランスで戴冠（たいかん）させたジャンヌはパリ解放に向かおうとした。しかし、国王はこれに消極的であり、内政を安定させるためにブルゴーニュ派との妥協をはかろうとした。主戦派のジャンヌは国王にとって邪魔になっていく。1430年、ジャンヌはパリ解放に失敗し、イギリス＝ブルゴーニュ連合軍に捕らえられた。シャルル7世は身代金を払おうとせず、ジャンヌを見捨てた。

◆**処刑裁判と復権裁判**　1431年、イングランド支配下のルーアンにおいて、ジャンヌは異端審問にかけられた。24の論点のうち5つが男装にかかわるものであった。3か月続いた裁判には、主席裁判官ボーヴェ司教コーションをはじめ、総勢60名がかかわった。ジャンヌの堂々たる態度を隠すため、裁判は途中から非公開となった。5月23日、広場で判決文が読み上げられ、火刑台が設置される。火刑で肉体を失うと復活できないため、ジャンヌは有罪を認める署名をし、いったん終身刑に減刑された。しかし、イギリスの策略でジャンヌはふたたび男装する。「戻り異端」となったジャンヌには火刑以外に道はなかった（処刑裁判❸）。1456年、シャルルは異端による戴冠という汚名をすすぐべく、大勢の証人を集めてジャンヌの無実を証明した（復権裁判）。（三成）

❶アリエノール・ダキテール

アリエノールは，フランス王国の3分の1にあたる広大な領土の女相続人であり，中世ヨーロッパで最強かつ最も富裕な女性でもあった。15歳でフランス王妃となり，第2回十字軍（1147）には，自軍を率いて国王とともに参戦したが敗北する。近親婚を口実に離縁されるとすぐに11歳年下でより近親のアンジュー伯ノルマンディー公アンリと結婚する。やがてアンリがイングランド王ヘンリ2世として即位すると，アリエノールのフランス領地はイングランド領となった。これが百年戦争の遠因となる。
(右図は，アリエノールとフランス国王との結婚式)

❷シャルル7世の母イザボーと姉カトリーヌ

イザボーは，曾祖父が神聖ローマ皇帝，父がバイエルン公，母がミラノ公息女という名門に生まれた。14歳でフランス王シャルル6世と結婚し，12人の子をもうけた。1393年頃，夫が精神に異常をきたしたため，王弟やブルゴーニュ伯と手を結び政治に介入した。トロワ条約（1420）では，娘カトリーヌ（1401〜37）とイングランド王ヘンリ5世との結婚を決め，ヘンリ5世のフランス王位継承権を認めた。それは，王太子シャルルの嫡出性を自ら否定したに等しい。シャルルはすべての称号を失って亡命した。ヘンリ5世はパリに凱旋したが，1422年に死去した。カトリーヌは，側近の下級貴族オウエン・テューダーと再婚した。彼らの長男は上級貴族に列せられ，ランカスター家ゆかりの姫と結婚して王位継承権を得る。カトリーヌの孫ヘンリが，テューダー朝（1485〜1603）の祖となった。(右図は，イザボーの墓碑)

❸【史料】ジャンヌ・ダルク処刑裁判「最終判決」

「主の名においてアーメン。異端の危険な害毒が教会の肢（えだ）に執拗に付着し，これを悪魔の肢に変える時があれば常に，慎重な配慮を以て，この危険な害毒の忌むべき汚染がキリストの神秘的な身体の他の肢に感染せぬよう監視せねばならない。……それ故に，我等……は，……誤ることない判決により，汝，俗称"乙女"ことジャンヌは，分派，偶像崇拝，悪魔の祈祷，その他多くの悪行により，様々の過誤及び様々の罪に堕ちていることを宣告した」(高山訳：341頁以下)。

【解説】 ジャンヌは，近代以降も相対立する立場から利用された。教会がジャンヌの敬虔さを称え，列聖する（1920）。一方，共和主義者はジャンヌを下層出身の愛国者として強調した。ナチス期には，ヴィシー政権がジャンヌをイギリス軍と戦う勇者と位置づけたのに対し，レジスタンスは権力と戦う抵抗者とみなした。(右図は，高等法院記録に描かれたジャンヌ)

|異性装の禁止| 中世ヨーロッパでは，異性装は教会によって禁じられていた。根拠とされたのは，旧約聖書の文言「女は男の着物を身につけてはならない。男は女の着物を着てはならない。このようなことをする者をすべて，あなたの神，主は厭われる」（申命記21-5）である。中世教会法も，「もしある女が自分の意思で男の服を用いると決め，このため男の外見を真似るようなことあらば，彼女は呪われるべし」と定めた。中世で最も広く流通した書物『黄金伝説』（1260年代）には，修道院で男装して過ごすなどして聖人とされた女性6人の物語が含まれる。男装によって自らの女性性を否定して信仰生活に入ることは，男性中心の宗教生活と大きく矛盾しなかった。ジャンヌが「神の声」を聞いた者として男装することには，本人も周囲もさほどの違和感をもたなかったと思われる。その意味で，ジャンヌはけっして女性として行動したのではない。しかし，異性装は本来的には教会法上の罪である。ジャンヌは処女検査で処女であることが確認されているため魔女罪（悪魔との性交）を適用できなかった。裁判官たちもジャンヌの罪をどうするかに悩んだあげく，男装の罪が必要以上に峻厳に適用されたと見られる。

参考文献 高山一彦編訳『ジャンヌ・ダルク処刑裁判』白水社，1984／R. ペルヌー（高山訳）『ジャンヌ・ダルクの実像』白水社，1995／R. ペルヌー（塚本監修・遠藤訳）『奇跡の少女ジャンヌ・ダルク』創元社，2002／竹下節子『ジャンヌ・ダルク』講談社現代新書，1997／赤阪俊一・柳谷慶子編『生活と福祉』明石書店，2010

6-8 中世ヨーロッパの女性知識人と大学

教科書 西ヨーロッパの中世文化　☞6-9, 11-3, 11-8

◆**大学と学識からの女性排除**　大学は中世ヨーロッパ身分制社会の産物であるが,学識は身分制を超える契機になった。大学は都市の同職者組合(ギルド・ツンフト)によく似た「仲間団体」として成立し,特権として「自由と自治」を保障された。他方で,法学博士号取得者は一代限りの貴族に叙せられ,農奴であっても奨学金を得て神学部に学び,聖職者になることも可能であった。しかし,そうしたチャンスから女性は排除されていた。例外はあるものの,原則として,女性は1900年前後まで大学から排除され,学識は男性にほぼ独占されていたのである。中世から近世にかけて大学の共通言語はラテン語であり,国や民族を超えた男性知識人社会が構築された。それは,ラテン語を解さない多くの男性と,ほとんどすべての女性を学術と専門職から排除する仕組みとして機能した。大学の主要テキストたるアリストテレスの著作は,家父長制を正当化する理論として活用された。

◆**女性知識人の活躍**　しかし,女性もまた文化創造の主体であった。こうした歴史的事実はほとんど顧みられていない。中世にもラテン語や自国語で文筆活動に励んだ女性がいた。フランス王妃でのちにイングランド王妃になったアリエノール・ダキテール(1122~1204)は,吟遊詩人を保護して宮廷文化を栄えさせた。12世紀後半にイギリスで活躍したフランス生まれの詩人マリ・ド・フランス(生没年不詳)はラテン文学を翻訳している。ただし,彼女たちは職業作家ではない。

◆**「女性論争」**　1399~1403年,フランス宮廷とパリ大学を巻きこんで,女性の尊厳をめぐる大論争がおこった。「薔薇物語論争」,別名「女性論争」である。争点となったのは,『薔薇物語』第2部のあからさまな「女性嫌悪」であった❶。執筆者である詩人ジャン・ド・マン(1240頃~1305)とその擁護者たるパリ大学知識人たちに対して,公然と異議申し立てをしたのが,「女性の名誉と女性の権利の勇敢な弁護人」(ホイジンガ)と評されるクリスティーヌ・ド・ピザン(1365頃~1430)である❷。彼女は,ヨーロッパ初の女性職業作家であり,ラテン語・イタリア語・フランス語を解して,フランス宮廷で活躍した。クリスティーヌは『薔薇物語に関する書簡』をフランス王妃イザボー・ド・バヴィエールに献じ,論争が公になる。論争は勝敗を決することなく終わったが,これを機にクリスティーヌの知性はヨーロッパ中で有名になった。彼女の最後の詩が「ジャンヌ・ダルク讃」(1429)である。(三成)

6-8 中世ヨーロッパの女性知識人と大学

❶【史料】『薔薇物語』

「女というものは十分な知恵もなく、しっかりした心も持たず、誠実でもなく、人間的に成熟していませんから、男がどれほど苦労を重ねても、とてもその心をがっちり摑んでいるという気持ちになれるくらいに安心させてくれません。……けれどもこれは、美徳に基づいた行動の基準を持っているような、立派な婦人たちについて言っているのではありません。もっともさんざん吟味はしてみたものの、そのような女性にはひとりとして出会っていませんが」（ちくま文庫（上），2007：410頁）。

【解説】『薔薇物語』は14世紀末に大流行した書物であり、2部からなる。第1部（1245年頃ギョーム・ド・ロリス作）は典型的な宮廷風恋愛の叙情詩であったが、ジャン・ド・マンが執筆した第2部（13世紀末）は、宮廷社会に批判的まなざしを向け、女性を軽蔑の対象、性的道具とみなした。1399年の『愛神への書簡』以降、クリスティーヌは死ぬまでの30年間を「女性の尊厳」のためにペンで戦いつづけた。

❷【史料】クリスティーヌ・ド・ピザン

(1)「……わたしは世界がはじまって以来の古い歴史、ユダヤ人の歴史、アッシリア人の歴史、そして国家統治の諸原則に魅せられた。……研究に時間を費やすればするほど、ますますよく理解できた……そしてわたしの知識は大きくなっていった」（ホプキンズ『クリスティーヌの夢』：247, 249頁）。

(2)（王の秘書官兼公証人たるピエール・コルによるクリスティーヌ批判）「ああ、ばかげた傲慢さよ。ひとりの女の口から、知性のかけらもなく性急にはき出されたことばよ。この女は、ずば抜けた知力と広範な教養を備え多大なる労力と純粋な決意をもってかくも高貴なる書を世に送り出した男性を糾弾しているのである」（ムッツァレッリ：43頁）。

【解説】クリスティーヌ・ド・ピザン（クリスティーナ・ダ・ピッツァーノ、右上図）は、ヴェネツィアに生まれた。父はボローニャ大学の天文学教授であり、クリスティーヌが4歳のときにフランス宮廷から天文学者兼侍医として招かれた。彼女は父から当時としてはほぼ完全な教育を受けた。15歳で結婚した相手は、フランス国王の秘書官兼公証人たる貴族で、3人の子に恵まれる。しかし、25歳のとき父と夫を相次いで亡くした。この苦難が、彼女を自立させる結果となった。夫への愛の思い出から再婚せず、彼女は、夫の遺産を守るためにいくつもの法廷闘争をやり抜いたあと自分の書斎をもち、王家の図書室から借りた本を独学した。執筆活動は、詩文から散文・評論へと変化していく。彼女は職業作家として、政治的な改革論も提言した。王妃イザボー（1370頃～1435）は、クリスティーヌの著作をすべて手に入れようと望んだほどである。

アベラールとエロイーズ　アベラール（1079～1142）は、中世フランスの論理学者・神学者であり、パリ大学の神学・哲学の教師としても非常な名声を博した。普遍は実在するか、名目だけかを争った普遍論争では、後者を支持する唯名論を大成し、後世のスコラ学の基礎を築いた。エロイーズ（1101～64）は、ノートルダム聖堂参事会員の姪で、美貌と学識で有名であった。アベラールはエロイーズの家庭教師となり、2人は熱烈な恋に落ちた。エロイーズは妊娠し、男児を出産した。エロイーズの叔父は激怒したが、アベラールは和解を申し出て、2人は秘密の結婚をした。しかし、叔父の暴力からエロイーズを守るため、彼女を修道院に入れたことで叔父がアベラールの局部を切り取るなどの暴力行為に及び、アベラールは修道院に入った。エロイーズも修道女となった。死後、2人は同じ墓に埋葬された。（図は、アベラールとエロイーズ）

参考文献　A. ホプキンズ（森本監修）『中世を生きる女性たち』原書房，2002／M. F. B. ブロッキエーリ（白崎ほか訳）『エロイーズとアベラール』法政大学出版局，2004／M.G. ムッツァレッリ（伊藤訳）『フランス宮廷のイタリア女性』知泉書館，2010

6-9　中世ヨーロッパの医学校・修道院

教科書　西ヨーロッパの中世文化　☞6-8, 9-7, 11-11

◆**医療と女性**　正規の免許をもつ男性医師の医学書は残るが，産婆など免許をもたない下級医療職の医術は経験的に伝承されてきておりテキストがほとんど残っていない。そのため女性の医療分野での活躍は歴史から見えにくくなってしまっている。しかし近年の多面的な調査によって，医療分野での女性の貢献が見えるようになってきた。なかには少数ながら書物を残している場合もあり，これまで看過されてきた女性の活躍が明らかになりつつある。こうした事実の発掘・普及に一つのきっかけを与えた科学史の文献として，モザンスの著作『科学史における女性』がある❶。

◆**イタリアのサレルノの医学校**　中世をとおして癒しの行為は女性の手にあり，とくにイタリア南部のサレルノ（ナポリの約50キロ南）は，湯治で有名で1000年頃に医学校が開校され，ギリシア人，ユダヤ人，アラビア人などあらゆる国籍あらゆる宗教を等しく受け入れた。のちに誕生するパリ大学やオクスフォード大学が女性を受け入れなかったのに対し，サレルノでは教授陣も学生も男女で構成されていた。中世のこのサレルノ医学派黄金期を代表するのはコンスタンティヌス・アフリカヌス（1017～87）であり，多くの著作が残されている。しかし11世紀，彼が活躍する少し前にこの医学校で最も有名であったのは女医トロトゥーラであった❷。ところが，その事実は近年になるまで医学史において十分な認識を得られないままであった。

◆**女子修道院が女性の学問の場**　今日学問の場は基本的に大学とされるが，大学はそのはじまりのときから（イタリアを除いて）女子に門戸を開かず，12世紀から15世紀にかけての大学の興隆は，女性にとって教育の機会を失うことにつながっていった。大学の歴史は女性の教育機会の剥奪の歴史でもあった。そうしたなかで女子の修道院は一定の役割をはたしていた。ライン河畔ビンゲンのベネディクト修道会の女子修道院長として12世紀に活躍した聖ヒルデガルト❸こそ他の追従を許さぬ博識で知られる女性であった。女性が学問から排除されなかったイタリアでは，学生はもちろん教授陣のなかにも女性は存在し，ボローニャ大学では13世紀にはベティシア・ゴザディーニが法律を，また14世紀にはノヴェッラ・ダンドレアがカノン法の講義をおこなった。（小川）

6-9 中世ヨーロッパの医学校・修道院

❶モザンス

H.J. モザンスという著者名はペンネームで,『科学史における女性』の著者はジョン・オーガスティン・ザーム (1851〜1921) というカトリックの司祭である。1913年という早い時期に男性によってこのような著作がアメリカで発表されたことは特筆すべきことである。しかし,モザンスの著作が科学史のなかで正当な評価を得るためには,その後のアーリク『男装の科学者たち』やシービンガー『科学史から消された女性たち』(1992) の著作を待たねばならなかった。

❷女医トロトゥーラ

トロトゥーラ・デ・ルッジエーロ (Trotula di Ruggiero, 右図) について詳しいことはなお不明であるが,今日彼女が実在の人物であったことは確定している。サレルノの貴族デ・ルッジエーロ家に生まれ,高等教育を受けて医者として活躍した。医師ジョヴァンニ・プラテアリオと結婚し,11世紀をとおして活躍した。彼女の『婦人疾患論』や『薬物調合法』はとくに有名である。12〜13世紀には稿本の写本も数多く出回ったが,彼女の夫の著作とされることも少なくなかった。

❸聖ヒルデガルトと彼女の科学的著作

ビンゲンのヒルデガルト (1098〜1179) の多方面にわたる功績には未解明の部分もあるが,医学書や薬草を中心とする博物学書を記しており,12世紀最大のヒーラーとして位置づけられる。幻視体験の述述が有名だが,科学的著作に数えられるものも何点かあり,作曲家・画家としての作品も高く評価されている。ヒルデガルトの全著作中最も科学的とされるのは,1533年の刊行にあたり『自然学』と名づけられた著作である。それは彼女が12世紀半ばになした博物学的成果で,300種近い草木や樹木に加え,魚類,鳥類,爬虫類,四足類,鉱物や金属についても記されている。『神の御業の書』(1170) は,彼女の幻視的宇宙論を示している。神の御言葉を記したものが聖書であり,神の御業は自然そのものをさし,アリストテレス派の影響を受けた宇宙観や物質観が示されている。『病因と治療』(13世紀の写しが唯一の現存写本) は4体液と健康の関係を詳細に述べたものである。(右図は,神の啓示を受けているヒルデガルトと書記のフォルマール)

学術や医療の擁護者 15世紀には高位の女性によるカレッジや病院の創設事例を見ることができる。テューダー朝を創始するヘンリー7世の生母マーガレット・ボーフォート (1443〜1509) は,ケンブリッジ最初の慈善病院の敷地にクライスト・カレッジ (1506),セント・ジョンズ・カレッジ (創設1511) を寄進した。またロンドンのウェストミンスターに私設病院を開き自ら病人に付き添うこともあった。

コロンブスの後援者として知られるスペインのイザベル1世 (1452〜1516) はサンティアゴに病院を開設し,サラマンカ大学女性教授ベアトリクス・ガリンド (1473〜1535) の後援者でもあった。

[参考文献] H.J. モザンス (山下訳)『科学史における女性』柏書房,1986／M. アーリク (上平ほか訳)『男装の科学者たち』北海道大学図書刊行会,1999／J. アクターバーク (長井訳)『癒しの女性史』春秋社,1994／H. シッペルゲス (熊田ほか訳)『ビンゲンのヒルデガルト』教文館,2002

6-10　東西交流ネットワークの形成

教科書　諸地域世界の交流　☞8-2, 2-5, 5-3

◆**地中海世界の変容**　地中海世界の政治的・経済的な一体性は，西ローマ帝国滅亡後もコンスタンティノープルを中心にして存続していたが，7世紀にアラブ人が地中海世界へと進出しはじめると変化が生じる。8世紀にはイスラーム教徒がキリスト教徒にかわって地中海世界を支配するようになり，東方世界と西ヨーロッパとの商取引は衰退した。このイスラームによる地中海支配が，西ヨーロッパ中世世界の成立をうながした要因の一つといわれたこともある（ピレンヌ・テーゼ）。ローマ教会がフランク王国に接近する一方で，教皇は偶像破壊政策をめぐる対立でコンスタンティノープルから次第に独立しはじめ，ビザンツの孤立が鮮明となっていく。しかし，ビザンツ皇帝レオ4世の没後，皇后エイレーネーは摂政としてフランク王国との関係緊密化をはかった。798年に息子コンスタンティノス6世を廃位して単独の皇帝となったエイレーネーには，800年の戴冠直後のカール大帝（位768~814）から結婚の提案があったとされる。この話は現実のものとはならず，エイレーネーは802年に宮廷クーデタで廃位されたが，中世ヨーロッパ世界の誕生を告げる事件とされるローマ教皇によるカール大帝の戴冠の背後には，このような動きがあったらしい。エイレーネーには何らかの大きな野望があったのかもしれない。

◆**コンスタンティノープルと国際的商業活動**　ヨーロッパ世界はイスラーム勢力によって地中海世界から隔絶してしまったわけではなかった。コンスタンティノープルはキリスト教世界最大の都市であり，市場でありつづけ，そこでは多数のヴェネツィア人の貿易商人もアラブ人の商人などとともに商業活動を続けていた。ヴェネツィア人はビザンツの文化に傾倒し，ヴェネツィア貴族のなかにはビザンツ貴族の女性との結婚によって相互の絆を深めようとする者もいた。ヴェネツィアの有力貴族と結婚したマリア・アルキュロプライアは，黄金のフォークを使用して，西欧の食事習慣に変化をもたらした。それまでは人びとは手づかみで食事をしていたのだった。コンスタンティノープルを拠点に，奴隷・塩・木材の交易がさかんにおこなわれたが，ビザンツ人エリートには商売を自由人にふさわしくない行為とみなす傾向があり，経済活動への投資よりも土地や行政的役職への投資を好んだ。皇帝テオフィロスは，皇妃テオドラが関与していた船舶の積荷すべてを焼却させたと伝えられている。ここから，商売を蔑視する伝統的な価値観から自由なテオドラの姿が

浮かび上がる。(桜井)

> イスラーム世界との文化交流　ビザンツでは読み書きの能力が評価され，首都コンスタンティノープルでは最高度の教育も提供されていた。能力のある男の子は誰でも最高度の教育を受けることもできたのである。古典ギリシア語のテクストにもとづく修辞学や論理学，哲学や数学系の科目がカリキュラムとして組まれ，さらにキリスト教の教えや神学が加わった。天文学や占星術の分野への関心も8世紀以来高まり，キリスト教徒の修道士テオフィロスは，マフディー(位775～85)のもとで主任占星術師として多くの古典ギリシア語作品をシリア語やアラビア語に翻訳した。コスモポリタンな都市コンスタンティノープルには，地中海全域からばかりでなく，ロシア人，スカンディナヴィア人，アングロ・サクソン人も訪れ，イスラームの商人たちも多数滞在した。アレクシオス1世の皇妃エイレーネーは，無料食堂，養老院，コンスタンティノープルで病死した異邦人のための共同墓地などを設立して首都の整備をはかり，人の異動と交流の促進に貢献した。(桜井)

◆東南アジアの「外来王」　海を渡る交流の担い手には，海民や商人，軍人や外交使節，宗教者などさまざまな人びとが含まれていた。東南アジア最初の国家の一つとして有名な扶南を建国した混塡(こんてん)は外国人で，神に祈って授かった弓で現地の女王柳葉(りゅうよう)を降伏させて王になったという伝承が，『梁書』その他の中国史料に記録されている。『梁書』には頓遜(とんそん)(マレー半島のテナセリウム)その他で，バラモンが多数来住し土着の王が娘をめあわせるという記事があるので（このパターンは古代南インドの「インド化」においても見られた），混塡もインドの出身のバラモンとみなす説が多い。彼が実際の外来王だったか，創作であったかは不明だが，外来の血筋と土着の血筋の結合というモチーフは，国家形成の本質を反映するものかもしれない。(桃木)

> シェバの女王とマグダラのマリア　旧約聖書には，ソロモン王の名声に惹かれ，シェバの国からエルサレムを訪れた1人の女王の逸話が記されている。シェバという国がどこにあったのか，女王とはいったい誰のことなのか。歴史的にそれを立証する確たる資料はない。しかし，ジェンダーの視点から興味深いのは，このシェバの女王が，その後，エチオピア建国の祖として崇敬されていく一方，女性でありながら男性と対等にふるまうことを良しとしなかった中世ヨーロッパのユダヤ人のあいだでは，さながら悪女か魔女の見本のように貶められていったことである。これはちょうど，新約聖書においてイエスの死と復活に立ち会ったとされるマグダラのマリアが，エジプトでイエスに愛された最高の弟子として崇められた一方，中世ヨーロッパのカトリック社会では「罪ある女」に貶められていったのと同じ構図である。ここには，歴史を飛び越えてつくりかえられる物語伝承の不思議と，権力構造から排除された女性使徒という男性中心のジェンダー秩序が見え隠れしている。シェバの女王は，エチオピアの古文書『ケブラ・ナガースト』に，マグダラのマリアは，19世紀にエジプトの砂漠の墓地のなかから発見されたコプト語版外典写本『マグダラのマリア福音書』にその詳細をたどることができる。(富永)

参考文献　A.ピレンヌ(増田監修，中村・佐々木訳)『ヨーロッパ世界の誕生——マホメットとシャルルマーニュ』創文社，1980／大月康弘「ピレンヌ・テーゼとビザンツ帝国——コンスタンティノープル・ローマ・フランク関係の変容を中心に」『岩波講座世界歴史7　中世1』1998／蔀勇造『シェバの女王』山川出版社，2006／K.L.キング(山形・新免訳)『マグダラのマリアによる福音書』河出書房新社，2006／桜井由躬味ほか編『岩波講座東南アジア史1　原史東南アジア世界』岩波書店，2001

6-11 特論⑥ キリスト教とセクシュアリティ

教科書 西ヨーロッパの中世文化　☞3-6, 5-4, 10-10

◆**セクシュアリティの抑圧**　西洋の家族法やセクシュアリティ規範は、キリスト教の影響を強く受けている。その特徴は、①セクシュアリティの抑圧、②性的原罪論、③女性嫌悪にある。「性の抑圧」と「肉欲の放棄」という「西洋史の根本的な出来事」が起こったのは、2世紀末、ローマ皇帝マルクス・アウレリウス・アントニヌスの時代である。禁欲主義が浸透し、自己抑制が美化された結果、性関係・夫婦関係にも大きな変化が起こった。古代地中海世界で容認されていた少年愛が否定され、性交渉は夫婦間に限定されるべきとの考え方が強まっていく。キリスト教はこうした変化にイデオロギー的基礎を与え、異性愛主義が確立する。しかし、キリスト教会が性を語らなかったわけではない。むしろ逆である。教会は性を忌避するがゆえに事細かな禁忌をつくり、性に強く介入した。

◆**原罪論の変化**　教父制度や修道院制度の成立は、身体観を大きく転換させた。古代地中海世界における裸体の賛美やギリシア悲劇に見られるような人間的感情の肯定はなりをひそめた。決定的な意味をもったのは、「原罪の性的な罪への転換」である。中世の人びとは、原罪は生殖行為によって次世代に伝達されると考えた。6世紀後半には、「七つの大罪」(傲慢・嫉妬・憤怒・怠惰・強欲・暴食・色欲〔邪淫〕)が定式化される。食と性という身体の根源(本能)にかかわる行為も激しい人間的感情(嫉妬・憤怒)も「大罪」として抑圧されていく。

◆**エヴァとマリア**　性的原罪論からは、「女性が性的に罪深い」という「女性嫌悪(ミソジニー)」が生まれた。女性像の原点におかれたのは、エヴァ(イブ)である。創世記では、女(エヴァ)は男から生まれ、蛇の誘惑に負けて神に背き、男を誘惑した者として描かれる❶。中世の教父や高位聖職者は、エヴァのイメージをもとにさかんに女性の「罪深さ」を説いた❷。蛇は悪魔の化身とされ、女性像で描かれるようになる。女性は性的に貪欲で悪魔に魅入られやすいと信じられた結果、近世の魔女迫害が引き起こされた。一方、マリアの処女性(永遠の処女・無原罪の御宿り)は、キリスト教会の根幹にかかわる教義となる。啓蒙末期(18世紀後半)には、「美しき女性性」(無垢・貞淑・従順・弱さなど)が公論(世論)の主流となる。女性が「本性上」セクシュアリティから遠ざけられるとともに「男＝公・理性・能動的／女＝私・感情・受動的」という公私二元論が確立していった。(三成)

❶【史料】聖書のなかのジェンダー・イメージ

(1)『創世記』
①神は御自分にかたどって人を創造された。……男と女に創造された。
②主なる神は人に命じて言われた。「園のすべての木から取って食べなさい。ただし、善悪の知識の木からは、決して食べてはならない。食べると必ず死んでしまう」。主なる神は言われた。「人が独りでいるのは良くない。彼に合う助ける者を造ろう」。
③主なる神は人から取ったあばら骨でひとりの女を造り、人のところへ連れてこられた。そのとき、人は言った。「これこそ、ついにわたしの骨の骨、わたしの肉の肉。男から取ったものだから、これを女と名づけよう」。
④へびは女に言った、「あなたがたは決して死ぬことはないでしょう……」。
女がその木を見ると、それは食べるに良く、目には美しく、賢くなるには好ましいと思われたから、その実を取って食べ、また共にいた夫にも与えたので、彼も食べた。(図は、H.v.d. グース「人間の堕落」1467/68)

(2)『マタイによる福音書』
①［処女受胎］ダビデの子ヨセフ、恐れず妻マリアを受け入れなさい。マリアの胎の子は精霊によって宿ったのである。」……「見よ、おとめが身ごもって男の子を産む。」
②［離縁の禁止］……創造主は初めから人を男と女にお造りになった。……それゆえ、人は父母を離れてその妻と結ばれ、二人は一体となる。……神が結び合わせてくださったものを、人は離してはならない。

❷【史料】教父たちの女性嫌悪言説

(1) 3世紀最大の教父テルトゥリアヌス「汝［女］は、汝もまたイブであることを知らないのか？神の判決は、いまなおこの性に対して効力をもっており、したがって汝の罪もまたなお存在している。汝は悪魔への入り口であり、悪魔の木の誘いに和して、神の法を棄てた最初のものである」『女の歴史（Ⅱ①)』45頁)。

(2) 12世紀トゥール大司教イルドベール「女は、貪婪な炎、究極の狂気、内なる敵であって、害をなしうるものすべてを知り、教える。女とは、下賤なものの集まる場、公共の囲われものであり、裏切るために生まれてきて、罪ある存在となりうるとき、成功したと自認する。あらゆるものを悪徳のなかに焼きつくすとともに、すべての男によって焼きつくされる。つまり男を餌食にしながら、女自身も男の餌食となる」(同上：49頁)。

> **聖母マリア**　カトリック教会におけるマリアに関する教義は、「神の母」「永遠の処女」「無原罪の御宿り」「聖母被昇天」の四つである。新約聖書には、処女受胎以外にマリアに関する記述はほとんどない。2世紀以降の外典福音書でマリアの生涯が書かれるようになり、4世紀には「永遠の処女」マリアは禁欲生活を送る修道士や処女たちの模範とされた。431年のエフェソス宗教会議で、マリアは正式に「神の母」と認められる。マリア信仰は11〜12世紀にさかんになる。それは、カトリック教会による布教戦略の一つであった。本質的に父性宗教であるキリスト教は、ゲルマン以来の大地母神信仰をもつ農民たちにはなかなか浸透しなかった。このため、大地母神のイメージを借用するかたちで聖母マリアが布教に活用されたのである。

参考文献　K. アームストロング（高尾訳）『キリスト教とセックス戦争』柏書房、1996／S.L. ギルマン（大瀧訳）『「性」の表象』青土社、1997／C. シュライナー（内藤訳）『マリア』法政大学出版局、2000／服藤早苗・三成美保編『ジェンダー史叢書1』明石書店、2011／J. ル＝ゴフ（池田ほか訳）『中世の身体』藤原書店、2006

第7章

成熟するアジアの諸文明

7-1 概説⑦ アジア諸文明のジェンダー秩序

教科書 アジア諸地域の繁栄　☞4-1, 5-1, 12-1

　13世紀, ユーラシア大陸にはモンゴル帝国が出現し, 地域間交流が活発化した。モンゴル帝国崩壊後, アジアの各地域に興った政権はそれぞれの文化を発達させて繁栄した帝国となり, それぞれ特徴あるジェンダー秩序を発展させた。

　◆**東アジア——儒教社会のジェンダー規範**　東アジアでは, モンゴル帝国の崩壊後, 中国に明・清が興り, 朝鮮半島では李氏の朝鮮王朝が興った。日本では鎌倉・室町幕府ののち戦国時代をへて江戸幕府が成立した。これらの地域では, 朱子学が正統のイデオロギーとなる。朱子学は「男女に別あり（男女有別）」と女性隔離を強調し, 女性の貞節を重んじるが, その規範の浸透の仕方は, 地域によって異なる。

　明清時代の中国は, 基本的に身分制のない自由で流動性の高い社会だったが, 厳しい競争のなかで生き抜くために父系親族集団である宗族が発達した。そこでは朱子学的な族規が家庭を居場所とする女性たちの生活規範とされ, 纏足(てんそく)も広まった。女性たちは家のなかで, 家事・育児にいそしむだけでなく, 紡織に励んで世界をリードする商品経済の発展を支えた。その中心であった江南では, 高い文化と物質文明を享受し, 自ら詩や書をつくった女性も出現する。朝鮮社会では17世紀を画期に家族形態は大きく変化し, 父系制が浸透して女性の家庭における地位は大きく後退した。日本では, 鎌倉時代の終わり頃までに, 各階層で家父長制家族が成立した。江戸時代には朱子学が幕府の正学とされ, 女訓書も刊行され, それは中国の女訓書に比べても女性を劣位におくものだった。しかし「夫婦に別あり」の儒教規範が,「夫婦相和し」と夫と妻の仲睦まじさを説く内容に変形していったように, 日本社会では男女の隔離は厳格ではなく, 夫婦を中核とする家族が協力して「家(イエ)」を維持することが期待された。農民は小農経営を基盤とした村落共同体のなかで暮らしていたが, 未婚女性や後家のセクシュアリティは村落共同体の若者宿が管理する"ヨバヒ"の習慣のある地域も多く, ジェンダー秩序のあり方は地域や階層によっても大きな違いがあった。ベトナムでも, 儒教的な父系親族集団が一般化するが, 東南アジアでは非父系制的な基層の文化は存続していた。これは, イスラーム教を受容した島嶼(とうしょ)部でも同様であった。

　◆**イスラーム社会**　東南アジア・南アジア・西アジア・アフリカの広い地域では, イスラーム教が普及した。インドには, 13世紀以降イスラーム政権が登場し, 16世

紀にはムガル帝国が成立した。しかし基層のヒンドゥー文化は継続しており，ヒンドゥーの戦士カーストであるラージプートの女性は，敗れたときの集団自決などによって名誉を表すとされていた。西アジアでは小アジアに興ったオスマン帝国が15世紀半ばにはビザンツ帝国を滅ぼし，バルカン半島・北アフリカをも支配して3大陸にまたがるイスラーム世界の中心となった。オスマン帝国では，イスラーム法が女性に一定の権利を保障するとともに親族以外の男性の視線を避けるなどの行動規範を定めていた。

◆**女性隔離と男性の権力**　アジア諸国では政治は男性のみが関与するのが原則で，女性は皇帝や王，また官僚にはなれず，まれに政治的影響力を行使できた場合は王母や皇太后としてであった。その基盤には儒教およびイスラームの女性隔離などのジェンダー規範が存在した。

◆**女性身体の管理と名誉**　女性の貞節を，家族や一族の名誉の象徴として重視することが，中国・インド・イスラーム圏などの社会で見られるようになったことも，この時期の特徴である。夫の死後に再婚した女性への蔑視が広がり，さらにはインドのサティー（寡婦殉死）や一部のイスラーム圏の名誉殺人といった極端に女性に過酷な習慣が現出した地域もあった。そうした社会では，ジェンダーによる生活空間の分離や，纏足・ヴェール・割礼等の習慣ともあわせて，女性の身体やセクシュアリティへの管理が，彼女たちの属する家族の階層や名誉を表象する徴として重視されたのである。（小浜）

参考文献　アジア女性史国際シンポジウム実行委員会編『アジア女性史』明石書店，1997／渡辺浩『日本政治思想史——17〜19世紀』東京大学出版会，2010

アジア諸地域の「伝統社会」(13〜18世紀)

1206	モンゴル：チンギス・カン即位
13世紀初	モンゴル：ソルカクタニ・ベキ，トルイと結婚
1236	印：奴隷王朝でラズィヤの統治（〜1240）
1271	モンゴル，元をたてる
1292	マルコ・ポーロ，コケジンとともに泉州を出発
1299	オスマン帝国の成立
1338	日本：室町幕府成立
1351	タイ：アユタヤ朝成立
1368	明の建国
1370	ティムール朝成立
1392	李成桂，朝鮮王朝を開く
15世紀半ば	朝鮮：『三綱行実図』編纂はじまる
1453	オスマン軍，コンスタンティノープル攻略，ビザンツ帝国滅亡
1501	イラン：サファヴィー朝成立
1504	朝鮮：書画家の申師任堂誕生（〜1551）
1520	スレイマン1世即位，オスマン帝国は最盛期に
1526	印：ムガル帝国成立
1540〜50頃	明：女医談允賢が活躍
1592〜93，97〜98	壬辰・丁酉の倭乱（秀吉の朝鮮出兵）
16世紀末〜17世紀初	明：『牡丹亭還魂記』の流行，育嬰堂の出現
1603	日本：江戸幕府成立
1640頃	ムガル宮廷でヌール・ジャハーンが政治に活躍
1644	明の滅亡。清の中国支配開始，薙髪令で辮髪を強要
1683	清：台湾統治を開始
17世紀	印：グバダン・バーヌー・ベガム『フマーユーン・ナーマ』執筆
17世紀後半	朝鮮：ハングルの物語『九雲夢』成立
1739	朝鮮：済州島の実業家金萬徳誕生（〜1812）
1796	イラン：カージャール朝成立
18世紀後半	朝鮮：パンソリ『春香伝』が人気

7-2 モンゴル帝国の皇后とチンギス家の婚姻戦略

教科書　内陸アジア／モンゴル帝国　☞4-4, 6-3, 7-3

◆**モンゴル遊牧社会における女性の役割**　伝統的なモンゴル遊牧社会は，男女の役割が明確であり，13世紀のモンゴル社会をフランス王に報告したルブルク『旅行記』には，労働上の男女の明確な分業が述べられている❶。移動を繰り返し，家族が危険にさらされることのある遊牧社会では，男は強いリーダーシップを発揮することが求められ，遊牧民は一般的に男性優位の文化をもつ。また，12〜13世紀のモンゴルは，父系親族集団を形成していた時代であった。一方，モンゴル人にとって母親は特別な存在であり，女性は母親として強い影響力をもつ。その象徴的存在がチンギス・カンの母ホエルンであり，『元朝秘史』には，父の死後，母に育てられたチンギス・カンが，即位後も母に兄弟げんかをいさめられる様子が描かれている。

◆**モンゴル帝国の皇后とネストリウス派キリスト教**　モンゴル帝国成立以前，モンゴル高原のナイマン王国，ケレイト王国ではネストリウス派キリスト教が信仰されていたが，チンギス・カンの育ったモンゴル族の宗教はシャーマニズムであった。しかし，チンギス・カンの末子トルイのめとったケレイト族出身のソルカクタニ・ベキが熱心なキリスト教徒であったため，彼女を通じてキリスト教がモンゴル帝国内に広がった。とくに息子のモンケ（第4代大カアン）やフレグ（イル・カン国の建国者）に強い影響を与えた。モンケの皇后の1人はキリスト教徒であり，その宮廷ではネストリウス派の修道士が活動していた。フレグは，ケレイト族出身のキリスト教徒ドクズを第1皇后とし，彼女がイル・カン国でキリスト教徒の保護に尽力したため，イランに多くの教会が建てられた❷。

◆**チンギス家の婚姻戦略**　中央ユーラシア史上，遊牧国家の王家は，ある特定の一族を姻族とすることが多かった。モンゴル帝国のチンギス家にとって，姻族はコンギラト族とオイラト族であった。その通婚は相互であり，チンギス家の男は姻族から娘をめとって皇后とし，また一族の娘を姻族の男に嫁がせた。たとえば，チンギス・カンはコンギラト族から妻ボルテをめとって第1皇后とし，娘のトマルンをボルテの甥にあたるチグに嫁がせた。チンギス家の男にとって妻の一族は力強い味方であり，一族内の激しい帝位継承争いでは，妻の一族を味方につけて戦ったのである。たとえば，元朝の初代皇帝クビライはコンギラト族を味方につけ，オイラト族を味方につけた弟のアリク・ブケと帝位を争った。（宇野）

❶ ルブルク『旅行記』

「女の仕事は，車を引き，その上に住居を載せたり下におろしたりし，雌牛を搾乳し，バターや「グルト〔チーズ〕」をつくり，皮をなめし，動物の腱でできた糸で皮を縫い合わせることである。彼女たちは，動物の腱を細い糸に分けてから，それを長い糸に縒りあわせる。そして，靴や靴下，その他の服を縫う。……男たちは弓と矢をつくり，あぶみと馬勒(はみ・手綱)を製造し，鞍をつくり，住居や車をつくり，馬を世話し，牝馬を搾乳し，自ら「コモス」すなわち馬乳を攪拌し，それを入れる革袋をつくり，さらにラクダの世話をして，それに荷物を積む。羊とヤギは，男女両方で世話をし，あるときは男たちが，あるときは女たちが搾乳する。発酵して濃くなった羊の乳に塩を入れ，それも用いて革をなめす」（『世界史史料4』：69頁）。

❷ 宮廷内の皇后たち

モンゴル帝国の大カアンやイル・カン国のカンには，多くの皇后や側室がいた。第1皇后は玉座で大カアンやカンの横に並んで座り，それ以外の皇后は玉座の左手に位置し，みなボクタクと呼ばれる帽子をかぶっていた（図版右, Diez-Alben, fol. 70, S. 10, 図版左, Diez-Alben, fol. 70, S.5, 所蔵：Orientabteilung, Staatsbibliothek zu Berlin-Preußischer Kulturbesitz, ©bpk/ Staatsbibliothekzu Berlin / Dietmar Katz / distributed by AMF）。

マルコ・ポーロとコケジン　『東方見聞録』によると，マルコ・ポーロ一家が中国からヴェネツィアに海路帰国するとき，元朝皇帝クビライは，コケジンという17歳の娘を託し，帰路途中のイランまで同船させることを依頼した。それは，イル・カン国のアルグン・カンの皇后の1人が死去したとき，アルグンがその後継者に同族の娘を望み，クビライに候補者探しを依頼したためであった。マルコ・ポーロが，泉州からコケジンを同船して出発し，スマトラ島，インド洋をへてイランに上陸し，イル・カン国の首都タブリーズに着いてみると，肝心のアルグンは死去していた。中国から2年以上かかったコケジンの長旅は無駄になるところであったが，アルグンの長男ガザンがコケジンをめとった。2年後にガザンはイル・カン国の第7代君主となり，コケジンはその皇后の1人となることができたのである。

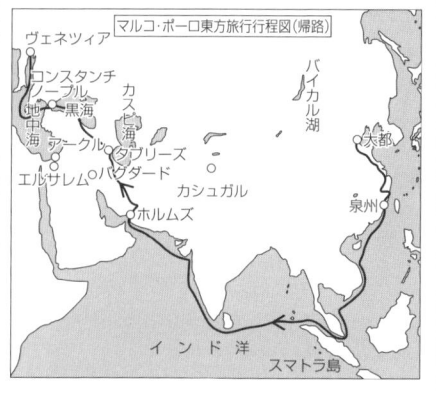

参考文献　カルピニ，ルブルク（護訳）『中央アジア・蒙古旅行記』光風社，1989／小澤重男訳『元朝秘史（下）』岩波書店，1997／マルコ・ポーロ（愛宕訳注）『東方見聞録1』平凡社，1970／歴史学研究会編『世界史史料4』岩波書店，2010

7-3　明清中国のジェンダー秩序

教科書　明清時代の中国　■1-4, 4-4, 7-8

◆**女性の労働**　纏足(てんそく)の広がりが顕著であった華北では女性が屋外労働にいそしむことはきわめてまれであったというが、地域や時期によっては農作業に従事することもあった。また、漢代から皇后が「親桑」の儀式をおこなっていたことからもわかるように、桑摘み、養蚕、糸繰り、紡織(しんそう)はおもに女性が担っており、その経済的貢献は少なくなかった❶。針仕事も女性の重要な仕事であり、庶民層では衣服の縫製や修繕、上流階層では刺繍や手芸をたしなみとし、早くから女児に針仕事を教えた。七夕には針仕事の上達を占う「乞巧(きっこう)」という行事を女性だけでおこなった。

◆**溺女と育嬰堂**　中国の歴史上、子殺しは広く見られた。宋代には「生子不挙」などと男児・女児の双方を含む「子」という呼称が用いられたのに対して、明末以降には、女児のみをさす「溺女(できじょ)」❷が一般的な言い方となった。父系継承を原則とした伝統中国の家族観念では跡継ぎにできず、また農村における働き手としても劣ると考えられた女児が殺害されることが多かったためである。地方官による禁令は繰り返し出されたが、その効果は限定的であった。溺女を減らす対策の一つとして設けられたのが、育嬰堂(いくえいどう)という、嬰児を保護し養育するための施設であった。しかし、育嬰堂で雇われた乳母は、1人で数人の子どもの面倒を見たり、実の子と育嬰堂の子を同時に育てたりするため、育嬰堂の乳児死亡率は高かった。また、無事に成長しても他人に童養媳(トンヤンシー)(将来息子の嫁にするために養育する女児)や婢女(下女)として引き取られ、虐待を受けることもあった。

◆**貞節と寡婦**　明清時代には、夫や婚約者の死後、長期にわたって一人身をとおした女性(節婦・貞女)や生命を犠牲にして貞操を守った女性(烈婦・烈女)が表彰された。宋の程頤(ていい)が「餓死は事きわめて小さく、失節は事きわめて大なり」と述べたことは有名であるが、宋代の社会は寡婦の再婚に対してなお寛容であった。王朝による善行者の表彰は漢代よりはじまるが、節婦烈女が重視されるようになったのは、元代以降のことである。明清時代になると、その数は著しく増加する。表彰された女性の家には徭役免除の特権や、記念のアーチ(牌坊(はいぼう))を建てるための銀などが与えられた❸。一人身を通す寡婦が賛美されたとはいっても、結納金目当てに再婚を強制する家庭も少なくなかったため、清代には再婚を望まない寡婦を収容する施設(清節堂)や貧しい寡婦を経済的に支援する団体(恤嫠会(じゅつりかい))がつくられた。(五味)

❶紡織

女性が養蚕,糸繰り,紡織などにいそしむ図は数多かった。右図は機材が竹でできているところなどから,南方の女性の様子を描いたものと見られる(孫伯醇・村松一弥編『清俗紀聞』平凡社,1966)。

❷清末の瓦版『点石斎画報』のなかの「溺女」

嬰児を溺死させようとする産婆と止めようとする子どもたち(右中央図)。溺女は貧しい家庭の口減らしとしてだけではなく,地方によっては結婚時の結納金などの出費を気にして,豊かな家でもおこなわれたという。『点石斎画報』の記事によれば,4人の娘を間引いた母親がその報いとして蛇を産み,その蛇に嚙まれたという(下図)。溺女は倫理的に悪いこととされ,報いを受けることもあると考えられた(『点石斎画報　大可堂版』上海画報,2001)。

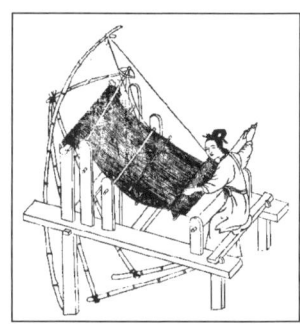

❸牌坊

右写真は28歳にして寡婦となり,46年にわたって節を守った黄氏を表彰するために建造されたアーチ。上部に「節孝」と書かれている。明清時代には女性を表彰するにあたって,恩典として銀30両を給付し,牌坊を建設させた。しかし,この銀をほかのことに使用してしまい,牌坊の建設を怠る家もあった。そのため,清代中期からはさらに節孝祠に位牌を祀ることも定式化された。

> **寡婦の再婚**　夫と死別した女性には夫の家にとどまって節を守る,夫の家を離れて実家へ帰る,再婚するという三つの選択肢があった。寡婦が節を守ることを望む場合,彼女の祖父母・父母以外の人が再婚を強要することは法律で禁止されていた。ただし,現実には夫の両親や兄弟,親戚が寡婦に再婚するよう迫り,もめごとや自殺騒ぎを引き起こすことは少なくなかった。

参考文献　夫馬進『中国善会善堂史研究』同朋舎出版,1997／石岡浩ほか『史料からみる中国法史』法律文化社,2012

7-4　後期帝政期中国の文化

教科書　明清時代の中国　☞3-3, 7-3, 7-8

◆**女性と医療**　宗教，医療・出産，売買・仲介などにかかわる道教・仏教の尼僧や産婆，薬売り，仲人，仲買人などの職業女性は「三姑六婆」と呼ばれ，騒動を引き起こすとして士大夫（科挙官僚を輩出する読書人層）の批判の対象であった。しかし，彼女たちは女性の生活に欠かせない存在でもあった❶。宋代において「婦科」とその下の「産科」が独立した医療領域として確立され，医師たちは女性特有の病因に目を向けるようになった。明代の女医，談允賢（1461～1554）は病気の原因として月経時の過剰な労働や妊娠中の栄養不足，産後の不養生などをあげている❷。しかし，女医の数の不足もあり，出産の際には産婆を招くことが多かった。

◆**女子教育**　士大夫の家庭では女児に対しても教育を施すのが一般的であった。女性は将来，母として自分の子どもに対して最初の教育者となり，男児に科挙へ向けての基礎を身につけさせるからである。官僚の家庭では女性教師を雇い入れ，読み書きのほかに絵画や詩文などを身につけさせることもめずらしくなかった❸。高い教育を受けた女性たちは自分たちで詩社を結成したり，詩集を出版したりするほか，男性詩人の弟子になることもあった。清の『国朝閨閣詩人徴略』には約1200人もの女性詩人の伝記が収められている。また，女性向けの道徳教育書（女訓書）も広く普及した。代表的女訓書には前漢の劉向（前79～前8）『列女伝』，後漢の班昭（生没年不詳）『女誡』，唐の宋若莘（生没年不詳）・宋若昭（生没年不詳）姉妹の『女論語』，明の呂坤（1536～1618）『閨範』，明の仁孝文皇后（1362～1407）『内訓』，明の劉氏（生没年不詳）『女範捷録』などがあり，娘・妻・嫁・母としての女性のあり方を説いた❹。

◆**才子佳人**　明清時代の中国において，婚姻は両家が取り決めるものであり，男女の感情は重視されなかった。しかし，明末においては，人間が生まれながらにしてもっている心性（「情」）を肯定しようとする考え方が生まれ，媒酌人の取り決めや父母の命令を打ち破ってでも自らの望む相手と結婚しようとする才子佳人小説が大きな反響を引き起こした。そのストーリーは，才能ある男性と才色兼備の女性が出会い，詩のやりとりをとおして互いに結婚の意志を確認し，さまざまな障害を乗り越えて結婚するというものであった。その代表作ともいえる湯顕祖（1550～1616）の戯曲『牡丹亭還魂記』はすでに死んだ女性と生きている男性の恋愛を描き，生死を超越するほどの情を描いて人気を博した❺。（五味）

❶ 『金瓶梅』のなかの「三姑六婆」

明末頃に成立したといわれる白話小説（口語的文体の小説）『金瓶梅』には尼や産婆、まじない女、取り持ち女が登場し、重要な役割をはたしている。主人公西門慶の家は裕福であり、男性の医師を呼ぶことは十分可能であったが、女性たちはしばしば女性の医療者に頼っていた（笑笑生［小野・千田訳］『金瓶梅』平凡社，1959～60）。（右図は、西門慶に妾を紹介する取り持ち女）

❷ 産婦

中国では産後1か月の養生が重視される。左図では産婦は布をかけ、両側に布団を積んで安座している（中川忠英著、孫伯醇・村松一弥編『清俗紀聞』平凡社，1966）。

❸ 女性たちが描いた絵

女性たちは昆虫や鳥、草花などを主な画題とした（関西中国女性史研究会編『中国女性史入門──女たちの今と昔（増補改訂版）』人文書院，2014）。

❹【史料】『女論語』の「身の立て方」

「およそ女に生まれたからは　身の立て方をまず学ぶこと　身の立て方のその法とは　清と貞とを守ることのみ　清を守れば身は潔らかに　貞を守れば身は栄えましょう　道ゆくときはあたりを見ずに　お話しするとき口をすぼめて　座っているとき膝動かさず　立ち上がるとき裾ゆるがさず　うれしいときも高笑いせず　怒ったときも声荒げるな　内と外とに守りをかまえて　男女はそれぞれ別にいるもの　塀より外をやたら覗くな　家より外にやたらと出るな　表に出るとき顔掩うこと　外覗くとき姿をひそめよ　男は親戚・兄弟のほか　名を告げあってもいけないのです　女は身持ちのいい人のほか　つきあうことはゆめなりません　身の立て方が正しくきまれば　りっぱな人になることでしょう」（山崎：114～115頁）。

❺ 『牡丹亭還魂記』に見る才子佳人

明代には男女の情愛を扱った戯曲が多いが、なかでも『牡丹亭還魂記』は女性の情を繊細に描き出した（田中謙二編『中国古典文学大系53　戯曲集［下］』平凡社，1971）。

参考文献　山崎純一『教育からみた中国女性史資料の研究』明治書院，1986／合山究『明清時代の女性と文学』汲古書院，2006／仙石知子『明清小説における女性像の研究──族譜による分析を中心に』汲古書院，2011

7-5 朝鮮王朝時代の文化——朱子学と男女有別

教科書 李氏朝鮮王朝　☞4-3, 13-8, 14-4

◆**朱子学の社会的受容**　李成桂(りせいけい)は朱子学を政治理念とする新興官僚層を基盤に朝鮮王朝を開いた(1392)。儒教にもとづく男系重視の家族制度を導入しようとしたが,祭祀,財産における男女均分相続や婿養子制のなごりの「男帰女家」が広くおこなわれていた。儒教倫理を確立するために,女性を対象にハングル版『内訓』『三綱行実図』が15世紀半ばから刊行された。また女性の再々婚,ひいては再婚まで禁止し,違反者の子孫には科挙受験資格を剥奪することにした。これは逆説的に女性の地位や力が小さくなかったことを物語る。一家から烈女を出すと,身分に応じて特典を与えるとした結果,壬辰倭乱(イムジンウェラン)(豊臣秀吉の朝鮮侵略)時には忠臣より烈女が多く出たといわれる❶。

◆**親迎婚と嫡長子相続**　16世紀には折衷型の嫁入り婚(親迎婚)がおこなわれはじめたが,父母双系的な親族観念や慣習は根強く残っていた。日本・清による侵略戦争は朝鮮社会を大きく変えた。17世紀,戦争被害の回復のために父系系譜の血縁集団を中心に支配体制が再編され,男女を隔てる(男女有別)儒教文化が定着していく❷。男女均分相続から男子均分,長男優先相続へと変化し,庶子に対する差別も厳しくなる。夫婦別姓も女性の社会的地位が低いためと解釈された。

◆**ハングルと女性文化**　18世紀に貢納や賦役(ふえき)を米や棉布で徴収する税制改革に変わると,織物労働や商業で活躍する女性が注目された❸。金萬徳(キム・マンドク)は済州島(さいしゅうとう)の特産物を商い成功した女性事業家だが,飢饉のさいに高額の寄付をするなどの社会貢献で史書に名を残す。性差別的な規範への批判もこのような社会変化から生まれてきた。『烈女咸陽朴氏伝』のように,一方的に女性に再婚を禁止し抑圧することを批判する文学作品が両班(ヤンバン)のなかから生まれる。略奪婚に扮した再婚の抜け道が黙認されることもあった。女性の意識を変えるのに貢献したのはハングルである。ハングルは15世紀半ばに国王世宗(セジョン)が民を教化するために創製した文字だが,漢字より修得しやすいことからとくに女性や子どもに親しまれた。道徳の修身書,『九雲夢』や『春香伝』❹のような物語や家庭百科全書の『閨閣叢書』もハングルで書かれ,多くの女性読者を得た。19世紀にはハングル版聖書が出現し,その影響を受けた東学党の「天乃人」思想(人は天の下にあるのではなく天と同等だという思想)は,身分や性の差別にあえぐ民衆の心をとらえていき,朝鮮王朝社会を根幹から揺るがしていく。(宋)

7-5 朝鮮王朝時代の文化

❶『三綱行実図』

中国・朝鮮の忠臣，孝子，烈女のモデル・ケースを選んで図解した修身書。『続三綱行実図』，『烈女伝』は版を重ね広く読まれ，日本にも影響を与えた。右図は，死別した夫の後追いのため断食する辺氏を描いたもの。

なお，朝鮮において「烈女」とは，夫によく仕えるという意味から，のちには災難に遭っても命よりも貞操を重んじ，夫の死後も再婚もせずに守節した女性をさすようになる。

❷申師任堂（シン・サイムダン）（1504〜51）

朝鮮二大儒者の1人，李珥（イ(リ)）の母。双系的な親族観念の強い時代だったために結婚後も長く実家で暮らし，子育てをする。書画にもひいで，多くの傑作を遺している。夫に対しては恐妻だったようだが，後世になるほど良妻賢母の鏡として語られ，2009年から5万ウォン札の肖像画にもなっている。ちなみに5000ウォン札の肖像画は息子の李珥である。

なお，「男女有別」とは家庭倫理の実践徳目の一つであり，夫と妻とのあいだには別々の領域があるという意味。男女差別とは違い，夫婦が互いに任務分担を明らかにするという考え方からくる。

❸申潤福（シン・ユンボク）の「市場に行く道」

若い女性の正面の姿と，年配の女性の後ろ姿を組み合わせて，庶民女性の生活像を描く（右図）。とくに北部朝鮮や済州島などの女性は商業をはじめ戸外での経済活動で活躍した。

❹『九雲夢』と『春香伝』

『九雲夢』は17世紀後半に名門出身の金萬重（キム・マンジュン）が母のためにハングルで書いた物語である。8人の仙女に出会って俗世の誘惑にかられた僧侶は，8仙女とともに人間界に落ちる。生まれ変わった9人は俗世を享楽するが，最後には空しさを感じ仏門に励むという内容だ。儒教を戴く体制への批判ともとれる。

『春香伝』は18世紀後半にパンソリ（1人オペラ）で唄われ，大衆的人気を得た作品だ。両班と妓生の身分を超えたラブ・ストーリーだが，異本が多く，儒教的貞節を強調するものから男女の愛の描写が濃厚なものまで内容はバラエティに富んでいる。後世になるほど，春香の出自が上昇していくところも注目される。

参考文献　尹貞蘭（金容権訳）『王妃たちの朝鮮王朝』日本評論社，2010／岸本美緒・宮嶋博史『世界の歴史12　明清と李朝の時代』中央公論社，1998／仲村修編『韓国古典文学の愉しみ』白水社，2010

7-6　オスマン帝国のジェンダー秩序

[教科書] オスマン帝国／イスラーム世界の成熟　☞5-4, 12-3, 13-7

◆**女性の地位**　オスマン帝国でも女性はイスラーム法のもとで男性より限定的な行動規範を定められた。男性に複数の妻や奴隷女性を所有する権利を認め、離婚のイニシアチブも夫がとり妻から要求することは難しいなど、結婚制度は男性に有利であった。しかし、一定の権利も保障され、たとえば結婚時に、夫から妻に支払われる先払い婚資金（結納金）と後払い婚資金（離婚慰謝料）の支払い方法と額を定める契約が結ばれた。また女性の財産権が認められ、相続などにより獲得した財産や婚資金を妻が自分の財産として所有できた。イスラーム法廷は女性にも開かれており、結婚契約や親権、相続をめぐって女性が夫や元夫、兄弟や父親に対し訴訟を起こすことはめずらしくなかった。

◆**日常生活**　イスラーム社会一般の特徴として社会生活上の男女の明確な住み分けがある。オスマン帝国でも女性を男性の視線から隔離するため、住宅には女性専用の居所であるハレムが設けられ、女性は外出時にはヴェールで顔を隠し身体の線がでない服装が規範とされた。ハレムとはトルコ語で「禁じられた場所」の意味で、宮廷のハレムが知られるが、本来は女性隔離の制度である。女性隔離はステイタスシンボルでもあったから、富裕なエリート層で最も厳格に適用された。だが彼女たちは家に閉じこもっていたわけではなく、ヴェールを厳重に着用したうえでの親戚の訪問、聖者廟への参詣、浴場通い、バザールでの買い物など外出を楽しんだ❶。一方貧しい女性も家の外で農業や糸紡ぎ、行商人、助産婦、理髪業、富裕な女性に仕えるなどの経済活動に従事した。彼女たちは、農作業をするときは厳重なヴェールは着用しないなど、服装規定は比較的緩やかだった。

◆**オスマン宮廷のハレム**　複数の妻や奴隷女性をかかえるには経済力が必要なため、大きなハレムを維持できるのは富裕なエリート層に限られた。その規模が最大だったのがオスマン宮廷のハレムであり、戦争捕虜など奴隷身分の女性が多数集められた。ハレムでは母后を頂点とし、スルタンの子を産んだハセキがこれに続く位階的な構造がつくられ、母后ら年長女性は若い女性を教育し、優秀な者をスルタンの側室とした。母后やハセキらはヨーロッパの王室との外交を担い、またスルタンに日常的に接する者として、しばしば大きな政治的影響力をもった❷。（村上）

❶女性の服装

パンツと長袖ブラウスの上から半袖の裾の長いベストを着て帯をしめ，季節に応じてローブを羽織るのが基本だった。外出時にはこの上にヴェールを着用した。（右図は，18世紀の画家レヴニーが描く踊り子）

❷アングル『オダリスクと奴隷』（1840）

オダリスクとは，トルコ語のオダルックを語源とするフランス語で，ハレムの女奴隷や側室のこと。オリエンタリズムの典型的な画題で，アングルやドラクロワらフランスの画家が好んで取り上げた。この作品も，豊満な肉体を誇示するオダリスクの扇情的なポーズ，水煙管や香炉といった装飾品が，倦怠，享楽，性愛の雰囲気を醸し，ヨーロッパ人の夢想した東方世界のイメージを映し出している。

ハレムに対する西洋のまなざし　フランスをはじめとするヨーロッパ諸国ではナポレオンのエジプト遠征（1798）をきっかけに，オリエント（ヨーロッパから見た東方世界。中東，北アフリカなどを含む）への関心が高まり，オリエンタリズム（東方異国趣味）の文学・芸術作品が多数生み出された。オリエントはヨーロッパと比較して後進的，受動的，停滞的，非合理的，官能的なものとして描かれたが，そのようなオリエント像をつくりだすことによって，ヨーロッパ人は自分たちの優越性を確認したのだった。オスマン帝国のハレムは，その規模と神秘性からヨーロッパ人の注意をひきつけ，魅惑的で官能的な女性たちが性的放縦にふける秘密の居所として描かれた。（図はトプカプ宮殿のハレム）

参考文献　林佳世子『興亡の世界史10　オスマン帝国500年の平和』講談社，2008／E.サイード（板垣・杉田監修，今沢訳）『オリエンタリズム』平凡社，1986

7-7 インド中世・近世社会の諸相

教科書 ガズナ朝からムガル帝国へ ☞3-2, 12-2, 12-8

◆**バクティ運動と女性詩人** 6，7世紀の南インドにおいて，特定の神に対する絶対的な帰依・崇敬を詩のかたちで表明する宗教詩人たちが登場する。同様の動きは，12，13世紀以降，インド各地に展開していった。バクティ(バクティ)詩人のなかには，不可触民などの低カースト出身者のほか，女性詩人もいた。クリシュナ神への信仰を謳ったアーンダール（9世紀頃）は，12人のアールヴァール（タミルのヴィシュヌ派宗教詩人）のなかで唯一の女性である。バクティ女性詩人たちの生涯は伝承の網の目のなかにとらわれ定かではない。とはいえ，12世紀初頭のアッカ・マハーデーヴィーが衣服を脱ぎ捨てたと伝えられるように，彼女たちの生きざまに，社会的な規範への批判を読み取ることが可能である❶。男性バクティ詩人たちと比較したとき，女性の場合，結婚生活と信仰との両立が困難であったこと，身体的な表現がより直截であること，信者集団(セクト)を形成しなかったことが指摘できる。

◆**イスラーム政権と女たち** 13世紀初頭，デリーを中心にイスラーム政権が成立して以降，政治の舞台で名前を残した女性は，奴隷王朝の第3代スルタンの長女で自身もスルタンに即位したラズィヤ（位1236〜40）や，第4代ムガル皇帝ジャハーンギールと結婚したヌール・ジャハーン（1577〜1645）などが著名であるが例外といえる。しかし，ムガル宮廷において皇帝の母や姉妹，乳母たちが少なからぬ影響力を行使したことが知られている。ムガル帝国の創始者バーブルの娘グバダン・バーヌー・ベーガム（1523〜1603）は，甥であるアクバル帝に請われ，おもに第2代皇帝フマーユーン時代の出来事を記した年代記『フマーユーン・ナーマ（フマーユーンの書）』を著した。同書はフマーユーン時代に関する第一級の史料となっている。彼女はまた，アクバル宮廷の女性たちがおこなった1578年から3年半におよぶメッカ巡礼でも中核的な役割をはたした。

◆**ラージプートの女たち** 『ラージャスターンの年代記と故事』（1829〜32）の著者ジェームズ・トッドは，ラージプート女性たちの人生を次のような文学的な表現で描いた。「人生のどの段階でも，彼女たちの命には死が待ち受けている。暁にはアヘンによって，成熟したときには炎によって，そのあいだの安全は戦さの雲行きに左右される」。アヘンによる死とは，女児であると生まれてただちに殺してしまう慣習のこと，炎による死とはサティーを意味している。戦さに負けた際に，敗れた

側の砦に住まう女たち（戦えない男性も含むようである）が集団で自決することをジャウハルという❷。ラージプートは氏族的な紐帯で組織され，8世紀から12世紀にかけて北インドで相互に覇権を争い，イスラーム政権とも衝突した。そうしたなかで，尚武の精神が強調されたが，ラージプート女性たちの「名誉」「勇気」は，サティーやジャウハルによって証明されたのである。（粟屋）

❶カーライッカール・アンマイヤール
タミルのナーヤンマール（＝ナーヤナール，シヴァ派宗教詩人，左写真）の1人。活躍した時代は6世紀後半と推定されている。伝承では，結婚するも，彼女の超人的な力に恐れをなした夫に捨てられたのち，信仰に専心するために醜い悪鬼の姿を与えてくれるよう，シヴァ神に祈り叶えられたとされる。

❷チットールの王妃パドミニーのジャウハル（集団焼身）
チットール王国の軍勢がデリー・スルタン朝のアラーウッディーン・ハルジー（位1296〜1316）の軍勢に敗れたさい（1303？）におこなわれたとされるが，同時代の史料からは確定できない。むしろ，16世紀半ば以降，文学作品などのなかでさまざまに記され，記憶される過程で，史実として定着されていったと思われる。パドミニー（右図）を「パティヴラター（貞女）」とみなすラージプート女性は少なくない。

ラージプート出身のバクティ詩人ミーラー・バーイー

バクティ詩人として全インド的な人気をもつのがミーラー・バーイーである。彼女が生きた時代は，15世紀とも16世紀ともいわれている。残された写本がきわめて限られており，今日，彼女の作品とされる多くがおそらく，彼女の名を借りた他人の作であろうと考えられている。ラージプート王家に生まれ，やはり高貴なラージプート王家に嫁ぎながらも，クリシュナ神への信愛をつらぬき，そのために親族から迫害され，婚家を出たとされる人生が，多くの人びとの琴線にふれたのであろう。ミーラー・バーイーの人生をめぐる伝承は，一生を1人の夫のために捧げるという「パティヴラター」の理想から逸脱するものである。彼女が不可触民であるチャマール出身のラヴィダースを師としたという伝承は，不可触民のあいだでのミーラー・バーイーの人気を高めている。

参考文献　橋本泰元ほか『ヒンドゥー教の事典』東京堂出版，2005／H. ドゥヴィヴェーディー（坂田ほか訳）『インド・大地の讃歌——中世民衆文化とヒンディー文学』春秋社，1992

7-8　特論⑦　纏足と辮髪

教科書　宋元明清時代の中国／中国近現代の社会の変化　☞4-5, 12-4, 13-9

◆纏足の普及　纏足は，五代（10世紀）の朝廷の妓女にはじまったともいわれるが，その起源はさだかでない。宋代には一部の妓女や上流女性のものだった纏足は，明代には上層の女性のあいだに広まった。纏足の女性には農業労働は難しいため，裕福な階層の証であるとされた。絹織物などの紡織製品の小商品生産が広がり，女性が家庭内でこれらに専念するようになって纏足が広まった地域もあった。美しい纏足靴を履いた脚は，中国女性の貞淑さや忍耐強さ，勤勉さを象徴するとされた❶。

◆頭を留めるか髪を留めるか――清朝の中国支配と中華文明の精粋　満州族の清朝が中国を統治するようになり，支配に服したことの証左として満州族の習慣である辮髪が強制され，男性は「頭を留めるか髪を留めるか」（辮髪にしないと殺される）のジレンマに直面した❷。一方，纏足の習慣をもたなかった満州族は，女性の纏足を禁じた。しかし夫以外の男性には見せてはならないとされた女性の脚を検査することはできなかったため，清朝の支配に面従腹背する士大夫は，自身は辮髪を結いながら家庭で女性に纏足させて漢族のプライドを保持し，纏足の女性は中華文明の精粋と賞賛された。清末には満州族の上流女性に纏足する者も現れた。

◆纏足は文明か野蛮か　清末，西洋の中国に対する軍事的優位を背景に中国を訪れた西洋の女性伝道師やレディ・トラベラーは，纏足を「気の毒な後進国の野蛮な風習」とみなして，纏足からの女性の解放を説いた。中国を改革して亡国の危機を救わんと考えた中国人男性知識人はこれに同調して纏足反対運動を起こし，1897年，上海で「不纏足会」が発足した。こうして纏足は，中華文明の精粋から遅れた中国の象徴へと，その意味するものを転換させられた❸。

◆強制される「放足」　20世紀に入ると，近代式学校で勉強するために自ら「放足」して纏足を解き，活発に活動する女性も現れた。1920年代には女性解放を掲げた国民革命が展開され，纏足した女性を見つけると強制的にそれをほどかせた。だが，長いあいだかけて加工された小さな脚を元に戻すことはできず，上からの纏足解放は，すでに纏足していた女性の心身に大きな苦痛を与えた。20世紀前半は，「良い女性は纏足するもの」という旧規範と，「纏足は遅れた中国の象徴」という新規範がせめぎあっていた。いずれにせよ，押しつけられた規範である場合，自らの身体を加工させられる女性にとっては苦痛を免れないものがあった。（小浜）

7-8 特論⑦ 纏足と辮髪

❶纏足靴の女性

纏足の女性は，美しい纏足靴の先端を衣装の裾からちらりとのぞかせて，そこに視線を集めるのがファッショナブルとされていた（写真左）。刺繍などを施した美しい纏足靴（写真右）をつくれることは，小さな脚とともに，よい女性の条件であった。

❷辮髪を結う男性

清朝による征服の当初，漢族男性は辮髪を忌避したが，やがてそのスタイルが定着する。辮髪であるのが当然の感覚となり，「辮髪剪り」が現れたときには，「辮髪を切られたら魂を盗まれる」とパニックが起きた。だが辛亥革命後は，辮髪は革命に反対だとみなされるようになる。辮髪を切り落とすのが新時代にふさわしいファッションとされた様子は，魯迅『阿Q正伝』にも見える。

❸纏足反対運動

20世紀初の纏足反対運動のキャンペーンの頃の瓦版。タイトルは，「小さな足一対のためには，瓶一杯分の涙」。纏足は，幼女の頃から脚をきつく縛り脱臼して変形させて完成する。母親は娘が泣き叫んでも，良縁を得させるために纏足を強いるのがつねであった。この図では，娘に纏足している女性に対して，男性が纏足の非を説いている。いち早く近代的な価値観に転換した男性が，無知蒙昧な女性を近代化へ導くという構図も見てとることができる（『図画日報』375号）。

纏足の終息 1949年の中華人民共和国成立後，全国の農村で纏足廃絶キャンペーンが展開され，20世紀後半には纏足は姿を消した。毛沢東は，社会主義改造をおこなう際に，「纏足の老婆のよちよち歩きのような」ゆっくりした速度ではなく，急速に改革を進めようと述べ，人びとを鼓舞した。伝統中国で尊敬されていた年配の纏足女性は封建性の代表とされるようになったのである。

参考文献　D.コウ（小野・小野訳）『纏足の靴』岩波書店，2005／坂元ひろ子『中国民族主義の神話』岩波書店，2004／夏暁虹（藤井監訳）『纏足をほどいた女たち』朝日新聞社，1998／F.キューン（谷井ほか訳）『中国近世の霊魂泥棒』平凡社，1996

第8章

近代ヨーロッパの成立

8-1 概論⑧ ヨーロッパの拡大・危機とジェンダー

教科書 近代ヨーロッパの成立　☞6-1, 9-1, 10-1

◆**拡大から危機へ**　近世（初期近代）ヨーロッパは，「拡大」（16世紀）→「危機」（17世紀）→「成長」（18世紀）という変化をたどる。ヨーロッパの「拡大」は，侵略（虐殺）・植民地化・通商・布教・探検などさまざまなかたちをとって進められた。異文化との接触は人権思想を生み出す契機となった。しかし，ロックの社会契約論で家父長が契約主体として想定されていたように，人権主体に女性は含まれていなかった。続く「17世紀の危機」は，「科学革命」の時代でもあった。小氷河期に入り，寒冷化した結果，疫病や凶作が蔓延し，人口は停滞した。戦争が相次ぎ，人びとは重税にあえいで反乱や一揆が頻発した。魔女裁判もピークを迎える。混乱のなかで神にかわる拠りどころを人間理性に求める自然法の考え方は，科学技術の発展によって自然を統御できる人間の力への信頼と表裏の関係にあった。人間性を賛美するルネサンス期には，芸術や科学の分野で活躍した女性もいたが，その多くがほとんど忘れられてしまった。

◆**政治と女性**　近世ヨーロッパにおける政治への女性の関与は，身分や地域によって異なる。自治共和制的性格が強い都市や国家ほど，政治から女性が排除された（スイス各州，ドイツ帝国都市など）。一方，権力が選挙や指名ではなく，家系の継承によって決定される王国では，女性が王座につくこともあった。絶対王政下で直系による王位継承志向が強まるほど，女王誕生のチャンスも増えたのである。イングランド，スコットランド，スペイン，スウェーデンでは，直系男子が絶えた場合に女王が即位している（18世紀のロシアやオーストリアも同様）。フランスでは，14世紀にサリカ法典（古い部族法典）を根拠に王位継承者から女性が排除されていたが，国王の母后（摂政）・王妃・公妾として女性が一定の発言権をもった。また，いずれの宮廷においても女性の役割は重要で，女性たちも政治的な会話に参加した。ただし，女性の政治参加は男性学識者からしばしば警戒されたため，女王や摂政母后はイメージづくりに腐心した。エリザベス1世（位1558～1603）は，聖母マリアに重ね合わせて「処女王」としてふるまうことで自らのイメージづくりに成功した。しかし，古代ローマの女神たちになぞらえてさかんに

カトリーヌとアンリ2世，その子どもたち

「母」イメージを演出した摂政母后カトリーヌ・ド・メディシス(1519〜89,左頁図)は,「暴政のパトロン」たる魔女だとののしられた。カトリーヌの政治的・文化的功績はこの悪名の影に埋もれた。

◆「家」 近世ヨーロッパにおける生活秩序の中心は「家」であった。生活・労働・住居は「家」に一体化されていた。農民や市民の「家」は都市や村落の共同体に組みこまれていた。家父長は共同体の正式成員として権利を保障され,外に対して「家」を代表し,「家」財産を管理した。「家」成員に含まれたのは,家父長,家母,子ども,奉公人(職人・徒弟など),親族などの同居人,隠居人である。家父長は彼らへの懲戒権を有した。「家」規模はさほど大きくなかった。多産多死,平均寿命の低さや疫病への抵抗力のなさによる死,子を他家に修行に送り出す慣行のためである。また,農地相続後や親方資格獲得後でなければ結婚できなかったため,初婚年齢は高く,男女とも独身者が多かった。18世紀末に,「家」から奉公人が自立しはじめ,近代家族が成立する。(三成)

参考文献 G.デュビィ,M.ペロー監修(杉村・志賀監訳)『女の歴史(Ⅲ①②)』藤原書店,1995年／R.v.デュルメン(佐藤訳)『近世の文化と日常生活』全3巻,鳥影社,1993／二宮宏之ほか編『家の歴史社会学(新版)』藤原書店,2010／P.ラスレット(川北ほか訳)『われら失いし世界』三嶺書房,1986

西洋近世(1500〜1700)

1504	スペイン：女王フアナ(狂女王)即位(〜55)
1517	宗教改革開始
1523	独：ルターがカタリーナと結婚
1532頃	伊：肖像画家ソフォニスバ・アングィッソーラ(国際的名声を得た初の女性画家)誕生(〜1625)
1533	仏：カトリーヌ・ド・メディシスがフランス皇太子と結婚
	英：国王ヘンリ8世がスペイン王女キャサリンと離婚
1534	英：国教会設立
	イエズス会結成
1535	イタリアのアンジェラ・メリチ聖ウルスラ修道会設立(世界最初の女子教育修道会)
1542	仏：マルグリット・ド・ナヴァル公妃,『エプタメロン(七日物語)』執筆開始
	スコットランド：女王メアリ1世即位(〜67)
1545〜63	トリエント公会議
16世紀半ば	仏：詩人・言語学者・音楽者ルイーズ・ラベ,フランス初のサロンを開く
1553	英：女王メアリ1世即位(〜58)
1558	英：女王エリザベス1世即位(〜1603)
1561	仏：母后カトリーヌ・ド・メディシスがシャルル9世の摂政となる(〜74)
1572	仏：サン・バルテルミの虐殺(〜73)
1587	英：スコットランド女王メアリ1世斬首
1593	伊：画家アルテミジア・ジェンティレスキ誕生(〜1653頃)
17世紀前半	魔女裁判がピークになる
1609	フランドル：画家ユーディト・レイステル誕生(〜60)
1610	仏：母后マリ・ド・メディシスがルイ13世の摂政となる(〜17)
1616	ポカホンタスが洗礼を受けてイギリス宮廷を訪問
1632	スウェーデン：女王クリスティナ即位(〜54)
1640	英：アフラ・ベーン(英最初の女性プロ作家・男性ペンネームで出版)誕生(〜89)
1643	仏：母后アンヌ・ドートリッシュがルイ14世の摂政となる(〜61)
1651	メキシコ：修道女で詩人のフアナ・イネス・デ・ラ・クルス誕生(〜95)
1661	仏：国王ルイ14世親政開始(〜1715)
1678	仏：ラファイエット夫人『クレーヴの奥方』刊行
1688	英：名誉革命
1689	英：女王メアリ2世即位(〜94)

8-2 大航海時代──海を渡る男性と女性

教科書 ヨーロッパ世界の拡大　☞6-10, 8-6, 9-5

◆**海洋にのりだすヨーロッパ人**　古代より海域アジアでは，アジア各地の商人が交易をおこなう活発な人の行き来があった。16世紀になるとヨーロッパ人もそれに参入してアジア・アフリカ各地を訪れ，大航海時代と呼ばれるようになる。

◆**長距離移動のジェンダー構造**　人びとが自分の地域や共同体を離れて遠方に移動するさまざまな形態のうち，商業や宗教，植民・開拓などの目的での移動は，まず男性（とくに頑健な若い男性）が赴き，経営や生活が安定してから女性や子どもを呼び寄せるというパターンが一般的だったが，捕虜・難民や人身売買なども女性を多く含みえたし，支配者間の政略結婚の場合は，女性の側が移動するのが一般的だった。海域アジアでも，ジャワにはチャンパーや中国の王女が嫁入りしたという伝承がいろいろあるし，マラッカ王国の史伝『スジャラ・ムラユ』には，15世紀のチャンパー王が「ラキウ」（琉球だろう）の王女を妻としたと伝えるテキストがある。大航海時代になると，海域アジアでは王族以外の人びととの記録が格段に増加する。たとえば17世紀，シャム（アユタヤ朝）のナライ王（位1656〜88）の治世に，コンスタンティン・ファウルコンというギリシア生まれの男（父はイタリア人）が語学の才によって王に気に入られ，貿易を司る官庁プラクランの実質的長官となって活躍，ルイ14世のフランスとの使節交換などの事績をあげたが，王の死後反仏派によって処刑された。このファウルコンの妻で王室料理部の長を務めていたターオ・トーンキープマ

ヴァスコ・ダ・ガマの2回目の航海(1502)　「キルワの女性は，当地の慣習により厳しく統制され，かつ不当に扱われている。そのため，多くの女性が逃亡し，われわれの船に避難を求め，キリスト教徒になりたいと申し出てきた。しかし，すべての女性たちをキリスト教徒に改宗させてポルトガルにまで運ぶのは危険だとして，主艦長は，処女とおもわれる少女以外を陸地に返す決断をした。その数，約200人。……女性たちは，連れ戻されるより，海に身を投げて死んだほうがましだと言い，実際に身を投げる女性もいたが，結局は助けられた。

　女性たちを連れ戻す交渉を始める前に，すでに妻を盗まれたとの苦情が王の元に殺到していたため，妻を引き取りに来るよう，王は布告を出した。……多くの夫が女性を引き取りに来たが，40人ほどの女性が残った。夫が受け取りを拒否したからである。その理由は，彼女たちがすでにキリスト教の洗礼を受けたというものだった。彼女たちは，その後，インドに連れてゆかれた。その中の何人かは，ポルトガルに渡った最初の女性となった」（「ヴァスコ・ダ・ガマの第二回目の航海（1502）」より，富永・永原編『新しいアフリカ史像を求めて──女性・ジェンダー・フェミニズム』御茶ノ水書店，2006）。

【解説】　東アフリカのスワヒリ都市・キルワに現れたポルトガル人が，奴隷だと思われる現地女性を取引している様子が，見てとれる。（富永）

ーは，日本を追放されたキリシタンの娘だったとされる。

◆**現地妻** 鎖国令によって日本に帰れなくなったのは，キリスト教徒だけではなかった。平戸のオランダ商館長コルネリス・ファン・ネイエンローデ（在任1623～33）と日本人妻のあいだに生まれた娘コルネリアは，父が平戸で死ぬとバタヴィアに引き取られ，そこでオランダ人と2度の結婚をしたが（バタヴィアの日本人社会はきわめて小さく，日本人との結婚は困難だったらしい），2度目の夫とは，バタヴィアの首席上級商務員にまで昇進した最初の夫から受け継いだ多額の財産をめぐって争い，激しい裁判闘争をおこなっている。

こうした事態は，東洋に来たヨーロッパ人男性が，現地事情に通じた商業パートナー，財産管理人などさまざまなタイプの「現地妻」をもつ慣習とも関連している。オランダ東インド会社の社員が，アユタヤでモン族の女性を現地妻にした例，インドのスラットでアルメニア人女性を現地妻にした例などが，商業的成功とともに記録されている。なお，東南アジア最初の国家の一つとして有名な扶南を建国した外来の人物（インドのバラモン？）混塡（こんてん）は，神から授かった弓で現地の女王柳葉（りゅうよう）を降伏させて建国したという伝承が中国史料に記録されている。海域アジアによく見られる外来王（近世にも実例あり）と現地首長層の女性との婚姻も，概念を拡張すれば現地妻のアナロジーで理解できるかもしれない。（桃木）

拡大する性病 技術革新した帆船で大洋に繰り出した人たちの大半は男性であったが，彼らは行く先々で現地の女性たちと身体的接触をもち，結果的にいくつかの病を世界規模で流行させることになった。たとえば，それまでヨーロッパ大陸になかった梅毒は，コロンブス一行が第1回航海でイスパニョラ島（現ハイチ）から持ち帰ったものとされる（異説あり）。翌年スペイン，バルセロナで流行したのち，ヨーロッパ諸国が関与したイタリア戦争の戦場にスペインの傭兵を通じて伝わり，16世紀初頭のナポリで大流行した。ヨーロッパで梅毒が「ナポリ病」と呼ばれたのはそのためである。さらに，梅毒は，ヴァスコ・ダ・ガマがたどったインド航路に乗ってマレー半島，中国（広東）へと広がり，日明貿易や倭寇の活動をつうじて，16世紀初めには早くも日本に達した。当時治療に用いられた水銀は身体にきわめて有害であり，梅毒は完治不能の性病として恐れられた。抗生物質ペニシンが医薬品として実用化されるのは1940年代，第二次世界大戦中のことである。大航海時代，あっという間に地球を一周した梅毒という病は，世界のグローバル化を先取りしていた。（井野瀬）

（図は1498年のメディカル・イラスト：梅毒の原因には占星術が関係すると考えられた）

参考文献 L. ブリュッセイ（栗原訳）『おてんばコルネリアの闘い』平凡社，1988／A. リード（平野・田中訳）『大航海時代の東南アジア（2）』法政大学出版局，2002／B. アダム（瀬野訳）『王様も文豪もみな苦しんだ 性病の世界史』草思社，2003

8-3 ルネサンス芸術と女性——描かれた女／描く女

教科書 ルネサンス ☞6-11, 11-12, 14-9

◆**絵画のなかの女性像**　イタリアのフィレンツェを中心に15世紀に花開いたルネサンス（古典文化の再生・復興）では，中世キリスト教文化では異教として顧みられなかった古代ギリシア・ローマの神話が美術の主題として取り上げられるようになった。なかでも，愛と美の女神ヴィーナス❶（これはローマ神話名で，ギリシア神話ではアフロディテ）は，肉体を罪悪視したキリスト教の桎梏から解放され，女性の理想的な身体美を表現するための格好のモチーフとなった。絵画の建前としては，精神的な「天上の愛」を表す寓意像であったが，実際には世俗的な生身のヌードの官能性をおびたり，現実の女性の肖像であったりした。

◆**画家とパトロン**　ルネサンス文化の興隆を可能にしたのは，商工業や金融業などで財をなした都市貴族や同職組合，教会などによる芸術の庇護（パトロネージ）によるところが大きかった。一般に，上流階級のパトロン（注文主）に対して，画家は注文制作の代金で生計をたてる職人階級に属すものであり，注文主の趣味や意向が当時の芸術作品には大きく反映されていた。ヴィーナスのような女性像の多くも，男性のパトロンが注文して男性画家に描かせたものであった。だが近年では，芸術を庇護し，作品を注文した女性パトロンの存在も少しずつ明らかになり，文化の嗜好を決定する役割を女性も担っていたことがわかってきた。

◆**女性画家**　職業画家になるためには工房に入って親方のもとで修業を積み，一人前になると同職組合に加入しなければならなかったが，女性にはほとんどその機会がなかった。例外的なのは父親が画家である場合で，たとえば，イタリアのアルテミジア・ジェンティレスキ❷は父の工房から修業をはじめ，後年，神話や聖書に題材をとった劇的な絵画の傑作を残している。ほかにも，国王の肖像を描いたイタリアのソフォニスバ・アングィッソーラ（1532頃～1625）や風俗画を得意としたオランダのユーディット・レイステル（1609～60）がいるが，美術史では長く忘れられていた。美術以外では，ルネサンス前期に，ヴェネツィア出身でおもにフランスのパリ宮廷で活動し，詩や散文で女性擁護の立場をつらぬいた文筆家クリスティーヌ・ド・ピザン（1365頃～1430）が現れた。『婦女の都』では女性の徳が支配するユートピアを描いている。このように，ルネサンス期には絵や文章で「表現する女性」たちが確かに存在したのである。（香川）

❶ボッティチェリ『ヴィーナスの誕生』(1485頃)
　ルネサンスで最初に等身大で描かれた全裸のヴィーナス像であるこの絵は，フィレンツェのメディチ家と関係の深かった画家が，一族の結婚祝いとして注文を受けたものともいわれる。愛と豊穣の女神像は，縁起のよい吉祥柄であるとともに実在の女性の面影もとどめている。古代ギリシア彫刻にならって両手で前を隠した「恥じらいのヴィーナス」のポーズは，横たわるヴィーナスと並んで裸婦像の定型をなした。

❷「私は芸術（家）」──アルテミジア・ジェンティレスキ（1593～1653頃）の自画像
　画家オラーツィオ・ジェンティレスキの娘としてローマに生まれたアルテミジアは，父親の片腕として工房で制作に携わるも，1612年，師事した画家に強姦されたとして裁判の法廷に立つ。このつらい経験を乗り越え，一流の画家となり，今日，彼女の絵はヨーロッパの美術館で何点も見られる。自身を美術の擬人像として描いた『絵画芸術の寓意としての自画像』(1630年代) には，画家として生きていく強い決意がうかがえる。

エヴァとマリア──善悪に二分された女性像
　キリスト教美術において，アダムとともに原罪を負ったエヴァは卑しき肉体性を表すものとして，マリアは処女にしてキリストの聖母という理想像として，善悪二つのタイプを示す女性像であった。しかしルネサンス期には，両者とも新たな人間表現のモチーフとなり，聖母が異教の女神ヴィーナスに似せて描かれるようになった。
　左図：マザッチョ『楽園から追放されるアダムとエヴァ』（部分，1425～1427頃）エヴァが❶と同様の「恥じらいのヴィーナス」のポーズをとっている。
　右図：ボッティチェリ『ざくろの聖母』（部分，1487頃）マリアの顔が，同じ画家によるヴィーナスの顔とよく似ている。

参考文献　鈴木杜幾子ほか編著『美術とジェンダー』ブリュッケ，1997／松本典昭『パトロンたちのルネサンス』NHKブックス，2007／若桑みどり『女性画家列伝』岩波新書，1985／浦一章ほか『ヴィーナス・メタモルフォーシス』三元社，2010

8-4 宗教改革とセクシュアリティ管理の強化

教科書 宗教改革 ☞6-4, 6-11, 8-5

◆**セクシュアリティ管理の強化** 1517年にはじまる宗教改革によって中世的普遍主義（教皇・皇帝）が否定され、主権国家の成立がうながされた。宗派を問わず、宗教と国家は強く結びつくようになり、「宗教の擁護者」としての絶対君主の権限が強まった。これとともに、教会にかわって、世俗当局が婚姻とセクシュアリティを管理統制するようになる。16世紀末以降、宗教戦争が激しさを増すなかで、絶対君主は社会不安を払拭するために臣民（市民・農民）の規律化を進めた。派手な婚礼が禁止され、奢侈が抑制され、衣服統制も強まり、共同体や家内部のいざこざまでこと細かに規制されるようになる❶。セクシュアリティの管理統制もまた強化された。婚前交渉の罪（姦淫罪）が導入され、ソドミー（男色・獣姦）、子殺し（嬰児殺し）も厳罰化する❷。17世紀末以降、啓蒙主義者によって宗教と法・国家の分離が唱えられるようになると、宗教（信仰）は女性の領分へと変わっていく。

◆**婚姻と離婚** 宗教改革は、婚姻と離婚のルールを大きく変えた。ルターは聖職者独身主義を放棄して、自ら修道女と結婚した❸。ルターは、夫婦愛を尊重したが、夫婦愛に激しい恋愛感情がともなうべきではないと考えた。また、プロテスタントは、婚姻をもはや秘蹟とみなさず、離婚を認めた。しかし、離婚の自由はない。離婚原因を特定するために裁判所が関与し、不貞行為や悪意の遺棄などの場合に限って離婚が認められたのである。一方、合意主義を修正し、婚姻には父の同意を必要とした。こうしたプロテスタントの動向に対抗して、カトリック側も婚姻法を改革した。トリエント公会議（1545～63）では、秘密婚をなくすために教会での挙式とそれに先立つ公示が定められたのである（宗教婚の成立）。

◆**宗教戦争** フランスで起こった宗教戦争がユグノー戦争（1562～98）である。ユグノー戦争では、王太后カトリーヌ・ド・メディシス（1519～89）が何度も新旧両派の融和をはかろうとしたがはたせなかった。彼女の指示であったかどうかは不明であるが、サン・バルテルミの虐殺（1572～73）では1万人のユグノーが虐殺された。戦争のさなかでジャン・ボダン（1530～1596）は「王権神授説」を唱え、主権論を確立する（『国家論』1576）。彼は法学者・裁判官として宗教的寛容を説く一方で、カトリーヌのイタリア人側近たちを魔女と呼んでフランス混乱の原因とみなし（『魔女の悪魔狂』1580）、魔女裁判推進者としても名を馳せた。（三成）

8-4 宗教改革とセクシュアリティ管理の強化

❶世俗当局による夫婦関係の統制

近世ドイツでは、「悪妻（夫にガミガミ言う妻）」は、右のような仮面をかぶされて市場などで晒された。刑罰としては、死刑・身体刑（切断刑・笞刑など）・晒し刑・追放刑・労役刑が主であった。牢獄につながれるのは判決が決まるまでの留置を意味し、刑罰ではない。「自由の剥奪」が刑罰として意味をなすには、万人が自由で、自由に大きな価値が付与される社会でなければならない。自由を奪う懲役刑は、フランス革命以降に成立したきわめて近代的な刑罰なのである。

❷【史料】ザクセン選帝侯国ラント法（1666）

「一　婚約者同士に婚前交渉があった場合は妊娠の有無にかかわらず、結婚式には頭をおおい、鐘を打ち鳴らすことなく教会へ行かねばならない。また、両名とも一時入牢、もしくはそのつど適宜処罰される。結婚後に婚前交渉の事実が判明したときも適宜入牢の罰を受ける。

三　人妻と肉体関係が生じたときは両名とも斬首、妻帯者が未婚女性と関係すれば、男は斬首、女は笞刑のうえ追放。

五　既婚者同士の姦通は両名とも斬首。

十　強姦された女性は告発すること。さもなければ、その女は淫行を隠した罪を問われ、晒し台で晒されたのち永久追放。

一六　売春を禁ずる。禁を破った者は入牢・晒しのうえ、太鼓追放（太鼓を打ち鳴らしながら追放する刑）に処する」
（ビルクナー：293〜294頁）。

❸ルターの妻カタリーナ・フォン・ボラ（1499〜1552）

カタリーナ（図右）はザクセン貴族の出身。5歳のときに教育目的で叔母が院長を務める女子修道院に預けられ、ラテン語を学んだ。やがて、修道院生活を批判するルター（図左）の著作を読んで共感し、1523年、8人の修道女とともに修道院を脱出した。実家に連れ戻されるのを恐れる彼女たちをルターは修道士たちと結婚させ、自身はカタリーナと結婚した。1525年、ルター41歳、カタリーナ26歳であった。夫妻は3男3女（1女は早世）に恵まれ、カタリーナは学生たちの宿泊の面倒を見るなどルターを支えた。1546年、ルターが亡くなる。ルターは妻カタリーナを単独相続人に指定する遺言書を残していたが、血族相続しか許さないザクセン法は遺言を認めなかった。その後、ザクセン選帝侯の強権的介入によってカタリーナは遺産を相続できることとなり、侯から経済的支援も受けて、晩年の暮らし向きはよくなった。（図は、クラナッハ〔父〕によるもの）

近世ドイツの婚約不履行訴訟　教会法や世俗当局のセクシュアリティ規制は、女性に有利にはたらく場合も少なくなかった。婚前妊娠は姦淫罪の証拠であったが、結婚すると刑が減免されたので結婚への動機づけになったし、婚約不履行訴訟ではしばしば女性が勝訴した。1671年、ドイツ・バイエルンの小村に住む23歳のアンナは、奉公先の息子ハンスと深い仲になり、妊娠した。結婚するとの口約束があったにもかかわらず、ハンスは約束を守らなかった。アンナは、アウグスブルク教会裁判所に婚約不履行の訴えを起こす。ハンスはアンナが軽率で身持ちが悪いと言い張った。しかし、ハンスの友人たちはアンナの主張を擁護した。ハンスは、アンナの純潔を奪った代償としてアンナと結婚するか、さもなければ持参金相当の慰謝料を支払い、出産に立ち会って分娩費を負担し、子に扶養料を支払うべきであるとの判決に従い、2人は翌年結婚し、アンナは男児を出産した（三成：99頁）。

参考文献　三成美保『ジェンダーの法史学』／S. ビルクナー編著（佐藤訳）『ある子殺しの女の記録』人文書院、1990／平野隆文『魔女の法廷』岩波書店、2004

8-5 魔女迫害と魔女裁判

教科書 宗教改革 ☞6-7, 8-4, 9-7

◆**魔女迫害** 魔女や魔術の存在は，古代ギリシア・ローマを含め，多くの社会で信じられていた。しかし，西洋キリスト教社会の魔女にはほかにはない特徴が三つある。①魔女が女性にほぼ限定された。②魔女は異端と結びつけられ，火刑に処せられた。③魔女裁判が社会現象となって，多くの被害者が出た (魔女迫害)。「呪術を使う女は生かしておいてはならない」(出エジプト記) を聖書上の根拠とし，魔女が「神の敵」として概念化されていったのは15世紀以降である❶。薬草知識をもつ「白い魔女」と害悪魔術を行う「黒い魔女」もまた一体視されはじめる。ただし，民間と学識者の魔女像には大きな差があった。学識者は悪魔と魔女との契約を重視したが，民間ではさまざまな害悪魔術が信じられたのである。自白を「ヒステリーのせい」，「拷問の結果」として冤罪を主張する男性学識者もいたが，悪魔や魔女の実在性を信じる者は多かった。魔女裁判を最終的に否定した自然法学者トマジウス『魔女論』(1701) は，悪魔は実在するが霊的存在であるがゆえに人間との契約 (性交) は不可能であり，そのため悪魔と性交した者としての魔女は存在しないと論じた。

◆**魔女裁判** 魔女裁判は，15世紀半ばから17世紀半ばの200年間に集中している❷。発生頻度に関して宗派の違いはほとんどない。魔女とされた犠牲者はヨーロッパでおよそ8～10万人。その8割が女性であり，しかも低い階層の高齢女性が多かった。魔女裁判の手続きを糾問主義という。裁判所役人は容疑者を噂だけで逮捕し，「自白は証拠の女王」とされて，非公開の尋問では拷問を使って自白が引き出された。その結果，犠牲者は芋づる式に増えていく。また，魔女裁判の増減は当局の「撲滅意欲」や他の政治的利害と絡むことも少なくなかった。

◆**女性の仕事領域と魔女** サバト (魔女集会) の原型は豊穣祈念の祭とされる。魔女イメージにはゲルマン的な大地母神信仰が付着していた。やがて「牛乳魔女」や「天候魔女」など新しい魔女イメージも生まれた。これらは女性の仕事領域と重なっている。当時，生産や富の総量は一定とみなされ，ある者が豊かになることは，他者の富を「盗む」ことだと考えられたせいである。魔女裁判克服の過程で，女性像は一転する。自ら進んで悪魔と契約する魔女はエヴァを原型とし，ある意味で「能動的」存在であった。しかし，女性本性から魔女性が否定されるにつれて，マリア的な純粋無垢が女性本性として定位されていく。(三成)

❶【史料】魔女裁判

(1)『魔女の鉄槌』(1487, 魔女裁判のバイブルとされた裁判手引き書)

「女性は死よりも，悪魔よりも不気味である。……というのも，悪魔がエヴァを罪に誘ったのは確かだとしても，アダムを誘惑したのはエヴァだからである。……女性の心は四方に張りめぐらされた網であり，そこには底の知れない意地悪さがひそんでいる。……すべては飽くことを知らぬ女性の肉欲に発する。だから女性はその肉欲を鎮めるために，デーモンたちとも関わりをもつのだ。……魔女という異端に陥りやすいのは，当然のことながら男性よりも女性の方が多いのだ」（高橋義人『魔女とヨーロッパ』1995：177頁）。

(2)カロリナ刑法典 (カール5世刑事裁判令：1532，神聖ローマ帝国初の統一刑事法典)

「第109条　ある者が，魔法を用いて人々に損害もしくは不利益を与えたときには，生より死へと罰せられるべし。刑罰は火をもって行なうべし。……しかしながら，魔法を用いたにもかかわらず，何人にも損害を与えなかった場合には，事件の状況に応じて罰せられるべきであり，……訴訟記録送付による鑑定（注：大学法学部への送付が多い。鑑定意見は判決に反映される）を行なうべし」（塙浩『西洋法史研究4』1992）。

❷【史料】ドイツにおける二つの魔女裁判

(1)パッペンハイマー裁判 (1600) ——絵付きパンフレット（瓦版）に書かれた罪状

「60歳になるかれの妻アンナ・ゲンペルルもまさしく同様である。彼女は，100人の嬰児，19人の老人に魔法をもって襲いかかり，これらを障害者となし，あるいは神をも認めぬ方法で殺害した。8回，地下蔵に忍び入った。わが手でひと一人謀殺したのが1度，他家に放火したのは2度である。4度雹と雷雨を引き起こした。あまたの牧草に毒を盛り，損害を与えたことはたびたびである」。

(2)バンベルク市長ユニウスの裁判 (1628) ——ユニウスの遺書

「私はとうとう自白した。みんなつくりごとなんだ。……はげしい拷問をのがれたかったからだ。……もうこれで万事すんだものとお父さんは思っていた。ところがまた，彼らは拷問係を呼び入れた。そして「お前の出席した舞踏会の場所をいえ」という。私は答えようがない。しかし，前に顧問官やその息子やエルゼなどがあげていたハウプトの森その他の場所が思い浮かんだので，それを言った。すると彼らは「その舞踏会で誰に会ったか」と尋ねるのだ」（牟島：152頁）。

【解説】　魔女裁判には尋問記録が残されており，かなり詳細なことがわかる。魔女裁判の被告人は，通常1か月程度で火刑に処せられるが，マリア・ホル裁判 (1598) は例外的に長期に及び，しかも被告人が釈放されたまれなケースである。産婆の経験がある宿屋の女主人マリアは62回の拷問に耐え抜き，1年後についに自宅に戻った。しかし，それは裁判所への復讐を断念し，金貨200枚の保釈金を支払った引き替えとしての自宅軟禁処分であり，無罪放免ではない。また，パッペンハイマー裁判は，バイエルンで起こったきわめて意図的な冤罪事件である。「パッパンハイマー（便壺掃除人）」と呼ばれた貧しい放浪一家は，多くの未解決事件の犯人とされ，両親・息子3人の全員が火刑に処せられた。最初に11歳の末子を拷問にかけて両親や兄の魔女罪を自白させるなど，尋問手続は非人道的であった。

参考文献　I. アーレント＝シュルテ (野口・小山訳)『魔女にされた女性たち』勁草書房，2003／G. スカール，J. カロウ (小泉訳)『魔女狩り』岩波書店，2004／M. クンツエ (鍋谷訳)『火刑台への道』白水社，1993／森島恒雄『魔女狩り』岩波新書，1970／黒川正剛『図説魔女狩り』河出書房新社，2011

拷問は，「指締め→腕締め・脚締め→吊り下げ・張り台伸ばし」という順で自白が得られるまで何度も繰り返された。（図は張り台伸ばし）

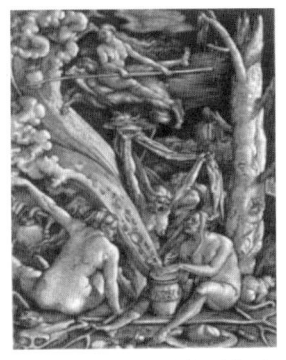

魔女集会に飛んでいく魔女，壺をつかってあやしげな食べ物をつくる魔女たちが描かれている。魔女たちが使う道具は，女性たちの仕事道具であった（グリーン画，16世紀）。

8-6　エリザベス神話

教科書 主権国家体制の形成　☞8-2, 8-7, 11-7

◆**王朝交替と女性**　英仏百年戦争終結からわずか2年後，港町カレーを除くフランス領を喪失し，文字どおり「島国」となったイングランドは，内戦状態に陥った。王位を争う二つの王家の紋章（赤・白のバラ）にちなみ，後年バラ戦争と呼ばれるこの戦いは，赤バラ（ランカスター家）の系譜を引くテューダー家のヘンリ（7世，位1485～1509）が白バラ（ヨーク家）の娘エリザベスと結婚することで決着した。その息子ヘンリ8世（位1509～47）は，王妃との離婚問題から国王至上法（首長法，1534）を議会で成立させ，イングランド国教会を設立してその長におさまり，ローマ教皇と訣別した❶。

◆**試練の女王たち**　この時期の政治・宗教の不安定状態は，病弱だったエドワード6世（位1547～53）後の王位継承をめぐる女たちの争いとして顕在化した。有力貴族に担がれたヘンリ7世の曾孫ジェイン・グレイは，即位宣言からわずか9日で処刑され❷，そのあとを継いだヘンリ8世の長女メアリ1世（位1553～58）は，自らの信仰であるカトリックを復活させ，スペイン国王フェリペ2世を夫とした。こうした宗教上の混乱を統一法（1559）で収拾し，政治を安定させたのが，エリザベス1世（位1558～1603）である。国内外に多くの結婚候補者がいたにもかかわらず，生涯独身だった彼女は，ヨーロッパの弱小国イングランドの国内をまとめ上げ，ルネサンスの新しい教養を武器に外交を展開して，防衛の最前線に立ちつづけた。

◆**エリザベス神話の成立**　同じ頃，宗教改革後のスコットランド王国では，エリザベスの従妹にあたる女王メアリ・ステュアート（位1542～67）が，幼い息子ジェイムズ（6世，位1567～1625 スコットランド王；1世，位1603～25 イングランド王）に王位を譲るかたちで廃位され，イングランドに亡命した。エリザベスに対するいくつかの陰謀事件に利用されたメアリは，1587年に処刑された。その翌年，1588年に到来したスペイン無敵艦隊の撃退は，その後イングランドの愛国心の核となる「エリザベス神話」を成立させることになる。常備軍がなかった当時，強国スペインからイングランドを守ったのは，女王に忠誠を誓う海賊たちであった❸。「私はあなた方の愛によって統治し，王冠に栄光を加えた。……かくも深く感謝してくれる民を統治できることが我が喜びである」——1601年11月30日，庶民院でおこなわれた女王の演説は，後世「黄金演説」と呼ばれる。（井野瀬）

8-6　エリザベス神話

❶ヘンリ8世と6人の妻たち

　最初の妻はスペインのアラゴン王家出身で兄の婚約者であったキャサリン（上段左）で，長女メアリ（1世）が生まれた。離婚原因になったとされる2番目の妻，女官のアン・ブーリン（上段中央）は，エリザベス（1世）を産むが，3年後に処刑された。3番目の妻はアンの女官ジェイン・シーモア（上段右）で，エドワード（6世）を出産後，急逝した。4番目の妻であるドイツ出身のアン・オヴ・クレーブズ（下段左）は半年後に離婚となり，同じ年にアン・ブーリンの従妹で30歳下のキャサリン・ハワード（下段中央）が5番目の妻となるが，アン同様，王を裏切った罪で処刑された。ヘンリ8世の最期を看取った最後の妻キャサリン・パー（下段右）は，王を説得して2人の娘，メアリとエリザベスの王位継承権を復活させている。

❷ジェイン・グレイ（1537～54）

　母方の祖母がヘンリ8世の妹であったジェイン・グレイは，エドワード6世の崩御とともに即位を宣言した。在位期間が1553年7月10日～19日の9日間と短く，テューダー朝の君主として数えない歴史家もいるが，現在のイギリス王室は正式な女王として認めている。

（左図は，ポール・ドラローシュ『レディ・ジェイン・グレイの処刑』1833年）

❸女王陛下の海賊たち──サー・フランシス・ドレイク

　イングランド西部のデヴォン州は，エリザベス1世の時代，大西洋をまたにかけ，イングランド防衛に活躍する海の男たちを多く輩出した土地として知られる。プリマスを拠点に，女王の公認（黙認）のもと，新大陸から戻る途中のスペイン銀船隊に海賊行為を繰り返したフランシス・ドレイク（1540?～96）は，1577年，ゴールデン・ハインド号で世界周航の旅に出発。3年後，無事プリマスに帰還し，出資者である女王に巨額の分配金をもたらした。女王は，彼にナイトの称号と故郷デヴォンに領地を与えた。（図は，エリザベス女王よりゴールデン・ハインド号上でナイトに叙されるドレイク。この構図は，19世紀の画家ジョン・ギルバートによってイギリス社会に広まった）

参考文献　水井万里子『テューダー朝の歴史』河出書房新社，2011／石井美樹子『エリザベス』中央公論新社，2009／青木道彦『エリザベス一世』講談社現代新書，2000

8-7 絶対王政とその時代──宮廷社会と民衆文化

教科書 主権国家体制の形成　☞8-6, 9-2, 9-3

◆**絶対王政**　17世紀初めのフランスでは、アンリ4世（位1589〜1610）が官職売買を認め、「貴族の中の第一人者」にすぎなかった国王を官僚制統括者たる絶対君主に変えようとした。平民出身の新貴族（法服貴族）が司法・行政部門で活躍しはじめる。価格革命による地代収入の激減、宗教戦争の終結による武力誇示機会の減少によって財政基盤が揺らぎかけた伝統貴族（帯剣貴族）もまた、年金収入の入る官職を求めて宮廷に出仕した。国王と貴族男性のあいだを取り持ったのは、しばしば女性である。年金支給を受ける公妾（国王の寵姫）、王妃や王子たちに影響力をもつ女官長の地位をめぐって、女性たちもまたしのぎを削った。

◆**宮廷社会**　宮廷文化は中世にも存在した。しかし、ルイ14世（位1643〜1715）のヴェルサイユ宮廷は、「極端な奢侈と過剰な儀礼」に彩られた文化＝政治空間として異彩を放ち、他の宮廷のモデルとされた。そこには、国王、王妃、王族、公妾、廷臣たち3000人余が部屋を割り当てられて住んでいた。宮廷の貴族男性はもはや武勇ではなく、洗練された美を競い合った❶。貴婦人たちもまた美を愛で、文芸に秀でるよう努めた。国王からの寵愛の有無は政治的発言権を左右した。ルイ14世は秘密結婚したマントノン侯爵夫人（1635〜1719）にしばしば政治について相談している。公私は未分離で、国王の一挙一動のすべてに公的意味が付された。

◆**民衆文化**　宮廷文化とは違って、民衆文化は粗雑だがエネルギッシュなパワーに満ちていた。民衆の生活圏は、共同体（都市共同体・村落共同体）を基盤としていた。共同体は独自のルール（法）を共有する仲間団体であり、違反者には制裁が加えられた❷。生産身分である市民や農民の生活は、気候や天候などの自然に大きく影響された。魔女狩りはけっして上からの虐殺だったのではなく、悪天候や生産不振の原因を人間以外の力に帰そうとする民衆文化の一側面であり、こぞって魔女の洗い出しに努めた共同体もあった。民衆にとって、祭りは鬱憤晴らしや配偶者選択の機会でもあり、非常に重要な意味をもった。その一つがシャリヴァリ（どんちゃん騒ぎ）である。共同体規範を逸脱した「けしからぬ者」に対して、共同体の若者たちが、鍋釜・楽器などを手に数日間にわたって家の前でからかい遊びをした。ターゲットにされたのは、再婚した寡夫・寡婦、通婚圏外で結婚した者、姦通した者、姦通された者、女上位の夫婦などである。（三成）

8-7 絶対王政とその時代

❶【史料】ラ・ブリュイエール『カラクテール』(1688)における宮廷貴族男性の描写
「彼は柔らかな手をしている。……彼はおちょぼ口をする。そして終始にこにこ笑おうとしている。彼は自分の脛(すね)を眺める。鏡をのぞく。自分くらい姿のよい者はあるまいと自惚(うぬぼ)れている。……己を美しく見せるのに余念がない。立居振舞はいともしなやかで，出来る限り，おしとやかな姿勢を遊ばされる。彼は口紅をつける」。(右図は，太陽王ルイ14世。豪華な毛皮・かつら・レース・タイツ・ハイヒールなどで美装している)

❷【史料】ニュルンベルク市の刑吏シュミット親方の日記(1580)
「一月二六日，デルフラーの娘マルガレータ，……以上三名は嬰児殺し。デルフラーの娘は砦の陰の庭園で子を産み，その赤子を生きながらにして雪の中に放置した。そのため赤子は地上で凍てつき死んだ。……以上三名全員を剣で打ち首の刑に処し，首は絞首台に釘で打ちつけた。……本来は三名を溺殺刑にあわせるべきところ，すでに橋が開いていたのでそういうことになったのである」(シュミット：28頁)。 
【解説】 刑吏(首切り役人)は賤民であったが，人体骨格に通じていたため整形外科医として活躍した者もいる。刑吏は拷問も担当し，公営売春宿の管理を請け負うことも多かった。シュミット親方は，1573～1615年に361名を処刑し，345名に対して切断刑・笞刑などをおこなった。彼の日記によれば，女性は，嬰児殺し，姦通，堕胎，売春，近親相姦，姦淫の罪などに問われている。(右図は，近世におこなわれた刑罰の一覧図。16世紀)

> フランス宮廷──摂政母后　16～17世紀のフランス宮廷では，母后が摂政となり，政治に大きな影響を与えたケースが3度ある。メディチ家出身で教皇の姪であるカトリーヌ・ド・メディシス(1519～89)は，ハプスブルク家に対抗するためのフランス＝イタリア宥和策の一環として，フランス王の次男(のちのアンリ2世)に嫁いだ(1533)。1561年，カトリーヌは，11歳のシャルル9世(位1561～74)の摂政となって死ぬまで政治に影響力を行使した。アンリ4世の王妃マリ・ド・メディシス(1575～1642)は，8歳半のルイ13世(位1610～46)の摂政となった。1610年，ルイ13世の妻としてマリが選んだのが，フランスの仇敵スペインの王女で神聖ローマ皇帝の妹でもあるアンヌ・ドートリッシュ(1601～66)である。13歳になったルイ13世は，母后マリを政治から排除する。ルイ14世の摂政となった母后アンヌは枢機卿マザランを重用した。アンヌは，ルイ14世を恋人と引き離し，自分の姪であるスペイン王女マリ・テレーズ・ドートリッシュ(1638～83)と結婚させた。1661年，マザランの死とともに，ルイ14世は母后を国務会議から排除して親政を宣言した。フランス革命で男性による政治独占が主張された背景には，こうした女性による政治支配への反発があった。(図：左はルイ14世の母后アンヌ，右は姪の王妃マリ・テレーズ，マリが抱いているのは王太子ルイ。1662頃)

参考文献　R.v.デュルメン(佐藤訳)『近世の文化と日常生活』(全3巻)鳥影社，1993／石井美樹子『図説ヨーロッパ宮廷の愛人たち』河出書房新社，2010／二宮素子『宮廷文化と民衆文化』山川出版社，1999／F.シュミット(藤代訳)『ある首斬り役人の日記』白水社，1987／二宮宏之ほか編『魔女とシャリヴァリ(新版)』藤原書房，2010

8-8　特論⑧　男女の身体をめぐる言説──性差はどのように解釈されたか
[教科書]　☞ 1-5, 13-5, 15-2

◆**西洋前近代の性差観**　ヨーロッパでは，中世にアリストテレスやヒポクラテス，ガレノスなどの古代ギリシア・ローマ医学がアラビア経由で輸入され，17世紀頃まで大きな影響力をふるった。そこでは男女の生殖器は基本的に同じで，違いは男では体外にあるものが女では体内にとどまっているだけと考えられていた。それは女の身体は男ほど熱くも乾いてもいないためと説明され，女は「不完全な男」として男の下に位置づけられたのである。したがって何かの拍子に体内の性器が外に出て，女が男に転換することはありうるが，すでに完全である男が女に変わることはありえないとされた。また，女にも子宮内に男と同じような精液が存在し，性交の際に女が快楽を感じると，男女の精液が混じり合うことで受胎が成立するという「二種の精液」説が広く信じられており，女は男以上に性に対して貪欲だと考えられていた。T.ラカーは，こうした男女を相似形で見る性差観を「ワンセックス・モデル」と名づけている❶。

◆**ツーセックス・モデルの登場**　近代医学の普及とともに18世紀頃から古いモデルにかわって，男女身体は根本的に異なっており，男と女はまったく対照的な二つの性であるとする新しい性差観が優勢になっていく。子宮と卵巣は男にはない女独特の器官で，女の心身はつねにこれらの生殖器の支配下にあって不安定で病弱であるとされ，女の身体を管理するための新しい専門分野として産婦人科学（医師は男性）が誕生した。また性的な面でも，女には男のような強い性欲はないとされ，無垢や清浄，受動性こそ真の女らしさであると賛美されるようになった。男女の異質性の重視は生殖器だけでなく全身におよび，かつては一体で男女両性を兼ねていた骨格図は，性差を強調したものに取って代わられた❷❸。

このような男女の異質性の強調には，啓蒙主義や市民革命の時代にあって，女が男と同じような権利や自由を要求するのを防ぐという意味があった。啓蒙主義の唱えた「人間の平等」とは，実際には男性市民だけを前提としたもので，女は階級にかかわりなくそこから排除されていた。この不平等な扱いを正当化し，女の「天職」は外での活動ではなく家庭での妻母役割にあると説得するための「科学的」根拠として，男女身体の解剖学的・生理学的差異を強調したツーセックス・モデルが効果を発揮したのである。（荻野）

❶16世紀の男女生殖器の解剖図

ヴェサリウスの描いた男女の生殖器。左が男，右が女。ペニスと膣，睾丸と卵巣が同じようなイメージで描かれ，男女の相同性が強調されている。男の性器をひっくり返して体内に押しこめば，それが女であると考えられた。

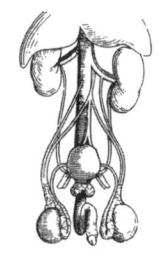

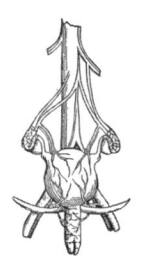

❷ヴェサリウスの骨格図

解剖による観察にもとづいた人間の骨格図は，15世紀頃から詳細なものが登場するようになる。1543年のヴェサリウス『ファブリカ』に描かれたこの「骨格人」は，男女を問わず一体で人間の骨格を代表している。当時は，両性の違いはたんに体型や生殖器の外見の差にとどまると考えられていたためである（下左図）。

❸ダルコンヴィルの骨格図

1759年，フランスのマリ゠ジュヌヴィエーヴ゠シャルロット・T. ダルコンヴィルによる下右図では，男に比べて女（右）の頭蓋骨は実際以上に小さく，骨盤は広く，肩や肋骨は狭く描かれて，女は男ほど知的でも強くもなく，子を産むことが天職であるという当時の女性観を反映している。

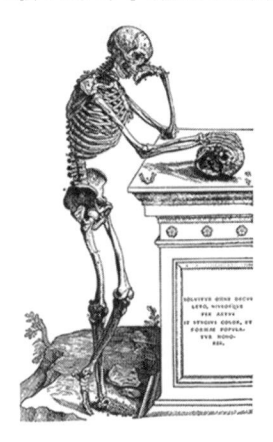

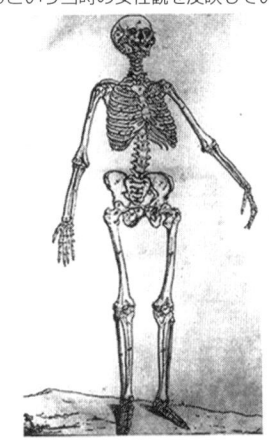

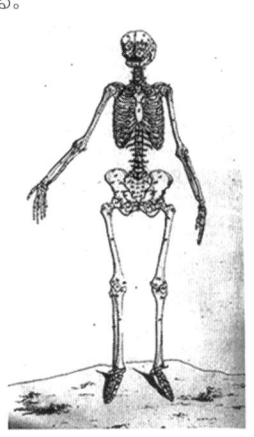

進化論の性差観　19世紀半ばに登場した進化論は，男女の両極性という考え方をさらに強固な生物学的決定論に発展させた。ダーウィンは，進化の過程では自然淘汰以外に性淘汰が重要な役割を演じると考えた。だが，自然界ではオスがメス獲得のためにオス同士で争うとき，たんに強さや大きさだけでなく外見の華やかさ（ライオンのタテガミやクジャクの羽根など）によってメスを惹きつけると説明する一方で，人間においては，男は男同士で争うことによってより大きく強く，性質も攻撃的で利己的になるのに対し，女は男を魅了するためにより美しく，母性本能によって優しく利他的になるとした。同時に，女のもつ直感力などの能力は下等な人種の特徴と共通するので，女は男よりも進化の過程の低い位置にとどまっており，それが芸術や学問分野での天才が男に限られる理由だと主張した。彼自身がヴィクトリア朝上層中産階級の出身であったダーウィンのこうした理論は，男女をすべてにおいて対照的で相反する性質をもつ存在と見る当時の性差観を正当化し，必然視させる効果をもった。

参考文献　T. ラカー（高井ほか訳）『セックスの発明』工作舎，1998／荻野美穂『ジェンダー化される身体』勁草書房，2002

第9章

ヨーロッパ主権国家体制の展開

9-1 概説⑨ 「啓蒙の世紀」と公私二元モデルの形成

教科書 ヨーロッパ主権国家体制の展開　☞8-1, 10-1, 11-1

◆**18世紀――「啓蒙の世紀」**　啓蒙主義は、1680年頃から18世紀末まで続く汎ヨーロッパ的な精神運動であり、社会運動であった。18世紀は、まさしく「啓蒙の世紀」であった。ルネサンスが「復興」をめざしたのに対し、

啓蒙期に成立した性別役割規範

	男性	女性
役割	公的生活	私的生活
行動様式	能動的	受動的
特性	理性的	感情的
美徳	威厳	純潔・美・羞恥心

啓蒙主義は「進歩」をめざした。カントの言葉を借りるなら、「啓蒙」とは「理性をもちいて未成年状態から脱すること」であった。当時、多くの事柄が二項対立的に対比されたが、男女も例外ではない。1770/80年代以降、「男性・理性・公的生活/女性・感情・私的生活」という対比が言説の主流となる（表参照）。この変化は、新しいエリートとしての新興市民（官僚や専門職）の台頭に即したものであった。このような1770年代以降の欧米社会の秩序を「公私二元的ジェンダー秩序」と呼ぶことができよう。しかし、啓蒙前期はけっしてそうでなかった。男性知識人のなかには、男女平等を唱え、女性の文筆活動や社会進出を肯定する者も少なくなかったのである。啓蒙主義が文芸から社会改革へと広がるにつれ、事態が変化した。各方面の社会改革言説に「自然的本性」としての性別特性論が登場して、やがてそれは新聞雑誌やサロンなどの啓蒙空間を通じ、「公論（世論）」として人びとに共有されていったのである。そこでは、貞淑でつつましく恥じらいがちで愛情深い女性が「美しき女性性」の体現者としてきわめて肯定的に論じられた。キリスト教的伝統に根

ドイツ啓蒙主義と女性像の変化　18世紀前半の初期啓蒙主義では、男女平等が唱えられた。ドイツ文学の「法王」J.C. ゴットシェート（1700～66）は、女性の知性が男性と変わらないことや女性の職業的自立を唱えている。「私たちは男と同じように人間なのです。……私たちには、男と同じような能力があります。学問の領域で何かをなす能力もあるのです」（『理性ある女性意見者たち』1725/26：38頁）。実際、ゴットシェートの妻ルイーゼをはじめ、啓蒙前期にすでに何人かの女性作家が登場していた。にもかかわらず、『女性百科事典（第3版）』（1773）では女性作家の名が初版よりも減っている。ドイツにおける女性像の転換を最もよく示すのは、「ドイツ民俗学の父」と称される法学者J. メーザー（1720～94）の『愛国主義的幻想』（1777）である。そこでは、有能な家政婦、料理女、女医師が称えられており、教養ある女性像は否定された。女性の学識は「おしゃれに熱中するのと同じレヴェルの」ばかげた流行熱とされている。当時、出版物は洪水のようにあふれ、識学層における読書傾向は「精読」から「多読」へと変化したが、女性の「多読」は非難されたのである。そのかわり、か弱き性、慎ましき妻、献身的な母という「美しき女性性」の賞揚と「市民家族」の理想化がはじまった。こうした傾向が、ゲーテを筆頭とする「シュトルム・ウント・ドランク」（ドイツ古典主義）の諸作品に受け継がれる。

ざした女性嫌悪は影をひそめ，無垢や弱さが女性本性とされていく。

◆**自律的人間像の成立**　啓蒙主義と強い親和性をもつ自然法思想や社会契約論は，すでに17世紀以降，新しい人間像，新しい社会＝国家論を打ち立てていた。神に依存せず，身分制的桎梏（しっこく）からも自由な自律的人間像（「ひと」）は，けっしてすべての人間があてはまるものではない。それは家父長男性に限られた。家父長がもつ「支配権（命令権）」は国家のそれと同質とみなされ，「家（イエ）」における家父長制支配が正当化された。一方，家父長に依存する男性も女性・子どもも理性に欠ける非自律的存在とみなされ，家父長の支配に服さねばならないとされたのである。

◆**「外」へのまなざし**　啓蒙期ヨーロッパでは「諸国家を越えたコスモポリタニズム」が発展した。しかし一方で，白人ヨーロッパ男性を啓蒙主体とし，非白人・非ヨーロッパ・非男性を啓蒙客体とする思考方法も確立した。18世紀の大西洋上では，800万人にものぼる黒人奴隷が

18世紀欧米（1700〜80）	
1701	独：トマジウス『魔女論』刊行
1702	英：アン女王即位（〜14）
1705	マリア・シビラ・メリアン『スリナム産昆虫変態図鑑』刊行
1711	伊：ボローニャ大学物理学教授ラウラ・バッシ誕生（〜78）
1714	伊：ボローニャ大学解剖学教授・女医アンナ・モランディ・マンゾリーニ誕生（〜74）
1716	英：メアリ・モンタギュー夫人『トルコからの手紙』刊行
1718	伊：ボローニャ大学数学教授マリア・ガエターナ・アニェージ誕生（〜99）
1725	露：女帝エカテリーナ1世即位（〜27）
1725/26	独：J.C. ゴットシェート『理性ある女性意見者たち』刊行
1730	露：女帝アンナ・イヴァノヴナ即位（〜40）
1732	米：13州の成立
1740	オーストリア：大公マリア・テレジア即位（〜80）
1740〜48	オーストリア継承戦争
1741	露：女帝エリザヴェータ即位（〜62）
1745	仏：ポンパドゥール夫人がルイ15世の公妾となる
1748	仏：オランプ・ドゥ・グージュ誕生（〜93）
1756〜63	7年戦争（オーストリア大公マリア・テレジア，ロシア女帝エカテリーナ2世，フランス公妾ポンパドゥール夫人が手を結び［外交革命］，プロイセンを孤立させた）
1759	英：メアリ・ウルストンクラフト誕生（〜97）
1762	仏：ルソー『エミール』刊行
	露：女帝エカテリーナ2世即位（〜96）
1764	露：スモーリヌイ女学院
1769	仏：皇帝ナポレオン誕生（〜1821）
1770	仏：オーストリア皇女マリ・アントワネットがフランス王太子妃となる
1772	独：ズザンナ裁判（子殺し）
1776	米：アメリカ独立宣言公布
1780	独：プロイセン国王フリードリヒ2世が法典編纂を命じる

アメリカに運ばれた。「文明化された西洋／未開の東洋」といった発展史観がはやり，「男性的西洋／女性的東洋」「貞淑な西洋女性／ふしだらな非西洋女性」というジェンダー・モデルがさかんに利用された。こうしたオリエンタリズムは古代から存在するが，啓蒙後期には科学的装いをとって再編された。それは，ナポレオンのエジプト遠征に典型的なように，オリエントの文化遺産を略奪して自国で展示・鑑賞するという西洋の優越的行動につながっていく。（三成）

参考文献　弓削尚子『啓蒙の世紀と文明観』山川出版社，2004／U.I.ホーフ（成瀬訳）『啓蒙のヨーロッパ』平凡社，1998／E. ヴァイグル（三島・宮田訳）『啓蒙の都市周遊』岩波書店，1997／三成美保『ジェンダーの法史学』勁草書房，2005／R. ポーター（見市訳）『啓蒙主義』岩波書店，2004

9-2　啓蒙専制主義と民衆啓蒙

教科書　重商主義と啓蒙専制主義　☞8-7, 9-3, 9-4

◆**啓蒙専制主義**　啓蒙専制主義とは，君主と官僚が「上からの改革」を通じて臣民に恩恵的に啓蒙理念を普及させていくというシステムである。フランスの啓蒙思想家ヴォルテール（1694～1778）は，プロイセンのフリードリヒ 2 世（大王，位1740～86）やロシアのエカテリーナ 2 世（位1762～96）の助言者として知られる。こうした啓蒙専制君主を支えたのが，新興市民出身の学識ある啓蒙官僚たちである。臣民には理性が乏しいという前提に立つために，改革のための法典編纂や政策はきわめて後見主義的で，臣民からの自発的な改革要求には否定的であった。また，身分制には妥協的で，家父長制的支配を擁護している。フリードリヒ 2 世が編纂を命じた「プロイセン一般ラント法」(1794)は，啓蒙期法典編纂を代表する法典である。同法典は，夫婦，親子，主人奉公人の三つの関係からなる「家」を社会関係の基礎にしており，家父長制が顕著であった❶。オーストリア大公マリア・テレジア（位1740～80）もまた啓蒙専制君主として，学校教育や軍制改革に手腕を発揮した❷。しかし，晩年の彼女は保守化して，息子の皇帝ヨーゼフ 2 世（位1765～90）と対立した。母の死後，ヨーゼフ 2 世は農奴解放令・宗教寛容令などの急進的な啓蒙主義的改革を進めるが，貴族の反対にあって挫折した。

◆**民衆啓蒙**　大半の臣民は啓蒙の客体であった（民衆啓蒙）。当時の識字率は 4 分の 1 程度にすぎない。学校教育は不十分で，家庭教師は高額であった。安らぎの場としての「家庭」はまだなく，両親ともに働く市民・農民身分にあっては，父が仕事に必要な知識，母が宗教的知識を手ほどきした❸。ドイツでは，市民劇による教育効果も期待され，父に従うよき息子・娘が好んで描かれた。これらの臣民身分から学識者が生まれ，19世紀のエリートたる「教養市民」が形成されていく。（三成）

プロト工業化と農村の変化　「プロト工業化／工業化以前の工業化」とは，近代的大工業に先立ち，16～18世紀に展開した織物業などの農村手工業（問屋制家内工業・マニュファクチュア）をさす。重商主義政策によって保護された商業資本は，17世紀以来急速に拡張する世界市場向けの商品を生み出そうとした。ツンフト制度に縛られた都市には新しい生産システムを受け入れる余地はなく，農村の労働力を活用しようとしたのである。農村工業従事者の多くは下層農民で，奉公人をもたない核家族であった。新たな雇用機会を得た結果，彼らのあいだでは結婚年齢が低下し，出生率が上昇して，家族規模は大きくなっていく。農村工業従事者は，伝統的な「家」経済システムを脱却しようとはしなかった。彼らは，家族の生存維持をめざして女子どもを含めた家族ぐるみで働き，家族単位で生産調整をおこなった。農村家族の「自己搾取」を背景に，莫大な利潤と取引の安定が商業資本に留保されたのである。

❶【史料】プロイセン一般ラント法（1794）第 2 部
《第 1 章　婚姻について》
1 条　婚姻の主目的は，子を産み育てることである。／2 条　もっぱら相互扶助のための婚姻締結も有効である。／184条　夫は婚姻社会の首長であり，彼の決定が共通の事項を決定する。／185条　夫は妻に対し身分相応の扶養をなす義務を負う。／188条　夫は妻の人格，名誉および財産を裁判上および裁判外で防衛する権利義務を有する。／194条　妻は夫の身分と地位に応じて家政を処理する義務を負う。
《第 2 章　親子相互の権利・義務について》
61条　子は両親に対して畏敬と服従の義務を負う。／62条　しかし，子はとくに父権に服する。／67条　健康な母は子に自ら授乳する義務を負う。／68条　しかしながら，子にいつまで授乳するかは，父が決定する。

【解説】「プロイセン一般ラント法」は，全 2 万条にも及ぶ総合法典であった。法典の起草にあたった委員会は，委員長が貴族であったのを除けば，全員が新興市民の官僚から構成されていた。プロイセン一般ラント法は離婚の自由を容認し，婚外子を保護するなど新しい性格をもつ一方，フランス革命への警戒から身分制を温存するなど妥協的でもあった。後見主義は，授乳規定（第 2 章67〜68条）に顕著である。自然法を反映したフランス民法典（1804）が 2 世紀をへた現在も使われているのに対し，啓蒙専制主義の影響を残すプロイセン一般ラント法は19世紀初頭から改正の対象となった。しかし，19世紀末まで，同法典はプロイセンで妥当した。

❷啓蒙専制君主マリア・テレジア（1717〜80）
マリア・テレジアは，神聖ローマ皇帝カール 6 世 (位1711〜40) の長女。1713年，カール 6 世は，内外の反対を押し切って「国事詔書」を発し，ハプスブルク世襲領の分割禁止と男子なき場合の長女の世襲領相続を定めた。それは女子相続を禁じるサリカ法典の廃棄を意味した。1740年，カール 6 世が亡くなると，プロイセンのフリードリヒ 2 世がマリア・テレジアのオーストリア大公位継承に異を唱え，オーストリア継承戦争（1740〜48）が起こった。1745年，マリア・テレジアの夫フランツが皇帝位に就いたが，政治の実権はマリア・テレジアが握った。彼女は，シュレジエン領有をめぐる 7 年戦争 (1756〜63) では，フランス，ロシアと結んでプロイセンを孤立させた。夫妻はいとこ同士で，当時の貴族には奇跡的な恋愛結婚であり，フランツは結婚とひきかえに世襲領の相続権を失った (1736)。夫妻は生涯仲むつまじく，16人の子女をもうけた (うち 5 人は早世)。

❸【史料】エルンスト・モリッツ・アルント（1769〜1860）の回想録
「当時の風潮は荘重でいかめしく，子どもや使用人は，親や主人がどんなに優しくても，常に相応の距離を隔てて扱われた。……男の子が知らない間に，あるいはわざとこしらえてしまう服の破れやかぎざき，それにけがなどが父の目に触れないように，気をつけないといけなかった。……これがたまたま父の目にとまろうものなら，すでに痛い目に合っているその上，軽率や不注意についても，相応の体罰が与えられた」。
「仕事が一番暇になる秋と冬には……書き方と計算は父が教え，母は読み方の練習をしてくれた。……読み方の教材は，最初の何年かは聖書と讃美歌集に限られていたが，それが私たちにとってよかったのだと思う」。(ハルダッハ＝ピンケ：117頁以下)。

【解説】アルントは，詩人でボン大学教授，フランクフルト国民議会議員（1848）となる。彼は，当時スウェーデン領の自由農民の次男として生まれ，18歳でギムナジウム，22歳で大学に入った。彼の回想録には，家父長制的家族のもとで，父母から教育の手ほどきを受けたことが記されている。

参考文献　三成美保『ジェンダーの法史学』勁草書房，2005／L. ハント（正岡ほか訳）『ポルノグラフィーの発明』ありな書房，2002／L. ハルダッハ＝ピンケ，G. ハルダッハ編（木村ほか訳）『ドイツ／子どもの社会史』勁草書房，1992／菅利恵『ドイツ市民悲劇とジェンダー』彩流社，2009／F. メンデルス，R. ブラウン（篠塚ほか訳）『西欧近代と農村工業』北学道大学図書刊行会，1991

9-3 啓蒙思想と公論の形成——性別役割規範の成立

教科書 重商主義と啓蒙専制主義　☞9-2, 10-3, 10-4

◆**読む・書く**　17世紀に登場していた新聞・雑誌の数は18世紀後半に急増し、書籍刊行の点数も膨大になる。それらはもはやラテン語ではなく、各国の言語（国語）で書かれていた。識字率は低かったものの、貴族と上層市民を中心とする識字層では「精読」から「多読」へと読書態度が大きく変わっていく。女性文筆家も活躍し、多くの女性読者を獲得した。しかし、女性の評論活動やプロとして自立することは非難され、閨房作家として詩や小説を書くことのみ許された。

◆**公論の形成**　18世紀後半、各地で「議論する公衆」が登場し、「公論（世論）」が形成されていく。議論の場となったのは、サロン、コーヒーハウス、読書協会である。サロンは貴族女性や上層市民女性が主宰し、フランスで広がった。コーヒーハウスはイギリスで発展し、市民男性が新聞や雑誌を読んで議論した。ドイツで発展したのが読書協会である。付設図書室に保管された定期刊行物を回覧し、会員で討論した。サロンには男女が集ったが、コーヒーハウスと読書協会は原則として男性の情報交換の場であった。革命をへて、フランスでも公論形成から女性は排除されていき、サロンも文芸化する。その過程で、弱さや受動性・純潔・母性を女性の美徳・名誉とみなす公論が成立した。1770/80年代の刑事法改革論で焦点があてられた嬰児殺し論でも、子の生命より女性の名誉が重視された❶。

◆**市民規範としての性別役割分担**　18世紀後半以降、性にもとづく男女の役割分担が強調されるようになる。妊娠・出産機能が女性の役割として最重要視されていくのである。性別役割分担は「自然（身体）」にもとづく差異とされ、差別とは意識されなかった。男女別教育の必要を説き、「母性」の重視を唱えるルソー（1712〜78）の『エミール』は当初こそ禁書であったが、ヨーロッパ中に広まった❷。当時、母乳保育はほとんどおこなわれていなかった。貴族女性は乳母に保育をまかせ、出産と社交をおもな務めとした。手工業者や農民では男女とも働いており、育児に手間をかけるゆとりはなかった。多くの子が捨てられたり、里子に出されて死んでいった❸。母性の重視は、伝統的な貴族・庶民文化に対する痛烈な批判であるばかりか、女性独自の役割を肯定的に評価した点で女性にも歓迎された。夫の俸給だけで生活できる高級官僚とその妻は、率先して新しい規範を受け入れ、他の身分との差別化をはかっていったのである。(三成)。

9-3 啓蒙思想と公論の形成

❶【史料】ペスタロッチー『立法と嬰児殺し』(1783)

「第一にわたしのみるところ，結婚せずに妊娠したすべての娘たちがもつ目的，つまり，みずからの恥を隠して自分の子から解放されたいとの一般的な究極目的が，すべての嬰児殺しの女たちの行為の誘因である。……未婚の妊婦のこの究極目的が生じた第一の原因は……女性にとって本質的に必要で有り，かつ，女性の美徳と特性に不可欠であるような衝動と傾向にもとめられるのであるから……この究極目的もまた，それ自体は不法でも，背徳的でも，恥ずべきでもない」(三成：121頁)。

【解説】ゲーテ『ファウスト』のグレートヒェン悲劇のモデルとなったズザンナ裁判 (1772)。旅籠の女中ズザンナは，行きずりの客に強姦されて妊娠し，子殺しの罪で公開斬首刑となった。この事件をきっかけに子殺しをめぐる議論が高まった。ペスタロッチーは「不作法や恥辱を厭う気持ちが強く激しいこと」が女性の美徳と結婚生活を守るために必要だと説き，子殺しに対する死刑を否定した。カントも同様の見解を表明しており，19世紀の刑法典では子殺しは無期懲役刑へと改められた。

❷【史料】ルソー『エミール』(1762)

「女性教育のすべては，男性に関係するものでなければならない。男性によろこばれること，男性の役に立つこと，男性に自分を愛させ尊敬させること，男性が幼いときは養育をし，成人したら世話をやき，男性の相談相手となり，男性をなぐさめ，男性の生活を心地よくたのしいものにすること，これが女性のあらゆる時期の義務なのであり，子どもの時から女性におしえなければならないことなのである」(岩波文庫)。

❸【史料】捨て子の移送を禁じる国務会議裁決 (1779, フランス)

「[陛下は] 捨て子の数が日々増加の一途をたどり，しかも今日その大半が正規の絆から生まれた子どもであることを指摘され，憂慮の念を示されている。捨て子養育院は本来，身をあやまった母親がわが身の恥を恐れた結果大罪を犯すことのないように設けられたものであるにもかかわらず，次第に親の罪深い無関心を助長する収容所になってしまった」(二宮・阿河編：188頁)。

【解説】臣民身分では，1結婚あたり5～7回ほどの妊娠があった。新生児の1/4から1/3が1年以内に死亡し，10～15歳までに半数が亡くなった。食糧事情の改善や農業生産の増大を受けて18世紀半ばから乳幼児死亡率が減少すると，子だくさんによる貧困化が深刻になり，捨て子が増加した。捨て子養育院は，すでに15世紀フィレンツェに登場し，その後も各地に設けられていた。18世紀パリの施療院には「回転箱」が設置され，捨て子は背負い籠に入れられて各地から運びこまれた。1772年に7676人の捨て子が記録されている。パリでは1770年の捨て子の数は全出生数の3割を超えていたが，捨て子のなかで10歳まで生き残れるのは1割にすぎなかった。また，都市の貧しい住民が，働くために子を農村に里子に出すケースも増える。18世紀末のパリでは，年間出生数約2万1000人，そのうち母乳育児を受けている者は1000人，乳母による養育は3000～4000人，残る1万5000人が地方に里子に出されていたと推測されている。里子を引き取る側では貴重な副収入となった。ある中流農民の場合，里子収入は世帯収入の15%にものぼった。

ポンパドゥール夫人 (1721～64) ポンパドゥール夫人（ジャンヌ）は市民出身。20歳のときに裕福な徴税請負人と結婚し，1女をもうける。1745年，ジャンヌは夫の留守中に国王ルイ15世の目にとまり，愛人となる。夫は40万リーブルもの年俸をともなう上級参事官の職を与えられた。ジャンヌの身分が低かったために，国王は断絶した貴族ポンパドゥールの領地と侯爵夫人の称号を与えてから公妾（王室から年金を支給される愛妾）とした。夫人は，ヴェルサイユ宮廷では比類なき教養をもつ美貌の才女であり，サロンを主宰してヴォルテールやディドロと親交を結び，啓蒙主義の庇護者となった。夫人はまた，国王の実質上の政治顧問として，政治や外交に大きな影響を及ぼした。リベラル派の貴族を外務大臣に登用し，オーストリアとフランスが手を結ぶのに貢献したほか，セーブル陶器の輸出にも尽力した。（図：書物を手にする夫人の机の上には『百科全書』やモンテスキュー『法の精神』が並べられている。ラ・トゥール画）

参考文献 三成美保『ジェンダーの法史学』勁草書房，2005／S.ビルクナー（佐藤訳）『ある子殺しの女の記録』人文書院，1990／二宮宏之・阿河雄二郎編『アンシアン・レジームの国家と社会』山川出版社，2003／藤田苑子『フランソワとマルグリット』同文舘出版，1994／長谷川まゆ帆『女と男と子どもの近代』山川出版社，2007

9-4 エカテリーナとその時代——18世紀のロシア

教科書 重商主義と啓蒙専制主義　☞9-2, 11-4, 13-3

◆**近代化と西欧化の時代**　ともに「大帝」と呼ばれるピョートル1世（位1682～1725）とエカテリーナ2世（位1762～96）を輩出した18世紀は、ロシア史における大転換期であった。すでに17世紀に端緒的に開始させられていたヨーロッパ的な文物の導入が加速度的に進捗して、バルト海につながる新都サンクト・ペテルブルグの建設、近代的な陸海軍の創設と官僚制の整備、西欧型の学問や女子教育機関を含む教育制度の導入❶、身分制度の再編と農奴制の強化、重商主義的な商工業の振興、四辺に向かう広大な領土と周辺諸民族への支配の拡大、風俗・習慣の西欧化などが進められたのである。そして2人の大帝の事績を見るとき、専制的な皇帝権力こそがこうした変革の原動力であったことは間違いない。そのもとで文字どおりの帝国としてのロシアの強大化と変容は達成されたのである。

◆**女帝の世紀**　強化された専制権力のもとでロシア社会の変革の進んだ18世紀は、「女帝」による統治の時代でもあった。ピョートル大帝の没後、エカテリーナ2世治世に先立つ37年間のうち、幼少の2名（うち1人は0歳で即位し、1歳で廃位）を含む男性皇帝3代の治世はわずか5年ほどにすぎない。エカテリーナ2世は、エカテリーナ1世（位1725～27）❷、アンナ（位1730～40）、エリザヴェータ（位1741～62）という3人の女帝を引き継ぎ、「暗愚」な夫ピョートル3世を追い落として権力を掌中に収めたのである。ピョートル大帝が、慣習法による男子長子相続の伝統にかえて皇帝による後継指名を法定化しながらも、自らはそれをせぬまま死去したことが女帝誕生の発端であった。新旧貴族の対立のなかで大帝妃エカテリーナが担ぎ出されたのに続いて、大貴族の派閥間利害闘争や近衛連隊のクーデターによって女帝擁立がはかられたのである。2人の大帝にはさまれた時代には伝統的に、大貴族によって専制権力を制約された無力／無能な君主による治世として低い評価が与えられてきたが、近年の研究では、この基調は維持しながらも部分的見直しが進んでいる。

◆**貴族女性と農民女性**　18世紀の諸改革を通じて貴族女性の生活は一変した。伝統的衣服をまとい館の奥深くに隠遁する生活❸から、西欧の上流階級を模した服装を身につけて宮廷や社交の場に姿を見せ、華麗な貴族文化の担い手となったからである。それに対して民衆とりわけ農民女性らは、この世紀を通じて強化された農奴制のもとで国家と領主の専横に晒されながらも、生産活動や生活文化次元の変化は

緩慢であった。男性家長による家父長制的秩序のもとで従来どおり，嫁ぎ，子を産み育て，家事と農耕・牧畜，果実・キノコ採取などありとあらゆる労働に従事したのである。(橋本)

❶エカテリーナ2世（1729～96）とスモーリヌイ女学院

ロシアにおける女性のための最初の本格的な教育機関が，スモーリヌイ女学院 (正式名称は「高貴な家柄の子女のための教育協会」) である。1764年，即位後間もないエカテリーナ2世の意を呈して，ルソー教育論の信奉者であるイヴァン・ベツコイ (1704?~95) が設立した完全閉鎖性の寄宿制学校で，改組された陸軍幼年学校などとともに，それまでにない貴族的な徳を備えた「新しい種類の人間」の形成を目的とした。初期にはエカテリーナ2世も足繁く通って生徒たちと交歓し (右図)，ロシア革命にいたるまでの1世紀半にわたって，最上位貴族の娘たちを宮廷的・貴族的な社交と文化の場に向けて社会化する機能をはたすこととなった。

❷エカテリーナ1世（1684～1727）

リヴォニア (いまのエストニア・ラトヴィア) の農民出身で，大貴族のシェレメチェフ家，ついでピョートル大帝の寵臣メーンシコフ (1673~1729) のもとに差し出された「洗濯女」マルタは大帝に見初められて，事実上，その2人目の妃となった。大帝没後，マルタと同じく下層出身であったメーンシコフに担ぎ出されて皇位にまつりあげられてエカテリーナ1世となるが，実権を握ったのはメーンシコフであった。

❸ピョートル改革以前の貴族女性

ボヤーレと呼ばれたピョートル改革以前のロシアの大貴族たちは，一族の権勢のために女性の婚姻を利用したが，その一環として女性を館内に隔離して，男女両性間の空間的分離をおこなっていた。女性が姿を現す数少ない公共空間が教会であったが，右図は伝統的衣装をまとって教会を訪れた17世紀の貴族女性を描いた後世の作品である。

参考文献　土肥恒之『興亡の世界史14　ロシア・ロマノフ王朝の大地』講談社，2007／橋本伸也『エカテリーナの夢　ソフィアの旅』ミネルヴァ書房，2004

9-5 食・薬の伝来と変化──アメリカからヨーロッパへ

教科書 ヨーロッパ諸国の海外進出　☞6-9, 9-7, 11-11

◆**博物学はあらゆる経済の基礎**　コロンブスのアメリカ大陸発見以降，とくに16世紀後半から南北アメリカの種々の栽培植物や医薬品がヨーロッパにもたらされ，17～18世紀にかけて博物学が全盛期を迎えることになる。「博物学はあらゆる経済の基礎なり」という認識のもとに，男性博物学者が世界を股にかけ活躍する一方，女性が研究目的で新大陸に渡ることはほとんどなかった。そのようななかで，1699年オランダ領植民地スリナムへ博物学研究をめざして出帆したメリアンは例外的な女性である❶。17世紀末に西インド諸島の植民地からヨーロッパ本国へは，砂糖，綿，タバコ，カカオ，ゴムなどがもたらされ，一大ビジネスを形成していた。南米由来の医薬品では，マラリアの特効薬となるキナ皮が重要である❷。これには1630年代にペルー総督チンチョン伯爵に同行して現地に来ていた夫人が熱病にかかり，キナ皮の処方薬で九死に一生を得てその効能を広めたとするエピソードが絡んでいる。キナ皮の普及をもくろんでつくられたものであったようだが，これに便乗するかたちで，リンネはチンチョン伯爵夫人に命名の栄誉を与えて学名キンコーナをつくった。キナ皮の名声を高めるために高い地位にある女性を利用したものとされる。

◆**伝えられなかった中絶薬**　誰が科学をするかは重要な問題である。旅する植物学者がほとんど男性であるがゆえに見落とされる薬草もあった。たとえば，1687年にジャマイカに向けて航海し，のちに王立協会会長になるロンドンの内科医ハンス・スローンは，西インド諸島で有用な薬草を探し求めたが，中絶用の植物に関心を向けることはなかった。そうした知の状況を象徴するのがオウコチョウである❸。西洋では中絶はもちろんのこと避妊も禁止されていたが，女性たちはひそかにそうした知識を長い歴史をとおして伝承してきており，西インド諸島のその植物の薬効も伝えられてさえいれば珍重されたことだろう。

◆**英国への種痘の導入**　種痘といえばイギリスのジェンナーが18世紀末に開発した牛痘によるものが有名である。しかし，それよりはるかに早い18世紀の初めにメアリ・ウォートリ・モンタギュー夫人（1689～1762）❹は，患者の小水疱の膿を接種すれば天然痘の罹患が防げることをイスタンブル滞在中に知り，その知識をイギリスに持ち帰った。彼女は帰国後，英国皇太子妃キャロラインにこの情報を伝え，1722年王族は種痘を受け天然痘を免れることができた。　　　　（小川）

9-5 食・薬の伝来と変化　155

❶マリア・シビラ・メリアン
　マリア・シビラ・メリアン（1647〜1717, 右図）は有名な画家であり彫刻家のマテウス・メリアンの娘として自由帝国都市フランクフルト・アム・マインに生まれた。画家であり出版も手がける父親の工房で手ほどきを受け, 13歳からは継父ヤーコブ・マレルのところで画家の修業を積んだ。画家のヨハン・アンドレアス・グラフとの結婚後も, 自立した女性画家として研鑽を積み, 1679年に『毛虫の見事な変態と食草』を出版し頭角を現した。離婚をへて自立した女性として2人の娘を育て, 52歳のとき昆虫の研究のためにオランダ領スリナムに渡り,『スリナム産昆虫変態図譜』を完成させた。

❷キナの木の小枝を科学に
　作者不詳の17世紀の図（左下図）。黒人の子ども（ペルー）が, キナの木の小枝を科学の擬人像に差し出している。図の奥ではキナの木の栽培の様子が示され, マラリアの特効薬としてキナの木の重要性を示す。

❸【史料】『スリナム産昆虫変態図譜』(1705) に見られるオウコチョウに関連する記載
　以下はメリアンの著作のオウコチョウの図（下中央）に添えられた中絶薬に関するエピソードである。
　「オランダ人の主人からひどい扱いを受けていたインディアンは, 子供が奴隷になるくらいならばと嘆き（オウコチョウの）種子を用いて中絶を行っています。ギニアやアンゴラから連れてこられた黒人奴隷は, 子供をもつことを拒む素振りを見せて, 少しでも境遇が良くなるように願ってきました。……彼女たちの中には耐えかねて自らの命を絶つ者もいました」（シービンガー）。

❹メアリ・ウォートリ・モンタギュー夫人
　レディ・メアリ（右下図）は, 1716年オスマン帝国のイギリス大使となった夫エドワード・モンタギュー卿に従いイスタンブルに滞在した。天然痘が猛威をふるう時代で, 弟を天然痘で失い彼女も危うく一命をとりとめた過去があった。この地に来てギリシアの年配女性が伝承してきている接種の実践を知り, 1717年彼女は大使館付き外科医と接種の安全性を調査し, そうした老婆に5歳の息子の接種処置を依頼し成功を収めた。そこでこの結果をもって帰国し, 天然痘流行の1721年幼い娘に接種をおこない成功し評判を得た。

参考文献　L. シービンガー（小川ほか訳）『植物と帝国』工作舎, 2007／K. トッド（屋代訳）『マリア・シビラ・メーリアン』みすず書房, 2008／中野京子『情熱の女流「昆虫画家」』講談社, 2002

9-6 大西洋奴隷貿易のなかのジェンダー

教科書　ヨーロッパ諸国の海外進出　☞8-2, 10-2, 11-6

◆**奴隷貿易のなかのジェンダー**　奴隷の売買は古今東西，どこにでも存在したし，いまなお存在する。そのなかで，ヨーロッパ，アフリカ，南北アメリカという三つの大陸を結ぶ大西洋上で展開された奴隷貿易（三角貿易とも呼ばれる）には，男性に比べて女性の数が圧倒的に少ないという特徴があった。ヨーロッパの奴隷商人も，カリブ海域や南北アメリカでサトウキビやタバコ，コーヒー，綿花などを栽培する農園主も，労働力として男性を求めたからである。一方，アフリカ大陸内部や中東のムスリム社会では，家事・育児をはじめ，農業労働も水運びのような日常の労働の多くも女性が担当したため，奴隷としての価値は女性のほうが高かった❶。すなわち，大西洋奴隷貿易は，三つの大陸間のジェンダー認識の差によって支えられていたのである。

◆**奴隷廃止の動きと女性**　18世紀末から19世紀にかけて，ヨーロッパ諸国は徐々に，奴隷貿易・奴隷制度廃止に向かって動きはじめた。イギリスでは，フランス革命期と重なる1780年代から90年代にかけて，国教会内部の福音派とクェーカー教徒が協力して，民間団体「奴隷貿易廃止協会」を設立したが，その活動の中心は信仰篤き女性たちだった。彼女たちは，奴隷労働でつくられた砂糖のボイコット運動や議会への請願書の署名運動に参加し，鎖につながれた黒人奴隷をかたどったカメオを身につけて，強い反対の意を示した❷。運動は，当時の社会改革と重なりながら展開され，ナポレオン戦争中の1807年，奴隷貿易廃止法が成立した❸。

◆**奴隷女性の主体的抵抗**　カリブ海域の農園に売られた奴隷たちは村をつくって日常空間としたが，そこでの営みを支えたのは女性たちであった。奴隷村では故郷アフリカでの慣習や伝統が温存され，出産や子育てもアフリカのやり方でおこなわれ，それが農園主にアフリカ女性のモラルに対する誤解と偏見を増長させることにもなった。奴隷村は奴隷たちの抵抗運動がひそかに計画，議論される場でもあり，女性たちも避妊や堕胎といった方法で，「奴隷の子は奴隷主の所有物」という考え方への抵抗を示した❹。そのため，カリブ海域では女性奴隷の流産と死産が多く，アフリカからの供給が絶えず必要とされた。それに対して，アメリカ南部諸州では，女性奴隷の出生率が高く，すでに1740年代，奴隷の大半がアメリカ生まれだった。だが，それは，南部農園主の配慮や温情を意味したわけではなかった。　（井野瀬）

❶女性奴隷に対する考え方

　アラブ商人を中心とするサハラ砂漠横断ルートやインド洋上の奴隷売買では，奴隷の大半が女性と子どもであった。ムスリム社会の一夫多妻制をつうじて，すなわち，何番目かの「妻」となることで，女性奴隷のほうが現地社会に同化しやすかったことも，奴隷として女性が好まれた理由の一つであった。

（右図は，アラビア半島東端，交通の要所として栄えたオマーンの港湾都市，現首都であるマスカットの奴隷市場の様子。1849年。）

❷廃止運動のキャッチフレーズ

　女性たちが身に着けたのは，陶器の老舗ウェッジウッドの創始者，ジョサイア（1730〜95）がデザインしたものであった。ウェッジウッドは，跪く黒人奴隷のイメージを掲げ，そこに「私は人間でもなく兄弟でもないのか」という言葉を記した。これに対して，1830年代のアメリカでは，「私は女でもなく姉妹でもないのか」というセリフが登場した（右図）。とはいえ，奴隷を解放する白人，白人に解放を嘆願する奴隷という構図は変わらず，廃止運動における人種とジェンダーの複雑な重なりがうかがえる。

❸噴出する奴隷貿易の記憶

　フランス革命の影響を受けて，カリブ海域のフランス領サンドマング島では，1791年8月23日，奴隷たちが解放に立ち上がり，1804年，世界初の黒人共和国ハイチが生まれた。蜂起のこの日は現在，ユネスコによって「奴隷貿易とその廃止の国際記念日」となっている。イギリスで奴隷貿易廃止200周年にあたる2007年のこの日，かつて奴隷貿易で栄えた港町リヴァプールに「国際奴隷博物館」が開館した。2001年，国連・反人種差別世界会議（南アフリカ，ダーバンで開催）が奴隷貿易・奴隷制度を「人道に反する罪」と明言して以来，奴隷貿易や植民地支配に関する記憶が世界各地で噴出している。

（右写真は，国際奴隷博物館のポスター。鎖を断ち切る奴隷像は，この博物館のシンボルでもある）

❹アフリカの慣習的な授乳期間

　カリブ海域で奴隷の出生率が抑えられていた背景には，奴隷のおもな供給地（＝多くの奴隷の出身地）であった当時の西アフリカ社会で，授乳期間が2〜3年間と長く，その間の性交渉がタブー視されていたという事情もあった。この慣習は奴隷村でも維持され，出産間隔を一定に保つはたらきをした。だが，農園主は，この長い授乳期間を女性奴隷が労働をさぼる口実とみなし，「アフリカ女性は怠惰」という偏見を助長させていった。カリブ海域にせよ，アメリカ南部にせよ，農園主が妊娠した女性奴隷の労働を軽減することはなかった。

参考文献　J.M. メイエール（国領訳）『奴隷と奴隷商人』創元社，1992／E. ウィリアムズ（山本監訳）『資本主義と奴隷制』明石書店，2004

9-7　特論⑨　科学革命とジェンダー

教科書 17〜18世紀のヨーロッパ文化　☞1-7, 11-11, 15-10

◆**科学革命進行の裏で魔女裁判**　17世紀は近代科学が成立する科学革命の時代である。魔女狩りを終焉させたのは科学的な合理思想や，機械論哲学の成功によるものと考えられがちであるが，じつは魔女狩りと科学革命はほぼ同時進行であった。魔女狩りは16世紀よりも17世紀に猖獗をきわめ世紀半ばまで続いた。ただし科学者が魔女狩りに奔走したとまではいえない。血液循環理論で有名なイギリスのウィリアム・ハーヴィは，侍医を務める君主チャールズ1世の命を受けて，1634年ランカシャーで魔女の嫌疑をかけられた女性の身体検査をおこない，彼はとくに怪しむべき身体的特徴は見当たらないと報告した。1634年はガリレオが32年の『天文対話』に続いて『新科学対話』を発表した科学革命の最盛期である。ボイルの法則で知られるロバート・ボイルも超自然的な力や魔女の存在は認めていたが，積極的に魔女狩りに加担したわけではない。しかし1660年代までは，驚くべき数の女性が魔女として迫害された。なかでも産婆は標的にされることが少なくなかった。イギリスで王立協会が設立される1660年の頃，魔女裁判は最盛期を迎えていた。

◆**貴族女性による科学探究**　大学や学会は女性の入学や入会を認めなかったが，地位の高い女性はその社会的身分を用いて個人的なルートで科学を学んだ。その代表がスウェーデンのクリスティナ女王であろう❶。向学心に燃えた彼女は1649年，数学と自然哲学の家庭教師としてデカルトをストックホルムの宮廷に招聘した。他方17〜18世紀のパリのサロンの主宰者は学会に比肩しうる科学的議論の場を提供した。18世紀にはニュートンの『プリンキピア』のフランス語訳を完成したエミリ・デュ・シャトレの活躍がめざましい❷。

◆**女性科学者の系譜**　科学革命はもっぱら男性によって成し遂げられたかのごとく描かれてきたが，この17, 18世紀こそ女性の科学参入を制限する制度とイデオロギーが形成された時代であった。ただしイタリアでは，今日女性に敬遠されがちな物理学や数学の分野でも女性が活躍した。18世紀ボローニャ大学では1731年にバッシが物理学の，次いでアニェージが数学の名誉教授職を得た❸❹。そして女医マンゾリーニは解剖学を講じた❺。しかしイタリアにおける女性の活躍も父親や夫のバックアップが例外的にありえた18世紀までで，女性が高等学術機関から締め出されているかぎり，博士号を取得して研究者になることは不可能になった。(小川)

9-7 特論⑨ 科学革命とジェンダー

❶クリスティナ女王（1626〜89）
　バロックの女王とも称され，ヴォルテールは天才的女性として賞賛した。図はパリのサロンにおける架空の情景を描いたピエール・ルイデュメニルの絵画の一部分。デカルト（右端）と議論をするクリスティナ（左端），中央はファルツのエリザベト公女でデカルトとの哲学的往復書簡で知られる。

❷エミリ・デュ・シャトレ（1706〜49）
　デュ・シャトレ侯爵夫人。ヴォルテールの愛人としてよく知られる。下図はニュートン『プリンキピア』仏語訳の扉絵。

❸ラウラ・バッシ（1711〜78）
　博士の学位を示す月桂冠をつけて自室で仕事中のバッシ。

❹マリーア・ガエターナ・アニェージ（1718〜99）
　有限数と微積分の教科書を著し，献辞はマリア・テレジアに捧げた。

❺アンナ・モランディ・マンゾリーニ（1714〜74）
　ボローニャの女医で解剖学に長けており，蝋製の解剖標本の作製で有名。

[科学史研究の盲点] いまでこそ「なぜ女性科学者は少数なのか」と問われるが，かつて科学者＝男性は当然の前提であった。米国の有名な社会学者ロバート・マートンは論文「17世紀英国における科学・技術・社会」（1938）で王立協会初期会員の62％もがピューリタンであることに注目して論じたが，会員の100％が男性であることを疑問視することはなかった。

[参考文献] B.イーズリー（市場訳）『魔女狩り対新哲学』平凡社，1986／E.カッシーラー（朝倉ほか訳）『デカルト，コルネーユ，スウェーデン女王クリスティーナ』工作舎，2000／川島慶子『エミリー・デュ・シャトレとマリー・ラヴワジエ』東京大学出版会，2005／下村寅太郎著作集6『ルネサンスとバロックの人間像』みすず書房，1993

第10章

近代欧米市民社会の形成

10-1　概説⑩　市民の世紀とジェンダー秩序

教科書 近代欧米市民社会の形成　☞9-1, 11-1, 13-1.

◆**二重革命の時代**　市民の世紀は，アメリカの独立 (1783)，身分制のアンシャン・レジームを打倒したフランス革命 (1789) という市民革命によってはじまった。同じ時期にイギリスでは産業革命が起こり，19世紀前半から後半にかけて，ヨーロッパ各地や北アメリカでも工場での機械による大規模生産が開始される。この二重革命を主導し，近代の世界秩序を定める主役となったのが，市民層＝ミドルクラス，なかでも商工業の発展によって富と力を蓄えた経済ブルジョアジーと近世後期の官僚機構や諸科学の発展とともに台頭した官吏，教授，法律家，医師，芸術家などの専門職集団（教養市民層）である。

アメリカ独立宣言では，すべての人の平等，フランス革命では自由，平等，友愛が唱えられ，平等は近代社会の基本原理となり，国民主権の原則が確立する。しかし，当初は権利においても，また家柄ではなく個人の能力・業績の評価を主張するさいにも，従来の支配身分である貴族・聖職者（ヨーロッパ）と男性市民層との平等という意識が強く，女性や下層民は，あらたな世界を構築する主体とはみなされなかった。したがって主権者の範疇からも，女性や一定額以上の収入のない男性は排除され，また制限を受けた。

◆**市民的価値観**（リスペクタビリティ）　近世末期に台頭し，貴族に対抗してあらたな市民社会を形成した市民層は，道徳や生活様式においても，贅沢で放蕩な貴族や「怠惰で野卑」な下層民とは異なる独自な価値観を形成した。その内容は，人格と徳の形成，感情の豊かさ，勤勉と合理性，宗教的敬虔性，ジェンダー役割，性的貞淑などで，経済・社会・家庭など市民層のあらゆる生活領域に適用され，その活動の原動力となった。リスペクタブルな生活をすることで，市民層としての階層的まとまりとアイデンティティが強化された。この市民的価値観の象徴となったのが，夫に扶養される専業主婦の守る道徳的な家庭生活である。

19世紀前半には，夫と妻，そして子どもも就労してようやく生活が成り立ち，近隣住民と路上であけっぴろげに交流していた下層民の生活世界は，市民層とはまったく異なっていた。したがって市民的価値観や生活様式の適用範囲は市民層に限定されていたが，規範としては普遍性をもつと考えられていた。なかでもジェンダー役割と女性の性的貞淑というジェンダー秩序が重視され，この価値観は社会秩序の

強化と安定のために不可欠だと考えられるようになる。19世紀の後半になって労働者勢力が台頭し，女性工場労働者の数が増えると，市民的なジェンダー規範を労働者層のあいだに浸透させる取り組みが精力的におこなわれるようになる。

◆**領域分離と女性の社会活動** 市民の世紀には女性と男性の活動領域のあいだに厳格な境界線が引かれ，女性は家庭の担当者とされたが，市民女性たちは家庭に閉じこもっていたわけではない。チャリティや戦時の祖国・国民の支援のために協会をつくり，家庭外で積極的に活動した。19世紀後半以降のフェミニズム運動など，ジェンダー間の領域分離を乗り越えようとする動きも存在するが，大半は女性領域の範囲内でおこなわれ，世話や看護，奉仕など，女性が家庭内ではたしている役割の延長線上で活動した。

19世紀後半には，女性労働者を対象とする活動が中心となり，彼女たちにあるべき女性像を説いたり，家政教育をおこなったりした。また乳幼児や母性の保護，住居衛生など，労働者家族の救済や困窮予防のための支援活動もおこなった。労働者層に「きちんとした家庭」を形成させる試みが，市民女性の社会活動を活発化させた。彼女たちはジェンダー役割を疑問視せず，むしろその強化のために尽力し，多くは政治的権利も要求しなかった。とはいえ，けっして非政治的だったわけではなく，さまざまな政治的目的と連動しながら活動し，その過程で自らの政治意識を深化させていった。(姫岡)

市民の世紀（1776～1850）

1776	米：独立宣言公布
1783	パリ条約，アメリカ独立
1787	米：合衆国憲法法案採択，人民主権，連邦制，三権分立
	独：シュレーツァー（女性），哲学博士号取得
1789	フランス革命，人権宣言採択
1790	仏：コンドルセ『女性の市民権の承認について』
1791	仏：オランプ・ドゥ・グージュ『女権宣言』発表
1792	英：ウルストンクラフト『女性の権利の擁護』
	独：ヒッペル『女性の市民的改善について』
1793	仏：国民総動員法，女性の政治結社禁止，グージュ処刑
1794	プロイセン一般ラント法
1795	仏：家庭復帰令公布
1798	マルサス『人口論』刊行
1799	モア『女子教育制度批判』刊行
1804	仏：ナポレオン諸法典（～10）
1807	英：奴隷貿易禁止
1808	米：奴隷貿易禁止
1810	仏：姦通罪復活
1813	独：祖国女性協会結成
1814	プロイセン：兵役義務導入
1814～15	ウィーン会議
1830	仏：7月革命
1832	米：女性奴隷制反対協会設立
1837	英：ヴィクトリア女王即位（～1901）
	独：フレーベル，保育・遊戯・活動所開設（1840から幼稚園）
1840	世界奴隷制反対会議開催
	英：ガヴァネス互恵協会設立
1844	英：工場法改定（女性労働12時間に制限，46年に10時間に）
	米：女性労働改革協会設立
1848	仏：2月革命，女性クラブ設立
	独：3月革命，女性協会設立
	米：セネカフォールズで女性の権利大会開催
1849	独：『女性新聞』創刊（～52）
1850	独：結社法（女性の政治活動禁止）制定

参考文献 河村貞枝・今井けい編『イギリス近現代女性史研究入門』青木書店，2006／姫岡とし子・川越修編『ドイツ近現代ジェンダー史入門』青木書店，2009／J.モッセ（佐藤・佐藤訳）『ナショナリズムとセクシュアリティ』柏書房，1996

10-2 アメリカ独立革命とジェンダー

教科書 アメリカ独立革命　☞9-6, 11-5, 11-6

◆**女たちの抵抗**　七年戦争（1756〜63）終結後，本国イギリスからの度重なる課税で緊張が高まる植民地アメリカでは，独立のための戦いに女性の協力は不可欠であった。課税対象となった砂糖や紅茶，印紙などは家庭内の消費と密接にかかわっており，そのボイコットには，家庭での倹約と，イギリスからの輸入の代用品が必至だったからである。白人女性の多くは，そうした活動に自らの愛国心を見出して「自由の娘たち」を称したが，それは家庭を中心とする従来のジェンダー規範を引き継ぐものだった。実際の戦場に在ったのは，夫のあとを追って移動する兵士の貧しい妻たちだった。危険を冒しながら，子どもを連れて戦場を渡り歩いた彼女たちは，洗濯や料理，傷病兵の看護などで軍隊に奉仕したが，それもまた，家事の延長線上にある女性の姿を映し出していた❶。

◆**共和国の母**　独立戦争の経験は女性たちに政治への関心を育んだが，戦争自体が「女性は男性に依存する存在」とする当時のジェンダー観を変えたわけではなかった。その一方で，独立戦争の経験は，女性を，未来を担う子どもたちを「共和国の市民」として育てあげる重要な存在として定義し直すことになった。後世の歴史家はそれを「共和国の母」と呼ぶ。そこには，「共和国の市民は教育をつうじてつくられる」という考え方とともに，新しい国家建設には女子教育が必要であるとの主張がこめられていた❷。女子教育関連の書籍やパンフレットが続々と出版され，女学校の設立も相次いだ。だがそれは，女性の多様な役割を「母性」に限定することで，女性を家庭のなかに拘束しつづけることにもなった。

◆**信仰復興の顛末**　独立宣言には「すべての人は平等につくられ，創造主によって一定の奪いがたい天賦の権利を付与された」と書かれているが，そこに女性や奴隷は含まれていなかった❸。独立戦争前後に起こったキリスト教内部の信仰復興運動（第一の波は1750〜70年代に，第二の波は1790年代半ばから1830年代にかけて）は，いずれもジェンダーや階級，人種を超えた平等を求めたが，そこで目立ったのが女性の姿であった。白人女性は社会改良のための慈善組織を立ち上げ，解放が進む北部の黒人奴隷がその恩恵に浴した。他方，同時期の南部では，女性奴隷を取り巻く状況にほとんど変化はなく，妊娠・出産の期間を含めて，奴隷再生産の原動力である女性奴隷に対する配慮もほとんどなされなかった。（井野瀬）

❶戦場の女たち

独立戦争時,ニュージャージーでは戦いに倒れた夫にかわって銃をとり,兵士を助けたモリー・ピッチャーなる女性がいたとされる。モリー自身が実在したかどうかは不明だが,彼女のような存在は兵士の妻たちに時折認められた。男装して従軍した女性もいる。メイフラワー号でイギリスからアメリカに渡った一族の末裔とされるデボラ・サムソン(1760〜1827,右図)は,記録に残る数少ない例である。彼女は,ロバート・シャートレフという名でマサチューセッツ第4連隊に入隊し,1782〜83年,女性だと発覚するまで従軍し,その後少額ながら恩給を得ている。

❷【史料】女子教育の重要性

女子教育の重要性を強調した第2代大統領ジョン・アダムズの妻で,第6代大統領ジョン・クィンシー・アダムズの母でもあるアビゲイル・アダムズ(1744〜1818)は,次のように書いている。

「もし私たちが英雄,政治家,哲学者を輩出しようと思うのであれば,学問のある女性を養成すべきである。もし多くのことが青少年の初期教育によって決まり,最初に教え込まれた原則が最も深く根を張るのであれば,女性が学問的たしなみを持つことから大きな利益が生じるにちがいない」(デュボイス,デュメニル:160頁)。

こうした教育で育成される「母性」は,実際に子をもつ母以外の女性にもあてはめられて,社会的弱者や不幸な人びとに向けて発揮されることが期待された。たとえば,自身は未婚で子どものいなかった作家キャサリン・ビーチャー(1800〜78)は,子育てと家政を論じた著作『家庭経済の本義』(1841)で,次のような女性に自らの使命を自覚するように求めている。

「一家の子どもを育てる女性,教室で教える女性,奥まった部屋で針仕事をして国家の知的・道徳的工場のために銭を稼ぐ女性,またたとえ卑しい奉公人でも,模範となり幼心の形成に影響を及ぼし,その忠実な奉公によって家庭生活の繁栄を維持する女性」(同上:182頁)。

【解説】キャサリン・ビーチャーは,ストウ夫人ことハリエット・ビーチャー・ストウ(1811〜96)の姉である。キャサリンが1823年に開設したハートフォード女子セミナーは,アメリカにおける最初の女学校の一つとして知られる。

❸ジェファーソンとサリー・ヘミングス

独立宣言の起草者で第3代大統領となるトマス・ジェファーソン(在任1801〜09)は,当初,独立宣言に奴隷制度反対を示す文言を書きこんだが,他の「建国の父たち」からは異論が相次いだ。彼らの多くが大農園主であり,奴隷主だったからである。ジェファーソン自身は,女奴隷サリー・ヘミングス(1773〜1835)とのあいだに数名の子どもをもうけ,その関係は生涯にわたったとされる。この事実は,20世紀末,ヘミングスの子孫からの要請でDNA鑑定がおこなわれて確認され,アメリカ社会に大きな衝撃を与えた。

参考文献 E.C.デュボイス,L.デュメニル(石井ほか訳)『女性の目からみたアメリカ史』明石書店,2009/B.チェイス＝リボウ(石田訳)『サリー・ヘミングス』大阪教育図書,2006

10-3 フランス人権宣言と「女権宣言」

教科書 フランス革命とナポレオン　☞9-2, 9-3, 10-4

◆**フランス人権宣言**　「人および市民の権利宣言（フランス人権宣言）」（1789）は、「人」と「市民」の権利を区別している。「人」は生まれながらの自由・平等（自然権）をもつ。しかし、政治的権利をもつのは、「市民（国民）」に限られた。1791年憲法は、「能動市民」として、「3日分賃金以上を直接税として納付する25歳以上男性」（成人男性の60％）に選挙権、一握りの高額納税男性（約5万人）に被選挙権と陪審員資格を認めた。国民公会憲法（1793）は男性普通選挙を定めたが施行されなかった。1795年憲法では、直接税納付男性全員に選挙権が拡大されたが、被選挙権者は3万人に減った。

◆**「女権宣言」**　「人権宣言」の「人」とは「男」にすぎず、「市民」とは「男性市民」である。そう批判したのが、オランプ・ドゥ・グージュ（1748〜93）である。彼女は「女性および女性市民の権利宣言」（女権宣言：1791）を著し、男女平等を訴えた。「女権宣言」全17条は、①「人権宣言」とほぼ同じ条文（3,5,8条）、②「人／市民」を「女性／女性市民」に置き換えている条文（6,12,14,15条）、③加筆修正によって女性の権利が明確に主張されている条文（1,2,4,10,11,13〜15,17条）、④「人権宣言」の枠を越えた条文（16条）、⑤女性の責任を明示している条文（7,9条）に大別できる❶。グージュは、初期フェミニズムを代表する人物としてリベラル・フェミニズムに位置づけられるが、家族や性の領域でも権利主張を展開しており、きわめて現代的な課題を先取りしていた。しかし、その先進性ゆえに、彼女の主張は当時の女性たちにも受け入れられなかった。

◆**フランス革命と女性**　女性もまた革命に積極的に参加した。1789年10月5日早朝、約7000人の女性が先頭に立ち、「パンを寄越せ」などと叫びながら、国王と議会に窮乏を訴えるため、パリからヴェルサイユに向けて行進した（ヴェルサイユ行進）。サン=キュロットのクラブや「両性の博愛協会」、「革命共和主義女性協会」（女性のみの政治結社）などに女性たちも加わった。しかし、革命が進むにつれ、女性は政治から排除されていく❷。女性の政治結社の禁止（1793）、女性のみの議会傍聴の禁止・女性の政治集会への参加禁止・家庭復帰令（秩序の回復まですべての女性が各自の家庭に帰ること：1795）などによって、女性は政治的権利を剥奪されただけでなく、財産権もまたフランス民法典（1804）によって著しく制限された。（三成）

❶【史料】オランプ・ドゥ・グージュ「女権宣言」(1791) (辻村：322頁以下)

	女権宣言	人権宣言
第1条	女性は，自由なものとして生まれ，かつ，権利において男性と平等なものとして存在する。……	人は，自由，かつ権利において平等なものとして生まれ，存在する。……
第6条	法律は，一般意思の表明でなければならない。すべての女性市民と男性市民は，みずから，またはその代表者によって，その形成に参与する権利をもつ。……	法律は，一般意思の表明である。すべての市民は，みずから，またはその代表者によって，その形成に参与する権利をもつ。……
第10条	何人も，自分の意見について，たとえそれが根源的なものであっても，不安をもたらされることがあってはならない。女性は処刑台にのぼる権利をもつ。同時に，女性は，その意見の表明が法律によって定められた公の秩序を乱さない限りにおいて，演壇にのぼる権利をもたなければならない。	何人も，その意見の表明が法律によって定められた公の秩序を乱さない限り，たとえ宗教上のものであっても，その意見について不安をもたらされることがあってはならない。
第16条	権利の保障が確保されず，権力の分立が定められていないすべての社会は，憲法をもたない。国民を構成する諸個人の多数が，憲法の制定に協力しなかった場合は，その憲法は無効である。	権利の保障が確保されず，権力の分立が定められていないすべての社会は，憲法をもたない。
第17条	財産は，結婚していると否とにかかわらず，両性に属する。財産は，そのいずれにとっても，不可侵かつ神聖な権利である。……	所有は，神聖かつ不可侵の権利であり，何人も，適法に確認された公の必要が明白にそれを要求する場合で，かつ正当かつ事前の補償の条件のもとでなければ，それを奪われない。

【解説】 オランプは，当時の著名な文化人ポンピニャン侯爵の婚外子であった。父は反啓蒙主義者でヴォルテールに敵対したが，オランプはルソーに傾倒した。彼女は16歳で愛のない結婚をさせられ，息子をもうけた。18歳で夫と死別したのち，パリに出る。美貌と才気にあふれるオランプは，社交界やサロンで活躍しながら，1784年，劇作家としてデビューした。まともな教育を受けなかった彼女は，口述筆記で著述活動を続け，『黒人奴隷制』(1788)で奴隷制廃止を擁護し人身売買を強く批判した。オランプは政治的には穏健な立憲君主主義者であり，国王処刑を批判するパンフレットを発行して，ロベスピエールと対立した。マリ・アントワネットが処刑されて1か月もたたない1793年11月3日，オランプもまた断頭台にのぼる。彼女の処刑は，女性たちに政治参加を思いとどまらせるために利用された。

❷フランス革命期の女性排除論 (ブラン：338頁)

「女性，子ども，外国人，そして，公的施設の維持に後見しえない者は，公的問題に能動的に影響力を行使すべきではない」(1789年7月21日，シェイエス)。「〔オランプ〕は政治家になることを欲したので，女性にふさわしい徳を忘れたとして，法律がこの陰謀者を罰したのだろう」「あなた方は彼女を真似する気ですか？とんでもない。あなた方が自然によって望まれた生き方をしてこそ，あなた方は価値ある存在となり，真に尊敬に値する，ということがおわかりでしょう」(1793年11月17日『公安委員会報』オランプの処刑に関連する記事)。

> **フランス王室批判としてのポルノグラフィー**　フランス革命期にはポルノグラフィーが大衆化し，政治批判として活用された。国王ルイ16世の性的不能，王妃マリ・アントワネットの姦通，王太子の婚外出生がさかんに書き立てられ，卑猥な絵や表現が飛び交った。これらは王位継承の正統性を否定するものであり，妻の貞操すら管理できない夫に「臣民の父」たる資格はないとの考え方が広まっていく。王妃は「良き母」を演出する肖像画を描かせて対抗したが，無駄であった。(図は，去勢されたブタになぞらえられたルイ16世，1791)

参考文献　辻村みよ子『ジェンダーと人権』日本評論社，2008／O. ブラン（辻村監訳）『オランプ・ドゥ・グージュ』信山社，2010／L. ハント（松浦訳）『人権を創造する』岩波書店，2011

10-4　近代市民法のジェンダー・バイアス

教科書　フランス革命とナポレオン／近代欧米国民国家の発展　☞9-2, 9-3, 10-3

◆**ナポレオン諸法典**　ナポレオン（位1804～14/15）は五つの法典（ナポレオン諸法典）を編纂させた。民法典（ナポレオン法典［単数形］），刑法典，商法典，民事訴訟法典，治罪法典（刑事訴訟法典）である（1804～10）。ナポレオンが強い思い入れをもったフランス民法典は，文豪スタンダールも絶賛するほど簡潔明瞭な文体で書かれていた❶。それはまた，来たるべき市民社会の基本原理を示す普遍的な法典として世界各国に大きな影響を与えた。これら5法典とすでに革命期に制定されていた憲法を加えた六つの基本法典（六法）は，ナポレオンによる征服戦争とともにヨーロッパ中に広まっていく。明治政府が最初に翻訳を命じたのもフランス法であった。翻訳作業を通じて「権利」などの西洋的法概念が日本に導入され，漢学者の協力を得て多くの法律用語が造語された。しかし，革命精神をくむフランス法は天皇制国家になじまないとして批判され，より権威主義的なドイツ法をモデルとして日本の近代法形成が進んでいくことになる。

◆**家父長制と家族**　フランス民法典は，市民男性の自由・平等を前提にしている。女性は，娘時代は父の後見下におかれ，結婚後は妻として夫の後見下に入った。妻は単独で法廷に立てず，自分の財産であっても自由に処分することはできなかった❷。妻は法的には「無能力」とされたのである。家族はよき市民を育てる役割を負い，国家の基礎単位とされた❸。婚姻は役所への届出によって成立するものとなり（民事婚），婚外子やその母への差別は近代にむしろ強まる。フランスでは父性確定訴訟（強制認知）が禁じられた。ドイツでは婚外子と父の血族関係が否定され，婚外子の母には母性がないとされ，親権も否定された❹。

◆**姦通罪――性の二重基準**　セクシュアリティに関する基準が男には甘く，女には厳しいことを「性の二重基準」という。性の二重基準は，男性の性衝動が本能とみなされた近代市民社会で顕著になった。たとえば，フランスでは，夫は愛人を自宅に住まわせないかぎり処罰されなかったが，姦通した妻は処罰されて，離婚された。また，夫は自宅で姦通する妻と姦夫を殺害しても刑を免除された❺。他方，家父長の庇護下にある女性が性犯罪にあう危険はないとされた結果，レイプなどの被害にあうのは女性側に何らかの「落ち度」があるからだと考えられた。こうした性の二重基準は，20世紀末まで長く女性を苦しめることになる。（三成）

10-4 近代市民法のジェンダー・バイアス

❶【史料】民法典と皇帝ナポレオン──ナポレオン自伝から
「私の真の栄光は40の戦闘に勝利したことではない。ワーテルローが多くの勝利の思い出を消してしまうであろう。何ものも消すことのできないもの，永遠に生き続けるもの，それは私の民法典である」。
【解説】ナポレオンは，民法典編纂にあたって102会議中57会議に議長として出席したほか，「フランス人民の民法典」を「ナポレオン法典」と改称させた。(右図は，民法典に手をかざす皇帝ナポレオン)

❷【史料】フランス民法典（1804）の家父長制規定
第213条　夫は妻を保護し，妻は夫に従うべきである。
第215条　妻は公の商売をするとき，又は夫と財産を共有しないとき，又は夫と財産を分けた後といえども，夫の許可を得なければ，裁判所に出て訴訟をなすことができない。
第340条　非嫡出子が人をさして自分の父であると訴え出ることは禁じる。

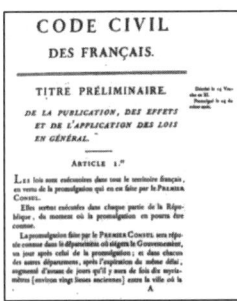

❸【史料】フランス民法典起草者である法学者ポルタリスの言葉
「良き民事法は，統治を基礎づけるものでないとしても，統治を支えるものである。……我々の目的は，習俗を法律に結びつけるとともに，異論があるにせよ，国家の精神にとって大変好ましい家族の精神を広めることにあった。……人は家族という小さな祖国を通じて大きな祖国と結びつくことができる。……良き父，良き夫，良き息子が，良き市民になる。ところで，自然に由来する正直な情愛をすべて法的に承認し，保護する役割を担うのは，何よりも民事上の諸制度なのである」(金山直樹『法典という近代』189頁)。

フランス民法典初版の冒頭

❹【史料】ドイツ民法典（1896）の家父長制規定
第1363条　妻の[持参]財産は婚姻により夫の管理及び収益に服するものとする。妻が婚姻中に取得した財産もまた持参財産に属する。(1956年廃止)
第1589条　非嫡出子とその父は血族とはみなさない。(1969年廃止)
第1707条　母は非嫡出子に対して親権を有さない。……(1969年廃止)
≪ドイツ民法典理由書≫「……多くの場合，非嫡出子の母は，子に対して，嫡出子の母に匹敵するほどの関心や，子の最善を念ずる献身的愛情を抱いてはいない」。

❺【史料】フランス刑法典（1810）に定める姦通罪（廃止1975）
第324条　夫が妻に対してまたは妻が夫に対して犯した故殺は，故殺を犯した夫または妻の生命が，故殺がなされたときに危機に陥っていなかったときは，宥恕されない。但し，第336条が定める姦通の場合においては，夫婦の住居において，姦通の現行犯を襲ったそのときに，夫が妻およびその共犯に対して犯した故殺は，宥恕される。
第336条　妻の姦通は夫だけが告訴することができる。この権利は，第339条に定められた場合にはなくなる。
第337条　姦通により有罪とされた妻は，3月以上2年以下の拘禁刑を受けるべきものとする。夫は，妻を引き取ることに同意して，この有罪判決の効力を停止させることができる。
第338条　姦通をした妻の共犯者は，同一期間の拘禁刑およびさらに100フラン以上2000フラン以下の罰金に処せられるものとする。……
第339条　夫婦の住居に同棲者をおき，妻の告訴により有罪とされた夫は，100フラン以上2000フラン以下の罰金に処せられるものとする。

参考文献　石井三記ほか『近代法の再定位』創文社，2001／三成美保編『ジェンダーの比較法史学』大阪大学出版会，2006／中村義孝『ナポレオン刑事法典史料集成』法律文化社，2006／三成美保『ジェンダーの法史学』勁草書房，2005

10-5 慈善活動・福祉活動

教科書 欧米における近代社会の成長／近代欧米国民国家の発展 ☞10-8, 10-9, 10-11

◆**チャリティ** キリスト教的な愛の精神や人類愛にもとづくチャリティ活動は，17世紀末頃から富者が貧者に施しをおこなうというかたちではじまり，「弱者救済」のための日常活動はおもに女性が担っていた。工業化とともにチャリティはますますさかんになり，都市のミドルクラスの女性は貧困・老人・病人家庭を訪問して物心両面で援助するとともに，読み書きを教え，道徳・規律を諭したり，家事や衛生に関する知識を授けたりした。慈愛の精神にもとづくチャリティは「レディの天職」，また女性の「家庭での義務の延長」だと考えられ，家庭外での活動が認められた。男性も妻のチャリティ活動は名誉だとみなし，活動の後ろ盾になった。福祉の世界は，非国家セクターのボランティ活動抜きには成り立たなかった❶。

◆**社会問題の登場と女性の活動** 19世紀半ばには工業化による都市への人口移動が進み，住宅不足や衛生状態が悪化して乳幼児死亡が増加した。その関連で既婚女性の工場労働への批判が強まり，女性工場労働者の生活が社会問題として取り上げられるようになる。労働者の生活への国家介入が開始され，福祉事業も救貧措置から貧困化を防ぐ予防的措置へと転換する。そのさい住居の整備や衛生状態の改善，乳幼児や学童のケア，妊産婦や母親の保護，看護，家事援助，家政教育など，家庭での再生産にかかわることが福祉事業の対象となった。愛国系，宗教系，フェミニズム系など，さまざまな女性団体がこうした活動の担い手となり，福祉は女性の社会活動の拠点となった❷。

◆**公的福祉への参加と福祉職の確立** 当初，ボランティアで自律的に活動していた女性たちは，次第に公的な事業への参加を要請される。ドイツでは自治体の管轄下にある救貧事業の決定権は男性が掌握し，女性は実務を担っていたが，自由裁量の余地を獲得するために，女性は男性と同じ権限を要求した。妻・母としての体験が生かせる分野での女性の活動は肯定的に評価され，公的福祉に参加する女性の数は急激に増加した。女性運動は福祉を女性の職業として確立するために独自に専門教育機関を設け，ここで学んだ女性が20世紀初頭から有給で雇用されるようになる。第一次世界大戦下での需要の高まりをへて，1920年代には福祉職が女性の職業として公的に認知され，ソーシャルワーカーとして福祉行政機構の末端を支えた。〔姫岡〕

❶福祉の複合体

女性史は、国家福祉制度に注目が集まりがちだった福祉の歴史研究を変化させた。女性というカテゴリーが入ることで、家族・親族による支援、教会や地域社会の援助、チャリティ、ボランティア団体の援助などが可視化され、相互扶助、企業福祉、公的福祉などとともに福祉の多様性が明らかになった。これらは相互に絡み合いながら、福祉の総体を構成し、時間とともにその姿を変化させたのである。福祉は救貧・慈善から国家による制度的な福祉への単線的な発展ではなく、福祉の多元的な複合体が構成され、女性が重要な役割を演じていた。

❷愛国女性協会（ドイツ）

1866年の普墺戦争のさいにプロイセン王妃の呼びかけで「祖国奉仕」のために結成される。戦時には傷病兵の看護や出征家族のケアをおこない、戦後は救貧事業に取り組む。保守的なこの団体は、社会問題の増大による階級対立の激化を避けるため、パターナリスティックな観点から援助をした。物質的支援とともに、倫理的な窮状からの救済を重視し、労働者女性に「誤った道」を歩まないように指導することが彼女たちの社会的使命だと考えていた。針仕事の指導や家政教育に熱意を燃やし、妻・母としての道徳を説いた。乳幼児施設や児童養護施設の設置にも尽力した。（右写真は、愛国女性団体の保育所）

愛国女性協会の施設（1879）

療養所	病院	孤児院	児童収容施設	保育所	学校（針仕事、家政）	障害者用施設	精神薄弱者・精神病患者用施設
14	67	26	18	90	32	6	3

（姫岡：61頁）

アリーゼ・ザロモン(1872～1948) 上層市民層の娘として生まれ、教師になることを望むが、階層にふさわしくないという理由で養成教育を受けることができなかった。21歳のときに「社会的援助活動のための女性グループ」に参加して、あらたな人生が開ける。著作が入学資格として認められて、ベルリン大学に入学し、1906年に「男女の賃金格差」に関する論文で博士号を取得。1900年には「ドイツ女性団体連合」に参加し、のちに幹部として活躍。1899年には福祉事業の専門家養成のためのコースをつくり、1908年には2年制の女子社会福祉事業学校を設立して、ソーシャルワークの職業化への道を開拓した。また教育を受けた女性を自治体や邦の救貧委員や専門職に送りこんだ。1929年には国際組織も設立するが、ナチに公職を奪われ、ユダヤ系出自のため亡命をよぎなくされた。

参考文献　金澤周作『チャリティとイギリス近代』京都大学学術出版会、2008／高田実・中野智世編著『福祉』ミネルヴァ書房、2012／姫岡とし子『近代ドイツの母性主義フェミニズム』勁草書房、1993

10-6　48年革命とジェンダー

教科書　ウィーン体制　☞10-3, 10-9, 11-10

◆**48年革命と女性の参加**　共和制樹立，統一と自由の達成，民族的改革など，さまざまな要求を掲げた蜂起は，1848年2月のフランスを契機に，3月のドイツ，オーストリアなどヨーロッパ各地に広がった。この革命では多くの女性が街頭闘争に参加し，デモ行進，弾薬づくりやバリケード構築，投石，戦闘の鼓舞，自宅の防御などをおこなった。武器をとる女性もいて，ベルリンでは11人，ウィーンでは20人の女性が命を落としている。王権打倒後の憲法制定議会選挙では，フランスでもドイツでも女性には選挙権は与えられず，男子のみの普通選挙が実施された。パリでは女性の請願が無視され，ドイツでは直接の選挙権要求は掲げられなかったが，国民議会に用意された200人の女性用観客席でさかんに野次をとばした。

◆**女性新聞・女性協会の設立**　48年革命は，ヨーロッパにおける組織的なフェミニズム運動誕生の契機となった。フランスでは2月末に新聞『女性の声』が発行され，あらゆる階層の女性たちに読まれ，参政権，離婚要求，女性教育や失業・賃金など職業上の問題が語られた。労働者救済のための国立作業所での労働権も，当初の女性排除に抗して獲得した。女性のための政治的クラブも数多くつくられた❶。ドイツの民主的な女性協会も，男性が取り組もうとしない女性労働者のために活動し，女性の組織化が忘れられてはならないと訴えた。社会の大変動のなかで女性がおきざりにされないように，オットー・ペータース（1819～95）❷は，「自由の国に女性市民を募る」という標語を掲げて1849年4月に『女性新聞』を発行した。

◆**政治の場でのジェンダーの演出**　主権者としては排除された女性だが，革命は女性の参加を要請し，公の場に登場した女性の大半がジェンダーを刻印するかたちで活動した。自由と統一をめざしたドイツ女性のおもな活動は，いまだ統一されていないドイツ国民を実質的に支援するためのもので，対外戦争にさいしては寄付金集めや負傷者の看護をおこなった。国民の一体化を象徴的に示すためにも女性は不可欠で，市民軍の旗の祝聖式では，女性が刺繡した旗を男性に手渡し，男性は女性に自由，祖国，そして女性を守ることを誓った。女性参加の基盤は，家族内での愛，妻や母としての務めの延長線上にあり，ジェンダーが政治の場で演出されて，国民のなかの男女の役割規定につながった。革命は女性・祖国・国民を結びつけて女性を政治化したが，ジェンダーの壁は崩さなかった。（姫岡）

10-6　48年革命とジェンダー

❶政治的女性クラブ（フランス）

2月革命時に、女性の利益を代弁する日刊社会新聞『女性の声』が発刊され、大きな成功を収める。その事務所で会合し、市民層と労働者層の女性たちがともに生活改善や職業上の議論をするなかで、女性クラブが誕生し、その数は1か月で250、その後450に増加した。女性参政権要求、離婚問題、女工の労働条件などを取り上げたが、6月に禁止された。（右図は、女性クラブの集会）

❷ルイーゼ・オットー・ペータース

ルイーゼ・オットー・ペータースは、作家でドイツの女性運動の創始者である。権威主義化した教会への批判から生まれ、革命期の民主派の運動の核となったドイツ・カトリック運動に参加し、1843年にすでに「女性の国家生活への参加は権利ではなく義務」と主張していた。女性労働者の窮状にふれて1846年に小説『城と工場』を書くとともに、革命のさなかにも女性労働者問題と取り組んだ。彼女は女性全体の自立と自助をめざし、市民層の女性の職業教育の権利を訴える。1849年からアネケの『女性新聞』にアイディアを得て、『女性新聞』を発行。1852年に発行禁止になる。1865年には、ドイツ市民的フェミニズム運動の本格的幕開けとなる「全ドイツ女性協会」を形成し、市民女性の教育権と就業権の獲得をめざした。ただし、彼女は女性が男性並みになるという観点での女権には否定的で、「永遠に女性的なるもの」を重視して、女性が女性の特性をいかして自立することを期待した。

> **食糧蜂起**　19世紀前半の民衆運動の最も典型的な形態は食糧蜂起であり、凶作の年に穀物価格が必要以上に引き上げられると、民衆は穀物問屋を襲い、価格の引き下げを迫った。48年革命の前年も凶作で、家計を預かる女たちが数多く参加し、ときには主導的な役割を演じた。襲撃にも参加しているが、それ以外にも街頭で大声を出してはやし立てたり、罵詈雑言を浴びせたりした。

> **マティルデ・フランチスカ・アネケ(1817~1884)**　裕福な家庭に生まれたが、父親が株で失敗したため、その借金を肩代わりしてくれる男性と結婚。暴力をふるう夫との離婚に3年を要したことで女性の地位向上に目覚めたマティルデは、文筆家として生計を立てるようになる。1847年に政治的立場の近いフリッツ・アネケと結婚し、ともに48年革命に参加。マルクスやエンゲルスとも知り合う。1848年3月に夫が逮捕されたのち、労働者向けの『新ケルン新聞』を発行。その発禁後はカムフラージュした『女性新聞』の名称で発行を継続し、議会外最左派の立場で活動した。『女性新聞』も3号で発禁になる。12月に釈放された夫とともに革命期最後の武装蜂起に馬を駆って参加。その後アメリカに亡命し、女性運動に参加して女性参政権獲得のために活動した。

参考文献　姫岡とし子・川越修編『ドイツ近現代ジェンダー史入門』青木書店、2009／U. フレーフェルト（若尾ほか訳）『ドイツ女性の社会史』晃光洋書房、1990／L. アドレール（加藤・杉村訳）『黎明期のフェミニズム』人文書院、1981

10-7　工業化と労働のジェンダー化
教科書　産業革命　☞10-6, 10-8, 10-9

◆**工業化は女性労働を増加させたか**　機械の使用は労働を容易化し，安価な女性労働力や子どもを工場労働に駆り立てたといわれる❶。だが，女性は工場労働の開始以前から生産労働に従事していた。既婚者は農業や手工業で夫や子どもとともに一家総出で働き，未婚者は裕福な家や手工業で奉公人として働いていた。工業化以前のほうが女性の就業率が高かった統計すら存在する❷。もちろん工業化とともに工場労働に従事する女性の数は増えたが，家庭にいた女性があらたに就業したのではなく，他分野からの参入であった。高度工業化の時代の男性を上回る女性労働力の増加率も，統計把握の誤謬に起因している❸。

◆**労働のジェンダー化**　パン焼きや糸紡ぎ，織物など女性が家で家族のためにおこなう労働は生産労働と把握されないのに，男性が稼得労働としておこなうと職業になる。熟練労働者の多い男性に対して，女性は非熟練が多いが，能力や適正の差だけではなく，女性には技能習得の機会が与えられず，補助労働に従事させられた結果でもある。手工業の世界では，女性は原則的に親方にはなれなかった。典型的な女性職とされる紡績も，ミュール紡績機の導入当初は男性が手紡ぎの女性労働を駆逐し，機械を扱えるのは男性とされた。女性労働の増加は賃金を低下させる「汚い競争」とみなされ，男性労働者の攻撃の対象となった。製織など男女が同じ労働に従事する場合は，男性の労働には職業資格の明確化など「男性にふさわしい」形態が整えられ，その価値が高められた。〈男の労働〉〈女の労働〉のあいだには，その種別や評価をめぐり人為的な境界線が引かれたのである❹。

◆**女性保護法**　女性の深夜労働や長時間労働は健康やモラルを害すると批判され，世界で最初に産業革命を達成したイギリスでは1844年以降，女性の労働時間が制限されるようになった。女性労働の保護は，過酷で非人間的な労働からの救済で社会政策の成果とみなされていたが，1970年代以降，女性労働力を弱者視するというマイナス面が指摘されるようになった。保護法制定過程の議論では，男性／女性，屈強／脆弱，自立心旺盛／意志薄弱，職業／家庭，という差異化がおこなわれた。保護法による女性労働力の規定は，国力増強のために健康な子どもを産む母であり，社会基盤の安定化のために居心地のよい家庭をつくる妻であり，二流の補助労働力として国民経済を支える労働者であった。　（姫岡）

❶【史料】エンゲルス『イギリスにおける労働者階級の状態』

「機械の改良はすべて，手間のかかる本来の労働をますます機械に転嫁し，こうして成人した男性の労働を，かよわい女や子供でさえも同じようにうまく，しかも半分ないし三分の一の賃金でおこなうことのできる，機械のたんなる監視にかえてしまい，そのために成人した男はますます工業から追い出され，生産が増加しても二度とふたたび雇用されない。多くの場合，主婦の労働によって家族は……逆立ちさせられる。主婦が家族をやしない，夫は家にいて子守をし，部屋の清掃をし，料理をする」（岩波文庫（上）：260, 272頁）。

❷プロイセンおよびドイツ帝国における就業率

(%)

	1816	1849	1861	1882	1895	1907	1925	1933
男性	43.7	48.2	54.5	59.6	66.7	66.8	68.5	69.6
女性	29.7	27.9	31.5	24.8	26.7	25.6	26.5	28.0

出典） U・Knapp, Frauenarbeit in Deutschland, Bd.2, München 1984, p.647.

❸ドイツ帝国の就業可能年齢（14～70歳）者の女性就業率

（統計の不備を訂正せず）　　　　　　　　　　　　　　　　　　　（統計の不備を訂正）　(%)

	1882	1895	1907	1882, 95年の統計では農業部門に集中する家族従業員が不完全にしか把握されず，女性就業率は実際よりかなり低い。	1882	1895	1907
男性	94.1	93.5	92.3		94.1	93.5	92.3
女性	35.9	36.2	45.3		45.5	45.3	45.3

出典） U.Knapp, p.643より算出，G.Hohorst, et al. (Hg.), Sozialgeschichtliches Arbeitsbuch II München, 1978, p.69.

❹織物業のジェンダー・バイアス

ドイツの織物工業はおもに家内工業として営まれ，男性が製織労働を，女性や子どもが補助労働をしていた。労働者と変わらない生活状態でも，男性製織者は自律的に労働を裁量できる手工業親方としてのアイデンティティと誇りをもっていた。機械化による手織の危機のさいには，工場での女性労働に激しい敵意を燃やし，力織機化阻止の請願をおこなった。また労働の男性的性格を強化するために，ギルドに類似する組織形成，女性親方の排除，徒弟の修業年限の明確化，資格試験の導入などを決定した。力織機化の波には勝てなかったが，彼らは工場労働者にはならなかった。

> **ドイツの女性保護法(1891年5月成立)** 深夜（20：30～5：30）と日曜労働の禁止，最大労働時間11時間，休祭日の前日は10時間以上かつ17時30分以降の労働禁止，産後4週間の労働禁止，1時間の昼食休憩，家事義務をもつ女性は申請によってこれを1時間半に延長，職場では，できるかぎり男女を分離。

参考文献　姫岡とし子『ジェンダー化する社会』岩波書店，2004／長野ひろ子・松本悠子編『ジェンダー史叢書6』明石書店，2009／吉田恵子ほか『女性と労働』日本経済評論社，2004

10-8　階級とジェンダー──労働者大衆の生活と家族

教科書　産業革命／帝国主義と列強の展開　☞10-9, 10-10, 10-11

◆**労働運動の男性中心性**　19世紀半ばに誕生した初期の労働運動は，女性の参入による賃金低下と競争の激化を恐れて，女性の工場労働を歓迎しなかった。おもな担い手は手工業的伝統を保持した熟練労働者だったため，労働運動は男性的な性格が強く，女性の運動参加など念頭になかった。同時期に労働運動から「女性は家庭」というスローガンも登場したが，これは一方では女性との競争回避，他方で「家族破壊」という資本による女性労働搾取の悲惨な結果をアピールして労働者の生活状態の改善をかちとるためだった❶。19世紀末の労働運動の拡大の時期に，女性労働や女性の運動参加に好意的な傾向が強まるが，男女平等という公式見解とは異なり，「女性は家庭」を主張する勢力も根強かった。

◆**労働者家族**　19世紀半ばの労働者の生活はまだその日暮らしの状態で，妻は家政のやりくりに追われ，足りない分は家庭の内外での就業，下宿人の世話，菜園労働などで補っていた。この時期の家族はまだ外に開かれた半ばオープンな状態で，家族成員だけの閉鎖的で情緒的な生活とは無縁だった。狭くて不潔な住居や他人の同居，性モラルの乱れ，夫の飲酒と妻の家事無能などが，社会問題として取り上げられる❷。20世紀になると，賃金上昇❸や労働時間❹の減少によって「居心地のよい家庭生活」が可能となり，快適な住居づくり，子ども数の減少と教育向上，食事の多様化などが実践され，労働者の生活様式は徐々に小市民なものに近づいた。家事と就業の二重負担をかかえる既婚女性の専業主婦願望は高かったが，婚姻期間中ずっと家事に専念できた妻の比率は50％以下だった。

◆**労働者文化・生活圏の形成**　20世紀への転換期に一大政治勢力に成長していた労働者階級は，生活文化においても独自な世界を形成し，労働者仲間集団との物理的および精神的なつながりを深めていった。初期の男性的な労働運動は，家族ぐるみの運動へと性格が変わり，専業主婦も労働者政党に入党した。男女労働者あるいは家族向けの出版物が増え，生活物資調達のための協同組合，家事関連も含む学習，娯楽や芸術，スポーツ関連のサークルや教室が数多くつくられ，また催しも開催されて，運動と日常生活は密接にリンクした。こうした労働者生活圏の形成は，政治的立場や生活条件の異なるミドルクラスや上層への対抗文化の性格を有していた。

（姫岡）

10-8 階級とジェンダー 177

❶【史料】ベーベル『婦人と社会主義』
「既婚女性もますます多く工場労働に従事するようになったことは，妊娠，出産のさいや，また子どもが母乳に依存している生後一年間を通して非常に悲しむべき結果をもたらす。妊娠中のさまざまな病気は，胎児にも女性の身体にも破壊的な影響を与え，早産ないし死産を引き起こした。子どもが生まれると，母親はできるだけ早く工場に戻らなければならない。競争相手に職を奪われないためである。それがこの小さな虫けらに必然的に与える結果は，以下のごとくである。すなわち，なおざりな世話，不適切な栄養ないしそのまったくの欠乏。静かにさせておくためにアヘン剤を飲まされる。その結果が大量の死亡であり，病気，発育不全である。子どもたちはしばしば母や父の本当の愛情を知らずに育ち，また彼ら自身，真の意味での親としての愛情を感じることもない」。

❷【史料】1874〜75年におこなわれた就業実態調査結果——社会改良家が女性に向けたまなざし
「工場設立以前に較べて低年齢での結婚や非嫡出子の出生が多くなった。家事の軽視や女性の家計能力の欠如や無関心が嘆かれる。堅信礼（14歳頃にキリスト教の信仰を強めるために受ける儀式）のすぐあとにはじまる工場での労働が家庭という感性を抑圧し，稼いだお金はつまらないものに使われ，日曜日には家事を放り出してダンスホールへ行っている。多くの若い男女が顔を合わせることによる道徳的な悪影響は否定しがたい。これは厳しい秩序が維持されている工場内よりも，暗い夜道を男女がともに帰宅することや，酒場などで生じている。これに対して子どもの出産後にすぐに工場労働を辞めた女性の場合には，家族生活の軽視は見られない」（Ergebnisse der über die Frauen und Kinderarbeit in den Fabriken auf Beschluß des Bundesrates angestellten Erhebungen, zusammengestellt im Reichskanzleramt, Berlin, 1876, p.45）。

❸労働者の家計 （ハレ，1908）

収入（マルク）	項目別支出				
	食費	衣服	住居	暖房・照明	その他
900〜1200	54.55	11.84	17.31	4.83	11.47
1200〜1600	59.47	14.02	13.10	3.40	10.01
1600〜2000	54.63	14.43	14.38	3.14	13.42
2000〜3000	46.58	14.93	13.42	2.65	22.44
平均	55.91	14.12	13.74	3.31	12.92

出典）Saul, et al. (Hg.), Arbeiterfamilien im Kaiserreich. Düsseldorf 1982, p.93.

実質賃金の推移 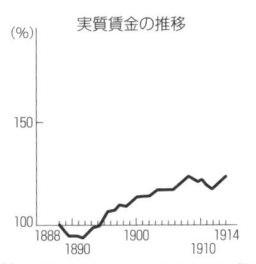
出典）Reck, Arbeiter nach der Arbeit, Gießen 1977, p.42, 43.

労働時間と自由時間の推移 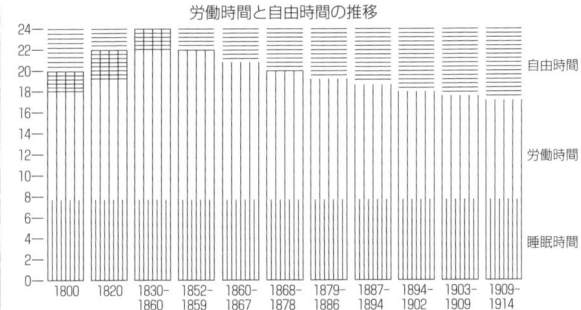
出典）Herre, Arbeitersport, Arbeiterjugend und Obrigkeitsstaat 1893 bis 1914, in:Huck (Hg.), Sozialgeschichte der Freizeit, Wuppertal 1980, p.188.

労働者家族の住居

参考文献　荻野美穂・姫岡とし子ほか『制度としての〈女〉』平凡社，1990／姫岡とし子『ジェンダー化する社会』岩波書店，2004／長野ひろ子・松本悠子編『ジェンダー史叢書6』明石書店，2009／姫岡とし子『ヨーロッパの家族史』山川出版社，2008

10-9 社会主義・共産主義思想と女性解放

教科書 ウィーン体制／帝国主義と列強の展開 ☞10-6, 10-8, 11-9

◆**空想的社会主義と女性解放** 19世紀前半に誕生した空想的社会主義は，差別なき調和のとれた社会共同体の実現をめざし，「社会の進歩は女性解放に比例する」と述べたフーリエの言に示されているように，女性解放を重視した。彼は，疎外を再生産すると考えて家族を解消し，男女ともに複数の異性との結合を認めて，生産と消費のあらたな共同体をつくろうとした。もう1人の代表的空想的社会主義サン・シモンの弟子たちは，男女は1組で完全な個人になると考え，家族を重視したが，私有財産の維持・存続や嫡男を得る手段としての家父長家族は批判し，愛情を重視して男女平等をつらぬこうとした。そして家庭内での夫婦対等な関係を，社会全体に展開することをめざした。1830年代のサン・シモン主義者女性たちの活動は，48年革命のさいの女性解放に向けた動きにつながった❶。

◆**マルクス主義と女性解放** マルクス自身は女性差別問題に無関心だったが，彼の理論は女性の抑圧を資本制的生産様式と関連させて考察する出発点となった。他方エンゲルスは女性の問題に大きな関心を寄せ，その著作『家族・私有財産・国家の起源』のなかで私有財産の成立とともに「女性の世界史的敗北」が起きたと説いた。彼は，女性解放の前提条件として，①私有財産の廃止，②すべての女性の公的産業への復帰を主張した。工業社会についての抑圧の解明とそこからの解放の理論を提示したマルクス主義は，女性の抑圧構造の解明も階級支配に求め，階級支配が廃絶されれば，女性解放も自動的に達成されると考えた。

◆**社会主義女性解放論** マルクスとエンゲルスがまだ漠然としたかたちでしか提起しなかった女性解放への道程は，ドイツ社会民主党の指導者アウグスト・ベーベルと社会民主党女性運動の理論的・実践的指導者だったクララ・ツェトキン (1857〜1933) によって具体的に示される。ベーベルは『婦人と社会主義』(初版1879年，邦訳『婦人論』) を著して原始時代から19世紀末までの社会における女性の地位と役割を明らかにし，女性抑圧の原因を資本主義体制に求め，女性解放は社会主義社会においてのみ可能になると主張した❷。社会主義女性解放論を完成させたツェトキンは，社会主義をめざす過程での女性運動の課題を明らかにした。彼女にとって女性問題は階級問題であり，労働者階級に属する女性の解放実現のためには男女の労働者が共同で資本主義体制の廃絶をめざして闘う必要があると力説した。女性の就業は，

経済的自立とともに，階級闘争への主体的参加のための前提条件とみなされた。そのためツェトキンは，女性労働の廃止を要求する社会主義者を激しく批判した❸。ただし，社会主義女性解放論はあくまで階級中心史観であり，性差別を独自に分析する観点はもっていなかった❹。（姫岡）

---

❶フローラ・トリスタン（1803〜44）

19世紀前半のフランスで，空想的社会主義の思想に影響されながら，労働者層の解放と女性解放を結びつけ，すべての男女労働者の団結を呼びかけた。ペルー出身のスペイン貴族の娘として生まれるが，父親の死後，極貧の生活を送る。3人の子どもをもうけた結婚生活も幸せではなく，夫からの自由を求める過程で女性解放を使命と考えるようになった。

❷アウグスト・ベーベル（1840〜1913）

女性労働に敵対的な声が強かった社会主義者のなかで，ベーベルは先頭に立って女性の問題に取り組み，1875年に制定されたドイツ社会民主党の「ゴータ綱領」に女性は明記されなかったが，すべての国民の参政権要求および女性労働肯定の決議を盛りこませた（正式な女性参政権要求は，1891年の「エルフルト綱領」）。帝国議会での最初の女性参政権要求も，ベーベルがおこなった。彼の著作『婦人と社会主義』は，第一次世界大戦以前にすでに59版を重ね，初版発行以来の50年間に発行部数は21万部に達して，男女を問わずドイツ労働者のあいだで最もよく読まれた本の一つとなった。この著作のなかで，ベーベルは，未来の女性像を多少ユートピア的に次のように描いている。「新社会の女性は社会的にも経済的にも完全に独立し，もはやいかなる支配や搾取に服さず，自由な同権者として男性と向きあい，自らの運命の支配者となっている」。

女性参政権を要求する女性デーのポスター（1914年3月8日）

❸インターナショナルと女性問題

国際労働者組織として形成されたインターナショナルは，当初，必ずしも女性に好意的ではなかった。第一インター（1864年設立）では，プルードンが「女性は家庭」という演説をおこない，賛成意見があいついだ。1868年以降，イギリスやフランスの女性労働者が加盟し，女性労働支援が強まっていく。1899年の第二インター創立大会では，ツェトキンが社会主義女性解放論を完成させたとされる演説をおこなった。1896年には非公式ながら初の国際的女性会議がもたれ，1907年には正式な女性会議となって，女性参政権獲得闘争を前進させる。1910年の大会では現在まで続く国際女性デーの開催が決まった。

❹ローザ・ルクセンブルク（1871〜1919）と女性解放

ポーランド生まれのマルクス主義の理論家で，ドイツ社会民主党左派で活動し，1919年1月のドイツ革命時に銃殺されたローザ・ルクセンブルク（写真右）は，クララ・ツェトキン（写真左）とは同志で友人だったが，女性解放を軽視し，「クララは女性問題などに力を注ぎすぎる」と批判していた。ローザにとって女性問題は，階級問題が解決されれば自動的に解決されるものだった。

参考文献　水田珠枝『女性解放思想史』筑摩書房，1979／L.アドレール（加藤・杉村訳）『黎明期のフェミニズム』人文書院，1981／伊藤セツ『クララ・ツェトキンの婦人解放論』有斐閣，1984

10-10　セクシュアリティと近代

[教科書]　欧米における近代社会の成長／近代欧米国民国家の発展　☞10-5, 11-3, 11-9

◆**淑徳の絶対化**　結婚前の女性の性行為はつねに否定されてはいたが，農民社会では，結婚につながれば大目に見られていた。18世紀後半の市民社会の黎明期に登場した市民的性道徳は，根拠は異なるがキリスト教的性規範と同様に女性の処女性と貞節を絶対視するものであった。台頭するミドルクラスは支配者である貴族層との対比で自らの生活様式や価値規範を特徴づけ，愛人の存在が常態化して腐敗・堕落しているとみなした宮廷文化に対して，女性の純潔・羞恥心・無垢・慎み深さなどを市民の徳として重視した。こうした徳を守ってはじめて，女性には幸福な結婚生活が約束されたのである❶。

◆**性の二重基準と売買春**　19世紀に「幸福とやすらぎの空間としての家庭」という言説が現実的基盤をもつようになると，道徳的清純さの象徴であり「家庭の天使」である女性には「性欲はない」という説が支配的になった。もちろん神話にすぎないが，性は極端にタブー化され，夫婦の寝室の秘めごとに解消された。避妊について語ることさえ，猥褻行為とみなされ危険視された。逆に男性の性欲は本能とみなされ，婚姻外の性も謳歌できた(性の二重基準)。若い男性には，体面を誇示する優雅な家庭生活を営む収入は得難かったので結婚年齢が上昇し，彼らは娼家に通い，愛人をつくった。売買春は必要悪として認められた。売買春の統制方法は時期や地域によって異なるが，基本的には認可制で，売春婦には定期的な医者の検診が義務づけられた❷。軍隊も公認売買春存続のために圧力をかけた。

◆**下層民の性**　下層女性は，ミドルクラスほど厳格な性モラルを内面化しておらず，気に入った相手となら婚前でも性行為をおこなった。農村とは異なり共同体規制のない都市では性行為が必ずしも結婚につながらなかったため，18世紀末から19世紀初頭にかけて婚外子が増加した。婚外子の数は19世紀をつうじてあまり変わらなかったが，後半になると社会問題となって，聖職者や医師，女性団体などが下層女性の風紀改善にのりだした❸。とくに女性工場労働者の性は，監督官によって定期的に調査されるなど国家干渉の対象となったが，男性の性には寛容だった。労働者の劣悪な住居では性は秘めごとになりようもなく，低年齢ですでに知識を得ていた。労働者の結婚動機はたいてい妊娠だった。家事と就業の二重負担となる結婚に女性は幻想をもてなかったため，妊娠してはじめて結婚にふみきった。(姫岡)

❶啓蒙期の市民演劇

ドイツ啓蒙思想の代表的人物で作家のレッシング（1729〜81）は、18世紀の半ばに初演され、大成功をおさめた『サラ・サンプソン』という芝居において、宮廷社会の官能的な旧秩序に貞淑で純真誠実というあらたな市民道徳を対置させ、後者を称揚している。宮廷社会を具現する女性に溺れていた男性主人公が、市民的徳を備えた女性に出会って前者の醜さに気づき、価値観を転換させて、あらたな秩序を選択するというものである。ところが女性は男性が捨てた宮廷側の女性に毒殺されて、悲劇的結末を迎える。市民的徳を手に入れるため、駆け落ちという背徳行為をおこなったことの因果応報であり、徳は完璧でなければならないという教訓も説かれている。

❷公娼制度（管理売買春統制）

近代の欧米の国々では売買春が合法ではなくても、その必要性を認め、警察による認可を受けて営業する公娼制度を採用していた。売春婦は登録され（強制および自発的）、娼家か指定の地域への居住、着用服装の制限、特定の場所への立ち入り禁止、風紀警察による監視、性病検査などによって生活全体を管理され、しかも仲介者から搾取されていた。売買春は客がいて成り立つのに、責任はすべて売春婦にあるとみなされ蔑まれた。また「完全に堕落している」と警察に判断された女性が、売春婦として登録されることもあった。登録せずに個人的に街頭で客をとる私娼のほうが数ははるかに多く、彼女たちは警察の取り締まりにおびえ、2度目の逮捕で禁固刑になり、その後感化院に送られた。

ロートレック「ムーラン通りの医療検査」

❸婚外子の数（1871〜1915）

最大	ベルリン	4.4人に1人（1911〜15）		ドイツ帝国	10.1人に1人（1911〜15）
最小		7.3人に1人（1871〜75）			11.3人に1人（1876〜80）

【解説】 大都市の婚外子出生率は、帝国全体の平均をはるかに上回っていたため、都市化と性モラルの悪化との因果関係が指摘されていた（Hubbard, Familiengeschichte, München 1983, p.109）。

廃娼運動 売買春が女性の立場からとらえられるのは19世紀末のことで、1860年代末にイギリスに公娼制的売春管理が導入されると、のちに廃娼運動の代表的人物となるジョゼフィン・バトラー（1828〜1906）が、女性の男性への隷属と男たちの女遊びを助長し、自由と道徳に悪影響をもたらすとして公娼制に反対した。彼女は仲間とともに、その運動を大陸へ広げ、1874年に「政府による売春統制の廃止を求める英欧同盟」を結成する。奴隷廃止運動に携わっていたアメリカの人びとも参加し、1877年にはジュネーブで国際会議が開かれた。そこでは売春禁止派と公娼制廃止派に意見が分かれたが、バトラーは、男性の淫らな欲望は非難されるべきで、売春統制によって国家は女性を貶めている、という主旨の決議を勝ち取った。フェミニズム組織も運動に参加し、警察と手を結んだ売春組織と対決した。

参考文献 荻野美穂・姫岡とし子ほか『制度としての〈女〉』平凡社、1990／V. ブーロー、B. ブーロー（香川ほか訳）『売春の社会史』筑摩書房、1990／A. コルバン（杉村監訳）『娼婦』藤原書店、1991

10-11　特論⑩　近代市民家族の形成

教科書 近代欧米社会の成長　☞9-3, 10-8, 11-3

◆**近代市民家族の形成**　血縁と愛情による結びつき，という家族の特徴は変化しない本質的なものだと思いがちだが，家族が親密で私的な閉鎖的空間となったのは，近代以降のことである。近代以前の家族は，家父長を中心とする労働および生活共同体である「家」に同居する人を意味し，夫婦や親子だけでなく，奉公人も含まれていた。子どもも奉公人と同様に労働し，両者はしばしば同列に扱われていた。啓蒙期の18世紀頃から家族の情愛を重視する言説が登場し，家経済以外で収入を得る人が増加したことにより，奉公人が血縁家族から分離され，家族は親密空間となった。近代市民家族の誕生である。この家族をいち早く形成したのは，官吏や医師・弁護士などの専門職集団，あるいは企業経営者や大商人など市民層（上流ミドルクラス）で，家族生活を通じて愛情や人格や徳の育成，勤勉や合理性といった市民的価値観を実践し，体面を重視して，不品行で華美な貴族の生活態度を批判した。

◆**家族と愛情**　双方の家柄や職業が重視されていた婚姻相手の選択に関して，18世紀初頭に「愛情優位」の言説が登場した。この見解は「道徳週刊誌」などを通じて浸透し，当事者によるパートナー選択が重視され，恋愛結婚への憧れが強まった。子どもが愛され慈しまれる存在になるのも同時期で，フィリップ・アリエスによれば，近代以前には子どもは7歳くらいになると「小さな大人」として認知され，成人の共同体のなかで，ともに遊び，働き，学んでいたため私的生活の場はなかった。子ども服や玩具が登場した近世後期頃から子どもに対する扱いが変わり，親密になった家族空間の中心に子どもが存在するようになって「子ども期」が誕生する。本能だと考えられがちな母性愛も，歴史の産物である。18世紀半ば頃までは子どもが死んでも親は嘆き悲しまず，上層から下層まで子どもを一定の年齢まで里子に出す慣習が広まっていた。母親は，下層では生計維持のための労働に，上層では社交で忙しかった。啓蒙時代に母乳育児や犠牲的精神で子どもに献身する母親像が称揚され❶，規範化された母性愛は「本能」として定着する。

◆**家事の変化と主婦**　生産と消費が統合された家経済においては，夫の経営の協力者であった妻は，家族から経営体的性格が消失するとともに世帯の運営責任者となり，家事担当者としての主婦になった。とはいえ本格的な工業化開始以前の，市場経済が未成熟な時期には，家事労働は生産労働的な側面をもちつづけ，ミドルク

ラス以上の家庭では主婦の差配のもとに、料理女や洗濯女、下男や下女の協力を得ておこなわれた❷。19世紀後半には、家事はもっぱら消費のための労働となり、家事使用人の数も減少する。1920年代には主婦が1人で家事を処理するようになったが、洗濯機など電化製品も登場した。(姫岡)

---

❶スウォッドリング

子どもたちは、生まれるとすぐ、大人の労働の邪魔にならないように、また身体が曲がってしまわないように、帯状の布で両手足を伸ばしたままでぐるぐる巻きにされていた(スウォッドリング)が、これは啓蒙時代に子どもを束縛する元凶と批判された。啓蒙主義者は、他人にまかせっぱなしの育児に両親自らが携わるべきと主張し、親の道徳的な義務と責任を喚起した。その現れの一つが母乳育児の推奨である。その熱心な称賛者だったルソーは、母親の子どもへの献身を説いてイデオロギーとしての母性愛を誕生させた。

フィレンツェにあるヨーロッパ最古(15世紀初頭)の捨て子養育院の前面壁

❷文豪ゲーテの生家の家政 (1760年)

商品の調達方法。専門雑貨店から調味料、香辛料、コーヒー、紅茶を購入、布地、家庭用品、食器、書物は見本市と市で購入。パン屋、肉屋、仕立屋などの手工業者も利用。多くの物資を完成品ではなく、未加工あるいは半製品として購入し、自宅あるいは外注して加工。豚は自宅で屠殺し、ソーセージをつくり、肉は燻製や塩漬けに。野菜や果物、豆は自家菜園で栽培し、冬用に瓶詰め。ブドウは自宅で圧搾してワインにし、一部は販売。春にはシーツやクロスといった大きな洗濯をおこなう。自宅で紡いだ糸を手工業者が織り、仕立て屋や自宅で縫製。ゲーテ家は消費物資を市場から直接購入していないため、自宅内での生産や加工が重要な役割をはたし、物資の購入は大量で、長期的な視野でおこなわれている。消費が消費として完結せずに生産の側面も含む貯蔵経済である (川越・姫岡:65.66頁)。

クリスマスを祝う市民家族

| 父親の役割と愛情 | 18世紀後半から女性は家庭、男性は職業という二項対立的な性別役割言説が登場していたが、19世紀の前半までは、まだ公私の分離は曖昧だった。職場が家庭外にあっても自宅で仕事をする男性も多く、父親は子どもの教育やしつけに時間を割くなど愛情と優しさに満ちた家族の導き手であり、家族とのかかわりを重視して妻とともに親密圏を創出した。男性の感情表現は否定的にとらえられず、涙を流すこともあった。

参考文献　P. アリエス(杉山・杉山訳)『〈子供〉の誕生』みすず書房、1980年／姫岡とし子『ヨーロッパの家族史』山川出版社、2008年／川越修・姫岡とし子ほか編著『近代を生きる女たち』未來社、1990／松田裕子『主婦になったパリのブルジョア女性たち――100年前の新聞雑誌から読み解く』大阪大学出版会、2009

第11章

近代欧米国民国家の発展

11-1 概説⑪ 近代国民国家とジェンダー

教科書 近代欧米国民国家の発展　☞10-1, 13-1, 14-1

◆**国民の形成とジェンダー**　近代は国民国家の時代である。フランス革命時に誕生した国民（ネイション）という概念は，国民国家の構成員という意味をもつ。また19世紀には，言語，歴史などの共通性ゆえに一体性をもつという国民の概念も登場し，多くの国家に分断されていたドイツやイタリア，さらに大国に分割されていたポーランドにおいて，国民意識を覚醒させ，統一された国民国家をつくろうとするナショナリズムが勃興する。

国民国家の主権者は，共和制でも君主制でも原則的には国民だと想定されているが，女性はその範疇から除外された。とはいえ国民の一体性を守るためには男女双方が不可欠で，国民のなかで男女はそれぞれに別の居場所が与えられた。国民形成の時期は，啓蒙期にはじまった近代的なジェンダー秩序の形成・定着期にあたり，国民形成もこの秩序を組みこむかたちでおこなわれた。男性が公的分野を担当し，武器をとって祖国と女・子どもを守り，女性が国民の基礎となる家を守るという補完性によって，はじめて強固で一体化された国民が形成されると考えられた。したがって，この国民像における男女関係は非対称なヒエラルヒー的なものであった。

◆**国民運動と女性**　国民運動においても男女の居場所は異なるが，女性も愛国精神にもとづき女性の領域内で積極的に参加した。19世紀初頭のナポレオン戦争時には，ドイツで男性協会の数を上回る約500の祖国女性協会がつくられ，寄付金集め，兵士の靴下編み，救・看護，外国製品不買，戦闘心の鼓舞，死傷家族の福祉などの

国民家族　家族は国民の基盤，国家の基本単位と考えられ，国民が家族とのアナロジーでとらえられた。家族は神への信頼，愛，忠誠にもとづく有機的な単位とみなされ，この家族把握が国民把握にも適用されて，国民は家族とされた。夫婦による愛と忠誠，そして補完的な役割分担によって家族は，そして国民は一体となり，国家の礎が強化される。

国民の連続性と不易性を象徴する女神　革命時には裸体で登場した「闘うマリアンヌ」は，平時には「国民のマリアンヌ」として無難な衣装を着用。長いドレスは，過去からの連続性を想起させる安寧秩序を具現し，伝統的秩序の守護者たる女性は国民の永続性を表している。

マリアンヌ（フランス）　ブリタニア（イギリス）　ゲルマニア（ドイツ）

活動に従事した。女性は家庭という規範にもかかわらず，国民のためなら家庭外での活動も可能になった。こうしたジェンダーに刻印された愛国的行動は，第一次世界大戦勃発までの「長い19世紀」の典型的な女性の社会活動パターンとなり，19世紀後半には恒常的な女性組織がつくられ，平和時には労働者女性のための教育や福祉活動をつうじて国民の一体化のために貢献した。

◆**ナショナリズムと大衆社会化** 19世紀末のヨーロッパでは列強がこぞって海外に進出し，覇権争いが深刻化してナショナリズムが広がった。内部の一体化と他者の排除を志向するナショナリズムは，女性も含むあらゆる国民の参加を要請し，選挙権の拡大によって政治参加した男性大衆だけでなく，女性も政治化して，艦隊増設や植民地関連などの福祉以外の協会活動に参加するようになった。この時期のナショナリズムは排他主義をいっそう強め，ドイツのように民族至上主義的傾向も登場した。ナショナリズムは，断固として外部の敵と戦う勇気，決断力，戦闘性を要求し，男性的な要素を重視した。敵国や植民地の住民は，しばしば「臆病，優柔不断，脆弱な」女性として表象された。とはいえ女性は，征服と統治は男性の領域だが，血と文化の維持という民族の連続性にかかわることは女性の課題だと主張して発言力を強め，行為空間を拡大した。ナショナリスティックな女性のあいだでは女性参政権に反対する声も強かったが，それでも女性の政治・社会活動を活発化させることによって参政権導入の基盤を築いた。(姫岡)

国民国家の時代（1851～1913）
1851 仏：女性の政治的請願権廃止
1854 ナイティンゲール従軍看護婦としてクリミアへ
1859 英：女性雇用推進協会設立，ダーウィン『種の起源』刊行
1861 英：『ビートン夫人の家政読本』刊行 米：南北戦争（～65）
1863 米：奴隷解放宣言発布
1865 全ドイツ女性協会設立 英：ミルが女性参政権を掲げて議会に出馬，ケンブリッジ大学地方試験を女子に開放 米：女子大学の設立（1793までに東部で7大学開校）
1866 英：ミルが女性参政権法案提出 独：女性の就業促進協会，愛国女性協会設立
1867 英：女性参政権全国協会創設
1869 米：全国女性参政権協会，アメリカ女性参政権協会設立
1870 米：黒人参政権
1871 ドイツ統一，第二帝政 仏：パリコミューン 英：女性教育連合結成
1874 英：女性救済保護連盟結成
1878 ロンドン大学が女性に学位開放
1889 独：廃疾老齢保険法 仏：一般徴兵制
1893 英領ニュージーランドで女性参政権
1894 ドイツ女性団体連合設立 英：女性産業労働評議会設立
1896 米：全国黒人女性協会設立
1897 英：女性参政権協会全国同盟設立
1900 仏：女性全国評議会設立
1904 国際女性参政権同盟設立
1906 米：全国女性労働者連合設立
1907 国際社会主義女性会議開催
1908 独：女性の大学入学公認，女性の政党登録可能

参考文献 姫岡とし子・川越修編『ドイツ近現代ジェンダー史入門』青木書店，2009／J. モッセ（佐藤・佐藤訳）『ナショナリズムとセクシュアリティ』柏書房，1996

11-2　軍隊とジェンダー

[教科書]　フランス革命とナポレオン／近代欧米国民国家の発展　☞9-3, 13-2, 13-11

◆**戦う男性像の登場**　近代以前の軍隊は王の軍隊だったため、軍への入隊を嫌悪し、戦争も経済をはじめとする日常活動への負担と考える人が多かった❶。しかし、自分たちのための戦いとなると状況は変わり、フランス革命時には外敵から革命を守るために、またナポレオン戦争期のドイツでは祖国防衛のために多くの義勇兵がかけつけた。そのさい男らしさと戦闘性、さらに祖国が結びつけられて、愛国心がかき立てられた。この時期にはじめて、身分や階層に無関係に、すべての男性に要求されるものとして戦う男らしさが登場する❷。自然の性差論のなかに「男性の戦闘性」が加わるのは、武器をとっての祖国防衛が男性全体の問題として考えられるようになってからである。戦う男らしさは、国民概念やナショナリズムの誕生と切り離せないものであった。

◆**一般兵役義務と国家市民**　近代の兵役義務は、市民権の享受と結びついている。革命によって国家が国民のものとなったフランスでは、国を守るのも主権者たる国民の義務とみなされ、一般兵役義務が導入される。プロイセンでは、ナポレオン戦争中の1814年に、実現はされなかったが、市民の政治参加を約束して兵役義務が導入される。これにより国家市民とは、武器をとって祖国を防衛する男性という意味になった。兵役＝国民の義務をはたさず、守られる立場の女性には、たとえ祖国に献身したとしても市民権は享受できない、という論理もそこから導かれる。兵役義務は戦う男らしさ言説と相乗効果を発揮しながら、ジェンダー・ヒエラルヒーを強化し、雄々しい国家こそ強国という論理を浸透させていく。

◆**軍隊は国民と男性性の学校**　入営した若者たちは兵士としての軍事訓練と人間教育を受け、「男らしさ」を鍛えられるとともに、従順な愛国的国民として調教されてゆく。軍隊の独自性は、勇敢かつ危険にも冷静に対処しうる強固な身体づくりと、規律維持や上官への服従という態度形成が結びつけられるところにあった。制服と武器は、入隊検査によって証明された頑健さを増幅する作用をもたらし、兵舎の外での行進は兵士に国家防衛の役割を担うことへの自負心を抱かせた。軍隊内では猥談が横行し、性体験は男としての成熟の証となった。軍隊で身につけた生活態度や秩序感覚によって、「若僧」は「ひとかどの男性」に成長し、女性たちも彼らを家庭をもつにふさわしい一人前の男性とみなすようになった。　　(姫岡)

❶市民層の軍隊嫌悪

　富国強兵を進めたプロイセンでは、1733年に徴兵制が採用されたが、農民や下層民が対象で、市民層は経済活動が優先されて徴兵が免除されていた。18世紀には「戦わない男性」を否定的にとらえる見方は存在せず、市民層にとって軍隊は教養のかけらもない野卑な集団で、市民が身につけるべき徳とは相容れないものと考えられていた。市民層は、ナポレオン戦争時に義勇兵として自発的に戦闘に参加しても、兵役が義務化されることには抵抗した。「戦う男性像」が定着するのは19世紀後半のことである。

❷愛国詩人エルンスト・M.アルントによる「戦う男らしさ」を象徴する詩（1813）

これぞ男だ、死ねるものこそ	これぞ男だ、死ねるものこそ
自由と責務、そして正義のために	神と祖国のために
誠実な勇気の前には万事が順調	墓に入るまで、彼は戦い続ける
悪くなるはずがない	心と口と手をもって

（キューネ編：47,48頁。こうした戦う男らしさをたたえる詩がこの時期に数多く書かれた）。

鉄十字章　ナポレオン戦争期の1813年に、はじめて貴族以外の人びとの軍功が称えられ、勲章が授与された

エレノーレ・プロチャスカ(1785～1813)

　ナポレオン戦争に「男性」義勇兵として参加し、歩兵として戦う。砲弾にたおれて手当を受けるまで、誰も女性とは気づかなかった。死後、次第に理想化され、ポツダムのジャンヌ・ダルクとして称揚された。ジェンダーより、愛国心と犠牲をいとわない公共心が評価され、後世まで祖国の英雄として語り継がれる。1863年に彼女の墓の傍らに記念銘板がそえられ、1889年には故郷のポツダムに記念碑が建てられた（右写真）。ナポレオン戦争に男装して義勇兵として参加した女性は、名前がわかっているだけで23名。その多くが戦死するか、女性だと判明すると、除隊させられた。しかし、アナ・リューリンクのように、上官の支援で部隊にとどまった女性もいた。

女性民兵　徴兵制による正規軍は男性の世界だが、女性も志願兵やパルチザンというかたちで戦闘に参加している。人民戦線政府と右派反乱軍によるスペイン内戦（1936～39）では、人民戦線側に──ジェンダーの境界を超えるという意味が付与されていた──「青いつなぎ」姿で銃を手に前線に向かった女性民兵が登場した。当初は勇敢な闘士だった彼女たちに対し、正規軍の編成後は前線からの撤退命令が出され、「男性よ、女性よ、前線に」という政党や組合のスローガンも「男性は前線、女性は後衛で労働」へと変わった（砂山「戦争とジェンダー──スペイン内戦の場合」姫岡ほか『ジェンダー』参照）。

参考文献　T.キューネ編（星乃訳）『男の歴史』柏書房、1997年／姫岡とし子・川越修編『ドイツ近現代ジェンダー史入門』青木書店、2009／阪口修平・丸畠宏太編著『軍隊』ミネルヴァ書房、2009／姫岡とし子・砂山充子ほか『ジェンダー』ミネルヴァ書房、2008

11-3 教育制度とジェンダー

[教科書] 欧米における近代社会の成長／近代欧米国民国家の発展　☞11-2, 11-8, 11-11

◆**教育体系の性別分離**　高度な教育を受けた人材が社会形成に不可欠となった19世紀初頭に教育体系が整備されたが、それは教育における性別分離の制度化でもあった。「妻・母」となる女性には高度な知識や自主性を育む教育は必要ないとみなされ、基礎知識以外には、淑女のたしなみとしてのフランス語や音楽、芸術、手芸が重視された❶。男子が大学入学につながる中等教育機関で古典人文主義や自然科学の授業を受けたのに対して、女子は家庭で身近な人やガヴァネス（住みこみの女家庭教師）❷から、あるいは私立学校で教育された。19世紀後半以降、女性運動の要求や職業女性の増加によって公的な女子中等教育が整備されるが、教育の目的は「共和国の母の養成」（フランス）や「男性のために役立つ」（ドイツ）こととされた。

◆**高等教育への道**　女性に最初に高等教育の機会を与えたのはアメリカ（1833）で、スイス（1867）が続く。欧米諸国ではおもに19世紀後半に高等教育への道が開かれるが、その過程は複雑で、開始の年代や根拠の特定は困難である❸。制度的には門戸が開放されても、フランスでは入学の前提となるバカロレアの準備のための女子教育機関は存在せず、女子の入学は困難だった。むしろバカロレアの特別免除が適用される外国人女子留学生のほうが大学へのアクセスは容易だった。イギリスでは1869年の女子カレッジの設立、70年代末の女子寄宿寮に在籍してのケンブリッジやオクスフォードでの講義参加、大学学位の女性への開放（ロンドン大学：1878）など、部分的・暫定的・段階的に女子高等教育の機会が拡大していった。遅れていたドイツでも20世紀の開始とともに大学入学が許可された。

◆**ナショナリズムと初等教育**　ドイツ（プロイセン）では富国強兵政策によって18世紀末にすでに義務教育が導入されていたが、イギリスやフランスでは1870年代になってようやく初等教育が義務化された。それまで下層の子どもたちは、公教育の小学校と宗教者の提供する学習機会によって読み・書き・算術を学んでいた。義務化の背景はナショナリズムの台頭で、国家に忠実な強い兵士と彼らを支える妻・母・労働力の育成が課題となった。愛国心を育てるために、自国の成り立ちと発展について学ぶ歴史教育が重視された。女子用の教科として、従来からの針仕事に加えて、調理・衛生・家計の算段など、家庭運営全般を視野に入れた家庭経済が高学年向けに導入された。（姫岡）

11-3 教育制度とジェンダー

❶19世紀初頭における女子の学習時間割

19世紀初頭，ドイツの作家ファニー・レヴァルト(1811~89)は13歳で学校を卒業したあと，父親の作成した，以下のような知的刺激のない時間割にそって退屈な日常生活を送らなければならなかった。

午前8時～9時　ピアノ　新曲の練習
　　9時～12時　手芸。いつもの裁縫および編物
午後12時～1時　以前の教科書の復習　フランス語，地理，歴史，
　　　　　　　ドイツ語，文法その他
　　1時～2時30分　休憩および昼食
　　2時30分～5時　手芸
　　5時～6時　ピアノのレッスン
　　6時～7時　習字

女性の知的活動は否定的にとらえられたが，女性のたしなみとして半ば強制されていた手芸の時間に読書や朗読をして，教養を高めた

❷ガヴァネス

作家や芸術家になれる才能の持ち主を例外として，ガヴァネスは19世紀前半にミドルクラスの女性がリスペクタビリティを守って収入を得られる唯一の道であった。実家の没落や結婚機会を逸したことにより自活しなければならない女性は多く，ガヴァネス市場は供給過多になったため待遇は悪かった。ガヴァネスの困窮は女性の職業機会の獲得を要求するフェミニズム運動の誕生につながった。(写真は，ガヴァネスに教育される女の子たち)

❸反女子高等教育

19世紀後半に女性の大学入学が広まったさいには，これに強硬に反対する人びとも数多くいた。イギリスの国教会は，教会の影響力を強めるために女子カレッジの設立を進めた推進派と神の意志にしたがって反対するという人びとに分かれた。おもな反対意見は，知性の不足，それゆえ女性が自然に逆らって脳を酷使すると心身を害するという医学・生物的見地からのもの，高等教育は女性の家庭役割とは無関係で，女性の美徳である「慎み深さ」を脅かし，男性と競う女性をつくって神の定めたジェンダー秩序を脅かすというものであった。

| 女性と学識 |　啓蒙時代の初期は，女性にも学識の獲得が進められたが，後期になると，女らしさの喪失につながると，否定的にとらえられた。女性が大学入学を許可される100年以上も前の1754年と1787年に，ドイツでは2人の女性が学位を取得している。2人は娘の教育に熱心な医師と大学教授の父親に学識を授けられ，大学の講義もまだ自宅でおこなわれていたため聴講できた。学位授与式には大学の意向で参加できず，隣接する図書館の窓からひそかに見守っていた。

参考文献　川越修・姫岡とし子ほか編著『近代を生きる女たち』未來社，1990／香川せつ子・河村貞枝編『女性と高等教育』昭和堂，2008

11-4 改革と反動の時代──19世紀ロシア

教科書 ウィーン体制／ヨーロッパの再編　☞9-4, 13-3, 15-5

◆**ナポレオン戦争とデカブリストの反乱**　ロシアの19世紀は、専制体制のもとでのいくたびもの戦争とともに、改革と反動が交互に継起する時代であった。世紀初頭のナポレオンによるロシア遠征とその後のロシア軍によるフランス進攻は、旧都モスクワの大火による焼失をはじめ多大の犠牲をもたらす一方、貴族女性のあいだにも愛国主義的心情を喚起し、「愛国婦人会」などによる身分的な慈善・相互扶助活動を活性化させた。他方、パリに入城した貴族将校のあいだからは、彼我の政治体制と社会の差異に衝撃を受け、立憲体制や共和主義を志向する人びとが登場する。1825年12月、アレクサンドル1世（位1801〜25）の死去を機に蜂起した彼らはデカブリストと呼ばれるが、たちまち鎮圧されて流刑に処された夫らと理想を共有し、自らの意志でシベリアに赴く女性たちの姿も見られた❶。

◆**クリミア戦争と大改革の時代**　19世紀中葉にオスマン帝国やこれを支援するイギリス・フランスなどと戦ったクリミア戦争（1853〜56）での敗北は、ロシア社会が抜本的改革に向かう契機となった。一方では農民反乱や民族蜂起など民衆運動の激化が見られたが、他方では、専制国家の主導により1861年の農奴制廃止を頂点に司法・教育・地方自治・軍制・財政・検閲など、国政全般にかかわる「上からの改革」が推進された。そうしたことを背景に、18世紀以来の身分制的な社会構造を空洞化させる人びとの動きも顕在化した。「大改革」の時代（1860年代）である。農奴解放に先立って男子ギムナジアに類似した女性のための各種中等教育機関の設置がはじまり、一時的とはいえ、大学の講義室に女性が殺到したのもこの時代のことであった。身分制の揺らぎとともに、ジェンダー的な分断線にも変化が生じていた。

◆**「女性問題」とフェミニズム運動**　大改革の時代に前後して有力雑誌など公論の場でも、女性の自立を阻む社会と家族の壁を糺（ただ）そうとする切実な声が聞かれるようになり❷、ナロードニキなどの革命運動とならんで、貴族女性を主たる担い手とした穏健なフェミニズム運動も展開された。その背後には、農奴解放に象徴される社会変動のなかで進行した地主貴族の窮乏化と、そのもとで中上流家族の娘たちの就労機会が切実な問題になっていたことがあった。

前期フェミニズム運動の特徴は、男女を問わず参政権が閉ざされていたことから、政治的権利要求に向かうことはなく、もっぱら女性のための慈善・相互扶助活動や

教育機会を求める運動に焦点が据えられた点にある。とくに後者をめぐっては，女性運動とこれを支持する大学人らの手で大学に匹敵する各種の教育機関が設置されている。サンクト・ペテルブルグのベストゥジェフ課程❸や女性医師課程が代表的だが，地方の主要都市にも同種の機関が設けられた。これらは1880年代反動期に存亡の危機に瀕したとはいえ，19世紀末以降に反転して安定的成長を遂げ，他国に例を見ない質と量を備えた女性のための高等教育網へと成長した。

　女子高等教育機関の発展は，教職・医業にとどまらず地方自治体の農業指導員や統計専門家，産油地域の化学工業技術者など多方面の専門職者としての就労機会を女性にもたらした。さらに，1904～05年の日露戦争と第一次革命をへて議会が開設されて以降の後期の運動では，女性参政権をはじめとした政治的権利要求や，社会改良のための専門職者や知識人としての活動が前面に押し出されるようになった。社会主義的な革命運動は，これら多岐にわたる女性運動のなかの一つのオプションであった。(橋本)

---

❶デカブリストの妻たち

　貴族身分と特権を棄ててまで流刑に処された夫たちのあとを追ったデカブリストの妻たちは，ロシア文学史上に一つの形象として輝きを与えることとなった。ロシア近代文学の父ともいわれるプーシキン (1799~1837) は，マリア・ヴォルコンスカヤをモデルに代表作『エヴゲニー・オネーギン』のヒロインを造型し，詩人ネクラーソフは (1821~77)，文字どおり『デカブリストの妻』と題した長詩のなかで2人の女性の心情を謳いあげた。(右図は，マリア・ヴォルコンスカヤ)

❷【史料】有力雑誌に掲載された匿名女性による「ある女性の嘆き」より

　「女性とはいったい何なのでしょうか。生きた存在であり，理性的存在でもありうるはずです。ところが不幸なことに，女性は子ども時代から，その身に備わっていて他者にも自身にも有益たりうるものを一切合切台無しにするように万策を弄されていて，人格を踏みにじられているのです。ですから，女性がこの世に生を受けた際に誰一人としてそのことを喜ばないからといって，驚く必要などはたしてあるのでしょうか」。「私はただ，……女性が詩的な女性らしさを失わずに自立できるよう，手を貸してほしかっただけなのです。どうか，後生ですから助けて下さい」(『ソヴレメンニク (現代人)』第63巻，1857：56~65頁)。

❸ベストゥジェフ課程学舎

1885年建設，写真は1903年

参考文献　ネクラーソフ (谷訳)『デカブリストの妻 (ロシヤの婦人)』岩波文庫，1950

11-5　フロンティアの拡大

教科書 アメリカ合衆国の発展　☞10-2, 11-6, 12-7

◆**オレゴン・トレイル**　大西洋岸（東海岸）を中心に発展してきたアメリカで、西部への拡大をうながす「明白な天命」という言葉が生まれたのは、1840年代のことであった。アメリカ・メキシコ戦争の終結（1848）、同年のカリフォルニアでの金鉱発見が、西への移住に拍車をかけた。ロッキー山脈を通る陸路、6州にまたがるオレゴン・トレイルはその代表的なルートであり、全長はアメリカ大陸の約半分、2100マイル余り（約3500キロ）に及ぶ。家族で移住する場合、男たちは幌馬車の操縦や家畜の世話など、おもに昼間の仕事をおこない、女たちは馬車の外での料理や洗濯、編み物などの家事、さらには移動中の出産、子育てなど、「馬車のなかの家庭」を守るために、昼夜を問わず働いた❶。そうやって数か月かけて東から西へと移動した人びとは、定住先でも、男女役割分担にもとづく近代的家族を再現した。大陸国家アメリカは、その誕生から、文字どおり、男女協働の産物であった。

◆**性をめぐる二重基準**　その一方で、西部開拓は、圧倒的な女性不足のもとでおこなわれた。金鉱発見に沸く町で、女性といえば娼婦であり、そこには白人も黒人もいれば、中国からの移民女性もいた❷。娼婦は、「普通の女性」へのレイプを阻止する必要悪とされたが、西部に移住した妻たちは、階級を問わず、自分たちより先に来ていた「ふしだらな女たち」との差別化を望み、ダンスホールや売春宿の清浄化に努めた。「ワイルド・ウェスト」と呼ばれた西部では、女性は保守的な慣習や古い「女らしさ」の定義に縛られていないと思われがちだが、実際には、階級差も、女性を束縛する慣習も、性をめぐる二重基準も、いずれも維持され、再生産されて、女性たちをより強く拘束していた。

◆**先住民女性の運命**　西部開拓により、先住民の生活は大きく変わった。変化は、中西部以上に、カリフォルニアの先住民女性に顕著に認められた。彼女らは、誘拐されて強制労働をさせられ、白人男性がもちこんだ性病も加わって、死亡率は男性より高く、出生率も激減した。西部に移住した白人女性は、多くが先住民からの攻撃におびえたことを書き残しているが、自分たちが先住民の大きな脅威だったことに気づいた者はほとんどいなかった。文字記録に残らないその声を拾い上げたヘレン・ハント・ジャクソンの『恥ずべき一世紀』（1881）は、アメリカの先住民政策がいかに自由・平等の理念に反するものであったかの稀有な記録でもある❸。（井野

瀬)

❶『大草原の小さな家』

『大草原の小さな家』は，西部開拓時代を生き抜いたローラ・インガルス・ワイルダー (1867〜1957) の同名の自伝的小説 (1932)。出版と同時に多くの学校教師や図書館関係者に支持され，文法や地理，歴史などの教科書でも取り上げられた。1974〜82年まで全9シーズンでテレビドラマ化され，日本でも1975年からNHK総合テレビで放映されて，人気を集めた。ウィスコンシン，カンザス，ミネソタ，サウスダコタ各州で移住を繰り返したインガルス一家の経験には，辺境を生き抜く女性の強さ，幌馬車のなかのしつけと教育の重要性が強調されている。なお，先住民や黒人の差別的な描き方については近年，批判も寄せられている。

❷西部開拓における娼婦

アメリカ西部開拓において，娼婦は，ほかの場所と同様，不道徳な存在として排除される一方で，圧倒的な女性不足という特殊事情から，別の側面にも注目が集まった。たとえば，「平原の女王」と呼ばれたカラミティ・ジェイン (1856〜1903) は，西部移住後，両親の死，長女としての責任感から，さまざまな仕事に就き，銃を手に先住民との戦いにも加わったが，それがのちに美化され，「女性ガンマン」として西部劇のヒロインとなった。1860年代のネバダ州コムストック銀鉱山の売春婦だったジュリア・C．ビュレットは，金銭トラブルで客に殺されたが，病人や負傷者の介護をつうじて，「未開の荒野の文明化」という役割をはたしていたことが再評価された。とはいえ，金鉱周辺の売春宿の女たちの大半は，わずかなお金で身体を売り，性病におびえる生活を送っていた。(右写真は，銃をもつカラミティ・ジェイン)

❸ヘレン・ハント・ジャクソン「恥ずべき一世紀」

「アメリカ合衆国政府がインディアンに対する信義を繰り返し裏切ってきた歴史をみれば，一国民としてのわれわれアメリカ人が有罪宣告を受けるのは当然である。すなわち国際法の基礎たる正義の諸原則を犯したといわれ，残虐と不信行為のゆえに世の糾弾の的とされても仕方がないのみならず，このような罪科にともなうあらゆる刑罰……をこうむらざるをえない状況におかれてもおかしくないのである。

これをすべて証明するには，インディアンのいずれか一つの部族の歴史を調べれば事はたりる……アメリカの軍部・文官当局および民間人の手によって彼らインディアンに加えられた不正の数々の歴史を全部記そうとすれば，数年の歳月と数巻の紙幅を要するであろう。

この不正を正す望みは一つしかない。アメリカ民衆の心と良心に訴えることである。」(ジャクソン：49〜50頁)．

【解説】ヘレン・ハント・ジャクソン (1830〜85，右写真) は，アメリカ先住民の待遇改善を政府に求めた活動家で，詩人，作家。先住民問題を扱った小説『ラモーナ』(1884) はベストセラーとなった。

参考文献 H. ジャクソン (平野訳)「恥ずべき一世紀」『アメリカ古典文庫14 アメリカ・インディアン』研究社出版，1977／J. ストラットン (井尾・当麻訳)『パイオニア・ウーマン──女たちの西部開拓史』講談社学術文庫，2003

11-6 南北戦争と奴隷解放——黒人女性への二重差別

教科書 アメリカ合衆国の発展　☞9-6, 11-5, 12-7

◆**他の運動との共闘**　19世紀に入り，産業化と都市化が急激に進むアメリカ北部の諸都市では，中産階級以上の白人女性たちが，宗教的な道徳心から，飲酒・売春といった悪習撲滅をめざす道徳改良協会を続々と立ち上げた。女性たちは，ほぼすべての白人男性に参政権を広げたアンドリュー・ジャクソン大統領（在任1829～37）による民主化，いわゆるジャクソニアン・デモクラシーの恩恵を受けなかった人びとにも目を向け，自由黒人の奴隷制廃止運動と共闘し，先住民チェロキーへの強制移住❶に反対する請願もおこなった。こうした共闘は，白人女性たちの権利意識を刺激し，1848年，セネカ・フォールズでの男女平等を求める決議へとつながった。

◆**女たちの対立**　1850年，奴隷の逃亡を厳しく取り締まる「逃亡奴隷法」がアメリカ合衆国議会を通過したことを契機に，ハリエット・ビーチャー・ストウ（1811～96）は，現実の出来事を下敷きにして『アンクル・トムの小屋』（1852）を書き，内外の世論を反奴隷へと揺さぶった❷。一方，南部のプランテーションでは，既婚・未婚を問わず，白人女性の生活は奴隷制度のうえに成立していたため，女性の多くは奴隷制度の廃止を望まなかった❸。このように，奴隷制度は女たちの亀裂を深め，連帯を阻んだ。

◆**戦争の顛末**　南北戦争中，白人女性たちは，銃後の守りに加えて，傷病兵の介護，物資や寄付金集めなどにも積極的に関与した。にもかかわらず，南北戦争後のアメリカ再建の時代，1868年憲法修正第14条，1870年第15条の批准により，黒人男性の参政権は認められたが，女性の参政権は多くの州で実現しなかった。女性たちは，他の運動との共闘に限界を感じ，1869年，アメリカ女性参政権協会を結成して独自の運動を展開していく。

　南北戦争のこうした顛末に最も苦しんだのは黒人女性であった。とりわけ南部では，1866年に結成されたクー・クラックス・クランが，解放された黒人女性をレイプして殺害する事件が相次いだ。依然として「黒人女性は不道徳」といった風評も存在した。黒人女性たちは，共闘した白人女性の美徳を認めつつも，彼女らの偏見を批判し，独自に自分たちの課題と向き合いはじめた。白人男性による黒人男性へのリンチ問題と取り組んだジャーナリスト，アイダ・B. ウェルズ❹のように，黒人女性の組織化を本格的に展開した者も少なくなかった。　（井野瀬）

11-6　南北戦争と奴隷解放

❶先住民チェロキーの女性たち

　1757年2月，白人との通商交渉のため，サウスカロライナに赴いた先住民チェロキーのある首長は，その場に女性が1人もいないことに驚き，なぜかと問いかけ，白人たちを困惑させた。白人到来以前のチェロキー社会では，政治や経済の中心に女性の姿があり，土地も家屋も家長である女性が所有し，母から娘へと受け継がれた。このチェロキーのジェンダー観，男女平等の考え方に驚愕した連邦政府やキリスト教宣教師らは，女性を家庭に閉じこめれば「改善」がはかれると考えた。チェロキーの女性からは多くの権利が奪われ，男女間に存在してきた互恵関係も崩壊した。「涙の旅路」と呼ばれる強制移住（1838〜39）では，妊婦の多くが途中で自身と子どもの命を亡くし，生き延びた女性には，夫による家庭内暴力が待ち受けていた。

❷2人のハリエット

　奴隷のイライザがわが子のために逃亡を決意する『アンクル・トムの小屋』に感銘を受けた1人に，ハリエット・ジェイコブズ（1813〜97．写真右）がいる。ノースカロライナに奴隷として生まれ，40歳年上の白人の主人に性的虐待を受けて身ごもった彼女は，自らの逃亡後も7年間，近くの屋根裏部屋で暮らして機会をうかがい，娘とともに南部からの脱出に成功した。

　ハリエット・タブマン（1820？〜1913．写真左）は，アメリカ北部やカナダへ黒人奴隷の逃亡を助ける非合法の秘密組織「地下鉄道（Underground Railroad）」の女性リーダーである。彼女は，古代エジプトで奴隷にされたイスラエルの民を自由へ導いたとされる旧約聖書の預言者モーゼになぞらえて，「黒いモーゼ」と呼ばれた。南北戦争中，北軍のスパイとして活動した彼女は，戦後，黒人と女性の権利のために尽力した。

❸『風と共に去りぬ』が描く南部女性

　南北戦争を背景とする名作に，マーガレット・ミッチェル原作の『風と共に去りぬ』（1936年．翌年ピュリッツァー賞授賞．1939年映画化）がある。アメリカ南部ジョージア州の農園主の娘スカーレット・オハラを主人公とするこの小説は，南部の白人社会の視点から書かれているが，そこには，アイルランド移民として一代で財を成した父ジェラルドの「土地こそ，この世で戦う価値のある唯一のもの」という信念も描かれており，移民国家アメリカを考える格好の資料でもある。

❹アイダ・B. ウェルズ（1862〜1931）

　再建の時代から南部諸州で日常化していた黒人男性に対するリンチでは，「白人女性に対する黒人男性のレイプ」がその理由となってきた。1892年，テネシー州メンフィス郊外で起きた親友のリンチ死を契機に，700件を超えるそれまでの事件の詳細を調査したアイダは，リンチの理由が口実でしかなかったことをつかみ，奴隷制時代から白人男性が黒人女性を平然とレイプしつづけていることへの怒りとともに，その事実を記事や講演で訴え，この認識を白人指導者へも広げた。

参考文献　H. ジェイコブズ（堀越訳）『ある奴隷少女に起こった出来事』大和書店，2013／I. B. ウェルズ＝バーネット（古賀訳）「ニューオリンズにおける暴徒の支配」『アメリカ古典文庫16　黒人論集』研究社出版，1975

11-7 ヴィクトリア女王の時代

教科書 ヨーロッパの再編　☞8-6, 11-9, 12-7

◆**愛される王室へ**　君主が国民から敬愛されるようになったのはいつ頃からなのか。イギリスの場合，政治評論家ハロルド・ラスキは，それを，ジョージ4世の死去（1830）とジョージ5世の病気（1929）とのあいだの100年間に起きた一大変化だという。この100年間の半分以上を統治したのが，ヴィクトリア女王（位1837〜1901）だ。彼女が王冠を戴くにあたっては，王位継承法に加えて，その直前に起こった出来事，ジョージ4世とキャロライン王妃の確執，2人の娘であるシャーロット王女の悲劇的な死が関係していた❶。これらの出来事が明らかにしたのは，国民が国王一家（ロイヤル・ファミリー）に理想の家族像を求めるようになり，そして君主もまたこの国民感情を無視できなくなったことであった。この変化を，ヴィクトリア女王は敏感に察知していた。

◆**君主の「公と私」**　即位の3年後，20歳で同じ歳の従弟，ザクセン公の次男アルバートと結婚し，9人の子どもを産んだヴィクトリア女王には，絵画や写真などをつうじて，「貞淑な妻」であり「慈悲深き母」であるという家庭的なイメージが強調された❷。それは，工業化，都市化するイギリス社会で台頭しつつあった中産階級が理想とした女性像，「家庭の天使」と重なる。さらに女王は，1861年，夫の急死以後，黒い喪服しか身につけず，公務の多くからも姿を消した❸。公私混同とも思われる女王の挙動に，1860年代のヨーロッパ大陸諸国で高揚した共和主義運動と相まって，イギリス国内でも君主制不要論が飛び交った。

◆**帝国の母・ヨーロッパの祖母**　女王が再び公式の場に姿を見せるようになるのは，1877年，保守党党首ディズレリの手配で，ヴィクトリア女王がインド女帝を兼任して以後のことである。10年後の1887年には，即位50周年を記念して王室儀礼の整備がはじまり，さらに10年後の1897年，即位60周年記念式典（ダイアモンド・ジュビリー）には，その広大な帝国領土からも，各々の衣装をまとった植民地軍隊が「帝国の母」のもとに駆けつけた。王室外交が大きな役割を担っていた第一次世界大戦以前の時代，女王の子どもたちがヨーロッパ各地の王室と婚姻関係を結んだことで，ヴィクトリア女王は「ヨーロッパの祖母」とも呼ばれた❹。女性君主ゆえにたえず問われた「公と私」を，その混同ともどもうまく利用し，王権のシンボル性を前面に押し出すことで，ヴィクトリア女王は，多くの国で君主制が倒されていく20世紀を生き延びる道を，イギリス王室に開いたのであった。　（井野瀬）

11-7 ヴィクトリア女王の時代　199

❶キャロライン王妃事件

　皇太子時代，ジョージは，ドイツの公国出身のキャロライン (1768～1821，右図) と結婚して娘シャーロット (1796～1817) をもうけたが，まもなく夫妻は別居。若い頃から放蕩と浪費で悪名高いジョージは，彼女の素行不良を理由に，王妃の特権剥奪と離婚承認の法案を議会に提出した。これに対して，『タイムズ』紙は王妃擁護に動き，また，少なからぬ国民が，結婚してロンドンに居住していたシャーロット王女夫妻に期待をかけた。だが，王女は出産時に赤ん坊とともに死亡。最終的に議会は離婚承認法案を否決したが，1820年，ジョージ4世の戴冠式に出席を拒絶された王妃は，翌年急逝した。

❷幸せな王室一家の家族団欒

　ヴィクトリア女王はたえず，1人ではなく，夫や子どもたちとともに，文字どおりロイヤル・ファミリーとして，絵画に描かれ，写真におさまった。それは，王室が国民から見られる存在であることとメディアがはたす役割を意識した，女王自身の演出であった。(中央左図は，フランツ・ヴィンターハルター「王室一家」1846年)

(DAVID ILIFF/Wikipedia)

❸追悼する女王──ロイヤル・アルバート・ホールとアルバート・メモリアル

　夫を亡くした女王はただ悲しみに暮れていたわけではない。当時の平均的な服喪期間である2年が明ける1863年末頃から，各地に建造されたアルバート像の除幕式の多くで，女王の姿が確認されている。1871年にはロンドンにロイヤル・アルバート・ホールが開場し，その正面にあるケンジントンガーデンには，翌年，10年以上の歳月をかけてアルバート・メモリアル (中央右写真) が完成した。

❹ヴィクトリア女王の孫たち

　1913年5月のベルリンで撮影された右写真の2人は，イギリス国王ジョージ5世 (位1910～36，写真右) とロシア皇帝ニコライ2世 (位1894～1917)。彼らの視線の先には，2人の従兄弟であるドイツ皇帝ヴィルヘルム2世 (位1888～1918) がいた。当時の国際情勢の中心にいたヴィクトリア女王の3人の孫たちは，翌1914年夏に勃発する第一次世界大戦により，互いの関係も自らの運命も一変した。ヴィルヘルム2世の娘の結婚式に集まったこのときが，3人が顔を合わせる最後となった。

参考文献　C.エリクソン（古賀訳）『イギリス摂政時代の肖像』ミネルヴァ書房，2013／君塚直隆『ヴィクトリア女王』中公新書，2007／細野善彦ほか編『天皇と王権を考える7　ジェンダーと差別』岩波書店，2002

11-8　女性の職業と社会進出

教科書　近代欧米社会の成長　☞10-5, 11-9, 11-11

◆**女性作家の登場**　18世紀半ばの啓蒙の時代，出版業の発展と読者層の拡大によって，自国語で書かれる文芸関係の著作が好んで出版されるようになった。女性にも書くことが推奨され，自ら筆をとった。それまで数人にすぎなかった女性著述家の数は著しく増え，著述家全体に占める女性比率も上昇する❶。女性の執筆動機の一つは収入を得ることだった。この時期，知識層の女性が独力で収入を得る道は少なく，作家のなかには家庭の事情で経済的必要性に迫られていた女性が多い。その1人が『女性の権利の擁護』(1792)を書いたメアリ・ウルストンクラフト(1759～97)で，彼女の家族も彼女の収入に頼っていた。また執筆は自己実現につながった。著述家は職業女性のパイオニアであり，フェミニスト的見解の持ち主も多い。

◆**女性職の誕生**　19世紀の中頃には，女性人数の過剰で結婚できない，あるいは結婚したくないミドルクラスの女性が職を求めるようになった。教職を望む女性は多かったが，教育機会が限定されていた女性には当初，小学校か中等教育の低学年しか教えられず，高学年担当のアカデミックな教員への進出が女性運動の大きな課題となった❷。また幼児教員，看護婦，ソーシャルワーカーなど優しさや献身といった「女性の特性」を生かせる分野で，女性たち自ら養成機関を設立して職を創出していった。看護職の確立に大きな貢献をしたナイティンゲールの例❸は有名である。通信分野で補助職に従事していた女性の働き方は，世紀末の電話回線の導入によって大きく変化する。当初，電話交換手は男性だったが，技術革新や女性の声の適性から20世紀には典型的な女性職となる。この頃には，タイピストや速記者として女性が事務職に進出した。

◆**専門職への進出**　19世紀後半には医師など専門職をめざす女性も出てきたが，その前提となる高等教育へのアクセスが，医学や生理学を根拠とする「勉学は女性の精神と健康を損傷する」という母性への有害論によって阻まれつづけた。ようやく風穴があくのが世紀末のことで，世紀転換期から女性は医学，法曹，工場監督官などの分野に進出する。医師よりも反対が強かったのが，法曹界への女性の進出で，「感情的，虚弱，受動的」という「女性の特性」は理性や決断力，自律性を求められる職業には不適格であるとされて，学位を取得しても職業にはつながりにくかった。国によっては，女性の公務員に独身を義務づけた。(姫岡)

❶イギリスにおける著述家の人数と女性比率・増加率

	男性（人）	女性（人）	女性比率（%）	増加率（%） 男性	増加率（%） 女性
1690〜99	72	6	7.6		
1720〜29	83	11	11.7	115.3	183.3
1750〜59	115	31	21.2	138.6	281.8
1770〜79	136	53	28.0	118.3	171.0
1800〜09	206	74	26.4	151.4	139.6
1820〜29	270	104	27.8	131.1	140.5

出典）伊藤ほか編著：21頁。

ジェーン・エアの作者シャルロッテ・ブロンテ（1816〜55）。ガヴァネスとして各地を転々とした

❷ドイツの母性主義フェミニスト，ヘレーネ・ランゲ（1848〜1930）

　ヘレーネの生涯の課題は女子教育の改善だった。女子教育が女性を蔑視する男性にゆだねられている現状に憤りを感じ，女性の視点にもとづく女子教育の展開をめざす。男性の抵抗に抗して，1887年，プロイセン文部省に上級教員としての女性の登用と女子上級教員養成機関の設置を請願。決定前に自分たちの手で3年制の研修課程を誕生させ，1892年に政府の認可を受けた。1894年には上級教員試験も導入された。

❸ナイティンゲール（1820〜1910）

　姉の看護でドイツに滞在したことがきっかけで看護婦を志す。当時の看護婦は病院で患者の世話をする人とみなされ，専門知識は不必要と考えられていた。計38名のシスターと職業看護婦をひきいてクリミア戦争に従軍看護婦として参加し，「クリミアの天使」と呼ばれるほど献身的に働いた。病院内の衛生状態の改善に尽力し，死亡率を低下させた。ボランティアではなく，職業としての看護が必要だと考えた。戦時中のナイティンゲール基金で看護学校がつくられ，看護婦が養成された。

ミドルクラスの女性と職業

　ミドルクラスの娘たちは学校を出てから結婚するまでの10年あまりの間，19世紀前半にはまだまだ手間のかかる家事に従事していたが，後半になると市場での商品調達の可能性が高まり，家での仕事は少なくなった。しかし，ミドルクラスの女性にふさわしい職はなく，しかも就業への偏見が存在して「遊惰な女性」の外見を保たなければならなかったため，家でこっそり刺繡や編物の内職をする娘や母が増えた。こうした状況のなかで，娘に職業教育を望むミドルクラスが増加し，女子教育の改善につながった。（写真は，電話交換手）

参考文献　伊藤航多ほか編著『欲ばりな女たち』彩流社，2013／望田幸男・田村栄子編『身体と医療の教育社会史』昭和堂，2003／A. コルバン（杉村監訳）『娼婦』藤原書店，1991

11-9 フェミニズムの第一の波

教科書 帝国主義と列強の展開　☞10-9, 11-8, 14-8

◆**フェミニズム運動の誕生**　思想としてはフランス革命時にすでに登場していたフェミニズムが運動として組織されるのは19世紀半ば以降である。発端はアメリカのセネカ・フォールズで1848年に開催された女性の権利大会❶であり，ここで女性参政権を含む男女平等を実現するための11の決議案が採択された。第一波フェミニズムの最大の獲得目標は女性参政権だったが，当初の重点はミドルクラスの女性のための職業機会の獲得やその前提となる女子教育の改善にあった。その背景には自由主義の浸透，女性の人口過剰によって結婚できないミドルクラス女性の困窮や女性の職業的な自立要求がある。48年革命の挫折後，しばらく沈黙していたヨーロッパでも1860年代に数多くの女性団体が形成され，これ以降は恒常的な女性運動として発展し，第一次世界大戦直前に最盛期を迎えた❷。

◆**母性主義フェミニズム**　フェミニズムには，男性と同じ権利の獲得を目標とする男女平等派と，男女の本質的相違から出発し，女性独自の能力を基礎に社会的地位の向上をめざす差異派が存在した。差異派は，社会には女性にしかできない仕事があり，その仕事の遂行のために女性は社会進出しなければならないと考えた。女性への権利付与は，その遂行を容易かつ効果的にするため，あるいは女性が社会ではたす義務への報いとみなされ，自然権的な人権要求の立場はとらなかった。女性独自の能力とは母性で，身体的なものより，情感・温かみ・調和・包摂・利他性・人間性などの精神的かつ道徳的な要素が強調され，工業化の進展とともに喪失される人間性の回復のために母性的資質の発揮が不可欠だと主張した。

◆**社会派フェミニズム**　母性主義フェミニズムがミドルクラス向けだったのに対し，社会派フェミニズムのおもな対象は労働者女性であった。運動の開始は1870～80年代以降で，イギリスでは当初，ミドルクラス女性が労働環境改善のために女性労働者の組織化にのりだし，1890年に「女性保護共催連盟」❸から「女性労働組合連盟」へと改名した。世紀転換期以降は労働組合や労働者政党でも女性の組織化が進むが，彼らは必ずしも女性問題に好意的ではなかった。社会派フェミニズムには，革命による男女平等の実現から社会政策や社会改良による女性の状況改善をめざすものまでさまざまな潮流が存在し，女性と階級のどちらを優先するかでも意見が分かれたが，女性問題の解決には社会改革が必要という点では一致していた。（姫岡）

❶セネカ・フォールズ

女性であるがゆえに奴隷制反対大会への参加を拒否されたエリザベス・スタントン (1815～1902) とルクレシア・モットが女性解放への認識を強め、1848年7月に300人の男女を集めて「女性の権利大会」を開催した。2日間の討議ののち、スタントンが独立宣言をもじって起草した『所感の宣言』には、人類の歴史は男性による女性抑圧の歴史だったことが記されていた。女性参政権には反対意見も多く、きわめて小差で採択された。(右写真は、エリザベス・スタントン)

❷ドイツ女性団体連合

さまざまな市民的女性団体の上部組織として1894年に設立される。設立時は34団体が加盟し会員数は5万人余りだったが、20年後の1913年には50万人と10倍になった。男女の政治的・経済的平等をめざす急進派と母性主義の立場から女性の地位向上を追求した穏健派が存在した。多数派を占め、20世紀初頭から指導部を掌握した穏健派は、福祉分野を中心に社会的実績を蓄積し、公領域の要職にも進出していった。(右写真は、女性団体連合会長ゲルトルート・ボイマー)

❸女性保護共催連盟

ロンドンの教区学校長の娘として生まれ、見習工の経験ももつエマ・スミス (1848～86) の呼びかけで設立。多数の知識人やフェミニストが参加した。警戒心をもたれないよう「労働組合」の名前は避けたが、雇用者と敵対的ではなく、彼らの良心に訴えようとした。連盟は女性労働者のあいだに組合の結成を促進する宣伝機関で、誕生した組合の目的は、①不当な賃金引き下げ回避と均一な労働時間、②病気や失業時の基金提供、③雇用情報の収集・整備、労使間の紛争調停、などであった。(右写真は、女性参政権会議、ミュンヘン、1912)

『平等』 ドイツの社会主義女性運動の機関誌で、運動の指導者クララ・ツェトキン (1857～1933、右写真) による編集で1892年に創刊される。社会民主党の女性党員に政治教育をおこなうことを目的にし、低賃金や劣悪な労働状況に目を向けさせるとともに、1日10時間労働の実現を訴えた。市民的女性運動とも、明確に一線を画していた。しかし、硬派の内容が書かれていたため広範囲に浸透せず、1900年の発行部数は4000部程度だった。そのため発行元が女性の関心の高い家事や教育に関する情報を盛りこむことを要求し、女性の政治活動解禁 (1908年) 後の女性党員数の急激な上昇 (1906年の6460人から1914年に17万4754人) もあって、発行部数は1914年に12万5000部に達した。

参考文献 今井けい『イギリス女性運動史』日本経済評論社、1992／姫岡とし子『近代ドイツの母性主義フェミニズム』勁草書房、1993／河村貞枝『イギリス近代フェミニズム運動の歴史像』明石書店、2001／有賀夏紀・小檜山ルイ編『アメリカ・ジェンダー史研究入門』青木書店、2010

11-10　女性参政権運動の時代

教科書 帝国主義と列強の展開　☞10-9, 11-9, 13-4

◆**女性参政権要求の誕生とその契機**　フランス革命における平等思想の誕生と市民権からの女性の排除は，女性の権利要求を生み出した。イギリスではメアリ・ウルストンクラフト❶が，フランスではオランプ・ドゥ・グージュ（1748〜83）が，それぞれ女権を主張し，ドイツでも匿名で男性のヒッペルが男女に対等な権利を要求した。その後，男性の普通選挙権が議論された7月革命や，それが実現された48年革命のさいに女権要求の声も上がり，フランスでは臨時政府に女性の市民権要求の請願がなされた。アメリカでは奴隷制廃止運動が女権要求の契機となり，セネカ・フォールズで1848年に開催された「女性の権利大会」で女性参政権要求が決議された。

◆**女性参政権組織の成立**　恒常的な組織が結成されるのは1860年代で，活発に運動が展開されたのはアメリカとイギリスである。女性参政権を掲げて議員に選出されたイギリスのミル❷は，1866年に女性たちの署名入りの請願書を下院に提出し，翌年には動議を提出したが，196対73で否決された。賛成票が意外に多かったことで，参政権運動は軌道にのる。その後30年にわたり続けられてきた運動は，1897年に「女性参政権協会全国同盟」として統合され，最盛期には加盟団体は500を超えた。アメリカでは南北戦争後，以前は奴隷であった黒人男性にも参政権を与える憲法修正がおこなわれたのに女性は排除されたため，1869年に女性参政権運動は人種より女性を優先する「全国女性参政権協会」と人種主義に反対する「アメリカ女性参政権協会」に分裂した。人種主義をめぐる対立は，1890年に両協会が統合されて「全国アメリカ女性参政権協会」が設立されたのちも続いた。

◆**女性参政権運動の高揚と国際的展開**　1903年にイギリスのパンクハースト母娘を中心に結成された「女性社会政治同盟」は，ミリタント（戦闘的）な運動を展開して世間の注目をあび，外国の反女性参政権論者にも脅威となった。ドイツでもようやく1902年に「ドイツ女性参政権協会」が結成され，この時期から運動は国際的に展開されるようになった。1904年に成立した「国際女性参政権同盟」には東欧の女性や社会主義系の女性たちも部分的に参加している。社会主義系組織も本格的に運動にのりだし，1910年には「国際女性デー」が定められて普通選挙権をスローガンに掲げ，1911年から1915年まで，女性のパレードとデモがヨーロッパの多くの都市で組織された。第一次世界大戦前夜に参政権運動は最高潮に達した。〔姫岡〕

11-10 女性参政権運動の時代

❶メアリ・ウルストンクラフト（1759〜97）

ウルストンクラフトは，男性が女性に寄せる愛情の正体を疑問視し，女性がより賢明であるようにと，教育の必要性を強く訴えた。ルソーはじめ，同時代の名だたる思想家を激しく非難し，女性の教育，就職，政治参加を求めた主著『女性の権利の擁護』(1792) は，フェミニズムの古典の筆頭に掲げられる。しかし，同書出版当時の彼女は，社会の因習に縛られない自由な生き方，とりわけ既婚男性との恋愛や失恋による自殺未遂といったスキャンダルばかりに注目が集まり，「哲学する浮気女」「ペチコートをはいたハイエナ」などと呼ばれて激しい攻撃にさらされた。私有財産を否定し，結婚制度にも反対した無政府主義者，ウィリアム・ゴドウィンとのあいだに子どもができると，その子のために結婚に踏み切るが，出産時，産褥熱で亡くなった。このとき生まれた娘が，詩人シェリーの妻で『フランケンシュタイン』(1818) を書いたメアリ・シェリー (1797〜1851) である。ウルストンクラフトの再評価が進められるのは，20世紀に入ってからのことであった。（井野瀬）

❷ハリエット・テイラー（1807〜58）とJ.S.ミル（1806〜73）

自由主義，男女平等の原則を主張したミルの考え方には，24歳で出会ったハリエットとの長年にわたる交流が深い影響を与えていた。当時のハリエットには夫と子どもがいたが，絵画や文学，政治や社会問題への強烈な関心はやみ難く，知を渇望する彼女は，ミルと強く惹かれあった。2人の交際は周囲から激しい非難を浴びたが，2人は共同で精力的に執筆活動を展開。結婚と離婚，刑罰における性差別，女性と子どもへの家庭内暴力といったテーマには，「男性中心の家庭生活は公共心を育てない。男女平等の立場こそ，社会に開かれた人間関係を生む」というハリエットの強い信念が投影されている。別居中だった夫の死を看取ってのち，1851年にミルと結婚したが，そのわずか数年後，結核のため療養先のフランスで急死した。『女性の隷従』(1869) をまとめるミルを支えたのは，母に寄り添いつづけたハリエットの娘ヘレンであった。（井野瀬）

> パンクハースト母娘　エメリン・パンクハースト (1858〜1928) とその娘のクリスタベルやシルビアらが行使したミリタントな戦術によって，レディが男たちに投げ出されたりしたため，ヴィクトリア時代のリスペクタブルな女性観に慣れた人びとに衝撃を与え，女性参政権運動の沈滞を打破するあらたな局面が開かれた。当初は労働者女性との連帯を打ち出していた彼女たちも，1906年頃には離反し，参政権獲得のみを至上目的とするミドルクラスの運動になった。その背景には，普選獲得を優先する労働党と現行の制限選挙権の女性への拡大で男女平等の原則貫徹をめざす彼女たちとの路線の違いがあった。母娘らは，窓への投石や放火，選挙妨害で何度も逮捕され，獄中ではハンガーストライキを繰り返した。E. ディヴィソンは，ダービー会場で王の馬の前に参政権要求の旗を掲げて身投げし，死亡した。第一次世界大戦がはじまると，戦争協力を主張した。

参考文献　L. アドレール（加藤・杉村訳）『黎明期のフェミニズム』人文書院，1981／河村貞枝『イギリス近代フェミニズム運動の歴史像』明石書店，2001／有賀夏紀・小檜山ルイ編『アメリカ・ジェンダー史研究入門』青木書店，2010／J.S. ミル（朱牟田訳）『ミル自伝』岩波文庫，1960

11-11　男性優位の科学への挑戦──女医の誕生

教科書　19世紀欧米の文化　☞9-7, 11-3, 11-8

◆**男性産科医の台頭と産婆の衰退**　出産介助は昔から女の独占的領域であった。だが15世紀後半から帝王切開（産婦の死後切開から生体帝王切開へと移行）に男性外科医がかかわるようになり、やがて18世紀ともなると男性産科医が産婆を駆逐するようになった。とくに難産にさいして使用される鉗子の発明は、その交代をいっそう加速することになった❶。その結果もたらされた産婆の減少は、女性が長いあいだ引き継いできた中絶の医薬や処置の伝統を失うことを意味し、出産は機械的で操作的なものへと変化していった。

◆**女性医師誕生までの苦難**　女性研究者の源流をたどると多くの場合に女医に行きつく。出産を介助し薬草の知識も豊富で治癒者としての女性の歴史は長いが、男性と同等の医師資格を得るようになるのは19世紀半ばのことである。米国初の女医はアメリカのE.ブラックウェルで、どこも女子医学生を受け入れない時代にアメリカで1849年に学位を取得し1859年イギリスで医師登録をはたした❷。彼女の激励を受けたイギリスのE.G.アンダーソンは、国内での資格取得を断念し1870年パリ大学で学位を取得し、英国医学協会の医師に登録された❸。続いてジェクス＝ブレイクも医者を志願したが、エディンバラ大学は1873年に学位の授与を拒否。医師をめざす女性たちは協力して1874年にロンドン女子医学校を創立した❹。アメリカでは1850年にはクウェーカー教徒の尽力によりペンシルヴェニア女子医科大学が設立された。女医誕生の一番の困難は教育の機会にあり、どの国も女子医学校の整備が急務であった。日本における公許女医第1号は荻野吟子で❺、女医育成の制度の確立については、1900年に東京女医学校を創立した吉岡彌生のはたらきが大きい。

◆**高等教育と女性の出産能力への偏見**　19世紀後半に女子の高等教育が少しずつ整ってくると、高等教育が女性の出産能力に有害とする発言が現れ、人びとを翻弄することになった。ハーヴァード大学の薬物学の教授E.H.クラークは、当時明らかになったエネルギー保存則を人間の能力に適用して、思春期をへて出産という一大事業を担う女性は、思春期に高度な学問で頭脳を使うことは出産に備える身体の準備に有害であるという説を唱えて大きな反響を巻き起こした。アメリカでは少数ながら育ちつつあった女医が反論に立ち、なかでもM.P.ジャコービの論陣は強力であった❻。（小川）

11-11 男性優位の科学への挑戦　207

❶男産婆と鉗子

S. W. Fores, *Man-Midwifery Dissected*, 1793の扉絵（左図）。男産婆の側には、鉗子をはじめとする道具が並び、薬品も並んでいる。なかには媚薬もある。伝統的な産婆の側は、温かな雰囲気である。

鉗子（右図、1754）の発明は男産婆のピーター・チェンバレン（1560～1631）によるものとされる。1728年までこの道具は一族の秘密にされていた。

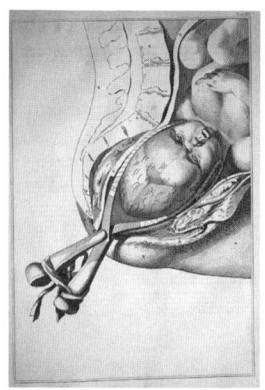

❷エリザベス・ブラックウェル（1821～1910）

女医の誕生は、女性参政権運動などと結びついてその後のフェミニズム運動とかかわりが深い。エリザベス（右写真）の妹エミリーも医師となり、姉妹は協力して母子のための施療院を開き、教育や実習の場を創設した。女性参政権運動で有名なルーシー・ストーンはエリザベスの義妹である。

❸エリザベス・ギャレット＝アンダースン（1836～1917）

イギリス最初の女性医師。女性と子どもの医療に尽力する一方、1870年にはロンドン教育委員会委員に立候補し最高得票数を獲得して当選。1873年には英国医学協会会員に迎えられ、その後19年間唯一の女性会員のポストを守った。エリザベス（右下写真）の妹のミリセント・ギャレットは経済学者で政治家のヘンリー・フォーセットと結婚しイギリス婦人参政権運動のリーダーとなった。

❹ソフィー・ルイザ・ジェクス＝ブレイク（1840～1912）

ソフィーは1869年にエディンバラ大学に入学し、当時志を同じくする女子学生「エディンバラ7人組」の1人として知られたが、大学は1873年女子医学生に学位を出さないことを決定し、彼女はスイスのベルンで資格試験を受けて1877年1月学位を取得した。国内で医師資格試験を女子にも開く法案が通るのは1876年のことで、ソフィーの闘いは7年目にして実を結ぶことになった。

❺荻野吟子（1851～1913）

荻野が公許女医となったのは1885年のことである。産婦人科医として開業し診療にあたるとともに、キリスト教婦人矯風会に参加し廃娼運動にも取り組む運動家でもあった。

❻メアリ・パットナム・ジャコービ（1842～1906）

メアリは、クラークの著作『教育における性』（1873）に対し、女性の生理学および女性の教育権の両面から確かな批判をおこなった。

参考文献　小川眞里子『フェミニズムと科学／技術』岩波書店、2001／L. ベイカー（大原ほか訳）『世界最初の女性医師』日本女医会、2002

11-12 特論⑪ ファッションとジェンダー

教科書 19世紀欧米の文化　☞8-3, 13-12, 14-9

◆**衣服の移り変わり**　ヨーロッパの貴族階級では，中世から17～18世紀になるまで，男は半ズボンやタイツで足を強調し，女はロングスカートで足を隠すという違いはあるものの，衣服におけるジェンダーの相違は，下層階級との相違ほど重要ではなかった。絶対王政の時代には，男性も色彩豊かで装飾を凝らした豪華な服を着用し，ひだ襟や袖などの特徴は女性の衣服と共通していた❶(ab)。19世紀になって裕福なブルジョアジーが台頭すると，男女の服飾に明確な差異が現れる。男性はダンディズムを重んじる地味な英国趣味のスーツが主流となり，ネクタイなど細部にお洒落の技巧を競う余地は残されたものの，基本的には画一的で変化に乏しい今日の紳士服の基本が確立された❶(c)。それに対して，女性服はパリが流行の発信地となり，服のフリルやリボン，髪型などの服飾も含め，スタイルが次々と変化するようになった。とくにスカートは，1850～60年代の籠状枠型によるクリノリン❶(d)，70年代からの後方を膨らませるバッスル，95年頃からは胸部と臀部の膨らみを強調するＳ字型スタイルと，目まぐるしく変化した。

◆**近代社会とファッション**　女性向けモード産業が隆盛した背景には，繊維産業とオートクチュール（高級注文服）の発展のほかにも，出版業がさかんとなり流行のスタイルが容易に他国に普及したこと，市民生活に観劇や郊外への行楽など娯楽が定着して外出着が必要となったことなどの要因があげられる。市民階級の女性たちは，働かないことが美徳とされたため，労働に不向きな大きくて長いスカートをつけ，コルセットにより矯正したボディライン，過剰な装飾などの流行を追うことに消費願望を向けた。コルセットで締めつけず，自然の身体に回帰しようとする改良服運動も見られたが❷，一般には普及せず，女性服の真の革命は，20世紀に入りジャポニズムなどヨーロッパの東洋趣味を採りいれてゆったりした服をデザインしたポール・ポワレの出現を待たなくてはならなかった。

◆**働く女性のための衣服**　第一次世界大戦によって女性の社会進出がうながされ，働く女性が増えていくと，膝丈のスカートでコルセットを使わないシンプルな服が外出着の主流となった。デザイナーのココ・シャネルは，1920年代，それまで下着などの素材だったジャージー素材を用いた動きやすいシャネル・スーツを発表し，自立した「新しい女性」のファッションを先導する１人となった❸。(香川)

❶衣服の変化──1600年頃の貴族階級から19世紀ブルジョアジーへ

a. 1600. 女性 
b. 15C末. 男性 
c. 1875. 男性 
d. 1860. 女性

a,b,d＝ペイン：215, 191, 398頁／c＝深井：119頁

❷改良服ブルーマー

アメリカの女性解放運動家アメリア・ブルーマー夫人（1818～94）は，1851年に，ゆったりしたトルコ風ズボンを膝下丈のスカートと組み合わせる改良服を提案した。大きく華やかなクリノリン型スカートの流行には勝てなかったものの，のちに「ブルーマー」として継承され，女性のズボン着用の先駆けとなった（ペイン：444頁）。

> **コルセットと健康への影響**　衣服改良運動による批判にもかかわらず，19世紀後半にはコルセットによる身体の矯正がますます強まり，世紀末には胸部を前に，腰部を後ろに突き出すS字形シルエットが考案され流行した。一方，こうした身体の締めつけによって健康を損なう事例が医学界から報告され，問題視された。右の写真は1870年頃のコルセットを集めたもので，いずれも絹などを素材にした高価なものであった。

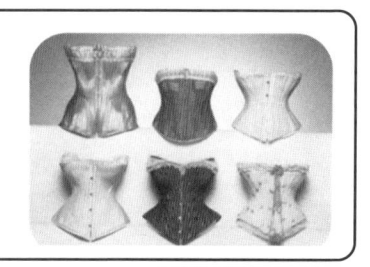

❸ココ・シャネル

パリのデザイナー，ココ・シャネル（本名ガブリエル・シャネル，1883～1971）は，帽子店から出発し，第一次世界大戦下にファッション・ブランドを設立。1920年代にはパリのサロンで芸術家や文化人たちと交流し，ファッション界を超えた存在となった。

参考文献　深井晃子監修『世界服飾史（カラー版増補新装）』美術出版社，2010／B. ペイン（古賀訳）『ファッションの歴史』八坂書房，2006／村上憲司『西洋服装史（第3版）』創元社，1983／J. エントウィスル（鈴木訳）『ファッションと身体』日本経済評論社，2005

第12章

帝国主義とアジア・アフリカの民族運動

12-1　概説⑫　アジア・アフリカの社会変動と女性の地位

教科書　アジア諸地域の変動　☞5-1, 7-1, 13-1

◆**列強の侵出とジェンダー秩序の動揺**　19世紀、繁栄のピークを過ぎて弱体化しはじめたアジアの諸帝国やアフリカ各地で、列強の侵出が進んだ。「文明化の使命」を掲げる西洋の影響力が各地に及ぶなかで、さまざまな社会変化がはじまり、旧い文明のジェンダー秩序も動揺をはじめる。そのさい、近代西欧文明とは異なったアジア各地の社会のジェンダー秩序のあり方は、「遅れた社会」の象徴として改革すべき対象とされたこともあれば、「民族の伝統」として再編強化されることもあった。民族運動への女性のかかわり方が、その後の女性の地位に影響することもあった。いずれにしろアジア・アフリカ各地の社会で、理念としてとらえられた西洋近代のジェンダー秩序が、それぞれの社会の変化の動向に影響を与える参照系になっていった。

◆**近代化への国家改革とジェンダー秩序の再編**　列強によって領土を奪われ、域内の諸民族の自立へ向けた運動も活発になっていた19世紀後半のオスマン帝国では、専制を批判する改革運動が展開された。そこでは女性の地位向上が大きな課題として論じられるようになった。アヘン戦争後、欧米に対して開国した清帝国も、日清戦争に敗北したのち、国制改革を開始する。改革へ向けた議論のなかでは、纏足(てんそく)の廃止や女子教育の必要が提起された。日本は、1868年に明治政府が成立して、富国強兵政策を進めて後発ながら列強に名を連ねることになった。そのさい、天皇制を支える基盤としての家(イエ)制度が整えられ、戸主が強い権限をもって家族員を統制するようになった。こうした国では、国家の主体としての国民の形成が追求され、女性も国民の一員としての責任をはたすべきだという考えが男性知識人によって提起された。東南アジアで唯一独立を保ったタイでは、近代化の進展にともなって家父長制が強化された。伝統社会のジェンダー秩序を改革して強国化しようとするなかで、女性の地位は向上することも低下することもあり、地域や階層などによりさまざまに複雑な側面が見られる。

◆**植民地における民族運動とジェンダー**　18世紀以来、イギリスの植民地となっていたインドでは、サティーや幼児婚などの習慣が、イギリス人によって遅れた文明の象徴として問題視された。これに対して男性知識人らによる「女性の地位」の再考がはじまるが、それは上位カーストの伝統をふまえてあるべきインドの女性像

を探るナショナルな議論となる。同時に，民族運動の展開は，中上層の女性たちが活動する場を広げた。ヨーロッパの列強の植民地として分割されたアフリカでは，キリスト教宣教師らによってもちこまれた欧米のジェンダー秩序が，女性が共同体内部で力をもっていた社会を変化させ，あらたな政治的・経済的支配構造が男性によって握られていくこととあわせて，女性の周縁化が進んだ。女性たちは植民地支配に対抗する民族運動に多様なかたちで参画してゆく。東南アジア各地の植民地でも，「上からの近代化」が進展して家父長制が強化された。このように，帝国主義列強によるアジア・アフリカ支配にともなって女性への抑圧が強化されたことも多く，それはまた女性解放の要求を導いた。

◆植民地へ向かう帝国主義国の男女

列強本国から植民地に渡った者は，当初，圧倒的に男性が多く，彼らは「現地妻」や「売春婦」とかかわりながら現地で生活した。植民地支配は人的にもジェンダー化されて顕現した。そうしたなかで植民地における帝国主義国の女性の活動は異彩を放った。彼女たち自身は，本国での女性抑圧から逃れてアジアに向かったことも多かったが，その活躍ぶりは，列強諸国における女性の地位の高さを示すとアジア社会ではとらえられた。(小浜)

アジアの近代(1800～1913)

1802	阮朝のベトナム統一
1814	英領ケープ植民地が承認される
1816	オランダ，ジャワを再征服
1817	印：ロイ，サティー批判を開始
1819	イギリス，シンガポール取得
1829	印：ベンガル総督，サティーを禁止
1839	オスマン帝国：タンジマート(恩恵改革)開始
1840～42	清：アヘン戦争
1851	清：太平天国起こる(～64)
1853	日本：浦賀にペリー来航
1858	ムガル帝国滅亡，イギリスのインド直接統治開始
1861	清：西太后の垂簾聴政のはじまり
1868	日本：明治維新
1875	朝鮮：江華島事件
1876	オスマン帝国：憲法発布
1877	英領インド帝国成立
1878	イザベラ・バード来日
1879	オランダ領インドネシアで女性解放運動家カルティニ誕生(～1904)
1883	清：康有為，不纏足会を設立
1885	インド国民会議成立
1887	仏領インドシナ成立
1888	印：ラマーバーイー『高位カーストのヒンドゥー婦人』出版
1889	大日本帝国憲法発布
1890	大日本帝国，民法公布
1894	朝鮮で甲午農民戦争起こり，日清戦争勃発へ
1895	日清戦争終結，下関条約調印
	朝鮮：閔妃虐殺事件
1896	フィリピン革命(～1902)
1898	清：戊戌変法起こり，のち戊戌政変へ
1900	清：義和団事件の勃発
1902	清：『女報』発刊
1903	清：『女界鐘』出版
1904	日韓協約締結，抗日義兵闘争起こる(～14)
1906	インド国民会議カルカッタ大会
1908	オスマン帝国：青年トルコ革命
	清：憲法大綱発布
1910	大日本帝国による韓国併合
1911	清：辛亥革命
1912	清：中華民国成立，臨時約法制定
	朝鮮：日本，民事令を制定
20c初	列強によるアフリカ分割完了

[参考文献] アジア女性史国際シンポジウム実行委員会編『アジア女性史』明石書店，1997／東田雅博『纏足の発見』大修館書店，2004

12-2 近代インドにおける社会改革と民族運動

教科書 インドの植民地化／独立運動　☞7-7, 12-8, 14-2

◆「女性の地位」をめぐって　19世紀初頭から，インド人知識人層のあいだでさまざまな社会改革運動の動きがはじまる。そこでは，サティー（寡婦殉死），寡婦再婚，幼児婚，女子教育の普及❶など，「女性の地位」の再考が中心的な課題となった。これは「女性の地位」を「文明」の高低をはかる指標とする歴史観・世界観に裏打ちされていたといえる。インド人知識層の議論は，ヴェーダやヒンドゥー法の解釈・再解釈によって構成されることが多く，その結果，理想とされるインド人女性像は，上位カースト的な価値観（イスラーム教徒のあいだでは，上層ムスリムの価値観）を反映したものになる傾向が強かった。パンディター・ラマーバーイー❷といった顕著な例外もあるが，20世紀初頭まで，女性自身が議論に介入することはまれであった。

◆民族運動への女性の参加　ガーンディーが国民会議派の指導者として登場して以降，民族運動への女性の参加が一挙に進んだと広く認められている。ガーンディーが「サティヤーグラハ（真実の把持という意味）」の原則として非暴力や自己犠牲を強調したことは，インドの中間層女性たちにとって運動への参加を容易にしたと思われる。女性たちは，酒店や外国製品を売る店のピケをはったり，カーディー（手織り布）の使用・販売，塩の違法製造・販売を進めるといった運動の諸局面で大いに活躍した。民族運動は，上位カースト・中間層の女性たちにとって公共の場で活動する機会を与えたといえる。

◆女性の活動と組織化　20世紀初頭から，おもにエリート女性を中心として全インド的な女性の組織化がはじまった。1917年にマドラスを拠点として組織された女性インド協会（Women's Indian Association）は，インド担当大臣に対して女性参政権を求める陳情をおこなった。成人普通選挙を要求していた国民会議派の支持もあり❸，1920年代には，各地の州議会で，識字能力や納税額といった制限つきとはいえ，一部の女性に参政権が認められた。1927年には全インド女性会議（All India Women's Conference）が結成され，女子教育の普及のほか，女性の地位向上一般のために活動した。たとえば，1929年の「幼児婚抑制法」（女子について婚姻年齢の下限を14歳と規定した）の成立や実施の徹底に取り組んだこと，女性の財産権要求などがあげられる。

（粟屋）

❶女子教育の普及

地域によっては上位カーストのヒンドゥーや上層ムスリムのあいだに見られた女性隔離 (パルダー) の慣習のため、女子公教育の普及には困難がともなった。19世紀における女子教育の普及には、キリスト教宣教団の女性ミッショナリーがはたした役割も大きい。(右写真は、イギリス人女性教師とインド人女子学生たち。カルカッタ、1875年)

❷パンディター・ラマーバーイー（1857〜1922）

西インドのバラモンとして生まれ、サンスクリットの教養を両親から得た。ベンガルで、ベンガル語話者である非バラモン男性と民事婚による結婚をし、娘をもうけたのち、寡婦となる。その後、西インドに戻り、女性組織 (アーリヤ・マヒラー・サマージ) を結成する。イギリスに留学したラマーバーイーはそこでキリスト教に改宗した。アメリカを訪れ、各地で講演をおこない、帰国後、寡婦のための寄宿学校「シャーラダー・サダン」を設立する。彼女がアメリカで出版した英語の著作『高位カーストのヒンドゥー婦人』(1888) は、ヒンドゥー社会における家父長制批判の書として画期的な作品である。(右写真は、ラマーバーイーと娘マノーラマー)

❸【史料】国民会議派カラーチー年次大会（1931）決議

「すべての市民はカースト、信条、性にかかわりなく法の前で平等である」。
「選挙権は、成人普通選挙にもとづくものとする」。

バーラト・マーター (母なるインド) 民族運動のなかで、インドは女性としてさかんに表象された。インドの地図に女性の姿が重ねあわされて描かれることも多い。イギリス支配のもとで囚われの身となっている母なるインドに生命を賭しても尽くし、解放するというイメージは民族運動に参加した人びと（とくに男性）にとって情念に訴えるものであったろう。一方、ベンガルの著作家バンキムチャンドラが発表した歴史小説『アーナンドマト』(1882) に挿入された「バンデー・マータラム (母なる大地を讃える)」という表現からはじまる詩はタゴールによって曲がつけられ、民族運動のさまざまな局面で歌われたのみならず、「バンデー・マータラム」は愛国的スローガンともなった。詩の一部にヒンドゥー女神への言及があること、小説『アーナンドマト』の内容自体が反イスラーム的であるという批判もあり、独立後、「国歌」として採用されなかったが、「国民歌 (ナショナル・ソング)」という位置づけを与えられた。

参考文献　G.スピヴァク（上村訳）『サバルタンは語ることができるか』みすず書房　1998／S.サルカール（長崎ほか訳）『新しいインド近代史（I・II）』研文出版、1993／B.パトマンジー、P.ラマーバーイー（小谷・押川訳）『ヒンドゥー社会と女性解放』明石書店、1996

12-3　オスマン帝国の女性地位改革

教科書　オスマン帝国の改革　☞7-6, 12-1, 13-7

◆**女性の地位をめぐる議論**　オスマン帝国末期の19世紀半ば、スルタン・アブデュルハミト2世（位1876〜1909）の専制支配を批判し憲政樹立を求める言論人たちは「新オスマン人」を名乗った。彼らはヨーロッパの文化や思想に親しんだ新興の知識階層であり、小説や新聞といった印刷媒体を用いて一夫多妻や見合結婚、女性隔離を批判し、女性の権利向上と女子教育の必要を訴えるなど、女性の地位改善をめぐって活発に言論活動をおこなった。そして愛国心のある国民を育てる賢い母、貞淑な妻を「新しい女性」と呼び、そのような女性との恋愛結婚によって成立する家族こそが新しい国民生活の単位にふさわしいと主張した❶。しかし憲法が公布後2年でスルタンによって停止され、専制支配が復活すると、「新オスマン人」の運動は潰えた。アブデュルハミト2世は近代的な教育機関を整えたが、皮肉にもそこから彼の専制支配を批判し、のちに「青年トルコ人」と呼ばれる将校、軍医、官僚など若いエリートが育つ。彼らはかつての「新オスマン人」と同様、女性の地位改善や、古い家父長制の家族から愛情にもとづく一夫一婦制の家族への変革を唱え、革命を成功させ（1908）政権をとると、制度改革にのりだした。新しい家族法（1917）によって、結婚は世俗的契約とされ、一夫多妻は実質的に禁じられた。女子教育にも力が入れられた。すでに女子中学校や女子師範学校がつくられていたが、この時代に女性にも大学の門が開かれた❷。

◆**国民の象徴としての女性**　新オスマン人や青年トルコ人ら改革主義者たちは、オスマン社会における女性の地位の低さを議論しながら、実はオスマン帝国の衰退を議論していた。女性の権利の議論は、帝国の家父長的な家族システムのもとで抑圧される青年たちの社会批判という性格をもっていた。年若い改革論者たちは、女性の権利や恋愛結婚を支持することで、年長男性が権力を握る従来の家族システムを、抑圧的で後進的なオスマン社会を反映する小宇宙であると糾弾したのである。さらにまた、列強の脅威に対抗するために社会秩序の刷新と優れた国民の育成が急がれたが、オスマン社会秩序の基礎の一つは女性の性のコントロールにおかれていたから、女性の社会的地位やあるべき姿を議論することは、オスマン社会の理想の姿（オスマン帝国の再建であれトルコ人国家の建設であれ）を議論することにも通じたのである❸。（村上）

❶オスマン帝国末期の結婚と家族

　新オスマン人は，一夫多妻や見合結婚，年上の男性が10代の女性と結婚することを批判したが，実際には，そうした結婚形態は当時すでにまれなものとなっていた。19世紀後半には，都市の中上流階層のあいだで，結婚における愛情や子どもに対する愛情が重視されるようになった。(右写真，夫婦の親密さや，子どもが家族の中心であることが伝わってくる)

❷戦争への女性の動員

　女性の解放は，戦時の労働力供給にも貢献した。帝国末期に相次ぐ戦乱により労働力不足が深刻化すると，女性就労促進イスラーム協会がつくられ，女性に「名誉を損ねず働けること」を保証し，労働者として戦争への協力・貢献をうながした。独立戦争(1918〜23)では，農民女性も後方支援に動員された。だがやがてトルコ共和国が樹立され平和が戻ると，彼女たちは妻，母として家庭に戻ることが求められた。(中段写真は，独立戦争で銃弾の中身を詰める女性たち)

❸女性作家が描く女性と恋愛結婚

　新オスマン人は恋愛小説を通じて既存の秩序を問いただし，新しい秩序を模索した。だが1920年代頃までに恋愛をめぐる論調は変化する。恋愛は過剰な西洋化や性的欲望と同一視され危険視されるようになった。男性にとって恋愛は家父長的な秩序を破壊する手段であって，ともに家庭を築く妻には貞淑を求めたから，女性が「過剰に」自由になるのは都合が悪かったのである。女性もまた，男性エリートの思惑とは別の理由で，安定した家庭を望んだ。女性が恋愛結婚を求めたのは，より平等な夫婦関係の可能性を見出したからだった。女性作家ハリデ・エディブの前期の作品では奔放な情熱におぼれるヒロインが描かれるが，後期の作品では安定した愛情を理性的に選びとる女性が描かれる。主体的なヒロインの登場は，女性が貞淑な妻や国民の母という新しい役割を，男性エリートの押しつけによるのではなく，主体的に引き受けたことを示唆している。

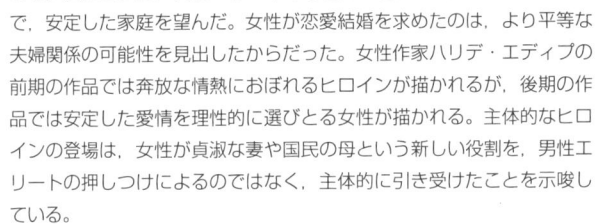

【解説】ハリデ・エディブ(1882〜1964，右写真)　小説家。廷臣の子として生まれ，アメリカ系ミッションスクールで学ぶ。1908年の革命後，新聞や雑誌に小説を発表しはじめる。トルコ・ナショナリズムに傾倒し，独立戦争には伍長として参加した。

参考文献　L. アブー=ルゴド編著(後藤ほか訳)『「女性をつくりかえる」という思想』明石書店，2009／新井政美『トルコ現代史』みすず書房，2001／新井政美編著『イスラムと近代化』講談社，2013

12-4 清末の社会変化と女性解放思想の登場

教科書 太平天国／清末の改革・革命運動　☞7-3, 7-8, 12-7, 13-6

　19世紀に入って，清朝はアヘン戦争に敗北し，太平天国が華中南を席巻して衰退に向かうが，西太后(1835～1908)が実権を掌握してなお半世紀の余命を保つ❶。この間の社会変化のなかで，あるべき女性像について新しい考えが提出された。

　◆**大足の戦う女性たち——太平天国**　清末の最大の反乱であった太平天国は，儒教的な性別役割の本質的否定，纏足の禁止，一夫一婦制などを掲げて伝統秩序を揺るがした。男女は男衛と女衛に隔離されて戦い，働き，暮らした。太平天国発祥の広西省の少数民族の女性たちには纏足の習慣がなく，指導的地位で活躍する者もいたが，江南の女性にとっては，纏足を解いて戸外労働をするのは大変な苦痛だった。やがて太平天国の指導者たちは多くの妻をもつようになって一夫一婦制を否定し，太平天国自体も腐敗して崩壊していった。

　◆**変法派の女性論**　日清戦争に敗北した中国では，1898年，戊戌変法と呼ばれる体制改革が試みられる。変法派の男性知識人は，亡国の危機を救うため女性も変わらねばならないと論じた。梁啓超(1873～1929)は「論女学」で，富国強兵のためには女性も生産労働に従事せよと説き，また将来の国民を産み育てるために知識と体力を身につける必要があるとして，女学堂を創設した。康有為(1858～1927)は1883年に広州で不纏足会をつくって纏足反対運動をはじめ，会員の娘には纏足をさせなかった。譚嗣同(1865～1898)は，『仁学』において，性のヴェールを取り払い女を淫の道具とすることに反対した。しかし戊戌変法は「百日維新」といわれたように三か月で挫折して，彼らの試みも短期間で頓挫した。

　◆**革命と「女権」**　20世紀初頭の中国では，馬君武がスペンサーやJ.S.ミルの学説を翻訳・紹介し，「女権」が民権や革命と結びつけて論じられるようになる。革命派の金天翮(1874～1947)は，1903年，中国の女性解放を願って『女界鐘』を著した❷。こうした男性知識人だけでなく，女性自身による女性界の革命の宣伝もはじまった❸❹。1902年に発刊された中国初の女性雑誌『女報』に，陳擷芬(生没年不詳)は「独立篇」を記して「われわれ自身が女学を興し，女権を回復するのでなければならぬ」と述べた。続いてたくさんの女性雑誌・新聞が創刊されて，女性も男性と平等の権利をもつ「女国民」となるべきことが説かれ，女学校も多く創設された。（小浜）

12-4 清末の社会変化と女性解放思想の登場

❶西太后は「悪女」か？

1861年に6歳の同治帝が即位すると、生母の西太后は垂簾聴政をおこなった。彼女によって登用された曽国藩・李鴻章らが洋務運動を展開して清朝の威信はやや回復した。同治帝が1874年に死ぬと、西太后は自身の甥を光緒帝に立てた。光緒帝は成人後、康有為・梁啓超らを登用して戊戌変法をおこない清朝の体制改革をはかる。しかし性急な改革には多くの反発が起こり、3か月後に西太后は政権を奪還して変法派を処刑し、光緒帝を幽閉した。1908年に光緒帝の死の翌日に亡くなるまで、清朝末期の半世紀にわたって権力をふるった西太后は、従来、頑迷な保守派の代表として批判されてきた。だが、彼女の巧みな政治力によって清朝は20世紀まで存続できたともいえ、従来の評価は、女性が政権を握ったことと、晩年に変法派を弾圧したことへの反発から、過度に厳しいものになっていたといえるだろう。

❷【史料】金天翮『女界鐘』「天下の興亡，匹婦も責あり」

「民権と女権は、花の蕚が相連なって生じるようなもので、抑圧できはしない。私がこう主張するのは、二億同胞の姉妹のためばかりでない。中国四億の人民に広く語りかけようとするのである。なぜか。「天地の間に立国すれば、必ず助けがあるはず」（『左伝』昭公元年）。「助け」とは国民の謂である。しかるに女性は国民の母である。いまわが中国には「国民」という言葉がない。それに代わる名詞が「万姓」である。このことは、我が国民が生気や品格に欠け、『史姓韻編』（人名辞典の一種）にのみ居場所を確保しているにすぎないことを物語っている。……顧亭林（顧炎武，明末の人）は「天下の興亡，匹夫も責有り」（『日知録』正始）と述べた。匹夫だけがそうなのではない。匹婦もまた、ともに責あるのだ」（村田編：358～360頁）。

❸革命家秋瑾（1875～1907）

官僚の娘であった彼女は、親の決めた夫と不幸な結婚をしたのち、子どもをおいて単身日本に留学した。東京では孫文の率いる中国同盟会に参加して、浙江省の責任者となり、革命運動に奔走する。また共愛会に女子留学生を組織し、白話（口語）の文章や演説によって、女性たちにわかりやすい言葉で革命を訴えた。1905年の日本政府による清国学生取締に反発し帰国。故郷の浙江省紹興で学校を開き、革命派を養成するとともに武装蜂起へ向けて軍事訓練をおこなった。しかし1907年、蜂起計画が漏れて捕えられ、刑死した。「秋風秋雨、人を愁殺す」の遺句と、りりしい男装の姿は、人びとに強い印象を残した。

❹【史料】秋瑾「敬んで姉妹に告げる」（『中国女報』第1期，1907年）

「おお、二億の男性は文明の新世界に入っているのに、わが二億の女性同胞は、依然として一八重地獄の暗黒に沈んでいて、その一重でも向上しようとしていません。足は小さく纏足し、髪はてかてかに櫛を入れ、頭には花・リボン・螺鈿のかんざし、身には薄絹・厚絹・縁取り・飾り釦、そしておしろいを白く、べにを紅く塗りつける。生涯知っていることは、ただ男性によりかかり、衣食をもっぱら依存することばかり。……おお、けれども一人の人間として、意気地のないのはおそろしいことです。意気地があれば、自立の基礎、自活の技能を求められるはずです。いまは女子の学校も多くなり、女性の技芸も起こっているから、学問・技芸を習得して、教師になり、作業場を開けば、自活の途は立つはずです。坐食して父兄や夫の足手まといにならなくてすみます」（中国女性史研究会編：30頁）。

参考文献　小野和子『中国女性史』平凡社選書，1978／中国女性史研究会編『中国女性の100年』青木書店，2004／村田雄二郎編『新編原典中国近代思想史3　民族と国家』岩波書店，2010

12-5　東南アジア民族運動とジェンダー

教科書　東南アジアの植民地化　☞3-4, 5-3, 8-2, 14-5

◆**植民地社会とジェンダー**　植民地支配をおこなう東インド会社の社員，政府の官僚や軍人は，初期には独身ないし単身赴任の男性が圧倒的で，支配機構の安定化，熱帯医学や教育・医療制度の発達によってはじめて，女性や子どもが植民地に渡航・居住するようになる。また東南アジアの場合，中国・インドなど域外から，都市や開拓地に大量の労働力が導入されたが，同じく家族での渡航は例外的だった。そのため「現地妻」と「売春婦」に対する巨大な需要が生まれ，後者のために，日本人（からゆきさん）・中国人などの女性が東南アジアに流入した❶。

19世紀末以後には，東南アジアの各植民地社会やタイにおいても「上からの近代化」が進む。女子教育なども徐々に広がり，「近代的な」女性やジェンダーの諸問題が意識されるようになる。しかしそこに導入された近代家族法や，「文明化の使命」意識は，父系的家族制度，良妻賢母主義など，東南アジアにあまり根づいていなかったものを実体化させる役割もはたした❷。

◆**民族運動の先駆者カルティニ**（1879〜1904）　ジャワ島ジュパラの進歩的貴族の家に生まれ，オランダ式教育を受けたカルティニ（右図）は，自由や民主主義に関心を抱き，女子教育やその職業教育に取り組んだが，産褥熱で世を去った。生前にオランダ人の友人にあてた手紙（オランダ語で書いた）が死後に『闇を越えて光へ』と題して出版され，英語，インドネシア語その他に翻訳されて広く読まれた。カルティニの活動の背景には，オランダが当時，「強制栽培」制度など利潤追求に徹した従来の統治体制にかえて導入した，教育や福祉を重視する「倫理政策」があった。彼女はインドネシアの独立後，1964年に「国家独立英雄」に列せられた。

民族運動を担ったのは，近代的な知識人や労働者だけではなかった。スペインに反抗して東南アジア最初の近代国民国家をつくろうとした「フィリピン革命」においては，土着化したカトリック信仰（フォーク・カトリシズム）とその信徒組織が大きな役割をはたすが，そこで朗唱されたキリストの受難をうたう叙事詩（パション）などのなかでは，伝統的な思想・家族観を反映してマリアが熱烈に崇敬されていた。

現代東南アジアにおける女性指導者の輩出❸も，近代化のおかげとだけ考えるのは正しくない。(桃木)

❶からゆきさん

貧しい明治日本が海外に送り出した移民・出稼ぎは，ハワイやアメリカ大陸に向かっただけではない。フィリピン南部のアバカ (マニラ麻) 栽培農民など東南アジアに向かった農民・漁民も多く，また九州の天草・島原地域出身の「からゆきさん」は，石炭輸出船などを利用して東南アジアから極東ロシア沿岸部までの広範囲に渡航し，外貨獲得に貢献した。東南アジアでは中国人女性「豬花」とならんで「色白」なことが高く評価されたという。「マダム・バタフライ」式のオリエンタリズムがもたらした，男性への献身のイメージもあったかもしれない。からゆきさんによる外貨獲得は，現在の東南アジア諸国からの性労働力の輸出と同じなのだが，日露戦争後に一等国意識が高まると，からゆきさんは国辱と非難されるようになる。

❷タイの近代化とジェンダー

タイの近代化と国民国家形成や，後者に必要な「国土」「歴史」「民族」などに関する「伝統の創造」は，ラーマ4世モンクット (位1851~68，右写真)，5世チュラロンコン (1868~1910)，6世ワチラウット (1910~25) の3代の国王を先頭とする王室主導でおこなわれた。その過程では代々の外戚ブンナーク一族の排除，上流階級における父親の娘に対する支配権と一夫多妻の公認，父系的財産相続制など，家父長制を強化する政策が含まれていた。1913年に法制化された姓 (氏称) の使用も，もともと家族・親族の枠組みが不明瞭だったところに，父系的家族原理を強制するものだった (ベトナム以外の東南アジアでは，人の名乗りに「姓」はないのが普通だった)。

❸現代東南アジアの女性指導者

フィリピンのコラソン・アキノ (在任1986~92)，アロヨ・マカパガル (在任2001~10)，インドネシアのメガワティ・スカルノプトリ (在任2001~04) が大統領，タイのインラック (在任2011~) が首相になったほか，ビルマ (ミャンマー) の民主化リーダー，アウンサン・スーチー (右写真)，パリ和平交渉で活躍したベトナムのグエン・ティ・ビン，それにフィリピンの独裁者フェルナンド・マルコスの妻イメルダ・マルコスなど著名な女性が少なくない。ベトナム戦争で南の解放民族戦線副司令官となったグエン・ティ・ディンのように，軍事面で活躍する女性も現れた。そこには，有名な男性指導者の妻 (多くは自身も名家・大富豪の出身) や娘が指導者になるという南アジアと共通したパターンも見られるが，東南アジアのほうが伝統的に性別役割分担などの壁が低いことも指摘される。

(World Economic Forum/Wikipedia)

参考文献　山崎朋子『サンダカン八番娼館』文春文庫，2008／土屋健治『カルティニの風景』めこん，1991／『新版東南アジアを知る事典』平凡社，2008

12-6 植民地化に対するアフリカの抵抗運動

教科書 アフリカの植民地化と民族運動　☞5-3, 12-7, 14-6, 15-7

◆**初期の抵抗**　アフリカ大陸は，19世紀末〜20世紀初頭に，リベリアとエチオピアを除き西欧列強によって植民地化された。この植民地化に抵抗した女性のリーダーには，地域によってさまざまなタイプが見られた。霊的権威を抵抗に結びつけた南ローデシア（ジンバブウェ）の巫女チャルウェ（生没年不詳），政治的権威を駆使してイタリア軍と果敢に対決したエチオピアの皇后タイトゥ（？〜1918，右写真），植民地支配への恐怖を個人的カリスマ性に結びつけて抵抗運動を率いたケニア東部のメカタリリ（生没年不詳）などである。一方，西欧教

エチオピア皇后タイトゥ

育やキリスト教を基盤として新しいタイプの抵抗運動を展開したのが南アフリカである。女性ではじめて大学を卒業したマゼケ（1874〜1939）は，1913年にパス（労働許可証）法の導入に反対する女性の闘争を組織している。こうした女性の抵抗は，西欧諸国のジェンダー観（男性が外・女性が内）がアフリカにもちこまれ，女性がそれまで共同体のなかで担っていた政治的・経済的役割を縮小してゆくプロセスと表裏一体となって進行した。

◆**中期の抵抗**　1920年代に入ると，さまざまな形態の組織的抵抗運動が展開した。南アフリカのケープでは，女性たちが国家や地元の資本に対抗して商店のボイコット運動を組織し，ケニアでは白人が経営するコーヒーや紅茶のプランテーションでの賃上げ要求のストライキを組織した。男性主導の組織への参加を許されなかった女性が「バントゥー女性連盟」（南アフリカ）を設立したり，「ムウビ中央協会」（ケニア）に結集したりしたのもこの時期である。やがて，1933年に「キクユ中央協会」（ケニア）が，1943年には「アフリカ民族会議」（南アフリカ）が女性にも門戸を開き，男女の共闘体制が整ってゆく。一方，西アフリカでも1929年に何千人ものナイジェリア東部の女性たちが地域一帯の植民地行政に闘争を挑み，鎮圧にのりだしたイギリス兵によって50人以上の死者を出している（「アバの反乱」）。

◆**後期の抵抗**　おおむね組織を通して非暴力でおこなわれてきた抵抗が，次第に暴力的な様相を呈し，民族の独立を掲げた解放闘争に突き進んだのは白人入植地と

なったケニアと南アフリカであった。前者は1950年代，後者は1960年代以降に展開し1990年代まで続いた。こうした闘争における女性の歴史的役割に光があてられるようになったのは，1990年代以降のことである。それまで解放闘争＝男性というイメージが強くつきまとっていたからである。記録文書に女性の活動が残されることが少なかったのも，そうしたイメージと関係している。解放闘争のなかで女性が担った役割は，後方支援だけではなかった。実際にゲリラに参加した女性もいるし，男性と同じく逮捕・拘禁・拷問・処刑の対象になった女性もいた。とりわけ都市における作戦遂行には女性の協力が欠かせなかった。ケニアの事例（「マウマウ戦争」）では，売春婦が立場を利用して機密情報を聞き出したり，ムスリムの女性の衣服で銃を隠して運搬役を担ったりした。女性の支援がなかったら解放闘争は戦えなかったとの元ゲリラ男性の回想（キニャティ）は，こうした女性たちの闘争の再評価につながっている。一方で，男性と異なり，女性は性暴力の被害をこうむった。たとえば，身を挺してケニアの解放闘争に飛びこんだワンブイ・オティエノ（1935～2011）は，逮捕され収監されていたときにイギリス人看守からレイプされて妊娠し，釈放されたのちにレイプ犯を突き止め裁判を起こそうとした矢先，イギリス当局がレイプ犯を本国に送還してしまったという経験を語っている。なお，レイプが，イギリスの手先となったアフリカ人男性によっても頻繁におこなわれていたことは，女性への性暴力が戦略として使用されていたことを物語っている。（富永）

> **アパルトヘイトとジェンダー**　白人以外の人種を社会的に隔離し，政治的・経済的に差別するアパルトヘイト体制は，アメリカ合衆国では1960年代に終止符が打たれたが，南アフリカでは1990年まで続いた。その構造が重層的なジェンダー差別を内包していたことは，アパルトヘイト下での嘆願や抗議が男性のみに許されていたという状況や，パス法（労働許可証）や，その後身である「レファレンス・ブック」の導入時期が男女で異なったことからもうかがえる。南アフリカ各地で起こった1950年代の女性の蜂起の引き金は，こうした女性差別であった。たとえば，彼女たちは，植民地当局による女性への不当な土地の分配制度（ナタール）や，女性の内職であるビール醸造への規制（ダーバン）に怒って，トラックや畑の作物に火をつけ，官営のビヤホールを焼き，警官と衝突し，ピケを張るなどして実力行使に訴えた。1996年に採択された南アフリカの新憲法が，ジェンダーの平等を保障し，政府・民間レベルを問わず，その効果的実践のため，クォータ制（女性議員の比率を30％以上とする制度）などの規定を盛りこんだのは，アパルトヘイト下でのジェンダー差別という過去からの訣別を意味していた。

参考文献　W.W.オティエノ（富永訳）『マウマウの娘』未來社，2007／C.A.プレスリー（富永訳）『アフリカの女性史』未來社，1999／小倉充夫編『現代アフリカ社会と国際関係』有信堂，2012／富永智津子・永原陽子編『新しいアフリカ史像を求めて――女性・ジェンダー・フェミニズム』御茶の水書房，2006／マイナ・ワ・キニャティ（楠瀬ほか訳）『マウマウ戦争の真実』第三書館，1992

12-7　帝国主義時代を生きた女性たち

教科書　帝国主義列強の世界分割　☞11-6, 11-7, 11-9

◆**男女人口のアンバランスと帝国の存在**　19世紀後半，石油や電力を動力源とする第二次産業革命で台頭したドイツとアメリカは，石炭と蒸気力を動力源とする第一次産業革命の覇者であったイギリスを脅（おびや）かした。追われる立場となったイギリス社会では，19世紀をつうじて，男性より女性の数が多いという男女人口のアンバランス状態が続き，女性の理想像だった「家庭の天使」になれない女性を多く生み出した。長い独身時代をいかにすごすかという問題に直面した彼女たち，とりわけ中産階級の娘たちは，国内に新たな活動を求める❶一方で，この島国の外へも目を向けた。欧米列強間の競争激化が植民地獲得合戦を加速化させていた当時，女性たちはそれぞれの事情から帝国の存在とかかわっていった。

◆**旅するレディたち**　19世紀後半，家庭以外の居場所を探す中産階級の娘たちのなかには，当時のヨーロッパが「野蛮」とみなした地域を，現地人ガイドとともに「白人ひとり旅」をする女性が少なくなかった。彼女たちは「レディ・トラベラー」と呼ばれ，旅した地域の自然や民族，宗教や文化などを詳細に観察し，日記や手紙，旅行記を残した❷。それらは，読み物として人気を集めたにとどまらず，19世紀後半に生まれた新しい学問，人類学や動物行動学への貢献も大きい。その反面，彼女たちの旅を可能にしていたのは，世界各地に支配を拡大しつつあったヨーロッパの帝国主義であり，彼女たちの情報や知識，経験もまた，植民地支配に利用された❸。

◆**文明の使者**　18世紀末以降，奴隷制廃止運動の主力でもあったイギリスの女性たちは，植民地の再編，拡大とともに，非ヨーロッパの人たちを「文明化」する動きとも深くかかわっていた。慈善活動は，中産階級以上の女性たちに許された数少ない社会との接点でもあり，貧困が問題化し，格差が拡大するイギリスで，多くの女性たちがロンドンはじめ，都市のスラム調査に参加し，その改革に試行錯誤した。一方，海外布教の活発化とともに，宣教師の妻や娘たちは，インドのサティー（寡婦殉死）や幼児婚といった現地女性をとりまく悪弊・悪習の撤廃，改善に尽力した❹。しかしながら，あくまでイギリス社会の「良識」に従う彼女たちの慈善は，現地の女性たちの目には偽善と映ることも少なくなかった。（井野瀬）

❶ベアトリクス・ポター（1866〜1943）

　裕福な中流家庭に生まれ育ったポターは，幼い頃から動物とふれあい，自然への観察眼と関心を深めていった。ロンドンのリンネ協会に提出した「ハラタケの仲間の胞子発芽について」(1897)という彼女の論文は，女性の学会報告が認められなかった当時，代読されて評判となった。1902年に書いたピーターラビット・シリーズはベストセラーとなり，それを資金に湖水地方の自然保護にも尽くした。

❷レディ・トラベラーたち

　幼少時に病弱だったイザベラ・バード(1831〜1904，右写真)は，転地療養を通じて旅に目覚め，世界中を旅した。1878年に初来日し，駐日公使ハリー・パークスから特別の許可を得て，東北地方や当時蝦夷と呼ばれた北海道を旅し，アイヌとも交流した。旅好きの父の影響を受けたメアリ・キングズリ(1862〜1900)は，両親の死で娘としての役割を終えると，死亡率の高さから当時「白人の墓場」と呼ばれた西アフリカを2度にわたって旅した。その経験から，「文明と野蛮」という二項対立で現地社会を見る目を強く否定した彼女は，ヨーロッパのやり方を押しつける植民地支配を厳しく非難した。

❸ガートルード・ベル（1868〜1926）

　北イングランド屈指の実業家一族に育ったベル(右写真)は，19世紀末，中東，メソポタミアを旅して砂漠に魅せられ，多くの遺跡発掘に立ち会うなかで，現地の言語につうじるようになり，部族長とのあいだに信頼関係を築き上げた。第一次世界大戦中，カイロのイギリス軍情報部の要請で，「アラビアのロレンス」ことT.E.ロレンス少佐とともに諜報活動に従事。1921年のカイロ会議では，ベルの提案に従ってイギリスの委任統治下でイラクが建国された。サウジアラビアの国境確定もベルの原案にもとづいている。

❹メアリ・スレッサー（1848〜1915）

　メアリ・スレッサーは異色の宣教師であった。スコットランドの労働者階級出身の彼女は，同郷の英雄，宣教師であり，探検家であったデヴィッド・リビングストン(1813〜73)の死に触発されて，ナイジェリア東部を志願した。双子を産んだ女性を不吉だとして村から追放し，生まれた子どもを捨てる現地の風習と闘った彼女は，生水を飲むなど，現地の人びとと同じ生活を心がけた。(右写真は，1898年，スコットランドに連れてきた現地の子どもたちとスレッサー)

参考文献　井野瀬久美惠『女たちの大英帝国』講談社現代新書，1998／I.バード（時岡訳）『イザベラ・バードの日本紀行』講談社学術文庫，2008／J.ウォラック（内田訳）『砂漠の女王——イラク建国の母ガートルード・ベルの生涯』ソニー・マガジンズ，2006

12-8 特論⑫ 「伝統文化」の表象としてのサティー（寡婦殉死）

教科書 インドの植民地化　☞7-7, 12-2, 14-2

◆**サティーの起源と変容**　サティーという言葉はもともと「良き女」「徳のある女」という意味でしかなく，夫の亡骸（なきがら）と一緒に生きながら焼かれるという行為そのものは，サンスクリット文献ではサハマラナ（一緒に死ぬ）などといった表現で表されてきた。行為・慣習そのものをさす言葉としてサティーが定着したのは，イギリス支配期以降である。

サティーの慣習が，いつ，どこで，どのように生まれたかについては確定できない❶。ギリシア語史料では，紀元前317年に，インド人将軍の妻が夫とともに荼毘（だび）に付されたことが記されているが，前2〜後2世紀に成立したとされる『マヌ法典』に規定はない。夫に先立たれた妻に対して『マヌ法典』が良しとする正しい生き方は，生涯清廉な生活を送ることである。サティーに言及のある刻文史料は，これまでのところ510年が最初のものとされる。

初期のサンスクリット語文献では，バラモンの女性はサティーをおこなってはならないとされていたが，7，8世紀以降，サティーは夫への献身を示す究極のあり方として称賛されていった。戦士階層の一部に見られた慣行が，宗教的な意義を加味され，バラモン的なジェンダー規範のなかにとりこまれていったのではないかと推測される。

◆**イギリス支配とサティー論争**　18世紀後半，イギリスがインド支配を確立した時期，サティーが最もさかんにおこなわれていた地域は，皮肉にも，イギリス支配の拠点であるベンガル地域，とくにコルカタ近辺であった（ベンガル管区に関して，イギリスが把握したサティーの件数は，1815〜28年に8000件強）。

サティーをめぐる論争は19世紀初頭に本格化する。イギリス東インド会社の社員たち，とくにキリスト教宣教師たちは，サティーを異教の野蛮な慣習とみなし，抑圧を求めた。最終的に1829年，ベンガル総督ベンティンク（在任1828〜33，インド総督1833〜35）のもとで条例によってサティーは禁止されるにいたる。この決定は，イギリス支配がはたした「文明化の使命」の代表例と自画自賛されることが多いが，東インド会社の反応はけっして断固としたものでも，迅速でもなかった。当初，サティーは「宗教的」な教義にもとづく慣習であるとみなされ，それに干渉することによる現地社会の反発を恐れたからである❷。

東インド会社に重い腰をあげさせるにあたって，ベンガルのバラモン知識人ラーム・モーハン・ロイ（1772/4～1833）のはたした役割は大きい。彼は1817年のパンフレットを皮切りに，サティー批判を展開した。サティーを批判するロイの立論は，人道主義的な視角を含んでいたものの，もっぱら議論は，ヒンドゥー法の解釈に偏った。上位カースト男性を中心とする議論は，女性の命の問題から，正しいヒンドゥー教のあり方へと論点がシフトしていく傾向があった❸。

　インド民族運動の機運が高まるなかで，サティーは，物質的でエゴイスティックな西洋文明とは異なるインド文明の深い精神性を示す例証として擁護されることもあった。（粟屋）

---

❶**サティー・ストーン**
　戦いで命を落とした男性のあとを追った女性を記念するもの。折り曲げられた腕であらわされることが多い（右写真）。

❷**「文明化の使命」とサティー**
　サティーの様子を描いた絵は少なくない。上にあげた絵では，サティーの野蛮性が強調されている。右の隅に，目を背ける白人男性の姿が書きこまれている。

❸**【史料】サティー禁止に反対する議論**
　「教義のみならず太古の昔から慣行によって是認され，ヒンドゥーの寡婦たちは，自らの意思から喜びをもって，夫と自らの魂のために，サティーと呼ばれる殉死の犠牲をおこなうのである。この犠牲は，自らの宗教の教義を心から信ずる彼女にとって，たんなる聖なる義務ではなく，大いなる特権である」（サティー禁止に反対して結成されたヒンドゥー保守派の団体ダルマ・サバーによるベンティンク宛て陳情書［1830］から）。

　ループ・カンワルとサティー信仰　1987年，ラージャスターンで18歳のラージプート女性ループ・カンワルがサティーをおこなったというニュースはインド国内のみならず，世界にも伝わった。サティーの慣習を女性抑圧の典型とみなすフェミニストたち，ラージプート独自の伝統であると賞賛する一部のラージプートたち，インドの「後進性」を嘆く知識層，インドの伝統的な宗教心を理解しようとしない，民衆と乖離した知識層を批判する論者など，カンワルのサティーは広範な議論を引き起こした。

参考文献　粟屋利江『イギリス支配とインド社会』山川出版社，1998／M.セン（鳥居訳）『インドの女性問題とジェンダー――サティー（寡婦殉死）・ダウリー問題・女児問題』明石書店，2004

第13章

二つの世界大戦

13-1 概説⑬ 世界大戦の時代

[教科書] ヴェルサイユ体制下の欧米諸国／アジアのナショナリズム　☞12-1, 14-1, 15-1

◆**近代化の進展**　20世紀の総力戦において否応なく戦時体制に動員されたヨーロッパ女性の生活は，その後の戦間期にさまざまな側面で変化した。変化を導いた最大の要因は，世紀転換期にはじまった社会の近代化がよりいっそう進展したことにあり，戦争はその変化を加速化させた。その顕著な現れは都市化と就業構造の変化であり，伝統セクターの従事者たちの多くが，近代セクターへと移行した。作業工程を標準化・合理化したフォード・システムの採用によって，未熟練労働への需要が増した工業部門に女性比率の高い農業部門の就業者や家事使用人の多くが，あらたに採用された。同時に拡大したサービス業や事務職には，ミドルクラスの娘たちに加えて，労働者層の娘も就業したが，この時期に戦前から見られた未婚女性の婚姻前の就業が完全に定着する。家事使用人は急激に減少し，主婦は1人で家事をこなさなければならなくなり，掃除機，洗濯機，冷蔵庫といった家電製品（高価で購買層は限定される）も登場した。復員期や1929年の大恐慌のさいには「女性は家庭に戻れ」という声が大きくなるが，それでも全体的な趨勢が逆戻りすることはなく，家庭回帰を推進したナチ期でさえ女性の就業率は増加した。

戦前に養成教育が開始された福祉活動は，ボランティアから戦後にはソーシャルワークとして職業化され，女性の専門職となった。モダンライフが花咲く都市では，映画館，ダンスホール，レストラン，カフェが次々と出現し，自分のお金をもつようになった娘たちも，大きく成長した娯楽産業の常連客となった。家族生活では，20世紀初頭にはじまった，少ない子どもにきちんとした教育を与えるという傾向が持続し，子どもは2〜3人が定着して，ナチをはじめとする大がかりな出産奨励にもかかわらず，出生率は上昇しなかった。こうした近代化にもかかわらずジェンダー規範そのものが揺らぐことはなく，進展する生活の近代化から取り残された思いを抱いた主婦のなかには，「女性解放」に嫌悪感を示す者も多かった。（姫岡）

◆**新興国家のジェンダー秩序の模索**　古い帝国に革命が起こって成立した国では，新しい国家にふさわしいジェンダー秩序が模索された。世界初の社会主義国ソ連では，女性は社会的労働に参加し経済的自立を実現して完全な男女同権を達成するものとされた。中国では，1912年に中華民国が成立し，続いて起こった新文化運動では，儒教的秩序にかわる新たなジェンダー秩序が模索された。中国国民党と中国共

産党は，それぞれの革命運動のなかで女性解放を謳い，女性の参政権も認めてゆく。オスマン帝国が解体して成立したトルコ共和国は世俗化した近代国家として国家建設を進め，イスラームの後進性の象徴とみなされた女性の地位の改善が追求された。これらの国では，いわば上からの女性解放運動が展開されたのである。もちろんすぐに完全な女性解放がもたらされたわけではないが，女性の理想像には大きな変化が起こった。

◆**植民地における女性抑圧と民族解放運動**　日本の植民地となった台湾や朝鮮では，日本民法にならった民事令が定められ，家父長の権限が強化された。これらの地域では，上層や中間層の娘に限られていたとはいえ，女性への近代教育もはじまっていた。朝鮮の三・一運動に見られるように，近代教育を受けた女性たちは民族運動や女性運動でも活躍した。インドでも，ガーンディーの指導する非暴力抵抗運動が上層や中間層の女性のエネルギーを引き出しつつ展開された。

一方，貧しい女性は，無償の家事・育児労働を担うだけでなく，列強資本の紡績工場などで，本国男性よりはるかに低賃金の男性労働者と比べてもさらに低い賃金で働かされるようにもなっていった。植民地では，貧しい女性のほとんどは，初等教育の機会も与えられなかった。(小浜)

世界大戦の時代(1912〜45)
1912　日本が朝鮮の民事令制定
中華民国成立，臨時約法制定
1914　第一次世界大戦開戦
独で祖国女性奉仕団設立
1916　英：一般徴兵制
1917　ロシア革命
米：徴兵制
印：女性の陳情団による参政権要求，女性インド協会成立
トルコ：家族法制定
1918　第一次世界大戦終結
独：ドイツ革命，女性参政権導入
英：30歳以上の女性に参政権
1919　ヴェルサイユ講和条約
朝鮮：三・一運動
中：五・四運動
オーストリア・オランダ・ポーランド・スウェーデンで女性参政権
1920　米：女性参政権承認
1921　米：サンガー「アメリカ産児調節連盟」設立
1923　トルコ共和国成立
独：母の日導入
1924　ドミニカで女性参政権
1926　中国で国民革命進展，婦女運動決議案採択
1927　ウルグアイで女性参政権
全インド女性会議成立
朝鮮：槿友会結成
1928　英：21歳以上に女性参政権
1929　ウォール街で株価大暴落
エクアドルで女性参政権
1931　ポルトガル・スペインで女性参政権
1932　タイ・ブラジルで女性参政権
1933　独：ヒトラー政権獲得，強制的ナチ化による女性組織解体
1934　トルコ・キューバで女性参政権
1935　独：断種法改定，ユダヤ人公民権剥奪，「生命の泉」協会設立
1936　ベルリン・オリンピック
1937　日中戦争勃発
1938　独：ユダヤ系市民へのポグロム，母親勲章導入
1939　第二次世界大戦勃発
1945　仏：女性参政権成立
第二次世界大戦終結，「国際連合」設立

参考文献　U. フレーフェルト（若尾ほか訳）『ドイツ女性の社会史』晃洋書房，1990／斎藤哲『消費生活と女性』日本経済評論社，2007／有賀夏紀・小檜山ルイ編『アメリカ・ジェンダー史研究入門』青木書店，2010／早川紀代・江上幸子ほか編『東アジアの国民国家形成とジェンダー』青木書店，2007

13-2　総力戦とジェンダー

教科書　第一次世界大戦とロシア革命　☞13-4, 13-10, 13-11

◆**総力戦体制と銃後の組織化**　20世紀前半の二つの世界大戦は，それまでの戦争とは違って，軍隊のみならず，工業，農業，科学技術，メディアなど，国民生活のあらゆる分野が動員される総力戦となった。戦闘参加者の数は飛躍的に増えるとともに，軍務につかない人も，年齢や性別を問わず戦争遂行への協力が求められ，前線を支える銃後の組織化が不可欠となった。女性諸団体は，思想信条の違いを乗り越えて総力戦体制を積極的に担うために包括的な女性組織を立ち上げ，自治体当局と密接に連携しながら福祉や食糧配給，生産への動員などの活動をおこなった❶。戦争の長期化とともに女性の協力はますます重要となり，福祉活動を通じて自治体の行政機構に進出するとともに，以前は無縁だった国家の中枢部にも進出した。

◆**女性労働力の動員と復員**　総力戦下では，軍隊に動員された男性にかわって女性の生産過程への編入が要請され，法的強制力をもって施行される場合もあった。当初は，家庭責任のある女性は除外されることが多かったが，労働力不足が深刻化すると，彼女たちも動員された。軍需産業での女性労働力増加は著しく，速成教育を受けて爆弾製造や旋盤など「男性の領域」とされた労働にも取り組んだ❷❸。戦後，男性が軍隊から復員すると，彼らは旧来の職場への再雇用を要求できるため，女性は家庭に復帰するか，「女性にふさわしい職場」に移行しなければならなかった❹❺。第二次世界大戦期のドイツでは，「女性は家庭」というナチの政策ゆえに女性動員をできるだけ避けようと，東部占領地域から強制的に労働力が移送されたが，イギリスでは徴用も含めて女性労働力が動員され，しかも戦後，低賃金の女性が戦後に男性の労働を奪わないように協定が結ばれた。

◆**女性の反乱**　第一次世界大戦中のドイツでは食糧と燃料の不足が著しく❻，しばしば食糧暴動が起きた。その中心は女性と青年である。デモに参加した女性たちは市役所に押しかけて窓ガラスを割り，商店を破壊して品物を略奪したり，あるいは適当に現金を支払ってパン券なしにパンを持ち去ったりしている。食糧暴動は工場内で自然発生的なストライキを誘発し，戦争末期には反戦や内政改革が前面に出されていた。台所を預かる女性たちは，闇価格による不正な食糧入手に強く怒り，困窮と工場労働の強化で過酷な負担を強いる戦争をやめさせようとして直接的な行動に出た。台所の苦しみが，ラディカルな政治行動に駆り立てたのだ。(姫岡)

13-2 総力戦とジェンダー

❶「祖国女性奉仕団」（ドイツ）

「ドイツ女性団体連合」の代表者が第一次世界大戦直前にプロイセン内務省の承認を得て結成。「赤十字社」や「愛国女性同盟」など「連合」に参加していない組織と協調し，立場の異なる社会民主党系の女性にも参加や協力を要請した。重点課題は，①食糧の確保と配給，②出征兵士家族や失業家族への福祉，③女性への就業ないしボランティアの斡旋，④情報提供。さらに戦場への小包発送や衛生面での支援もおこなった。1916年からは女性労働力の動員にも尽力し，自治体の福祉活動の援軍という半ば公的な活動ではもはや対処しきれなくなったため，高等教育を受け，実務経験の豊富な女性たちが，戦時局のなかに設置された「女性部」（中央および地域）の責任者として軍隊組織の指導的な地位に正式に就任して任務を遂行した。

❷女性就業者の推移（ドイツ）

年	月	女性	男性	総計
1914	6	100.0	100.0	100.0
1916	12	108.1	60.5	77.3
1917	10	116.1	60.9	80.7
1918	10	116.8	60.2	80.1

出典）Bajor, Die Hälfte der Fabrik, Marburg 1979, p.119.

❸産業別女性就業者数の変化（ドイツ）

（1917年10月現在：1914年6月＝100）

	女性	男性	総計
製鉄・金属・機械	476.1	95.5	118.4
電機	480.5	84.0	145.1
化学	450.4	117.4	155.6
繊維	73.7	33.8	54.8
木材	117.9	51.7	61.6
食料品・嗜好品	101.6	52.8	75.3
被服	59.5	34.5	47.7
建築	279.3	56.1	62.3

出典）Oppenheimer/Radomiski, Die Probleme der Frauenarbeit in der Übergangswirtschaft, Berlin 1918, p.22.

❹第二次世界大戦中および戦後の女性の就業（イギリス）

（単位：万人）

	1939	1943	1946
軍隊・民間防衛		53.1	8.2
重化学工業	50.6	192.8	89.5
農業・交通・公務員ほか	58.7	134.1	115.2
軽工業・建築・流通ほか	483.7	669.9	559.3

出典）奥田：300頁。

❻パンを求めてならぶ女性たち

❺【史料】ドイツの復員政策の基本方針（1918年11月）

大戦中に招集されたすべての労働者はただちに旧来の職場への再雇用を要求できる。
女性労働力は，その「本性」にかなった方法で活用されるべき。
女性の解雇の順番は，①就業の必要のない女性，②他の職業（農業，家事使用人など）への移行が可能か，以前その職に従事していた女性，③解雇後の就職口があるか，故郷で生活できる出稼ぎの独身女性，④未成年で教育課程への編入が可能。

【解説】 1919年3月には，大戦中にはじめて商工業界に進出した女性を強制的に排除できる復員令が発布された。

参考文献 河村貞枝・今井けい編『イギリス近現代女性史研究入門』青木書店，2006／姫岡とし子『近代ドイツの母性主義フェミニズム』勁草書房，1993／有賀夏紀・小檜山ルイ編『アメリカ・ジェンダー史研究入門』青木書店，2010／村田敏子『戦う女，戦えない女──第一次世界大戦期のジェンダーとセクシュアリティ』人文書院，2013

13-3 ソ連の女性と家族

教科書 第一次世界大戦とロシア革命　☞9-4, 11-4, 15-5

◆**革命と女性解放**　ロシア革命 (1917) と社会主義建設の掲げた大義には，平和，土地社会化，労働者による統制，軍隊民主化，民族自決などとならんで，家父長的・ブルジョア的支配からの女性の解放と男女平等，女性の社会的労働への参加と経済的自立の達成といった課題が含まれていた。革命直後からネップ期にかけて制定された一連の家族法で男女は完全に同権とされ，妊娠中絶の自由や離婚の簡易化，非登録結婚を差別しない事実婚主義などの先駆的法制が打ち出された。背景には，たとえばコロンタイ (1872～1952) が唱道したように，共産主義社会では国家その他の強制装置が「死滅」するのと同様に，家事と育児の共同化により家族もまた「死滅」するというユートピア的社会思想が控えていた❶。「家族死滅論」への評価はともかく，女性解放を正面に掲げた立法が進められたことは，社会主義革命による劇的な転換であった。だが，スターリン期に顕在化させられた家族重視の伝統回帰 (離婚の困難化や妊娠中絶の禁止など) ❷と，次第に進行する現代的な都市化社会への転換，さらに戦争による極端にいびつな人口構造の到来という相矛盾する契機のゆえに，当初の家族法の規定した画期的内容は二転三転させられており，男女平等と女性解放というかけ声にもかかわらず，革命初期の構想は一貫して維持されたわけではない。

◆**女性の社会的地位**　革命によってもたらされた理念的転換ははたして現実化させられたのであろうか。そうだともいえるし，そうではないともいえる。女性の教育機会は男性のそれを凌駕するようになった。女性就労率の著しい高さや専門職者として活躍する機会の拡大も確かに確認できる。教職や医業にとどまらず，技術者や管理職，赤軍兵士や政治将校にいたるまで，多様な分野に女性の進出する姿が見られたのである。だが，これが社会主義のもたらした偉大な成果なのか，帝政末期以来の女性の教育・就労パターンに由来する経路依存的展開なのかは判断が難しい。女性の地位をめぐるプロテスタント地域 (バルト諸国) とイスラーム地域 (コーカサスや中央アジアなど) との極端な差異 (「専業主婦」の存在はほぼ後者に限られた) は，体制論で片づけられない文化的要因の存在を示している。女性の就いた専門職者 (たとえば医師) の処遇が全般的にきわめて低かった事実も看過しえないし，ソ連時代をつうじて共産党政治局員中の女性比率は限りなくゼロに近く，クレムリンの権力中枢から女性

が排除されていたことも間違いない。

◆**家族の実像**　法的に解放され，経済的自立の基盤を獲得した女性たちの家族内での姿を巧みにとらえたアネクドート（小話）がある。資本主義社会の女性は解放されずにいるので家事にばかり従事しているが，解放されたソ連の女性は，職場で男性と同じだけ働くのにとどまらず家事も一手に引き受けている，というのである。実際，家族内での男女間の家事負担の不均衡と男性のアルコール依存や暴力は，男性労働に依存する必要のない自立した女性の不満を昂進させて，再度，離婚が簡易化させられた1960年代以降のきわめて高い水準の離婚率・非婚率（男性と比して格段に低い女性の再婚率も）をもたらす要因となった。このことは，並行して進展した婚外性交渉容認とも相まって，人口停滞の顕著化した1970年代に社会政策としての「未婚の母」手当導入をもたらすことになる。ここには，ユートピア的な「家族死滅論」の想定した体制論とはおよそ異なる次元で，家族の「解体」あるいは変容が進んだことを確認できるであろう。（橋本）

---

❶【史料】アレクサンドラ・コロンタイ「家族と共産主義」より

　「共産主義社会に家族は存在することになるのだろうか。労働者革命の影響をうけてわれわれの眼前でなされている全生活分野の偉大な進歩について考える思慮深い同志たちを前にして，この問いがますます頻繁に立ち上がっている」。

　「共産主義社会で夫婦は，妻の夫への物理的従属や経済的打算，子どもへの配慮で結ばれているわけではないのだから，精神的にはもはや尽きてしまった結合を永続させるよう夫婦に強制するいったい何があるのだろうか。おそらく，何もないはずだ。したがって論理的には，共産主義のもとで結婚は，かならずしも持続的結合という形を取ることはないと結論づけることができる」（『女性共産主義者』1920年第7号〔12月〕，16〜19頁掲載）。

【解説】　アレクサンドラ・コロンタイは，ポーランド人将軍の娘として生まれ（ポーランド語風にはコウォンタイ），チューリヒ留学中に社会民主主義者（共産主義者）になった。1921年に共産党を除名される一方，1923〜45年に世界最初の女性大使としてノルウェーなどで外交官として活動した。

❷トイゼ「祖国──母は呼びかける」

　赤軍兵士の国家への宣誓書を手にした母親が，祖国防衛戦争に立ち上がるよう呼びかけている。（右図。「大祖国戦争」＝独ソ戦下のプロパガンダ・ポスター。1941年）

参考文献　塩川伸明「旧ソ連の家族と社会」石川晃弘ほか編『講座スラブの世界4　スラブの社会』弘文堂，1994／広岡直子「ジェンダーと家族」ロシア史研究会編『ロシア史研究案内』彩流社，2012／河本和子『ソ連の民主主義と家族』有信堂高文社，2012

13-4 大衆政治化・バックラッシュ・参政権獲得

教科書 帝国主義と列強の展開　☞11-9, 11-10, 14-8

◆**大衆政治化とジェンダー**　世紀転換期から第一次世界大戦までの時期は，すべての社会階層が国家・国民の動向，階級問題，ジェンダー問題などに関心をもつようになり，特定の目的を実現するための協会活動が非常に活発になった。女性運動も例にもれず，フェミニズム系，ナショナリズム系，宗教系の女性組織が次々に誕生し，会員数を増やしていく❶。フェミニズム系も含めて，ほとんどの女性組織は「女性にしかできない」とみなした課題を展開し，成果をあげた❷。ナショナリズム系および宗教系の女性組織は女権獲得には基本的に反対だったが，活発な活動によって女性の政治化を推進した。この時期には，女性党員を拒否していた保守系の政党でさえ，他政党への流出阻止のために女性を受け入れざるをえなくなる。

◆**バックラッシュ**　職業と教育の機会均等という積年の要求が達成されて専門職への女性の進出が可能になり，また女性参政権運動が高揚した20世紀初頭には，反フェミニズム派の活動も活発になった。イギリスでは反参政権に特化した運動がおもに上層の女性たちによって展開され❸，フランスではカトリックの中間層と共和主義者がともに女性の領域は家庭としてフェミニズムに反対し，労働運動も「賃金を引き下げる汚い競争相手」とみなして女性労働に敵対的だった。バックラッシュ勢力が最も強力だったドイツでは，1912年に『女性解放と闘う同盟』が結成され，多くのナショナリストや民族至上主義者が参加し，教養市民層が指導した。反フェミニズムと反ユダヤ主義の結合がドイツ的特性である。会員のうち約4分の1が女性で，職業女性の進出に脅威を感じた主婦たちが中心だった。

◆**女性参政権の導入**　アメリカの数州，ニュージーランド，北欧などに続いて，1918年にイギリスで30歳以上の女性に参政権が与えられ，1928年に男性と同じ21歳に引き下げられた。ドイツでは第一次世界大戦後のドイツ革命のさいに導入される。左派を含む共和主義者のあいだでも女性参政権反対が強かったフランスは，1945年まで待たなければならなかった。参政権導入の根拠として，戦争中の女性の働きが認められたことと，それ以上にイギリスでは参政権運動の展開，ドイツでは女性の政治活動によって民主主義の実現のなかに女性参政権も当然含まれるという見解が浸透していたことがあげられる。導入前は，女性参政権導入に積極的だった社会民主党に有利だとされていたが，女性はむしろ宗教系や中道，右派を選んだ❹。（姫岡）

❶ドイツにおけるおもな右派・ナショナリズム系女性団体

団体名	存続期間	会員数（人）	団体名	存続期間	会員数（人）
愛国女性団体	1865～33	1870年　24,000 1909年　400,000 1914年　592,000	ドイツ植民地協会女性連盟	1907～36	1910年　7,000 1914年　17,800 1930年　24,000
ドイツ福音派女性同盟	1899～現在	1900年　13,600 1912年　250,000 1918年　350,000	ドイツ全国主婦連盟	1915～35	1924年　280,000 1931年　130,000
ドイツ女性艦隊協会	1905～36	1913年　60,000 1918年　130,000 1922年　100,000	全国農民主婦連盟	1916～34	1922年　50,000 1934年　100,000

❷ドイツ植民地協会女性連盟

　ドイツ民族の血の純粋性を守るため，在住のドイツ人男性の結婚相手としてドイツ女性を植民地に移民させようとしたが，うまくいかず，女性の支援要請のために連盟が結成され，成果をあげた。女性を配下におくという男性の意図に反して，女性は自律的に活動した。男性が征服した植民地を女性は再建し，民族を形成（ドイツの血と文化の保持）すると主張し，男女の活動分野の分離を重視するとともに，双方がなければ支配民族としてのドイツの優位とドイツ文化・アイデンティティの維持・強化は不可能と主張した。

❸全国女性反参政権同盟（イギリス）

　女性参政権運動が活発化していた1908年に社会改良や著述業に従事する女性，政治家夫人など，サロンで政治的影響力を発揮していたロンドン社交界の女性たちを中心に結成される。同年に議員関係の女性参政権反対派の男性を中心とする男性委員会もつくられた。両者は合同して2万2000人の会員を集め，1914年には4万2000人を超えていた。大手の新聞に反対記事を寄稿したり，集会を開催したりした。議会での導入が目前に迫ると，30万人分の反対署名を集めた。（写真は，反女性参政権協会，アメリカ）

❹-1 男女別代議士数（1919年ドイツ国民議会選挙）

423議席のうち女性は41名（9.6％）

	独立社会民主党	社会民主党	中央党	民主党	人民党	国粋人民党
代議士数	22	165	90	75	22	42
うち女性	3	22	6	6	1	3

出典）Deutsch, Die politische Tat der Frau, Gotha 1920, p.1.

❹-2 男女別投票動向（男性100に対する女性比率）

女性は明らかに中道から右派の政党を選ぶ

		独立社会民主党	社会民主党	中央党	民主党	人民党	国粋人民党
男	性	100	100	100	100	100	100
女	性	52.2	81.9	169.5	106.9	120.9	174.8

出典）Schneider, Die deutsche Wählerin, in.: Die Gesellschaft Jg.1927, Bd.2, p.366.

参考文献　今井けい『イギリス女性運動史』日本経済評論社，1992／姫岡とし子・川越修編『ドイツ近現代ジェンダー史入門』青木書店，2009／河村貞枝『イギリス近代フェミニズム運動の歴史像』明石書店，2001／有賀夏紀・小檜山ルイ編『アメリカ・ジェンダー史研究入門』青木書店，2010

13-5　産児制限運動の展開と優生学

[教科書]　19世紀欧米の文化／帝国主義と列強の展開　☞8-8, 10-11, 15-2

◆バース・コントロール運動の誕生と変化　望まない妊娠を避けたり出産の間隔をあけるための民間伝承には，古来からさまざまなものがあった。だが，避妊が女性の権利や解放と結びつけられるようになった歴史は新しい。19世紀後半に新マルサス主義が公然と避妊の導入を主張しはじめた頃，当時のフェミニストたちも「自主的母性」の名で女性自身がいつ，何人の子を産むかを決める権利を要求していた。しかしその手段として彼女たちが想定していたのは禁欲で，避妊は男に妊娠の心配なしにセックスを要求する口実を与えることで，女を娼婦におとしめてしまうと批判的だった。これに対し，望まない妊娠を繰り返し，非合法堕胎によって死んでいく女たちを多く見ていたサンガーは，身体的自決権の獲得こそ女の自立と解放の出発点と考え，1914年にアメリカで，バース・コントロールという新しい名称のもとで避妊知識を広める運動を起こした❶❷。彼女は避妊を「罪」あるいは「猥褻」とする教会や保守勢力と果敢に対決し，大恐慌期をへて次第に中・上流階級や医師たちのあいだに支持を広げていった。だがその過程で運動の力点は当初の女の自立から，いかにして家族と社会の安定をはかるかに移行し，1930年代には名称も「家族計画」へと変化した。一方イギリスでは，自らの結婚の失敗から女性にとっての性知識の必要性を痛感し，1918年にベストセラー『結婚愛』を出版したストープスが，労働者階級の女性たちに避妊手段を提供するクリニックを開設し，イギリスでのバース・コントロール運動を代表する「顔」となった❸。

◆優生学への接近　19世紀末，ダーウィンのいとこであるゴルトンは進化論を人間に適用し，「適者」の増殖と「不適者」の排除によって人類の品種改良をはかろうとする優生学を提唱した。優生学は20世紀初頭から1930年代にかけて世界的に流行し，とくに大量の移民や人種問題をかかえるアメリカでさかんになった❹。サンガーもストープスも，バース・コントロール運動への支持拡大をはかるなかで積極的に優生学に接近し，肉体的・精神的に「劣等」な人びとが多くの子を産むのを抑えるためには避妊の普及が必要だが，それさえもできない人びとには断種（不妊手術）の強制もやむをえないと主張した。第二次世界大戦後にはこの考え方は，地球規模での人口爆発を危惧する先進国が避妊手段の輸出をつうじて途上国の人口抑制をもくろむ国際家族計画援助の動きにつながっていく。（荻野）

13-5 産児制限運動の展開と優生学

❶マーガレット・サンガー（1879〜1966）

サンガーは貧しいアイルランド移民の娘で，11人きょうだいの 6 番目に生まれ，最初はニューヨークのスラム街の訪問看護婦として働いていた。彼女の運動は，1920〜30年代と第二次世界大戦後の日本にも大きな影響を与えた。

❷サンガーが1916年にニューヨークに開いたクリニックの前で避妊相談の順番を待つ女性たち

(Ellen Chesler, *Woman of Valor : Margaret Sanger*, Simon & Schuster, 1992)

❸1920年代初め，イギリス初のバース・コントロール・クリニックでのマリ・ストープス（1880〜1958）**と看護婦たち**

(June Rose, *Marie Stopes and the Sexual Revolution*, Faber & Faber, 1992)

❹カリカック・ファミリーの図

同一の男性が質的に優秀な女性と劣等な女性とのあいだにそれぞれ子どもをもうけた場合，その子孫はまったく違った集団になるとしており，遺伝決定論を説明するのに広く用いられた（米本昌平『遺伝管理社会』弘文堂，1989：49頁）。

マルサス人口論と新マルサス主義 1798年，イギリスの経済学者マルサスは『人口論』で，貧困などの社会問題の原因は人口増加率と食糧増産とのアンバランスから生じる人口過剰にあると主張し，解決策として結婚の延期や禁欲による出産抑制を勧めた。19世紀半ばに登場した新マルサス主義者たちは，より実行可能な方法として貧困層に避妊法を教える運動を起こした。当時，避妊は「不自然」「神の意思に背く罪」と考えられていたため，新マルサス主義は危険思想とみなされた。だが20世紀にはマルサス人口論は地球規模での「人口爆発」理論として復活し，アメリカが冷戦期の世界戦略の一環として途上国への家族計画援助にのりだす要因となった。

参考文献　荻野美穂『生殖の政治学』山川出版社，1994／S.ウィットワース（武者小路ほか訳）『国際ジェンダー関係論——批判理論的政治経済学に向けて』藤原書店，2000

13-6 中国の新文化運動と新しい社会秩序の模索

教科書 中華民国の誕生／五四運動　☞12-4, 13-9, 13-12

◆**辛亥革命と共和国の誕生**　中国では1911年，辛亥革命で王朝体制が崩壊する。革命蜂起が起こると，若者は争って革命軍に加わり，各地で女子軍も誕生した。翌年，中華民国が成立し，国民主権を謳う臨時約法が制定されるが，女性参政権は認められなかった。袁世凱(えんせいがい)の独裁政治のもとで政治は混乱したが，皇帝支配が消滅した「精神上の大解放」のなかで，新たな社会秩序の模索がはじまった。

◆**新文化運動と恋愛の自由**　1915年に『青年雑誌』(のち『新青年』と改称)が創刊されて新文化運動がはじまり，親が結婚相手を決める儒教的な家族制度にかわるべき新たな家庭像や男女関係が論じられた❶。救国の志に燃える知識人にとって，抑圧された女性のイメージは列強に虐げられた中国の象徴であり，家族改革・女性解放は中国の近代的変革の中心的課題となった。論争ははじめの頃，魯迅(ろじん)(1881～1936)や胡適(こてき)(1891～1962)など男性知識人が中心で，胡適は，女性は「賢妻良母」であることを超え，独立した人格と自立した精神をもって自らの天職や事業に尽くすべきだ，と述べた。やがて女性も参加して，貞操論争，恋愛討論，新性道徳論争などが展開され，恋愛にもとづく「婚姻自主」はほぼ近代的知識人のコンセンサスとなったが，女性の性的自由の主張には，多くの批判が向けられた。こうした論壇での模索は1930年代まで続くが，結論の出ないまま，ジェンダー関係の変革は革命にゆだねられていった❷。

◆**女子学生と紡績女工**　パリ講和会議において中国の主権が無視されたことに抗議して起こった1919年の五・四運動では女子学生も活躍した❸。近代的学校で教育を受ける女子学生は，全体のなかではごく少数だったが，北京や上海などの大都市に集中していた。家族以外の男性と接触しないように家にいるべきだとされてきた女性が，街頭へ出て男子学生とともにデモをしたことは，当時は破天荒(はてんこう)なことだった。一方，第一次世界大戦中に，上海では日本企業や中国の民族企業による紡績工場が急増して，たくさんの女性労働者がそこで働き，1日12時間の労働に耐えた。多くの女工はローティーンのときから働きはじめ，自身の労働による現金収入を得て，リボンをつけるなどささやかなおしゃれをする者もいた。中国の紡績女工には既婚・子持ちの労働者も多く，彼女たちは仕事の前後に家事をすませ，子どもを工場へ連れてくるなど，過酷な毎日を送っていた。(小浜)

❶【史料】呉虞「家族制度は封建主義の根拠である」(『青年雑誌』2巻6号，1917)
「商鞅（前4世紀の法家）・李斯（前3世紀の法家）が封建制を破壊した際には，わが国にも宗法社会から軍国社会へ転換する機会が存在した。しかるに今日にいたって欧州社会が宗法社会を離脱してすでに久しいのに反して，わが国はついに宗法社会に停滞して前進できぬままである。その原因を考えるに，実に家族制度がその障害となっている。……上を犯し乱をなすことを抑止する方法としては，ただ孝悌によってこそ効を収めることができるのであって，儒家はこの孝悌の二字を二千年来専制政治と家族政治を結ぶ根幹とし，終始一貫して動かすべからざるものとしてきた。宗法社会が軍国社会を牽制してその完全な発達を不可能にしているのである。その流毒はまことに洪水や猛獣よりも甚だしい」(坂元ひろ子編『新編原典中国近代思想史4 世界大戦と国民形成』岩波書店，2010)。

【解説】 中国近代の家族改革の幕開けとなった文章。絶対的な権威をもっていた家族制度を中国の停滞の原因と断定する。儒教的な家族制度を打倒せよ，と呼びかける語調は激烈で，多くの青年を鼓舞した。

❷ 2人の女医——張竹君（1876～1964）と楊歩偉（1889～1981）

広東の官僚の娘であった張竹君は，夏葛女子医学堂で西洋医学を学び，寄付を集めて広州に病院を設立して医療と社会活動に励んだ。1904年に上海に移り，女子中西医学堂や上海医院を設立する。辛亥革命のさいには中国赤十字会と名乗る医療隊を結成して革命軍の救護にあたった。その後も医療と女子教育などの社会活動に努めた張は生涯独身をとおし，1932年の上海事変のさいにも救護活動に活躍するなど，息長い活動を続けた。

一方，日本に留学して医学を修めた楊歩偉は，アメリカ留学帰りの著名な言語学者の趙元任（1892～1982）と意気投合し，1921年に結婚した。当時の第一級の知識人カップルの，一切の儀式を省いて2人で写真を撮り結婚の新聞広告を出すという新しい結婚方法は，新時代の家庭を予感させた。しかし，その後の楊は，一時避妊クリニックを開いたりしたものの医師としてはあまり活躍できず，趙のよきパートナーとして暮らした。

楊歩偉と趙元任

張竹君

❸五・四運動に参加する女子学生

天津女界愛国同志会，上海女界連合会などが結成されて，各地で女性の連合，男女の連合が進み，運動のなかでジェンダー関係が変わっていった。周恩来と生涯のパートナーとなった鄧穎超（1904～92，自身も中国共産党の指導者で女性運動などに活躍した）が，天津の五・四運動で出会ったのはその象徴といえる。運動に参加した女子学生や女学校教員には，親の決めた婚約を破棄したり，家庭を飛び出してきたりして一個の人間としての独立をはかろうとしている者が少なくなかった。(右写真は，上海の女子学生のデモ)

参考文献 陳姃湲『東アジアの良妻賢母論』勁草書房，2006／早川紀代・江上幸子ほか編『東アジアの国民国家形成とジェンダー』青木書店，2007／中国女性史研究会編『中国女性の100年』青木書店，2004／村田雄二郎『『婦女雑誌』からみる近代中国女性』研文出版，2005

13-7 トルコ近代化改革と女性解放

教科書 トルコ共和国の成立　☞5-4, 7-6, 12-3

◆**公的領域への女性の進出**　オスマン帝国の解体と独立戦争(1918～23)の勝利をへて1923年にトルコ共和国が建国すると，カリスマ的指導者のムスタファ・ケマル・アタチュルクは初代大統領に就任した(在任1923～38)。アタチュルクは，イスラーム帝国から民主的な近代国家に脱皮すべく矢継ぎ早に改革を進め，イスラーム的要素の排除に努めた。女性はイスラーム社会における抑圧の象徴とみなされたから，新生トルコが宗教政治と決別したことを国際社会に示すため，女性の地位改善が重要課題となった。

1930年に地方議会，1934年にはフランスや日本に先駆けて女性の国政選挙の選挙・被選挙権が認められた。初等教育が無料化・義務化されて女子の就学率を押し上げ，高等教育を受けて弁護士や医師，教師として活躍する女性が登場した。ヴェール着用は好ましくないこととされ，女性は自らの美しさを周囲に示すことが勧められ，ミス・トルコが選ばれた。これらは基本的に「上からの改革」であった。参政権を求める女性運動も存在したが，女性が自主的に改革に取り組むことはアタチュルクら支配エリートから警戒された❶。

◆**私的領域における女性——母，妻，貞淑な女性**　男女平等が掲げられ学校や職場など公的領域への進出が奨励される一方，女性の本領は妻であり母であるという考え方は維持された。スイス民法を模範に制定された民法(1926)は，一夫多妻を禁止，女性からの離婚の申し出を可能にし，相続の男女差別を廃止する一方，夫を家長とし，妻は夫を扶助し家事を担うのであり，就労する場合には夫の承認を必要として，結婚後は夫の姓を名乗るとした。また刑法は家族の名誉や女性の貞操の考え方を温存した❷。(村上)

フェミニズム運動と民法改正　1980年代以降，フェミニズム運動が起こり，またアタチュルク批判がタブーでなくなると，女性の地位改善は近代国家の体裁を整えるための「お飾り」であり，そのため外から見えない家庭内では女性は低い地位に甘んじてきたとして，改革の限界が指摘された。EU加盟候補国として人権問題の解決が課題となったことにも後押しされ，1990年代以降，男女平等化改革が着手された。新民法(2001)は家長条項を廃止，新姓との併用を条件に旧姓使用を認めた。また離婚のさいは結婚期間中に形成した財産は夫婦の共有財産とみなし，夫婦間で平等に分けるとした。これは女性の家事労働が労働として評価されることを意味する。また家庭内暴力の防止が法制度化された(1998)。

❶参政権の要求と女性党の試み

1923年,女性の参政権を求めて女性党結成が試みられたが,許可を得られず,参政権要求を党綱領から外して翌年トルコ女性同盟が結成された。同盟は1927年の総選挙に候補者を立て,また1931年の地方選では授乳中の母親へのミルクの無料配布などを公約に掲げたが,アタチュルクらの反対にあって選挙への参加を断念した。その後,1934年に国政参政権が付与されると,新代表は「女性の権利はすべて与えられた」と宣言し,同盟の解散を宣言した。1930年代には,共和人民党の権威主義的一党支配体制に対する不満が高まった。共和人民党政府は種々の団体とそれを支える知的階層の統制をはかり,多くの団体を解散・閉鎖させた。その一つがトルコ女性同盟だったのである。以後,女性の政治活動は下火になり,女性の組織化は,「妻や母としての特性を活かした」慈善事業などの分野に特化していく。彼女たちは男女平等改革の恩恵に浴した中上流階層出身者であり,アタチュルクの改革を礼賛するスポークスマンとなった。(写真上は,地方議会の選挙権が付与されたことを祝って行進する女性たち。手前の横断幕には「トルコ女性同盟」とある。1930年。写真下は,1935年の国政選挙で投票する女性)

❷刑法と名誉殺人

トルコの新聞の社会面にしばしば登場する陰惨な事件の一つに,名誉殺人がある。背景には,女性に貞操を守らせることで,彼女の夫や父親,ひいては家族全体の名誉が守られるという考え方がある。類似の考え方は,トルコだけでなく,広く中東や南アジアの社会でも見られる。名誉は,中上流階層のあいだでは,より情緒的で個人的な価値に変化しつつある。しかし,いまでも家族全体の名誉と考える人びとは多い。この考え方に従えば,ある女性が結婚前に性交渉をもったり婚外交渉に及んだ場合,あるいはその噂がたつだけでも,彼女の家族の名誉は失われてしまう。失われた名誉を回復するために,家族が彼女や相手の男性を殺害するのが,名誉殺人である。刑法は,家族の名誉を回復させるための殺人であるという理由で,この名誉殺人の量刑を一般の殺人よりも軽くすることを認めてきた。2000年代以降,国内のフェミニストや人権団体から批判が強まり,またEUから加盟の条件として人権問題の解決を迫られたことを背景に,新刑法(2005)では名誉殺人の減刑条項が廃止された。

参考文献　新井政美『トルコ近現代史』みすず書房,2001

13-8 朝鮮の植民地化──「新女性」から「慰安婦」まで

教科書 日本植民地下の朝鮮　☞7-5, 13-11, 14-4

◆**民事令・女子教育──植民地のジェンダー政策**　「韓国併合」後、日本は朝鮮の民事令を定めた（1912）。旧日本民法にならって制定したが、親族および相続に関しては両班(ヤンバン)階層の慣習に従うものだった。それにより家父長権の弱かった地域・階層の女性までがそれまで享受してきた諸権利を失った。同姓同本結婚禁止に加え、父親にだけ認められた親権、妻の姦通のみ処罰、妻の無能力規定などが決められた。さらに結婚と協議離婚において父母の同意を要したので日本より強い戸主権を認めることとなった。結果的に一夫一婦制度のもとでの家父長権が強化された。教育においても、就学率で見ると朝鮮人児童は日本人より低かったが、女子においてさらに低かった。戦時期の総動員体制によって農村では、働き手が徴用、徴兵などにとられ不足したために女性労働力が活用され、皇国の良妻賢母を目標にした女子初等教育が拡充されたが、それでも男子の半分しか就学できなかった。

◆**男女平等と民族解放を求めて**　宣教師が建てた梨花(リカ)学堂に続いて、20世紀には近代女子教育機関が少しずつ設立され、そこで学んだ女性は「新女性」と呼ばれた。彼女たちは近代独立国家の建設に加わろうという使命感で知識と技能を学んだ。併合10年目にして起こった三・一独立運動に参加した女性は大部分が女子学生や女教員だった❶。このような独立運動への女性の参加は、やがて男女平等を謳う上海の大韓臨時政府の憲章に結実した。1927年に民族解放と女性解放をめざした槿友会(クヌフェ)❷が結成されるが、1930年以降は朝鮮内での運動が難しくなり、中国へ活動の舞台を移す女性もいた。女子教育のパイオニアとして知られる金活蘭(キム・ファルラン)や黄信徳(ファン・シンドク)たちは、皇民化政策を担うことで女子教育機関を存続させた。

◆**労働力としての朝鮮人女性**　都市では紡績やゴム工場で働く女性もいたが、多くは初等教育程度の学歴が要求されたため、大部分の朝鮮人女性は農業に従事し、植民地期をつうじて無業も増加した。非識字者の仕事は女中や子守奉公、酌婦などに限られた。文字や情報から疎外されている者は人身売買の犠牲者になりやすく、公権力により「慰安婦」にされるケースもあった❸。総動員体制期に父や夫がサハリンなど遠隔地に強制連行され、離散家族となったケースも少なくない。1944年の女子挺身隊令以降、「娘供出」を避けるための早婚が増加した。（宋）

13-8　朝鮮の植民地化

❶柳寛順（ユ・グァンスン）（1902〜20）肖像画切手（1987発行）

梨花学堂高等科学生だった柳寛順は1919年3月，ソウルで独立運動に加わり，警察に逮捕される。宣教師の嘆願で釈放されると，4月に郷里の天安に戻って独立運動に参加する。この蜂起（ほうき）で両親を失い，自身も逮捕される。西大門刑務所内でも独立を叫びつづけたために，拷問を受け，18歳の誕生日を迎える前に獄死する。独立運動のシンボル的存在。

❷【史料】槿友会宣言文（抄訳，1927）

「朝鮮における女性の地位はより劣悪で，旧時代の遺物のうえに，二重，三重の現代的苦痛が加わっている。朝鮮女性を不利にするものは，朝鮮全体を苦しめるものに直結する。さらには全世界の不合理とつながっている。朝鮮女性運動の真の意義は歴史的社会背景によって把握されるべきであり，私たちの役割を偏狭に局限してはいけない。女性は弱者ではない。女性が解放される時，世界が解放される。朝鮮の姉妹よ，団結せよ」（『槿友』創刊号）。

【解説】　統一戦線の新幹会の姉妹団体として結成されるが，山川菊栄に影響を受けた黄信徳や日本留学を経験した李賢卿，崔恩喜たちが中核となった。民族主義，キリスト教，社会主義と異なる立場の「新女性」たちが，女性解放思想を啓蒙する活動を展開したが，全盛期の1929年には70余支部，2900人の会員を擁し，東京，京都，長春，間島にも組織を拡張した。しかし朝鮮内での社会運動が困難になる1931年には新幹会に続いて解散する。その後，会で急進的な活動をした許貞淑や朴次貞たちは活動の場を中国に移す。

❸姜徳景（カン・ドッキョン）の絵「奪われた純潔」

1929年慶尚南道晋州生まれ。16歳のとき，教師の勧めで女子勤労挺身隊一期生として富山県の不二越飛行機工場に送られるが，十分な食事を与えられず逃亡する。すぐに憲兵に捕えられ，大部隊に送られ，そこで慰安婦にされた。晩年，心のケアのためにはじめた絵画で才能を発揮する。純潔が奪われたうえに，魂まで殺される悲痛さが少女の裸体によく描かれている。

羅蕙錫（ナ・ヘソク）（1896〜1948）自画像　初の女性西洋画家。1910年代に東京女子美術学校に留学し，帰国後外交官夫人として2年近く欧米周遊をする。400点余りの作品を描いたといわれるが，ほとんど現存しない。ヨーロッパの技法を学んで描いた自画像は立体的な顔に対して，平面的な身体と背景，色のコントラストで挫折した女の不安な心理をうまく描写している。夫以外の男性と恋愛し，セクシュアリティの平等を叫んで朝鮮社会から追放されるといったドラマのような人生を生きた。

参考文献　宋連玉「植民地期朝鮮の女性」『岩波講座東アジア近現代通史5　新秩序の模索：1930年代』岩波書店，2011／羅英均『日帝時代，我が家は』岩波書店，2003／金富子『植民地期朝鮮の教育とジェンダー』世織書房，2005／井上和枝『植民地朝鮮の新女性』明石書店，2013

13-9　革命と戦争のなかの中国女性

教科書　中国の国民革命／日中戦争　☞13-6, 13-11, 14-3

◆**中国国民党と中国共産党の女性政策**　五・四運動後に誕生した革命政党である中国国民党と中国共産党は，ともに新文化運動の家族改革と女性解放を引きついで目標に掲げた。両党が1924年に第一次国共合作をおこなったさい，「男女平等の原則を確認し，女権の発展を助ける」ことが宣言された。国民革命の進展とともに，各地で展開された女性運動の具体的内容は，放足（纏足を解くこと）と断髪が中心となった。革命指導部は結婚・離婚の自由などの家族改革を掲げていたが，それを推進することは男性農民の反発を招いて革命の進展にマイナスだと考え，まず女性の身体の改造に取り組んだのである。

◆**国民政府と中華ソヴィエト共和国**　第一次国共合作の崩壊後，中国の大半を支配するようになった中国国民党の蔣介石指導下の国民政府は，男女平等の結婚を謳う民法を公布した。また，男女の平等な参政権を謳う憲法草案もつくられたが，日本軍の侵略の激化のため，実施は延期された。一方，中国共産党は，女性の経済基盤の確立が女性解放には重要であり，それは政治体制の変革によって達成されるとして女性の革命への動員を進めた。共産党の支配する僻地の中華ソヴィエト共和国では，急進的な反家父長制的内容をもつ婚姻条例が施行されたが，男性たちの反発は大きかった❶。このように国共両党は政治改革と女性解放とを同盟させて，政治主導・男性主導で上からの女性解放を進めようとしたが，それはそのときの政治課題に女性独自の要求が従属する傾向をもたらした。

◆**抗日戦争における中国女性**　日本軍の中国侵略に対して，中国は第二次国共合作による抗日民族統一戦線で戦ったが，そこにおける人びとの生活条件は厳しいものだった。物資は欠乏し，共産党支配下の辺区では乳幼児死亡率が5割を超えた地区もある。また，日本軍は戦地における強姦などの性暴力を頻発させ，さらに「慰安婦」として占領地域の女性を徴発した。このような日本軍性暴力の被害にあった女性は，女性としての貞操を失ったことで民族の節操を汚したとされて，「破れ靴（身持ちの悪い女性）」と指弾され，多重の苦難をこうむることになった❷。抗日の志に燃える少なくない若者は，共産党支配地区の中心である陝西省延安に向かった。しかし抗日と革命に邁進する共産主義者のあいだでも，女性の家事・育児負担は当然視されてそのために女性は革命的に立ち後れているとされた❸。（小浜）

❶【史料】男女平等にかかわる法令

(1)中華民国臨時約法（1912年3月公布）
　　第5条　中華民国人民は，一律平等にして，種族・階級・宗教の区別なし。
(2)中華民国憲法（1947年1月公布）
　　第1条　中華民国は三民主義にもとづき，民有・民治・民享の民主共和国である。
　　第7条　中華民国人民は，男女・宗教・種族・階級・党派の分なく，法律上一律平等である。
(3)中華民国民法（1930年12月公布，1931年5月施行）
　　第972条　婚約は男女当事者が自ら取り決めるべきである。
　　第1138条　遺産継承者は配偶者のほか，左列の順序によって定める。
　　　1　直系の血親卑親属，2　父母，3　兄弟姉妹，4　祖父母
(4)中華ソヴィエト共和国婚姻条例（1931年12月公布・施行）
　　第4条　男女が結婚するには双方が同意しなければならず，いずれか一方，または第三者が強制を加えることは許さない。
　　第9条　離婚の自由を確定し，およそ男女の双方が離婚に同意すれば，ただちに離婚できる。男女の一方があくまで離婚を要求すれば，やはりただちに離婚できる。

【解説】中華民国成立当初の暫定憲法である臨時約法（1）には，男女平等は規定されず，憲法にそれが明記されるのは，戦後の（2）を待たなければならなかった。国民政府の民法（3）は，本人が結婚を決定し，娘が財産継承権を持つとした点は画期的だが，現実には広まらなかった。中華ソヴィエト共和国の（4）は，さらに女性からの離婚も認めている（中国女性史研究会編：41～42，115～117頁）。

❷【史料】「敵の占領状況」（戦地総動員委員会，1939年）

「占領地における敵〔＝日本軍〕のすさんだ淫らな行為はひろく語り伝えられている。敵の統治区一帯では，占領初期，民間の女性を蹂躙（じゅうりん）する行為がいたるところで起きたため，住民は次々と山間部に逃げ込み，身を隠して，敵と出会うことを避けた。……そこで，敵はより巧妙な方法を考えだし，今でもこの方法は踏襲されている。つまり村ごとに，あるいは班ごとに絶えず女を1，2名ないし3名供出させ……日本軍の将兵の遊び相手にさせられる。敵の将校の妻にされる者もいた。こっそり抜け出して郷里に逃げ帰る人もいる。その多くは屈辱に甘んじ我慢することができない女性たちである。そのため，逃げ帰る途中，または家についてから自殺をはかる者が多い。都会にいるあいだに自殺した人も少なくない」（中国女性史研究会編：161～162頁）。

【解説】日本軍が占領していた山西省における性暴力の状況を伝える中国側の報告書。占領の長期化のもとで日本軍の性暴力も日常化した。「プライドのある女性は自殺するものだ」という視線は，被害女性をさらに苦しめた。

❸丁玲（ていれい）（1904～86）

中国近現代の作家。上海で詩人の胡也頻（こやひん）と同棲して小説を書きはじめる。1929年に『ソフィ女士の日記』で，若い女性の性と苦悩を描いて注目された。胡也頻を国民党のテロで失ったのち，中国共産党に入党。抗日戦争期は共産党根拠地の延安に赴き，文芸工作をおこなう。1942年に発表した「国際婦人デーに思う」では，共産主義者のあいだでも，女性の家事・育児負担が当然視されて，そのために女性は革命的に立ち後れているとされる状況を描き出し，『霞村にいた時』では，日本軍の性暴力にあった女性を取り上げたが，上層部から批判される。戦後は共産党の文芸工作に活躍するものの，1957年の反右派運動で「右派」とされて，共産党を除籍された。のち名誉回復したが，晩年まで当局への批判を続けた。

参考文献　末次玲子『二〇世紀中国女性史』青木書店，2009／中華全国婦女連合会編著（中国女性史研究会編訳）『中国女性運動史1919－49』論創社，1995／石田米子・内田知行編『黄土の村の性暴力』創土社，2004／中国女性史研究会編『中国女性の100年』青木書店，2004

13-10 ナチズムとジェンダー

教科書 世界恐慌とファシズム諸国の侵略　☞13-2, 13-4, 13-11

◆**女性のナチ党支持**　ナチ党の宣伝映画やパンフレットには, ヒトラーの演説を恍惚とした表情で聞く女性や党幹部に花を投げる少女が登場する。これは, ナチ党が女性から, そして国民から熱狂と信頼を得ていることをアピールするものだった（右写真参照）。ナチは男性結社を自認していたが, 権力獲得が現実化する過程で女性票の重要性を認識し, 家族や宗教を擁護する姿勢を示して女性の懸念を払拭した。1930年以降, ナチ党への得票率の男女格差は徐々に接近し, 女性はナチ党が大衆の支持を獲得する過程で重要な役割をはたした❶。ナチ党にドイツの将来を託したのは, 民族至上主義者や「ヴァイマールの女性解放」に抗して女性の価値を母性の復権に見出す女性たちだった。母性を礼賛するナチは,「女性の世界」を評価し, 守ってくれるという印象を与えたのである❷❸。

◆**ナチのジェンダー・家族政策**　ナチの母性礼賛は人口増加のための便宜的なもので, 女性を「二流の性」とみなして蔑視し, 政治の決定過程や専門職から女性を排除した。他方で出産にはさまざまな報奨制度を提供し, 妻の非就業を条件に結婚貸与金を与え, 子どもを1人産むごとに返済額を4分の1ずつ免除した❹。税制面での優遇措置や児童手当もあった。中絶に対する罰則は強化され, 避妊具の入手は困難になった。1938年に発布された家族法は夫婦の一方が「正当な」理由なしに妊娠を拒んだ場合, あるいは生殖不能な場合, 離婚を認めている。他方で生殖の徹底的な国家管理のもと, ナチにとって「価値のない生命」の出産は排除・禁止した。政権獲得の半年後に断種法を成立させ, 40万人余りの「劣等な遺伝子」に断種手術を受けさせ, また強制的に中絶させた。また15万人余りが安楽死させられた。

◆**女性の社会活動**　活動領域の性別分離を徹底させたナチは, 女性の領域である家庭も政治化し, 国家管理のもとにおいた。女性は母性を基盤とする福祉活動を展開し, 人種プログラムを末端で支えた。「女性奉仕団」（会員400万人以上）や「ナチ女性団」（会員約200万人）は,「民族共同体の維持と発展」という国家事業の一環として人種学の講習をおこない, 人種的観点から配偶者選びや多産の指導をしている。断種政策の実行にあたっても, 優生裁判所で断種の判決を下すのは男性だったが, 女性ソーシャルワーカーや看護婦が適格者の選抜に関与し, 裁判所に審理依頼申請をおこなった。ナチの人種政策の遂行には女性の協力が不可欠だった。　　（姫岡）

❶ナチ党への得票率（％）

	1930年	1932年	1933年
男性	19.8	21.8	33.9
女性	15.5	19.2	32.9

ヒンデンブルクがヒトラーに勝利した1932年3月の大統領選挙では，女性は圧倒的にヒンデンブルクに投票したため，女性票対策が必要だとされた

出典）Bremme, Die Politische Rolle der Frau in Deutschland, Göttingen 1956, p.74.

❷【史料】ナチの女性像
「ドイツ女性は気高いワイン
大地を愛し肥沃にする
ドイツ女性は輝く太陽
家庭を暖かく包む
彼女はつねに尊敬の眼で見られなければならない
他民族の情熱や勇気にもてあそばれてはならない
ドイツ民族の純血は守られねばならない
それが総統の至高の目的なのだ」（クーンズ：107頁）．

❸【史料】ナチの母性政策の原点
(1)ナチ党綱領（1920年）
第21条　母性保護は社会政策の主要な目的。
(2)ヒトラー『わが闘争』（1924年）
「わが国では母親はもっとも重要な公民」。

選挙ポスター「女性よ！ヒトラーを選べ」

❹母の日
　ドイツではじめて「母の日」が祝われたのは，1923年。世界で最初に母の日を制定したアメリカの白いカーネーションを贈るという慣習に刺激された生花店協会が普及の推進力となった。母の礼賛と民族再生がリンクされ，民族団体の後援で広く浸透する。多産奨励のため「母を礼賛」したナチは，母親十字勲章を設けて子どもの多い母親を表彰した。毎年母の日にセレモニーをおこない，子ども8人で金，7人で銀，5人で銅メダルを贈呈した。

ヒトラーに熱狂する女性たち（上），少女たち（下）

ナチの人口政策とセクシュアリティ　表面的には家族擁護の姿勢を見せていたナチだが，出生数増加のためには家族規範の崩壊も厭わなかった。ドイツ国内および占領地域に「生命の泉」を設立して，既婚の母親やシングルマザーの出産を保障し，望まれずに生まれた子どもの養子縁組サービスをおこなった。とくに親衛隊員は，一夫多妻を実践してまで，より多くの子どもをつくることが期待された。ナチは「ドイツ人の血と尊厳を守る」ために，異人種との性交を禁じていたが，ユダヤ人，シンティ・ロマ，黒人を除いて，この規定は柔軟に適応されている。同性愛者も収容所に送られるなど，ナチの性政策は抑圧的な人種政策と結びついていたが，同時に，性の快楽的側面を認め，ポルノやヌードを擁護し，女性の性欲や青年の自慰も肯定する性の手引き書を公認していた。しかも，保守派に対しては，この性の解放をユダヤ人の影響によるものと批判して保守的性道徳の擁護者を装い，他方で性に肯定的な人びとの支持も受けていた。

参考文献　C.クーンズ（姫岡監訳）『父の国の母たち』時事通信社，1990／C.クレイほか（柴崎訳）『ナチドイツ支配民族創出計画』現代書館，1997／D.ヘルツォーク（田野ほか訳）『セックスとナチズムの記憶』岩波書店，2012

13-11　戦争・占領とセクシュアリティ

教科書　ナチス＝ドイツの侵略と開戦　☞13-2, 13-8, 13-10

◆**戦争と性暴力**　戦争には兵士による性暴力がつきまとい，比較的最近では，第二次世界大戦時のドイツ軍，南京大虐殺時の日本軍，ドイツ侵攻時のソ連赤軍，ベトナム戦争時のアメリカ軍や韓国軍，ボスニア・ヘルツェゴビナ紛争でのセルビア人民兵などの例がある。ドイツ軍の場合，西部戦線より民族的に劣視していた東部戦線のほうが著しく，軍規によるレイプ禁止や人種的観点からの異民族との性行為禁止にもかかわらず，レイプ，性的虐待，裸体強要，性労働の強制など，あらゆる種類の性暴力がおこなわれた❶。とくに戦勝後の数日間は，征服の象徴として占領下の女性が激しい暴力の犠牲となり，レイプののちに命を奪われた例も多い。性暴力は処罰されることもあったが，軍指導部はこうした規律違反行為の大半を黙認した。

◆**戦争と売買春**　戦闘の慰労と士気高揚のためには兵士の性的欲求の満足が必要だという見解，また現地女性に対するレイプ防止と性病予防という観点から，軍は兵士用の売買春施設を設置した。ナチズム下のドイツでは，売買春を禁止して売春婦を強制収容所に送ったにもかかわらず，自らの管理下にある売買春はむしろ積極的に推進している。各戦線に設置された兵士用売春宿，さらに労働意欲の向上のために設置された東部からの強制労働者用売春宿で性労働に従事させられたのは，ユダヤ人，黒人，シンティ・ロマを除く現地女性で，強制されたケースもあった。強制収容所内にも最高責任者ヒムラーの命令で売春宿がつくられ，おもに女性用囚人施設ラーヴェンスブリュックの囚人のなかから性労働者が選ばれた❷。

◆**ホロコーストの記憶文化と性**　ドイツの過去の克服の試みに対する評価は高く，過去を記憶するための追悼施設や記念碑建設の動きは，戦争を知る人が少なくなるのと反比例して年々活発化している。しかし，街中の記憶文化のなかに性暴力は登場しない。ナチスによる暴力の犠牲者としては，ユダヤ人や政治・宗教犯に続いて，シンティ・ロマや同性愛者が可視化されたが，性暴力被害は隠蔽，忘却，沈黙，否定されてきて，過去の克服の真空地帯に属していた❸。強制収容所博物館ですら，囚人に対する「間違ったイメージ」の形成を恐れて，売買春施設の存在を明示しなかった。ようやく最近，詳細な研究が登場して，メディアもこの問題を取り上げるようになったが，記憶の構築はまだ民間レベルの限定的なものにとどまり，公式の記憶文化への組み入れは今後の課題である。〈姫岡〉

❶ パルチザンと性暴力

ナチス支配に抵抗して，あらゆる占領地域で形成されたパルチザンには女性も参加し，武器を手にする女性もいた。パルチザンの抵抗は，住民への虐殺，性暴力を含む暴力行為というかたちで報復されたが，女性への性暴力がパルチザンの抵抗を強め，現地の人びとをパルチザンに駆り立てる要因ともなった。パルチザンを恐れるドイツ軍兵士は，しばしば住民の家に押し入って捜索したが，そのさい男女ともに上半身裸体にさせられたり，開口部に秘匿物を隠していないか，性器まで含めて身体検査されたりして恥辱を受けた。(右写真は，ユーゴスラヴィアの女性パルチザン)

❷ 強制収容所の売買春施設

性労働者の数は，名前が判明しているだけで174名，不明者を合わせて210名余りと考えられている。囚人たちに売春施設での労働に応募するよう呼びかけ，半年後には収容所から解放するなどという甘言を弄したが，応募者は少なかったため，強制的に選び出された。応募者も生き延びるための戦略という要素が強く，自由決定の余地はないため，強制との境界は曖昧である。(写真右は，グーゼン収容所の売春施設の建物。下は，性労働者の囚人カード)

❸ 占領下の子どもたち

占領地域ではドイツ兵が現地女性と，強制，合意，取引などさまざまなかたちで性関係をもっていて，混血児が誕生している。「血の純潔」を重視したナチだが，出生数の増加という観点から混血児に否定的ではなかった。東部に展開する600万人のドイツ兵から100万人の子どもが生まれると豪語していたナチ幹部もいて，ノルウェーなど北方系はもちろん，スラブ系でもゲルマン人に類似している「価値ある子ども」はドイツの民族共同体に獲得しようと計画された。「生命の泉」は占領地域でも設立され，外国人の混血の子どもの略奪にもかかわっていて，「人種的に価値のある」幼い子どもを親から引き離してドイツに送り，ドイツ人家庭でドイツ人として育てさせる事業もおこなっていた。

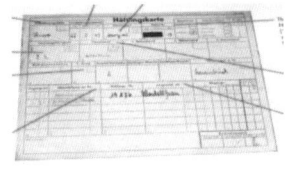

日本軍性暴力の構造 日中戦争・太平洋戦争の時期，日本軍はアジア太平洋の広い地域に展開していたが，そのほぼすべての地域においてさまざまなかたちの性暴力が発生していた。日本軍性暴力の第一の類型は，「戦場型」のもので，南京大虐殺のさいの大規模な現地女性へのレイプ(しばしばその後の殺害をともなった)などが知られている。第二は，「慰安所型」である。日本軍の駐屯する町には慰安所が設置され，将兵はそこで買春することを戦地での息抜きとしていた。しかし性サービスをおこなっていた女性は，強制されて「慰安婦」となり，逃げ出すこともできない状態で報酬も受け取っていないことも多く，それは女性の側から見れば，性奴隷というべき状況であった。こうした女性には，朝鮮半島出身者が多かった。第三に，慰安所もつくれないような前線の駐屯地では，現地の女性を調達して「末端型」の強姦所が設けられることがあった。軍当局は戦場でのレイプを減らすために慰安所を設けたとするが，実際には各類型の性暴力は連鎖しており，日本軍のある所で，性暴力はなくならなかった(石田米子ほか編『黄土の村の性暴力』創土社，2004，参照)。(小浜)

参考文献 H. ザンダー，B. ヨール編(寺崎・伊藤訳)『ベルリン・解放の真実——戦争・強姦・子ども』現代書館，1996／C. パウル(イエミンほか訳)『ナチズムと強制売春』明石書店，1996／C. クレイ，M. リープマン(柴崎訳)『ナチドイツ支配民族創出計画』現代書館，1997／R. ミュールホイザー(姫岡監訳)『戦場のセクシュアリティ——独ソ戦下のドイツ兵と女性たち』岩波書店，2015

13-12 特論⑬ 「新しい女」・モダンガールと消費文化

教科書 大衆消費の時代 ☞11-8, 11-12, 13-6

◆「新しい女」イメージの登場 「新しい女」は，家庭を守り，男性に依存して生きるという当時の女性像に対抗し，自己の人生を自らの手で切り開く女性たちである。日本では平塚らいてうら青鞜社に集まる女性たち，イギリスやアメリカの女性運動家たちが，「新しい女」と呼ばれた。1920年代にドイツのベルリンに登場した「新しい女」は，自立心旺盛で男性に依存しない生活を送っていたものの，フェミニストではない。彼女たちは若い独身のホワイトカラーで，第一次世界大戦以前と比べて大幅に増えた事務員やタイピスト，デパートの店員などとして働いていた❶。断髪，真っ赤な口紅，ひざ下丈のスカートという挑発的なファッションで颯爽と街を闊歩し，仕事をこなして経済力をもち，ダンスホールや映画館に出かけ，スポーツで身体を鍛え，自分の望む相手と恋をし，喫煙までする彼女たちは，新しい時代のモダニティと，あらたに獲得した女性の自由と自立を象徴する存在だった。

1920年代の新しい女

◆イメージとしての「新しい女」とその実態 上記のような「解放された新しい女」のイメージは多分に，大量消費の担い手として注目された若い女性読者層の購買欲をかきたてようとする雑誌によってつくられたものである。女性ホワイトカラーには昇進の機会はほとんどなく❷，仕事は上司の命令を遂行するだけの単純なものだった。だからこそファッションや余暇の世界に逃げ場を求め，外見やエロティックな魅力で上司やデパートの顧客をとりこにする女性に関する映画や雑誌のシーンに魅了された。ミドルクラスの娘にとって結婚前の就業は自明のものとなっていたが，彼女たちの結婚願望は強く，彼女たちに付与されたイメージとは対照的に市

❶ドイツ女性ホワイトカラーの職種別構成比（1930年）

職種	構成比（％）
商店員など	46
事務員	23
速記タイピスト・文書係	16
簿記係	5
倉庫管理係	3
倉庫係，発送係	2
会計係	1.5
職業紹介所職員	1
福祉職員	0.5
官庁事務職員	0.5
電話交換手	0.5
医療関係職員	0.5
役職者（主任・係長・課長）	0.5
計	100.0

出典）❶❷とも姫岡：143頁。

たばこの宣伝に登場した新しい女

民家族の理想像を揺るがすような生活は望まなかった。(姫岡)

❷ホワイトカラーの等級構成比
(％)

	上級	中級	下級
男性	20.29	47.53	32.18
女性	2.52	25.44	72.04

◆東アジアの「新しい女」とモダンガール
1910〜20年代の中国，台湾，朝鮮では，近代的な学校教育を受けた女性が「新婦女」「新女性」と呼ばれた。教育を受ける機会のない多くの女性とも，儒教的教養を備えた旧い「才女」とも違う「新女性」たちは，男性に伍して社会で働いたり近代的な教養や衛生知識を身につけた良妻賢母となったりすることが期待された。やや遅れて日本で「モガ(モダンガール)」，上海で「摩登女郎(モダンガール)」の語が流行する。化粧石けんやマニュキアの広告に登場するモダンガールのイメージに引きつけられた女性によってアジアの都市でも消費社会が拡大し，広告のなかの女性の身体は性的対象として見られる存在となっていった。

◆新式チーパオのイメージ　中国の「新しい女」が身につけたのは，現在はチャイナドレスとも呼ばれる新式チーパオだった。パーマの髪やハイヒールと合う西洋的な審美眼にかなう曲線的なラインの新式チーパオは1920年代に登場した近代の衣装である。西洋列強に伍した国づくりをめざす新生中国の民族衣装として，新式チーパオは中華民国の式服にも指定された。とはいえ中国女性の多数を占める農民女性は，藍染めの上着とズボンのスタイルが普通だった。同時期の日本絵画には，「支那服(チーパオ)を着た女性像」が頻出する。それは植民化された中国(満州)を女性像によって可視化して，男性たる日本帝国主義が植民地と女性を統治しようという意志を視覚的に表す，ジェンダー化された世界秩序の表象だった。新式チーパオで中国が表そうとしたものと日本が見たものの隔たりは，当時の両国の世界観の隔たりでもあったといえる。(小浜)

参考文献　田丸理砂・香川檀編『ベルリンのモダンガール』三修社，2004／姫岡とし子『近代ドイツの母性主義フェミニズム』勁草書房，1993／伊藤るりほか編『モダンガールと植民地的近代』岩波書店，2010

小林きよし「モガさんの持物」(『漫画漫文』1928)

上海の名門女子校生のファッションショー(『申報画刊』1930)

前田青邨「観画」(1936)

第14章

冷戦と第三世界

14-1　概説⑭　冷戦体制とジェンダー

教科書　東西対立のはじまりとアジア諸地域の自立　☞12-1, 13-1, 15-1

◆**戦後の混乱期を支えた女性**　第二次世界大戦の参戦国では，一家の稼ぎ手の多くが戦死したり，捕虜になったりして，戦時中と同様に一家の生活を支えなければならない女性が多数いた。とりわけ敗戦国では住居も食糧もない状況のなかで，女性は長蛇の列に並んで買物をし，わずかな持ち物を食糧品に交換した。男たちの戦争は終結しても，女たちの戦いは終わらなかった。都市では空爆で破壊された瓦礫が山積みになっていて，これを片づけることが戦後復興の出発点となった。1945年夏に連合国はドイツの14〜65歳の男性と15〜50歳の女性に，労働義務に応えるための登録を命じ，おもに女たちがわずかな報酬で瓦礫の片づけや破損した施設の修理などの重労働に携わった。1945年夏にはベルリンだけで，4万〜6万人の「瓦礫場の女性」(写真)が働いていた。

◆**冷戦の象徴としての女性と家族**　戦後，東部ヨーロッパのソ連占領地域では社会主義国が誕生し，1949年には中国でも共産党の政権が成立した。戦後まもなく，ソ連を中心とする東側の社会主義陣営とアメリカを盟主とする西側の資本主義陣営の対立がはじまり，直接の戦争こそ起きなかったが，軍事，外交，経済，宇宙開発，スポーツ，文化など，あらゆる領域で優劣を競いあった。女性像や家族生活も，東西対立の象徴となり，相互に非難しあうとともに，自陣営の優位を誇った。

社会主義陣営では，建国とともに国家・社会・個人生活のあらゆる領域における男女平等が宣言され，ハンガリーやルーマニアなど，まだ女性参政権が導入されていなかった国では，ただちに男女に対等な選挙権が与えられた。労働力不足と1人では家族を養えない低賃金も関係して女性就業が奨励され，教師や医師をはじめ，当時はまだ女性がめずらしかった技術職にも進出した。同一労働同一賃金，さらに1970年代には同価値労働同一賃金も定められた(実際には女性の多い教育職は，重工業部門の熟練労働者より価値が低いとみなされ，収入も低かった)。マルクス主義理論にそくして女性解放は経済的自立によって達成されると考えられていたため，就業する女性たちは，社会主義の優位の象徴とされた。ごく少数ではあったが，トラクターを運転する女

性なども「解放」の象徴となった。

これに対して資本主義陣営では，社会主義国の女性は仕事と家事の二重負担でくたびれはてた「可哀想な存在」とみなされ，身体的に負担の多い重労働に従事する女性は，女性らしさを喪失しているとされた。家族に関して，社会主義国は女性就業を可能にするために保育システムを整備したが，資本主義側は，母親に面倒を見てもらえない子どもたちを哀れみ，母の愛情に包まれてすくすくと成長する子どもたちを誇った。旧西ドイツでは保育所が非常に少なく，「子どもは3歳まで母親の手で」という母性神話がつい最近まで健在だったが，その背景には冷戦の存在があった。西側で想定される家族像も，性別役割分担にもとづき，しかも父親の権威のもとで家族が結束するというものであった。住宅政策にも東西対立が反映され，西側では社会主義国に典型的な高層で画一的な賃貸住宅が没個性的として批判され，庭つきの持ち家が推奨された。19世紀初頭に市民層から誕

戦後国際政治（1945～70）

1946	ソ：同一労働同一賃金 仏：全分野での男女平等原則，第一次インドシナ戦争開始（～54） 日本国憲法公布
1947	インド独立 ドイツ民主女性連盟設立，マーシャル・プラン（～51）
1948	国連世界人権宣言 大韓民国，朝鮮民主主義人民共和国成立 英：ケンブリッジ大学女性に学位開放
1949	独：東西ドイツ建国 中華人民共和国成立 仏：ボーヴォワール『第二の性』刊行
1950	朝鮮戦争（～53） 中：婚姻法施行 インド：憲法施行
1951	サンフランシスコ条約，日本の独立回復
1952～56	ケニア：民族解放闘争（「マウマウ戦争」）
1954	英：教員・公務員の男女同一賃金
1955	ソ：中絶禁止法廃止
1956	スーダン，モロッコ，チュニジア独立
1957	欧州経済共同体（EEC）設立，ローマ条約で男女同一賃金明記
1960	「アフリカの年」17国独立
1961	西独：ピル解禁
1962	南ア：マンデラ逮捕
1963	英：ピル解禁 フリーダン『新しい女性の創造』刊行
1964	米：公民権法，性差別禁止
1965	東独：ピル解禁 ベトナム戦争開始（～73）
1966	全米女性機構設立 中：文化大革命開始
1967	英：妊娠中絶合法化
1968	米，西欧，日本で学生運動の高揚

生した近代家族は，世紀転換期から下層にも広がり，1950年代に黄金期を迎える。戦中・戦後の厳しい時代を生きてきた女性にとっては，夫や子どもに囲まれながら家事に専念できる生活は，ある意味で理想ではあったが，同時に閉塞感も深まっていった。1960年代から婚前の性行為が広がるなど，近代家族の基盤は徐々に堀り崩され，1960年代末の第二波フェミニズム運動の勃発へとつながっていく。（姫岡）

参考文献 U. フレーフェルト（若尾ほか訳）『ドイツ女性の社会史』晃洋書房，1990／姫岡とし子『統一ドイツの女たち』時事通信社，1992／D. ヘルツォーク（川越ほか訳）『セックスとナチズムの記憶——20世紀ドイツにおける性の政治化』岩波書店，2012

14-2 インド独立と女性

教科書 インドの独立　☞7-7, 12-2, 12-8

◆**インド憲法制定とヒンドゥー家族法の改革**　1947年8月，イギリスから独立したインドは，初代首相ジャワーハール・ネルーの主導のもとで社会的・経済的発展に精力的に取り組んだ。1950年に制定された憲法は，18歳以上の成人普通選挙を定め，諸権利における性別による差別を否定した❶。また，1954～56年にかけて，ヒンドゥー家族法に大きな修正を加える法律が次々と成立したが，娘の相続権，離婚，一夫一婦制の条項などが激しい抵抗を受けた。インド憲法は宗教の別なく適用される統一民法典の制定を目標として掲げているが（第44条），実現されていない。

◆**女性運動の再興**　独立後しばらく停滞していた女性運動は，1970年代半ばに復活する。復活への一つの契機となったのは，1974年末に公刊された『平等に向けて』という報告書であった。この報告書は，独立後のインドにおいて女性をとりまく環境がけっして改善されておらず，むしろ男女の格差が拡大していると指摘した。また，同時期に発生した警察官による強姦事件（マトゥラー事件，1976）は，女性への暴力に対する広範な抗議運動を引き起こした。ダウリー（結婚持参金）に起因するDV（ドメスティック・バイオレンス）や殺人を含め，女性への暴力という問題は，現在にいたるまでインド女性運動の一つの柱となっている❷。

◆**ヒンドゥー至上主義と「宗教」対立**（コミュナリズム）　1980年代，独立インドが掲げてきた政教分離主義（セキュラリズム）の原則を攻撃し，ヒンドゥー至上主義を唱える政治・文化潮流が台頭し，宗教的マイノリティであるムスリムやクリスチャンを暴力の対象にした。女性運動は，「伝統的」なヒンドゥー女性像を理想化するこうした潮流に危機感を抱き抗議活動を展開した。1985～86年の「シャー・バーノー裁判」❸をめぐる紛争に典型的に見られるように，「女性」は各宗教コミュニティのアイデンティティを構築する記号として機能している。「宗教」対立の場面で他コミュニティに属する女性の強姦が多発するのも，こうした事実によっているといえる。

◆**女性への留保議席**　インドはインディラー・ガーンディー（1917～84）といった女性首相を出しながらも，連邦下院・州議会における女性議員の比率は10%前後にとどまっていた。1992年，インド憲法の第72，73次修正によって，村落レベルの議会などで女性に3割の議席を留保することが決定，実施された。これを契機に女性の政治参加は一挙に拡大したが，実質的な権限は夫や縁者が握っているという指摘

も少なくない。連邦下院・州議会でも同様の留保制度（クォータ制）を導入しようとする動きは1990年代半ばに端緒がつけられるが（いわゆる女性法案），地方自治レベルの議席とは比較にならない権益と特権が絡むこともあって抵抗が強く，これまでのところ頓挫している。（粟屋）

---

❶【史料】インド憲法（1950）
　第15条1項　国は宗教，人種，カースト，性別，出生地またはそれらのいずれかのみを理由として，公民に対する差別をおこなってはならない。
　第15条3項　この条の規定は，国が女性および子どもに対する特別規定を設けることを妨げるものではない。
　第44条　国は，公民のためにインド領域内をつうじての統一民法典を保障するよう努めなければならない。

❷ダウリー（結婚持参金）にかかわる暴力を批判するポスター
　それまで事故か自殺として処理されてきた事件が，1970年代後半，殺人であると認知された。ダウリーの普及と高額化は，経済発展と消費文化の進展と結びついている。

❸シャー・バーノー裁判と統一民法典
　1985年，最高裁判所は，離婚されたムスリム女性シャー・バーノーの元夫に対して，インド刑法典第125条にもとづく扶養費の支払いを命じた。この判決は，一部のムスリムから「宗教」への介入であるという激しい抗議を招いた。ムスリム票を失うことを恐れた当時の首相ラジーブ・ガーンディーは，「ムスリム女性（離婚時の権利保護）法」を成立させた（1986）。これに対してヒンドゥー至上主義勢力は，国民会議派のムスリム「融和」政策を攻撃し，統一民法典の成立を要求した。こうした過程で，ムスリム・バッシングの立場からの統一民法典要求と，ジェンダーの平等を基礎とする，フェミニストによる統一民法典要求との境界が曖昧化される結果となった。

インドにおける環境運動と女性　インドにおける環境運動には指導者・活動家として多くの女性が参加してきた。たとえば，ヒマラヤ山系における商業的な森林伐採に反対した，1970年代にはじまる「チプコー」運動（木に抱きついて［チプコー］，伐採を阻止したことに由来する名前）では，女性住民が大きな役割をはたしたことで知られる。ヴァンダナー・シヴァ（1952年生）は，「緑の革命」批判で有名であり，いわゆるエコ・フェミニズムの理論家の1人でもある。彼女は，遺伝子組み換え作物や知的財産権の問題，伝統的な種子の保存・有機農法の取り組み，フェア・トレイドなど，多様な分野で運動を展開している。
　社会活動家メーダー・パートカル（1954〜，右写真）は，アラビア海に流れこむナルマダー河流域に計画された大規模ダム建設に対して1980年代半ばから盛り上がった反対運動のなかで最も有名な指導者の1人である。
　インドにおける環境運動の評価をめぐっては，現地住民の意向や利害と指導者・理論家との乖離も指摘されている点に留意が必要である。

参考文献　孝忠延夫・浅野宜之『インドの憲法——21世紀「国民国家」の将来像』関西大学出版部，2006／R. グハ（佐藤訳）『インド現代史　1947〜2007（上・下）』明石書店，2012／吉田敦彦・松村一男編著『アジア女神大全』青土社，2011

14-3　社会主義中国のジェンダー変革

[教科書] 中華人民共和国の成立／文化大革命　☞13-3, 13-6, 13-9, 15-3

◆**婚姻法と土地改革**　1949年の中華人民共和国建国後，中国共産党を中心とする人民政府は男女平等を政策の重要課題の一つとし，翌年，本人同士の合意による男女平等の結婚，売買婚の禁止，離婚の自由，寡婦の再婚の自由などを定めた「婚姻法」を施行した。注目されるのは，中華民国民法（1931年施行）が農村部でほとんど浸透しなかったのに対して，人民政府は強力な婚姻法貫徹キャンペーンを展開して，全国のすみずみまでこれが実現するようはたらきかけたことである。結婚に多額の費用が不要になったことは，同じ頃全国で実施された土地改革で小作人に土地が分配されたことと相まって，貧しい農民の結婚を可能にした。彼らは「毛主席は貧乏人に嫁をくださった」と共産党政権への支持を固めた❶。

◆**女性の社会進出と二重負担**　女性解放はまず経済的自立からとする人民政府は，女性の社会労働への参加を推進した。都市では1950年代半ばに社会主義改造がおこなわれて主要な企業は国有・公有となり，労働年齢の女性の多くはこうした職場で働く労働者となった。また，中華全国婦女連合会を頂点として女性たちは組織化された❷。社会進出して経済力を得たことは，家庭と社会における女性たちの地位を大きく向上させたが，家事・育児を女性が担う状況はあまり変わらなかった。保育園の設置など一部で家事の社会化がおこなわれたとはいえ不十分で，家事の電化も進まないなかで，女性たちは仕事と家庭の二つの重荷にあえぎながら，それまでにない地位を獲得したのである。農村では，1958年に全国で人民公社が設立され，女性も集団での農業労働に参加するようになった。しかし高齢の女性は纏足などのため集団労働に参加せず，家庭内で嫁にかわって家事・育児を担うケースが多かった。集団労働で収入をもたらす嫁の地位は向上し，姑の権威は相対的に低下した❸。

◆**ブルジョア文化批判と「鉄の娘」**　1966年にプロレタリア文化大革命がはじまった中国では，「封建的」「ブルジョア的」とされた文化は厳しく否定され，スカートやパーマなどの西洋的な女性ファッションも批判の対象となった。かわって男性と同じように人民服で重労働をする女性が模範となり，トラクターを操る「鉄の娘」などが賞賛され，「女性は天の半分を支える」ともてはやされた。女性の地位の向上とは，当時の文脈では女性が男性と同じになるということであり，女性的なものが否定される性差の少ない社会がめざされた。（小浜）

14-3 社会主義中国のジェンダー変革　261

❶婚姻法貫徹キャンペーン

　キャンペーンに励まされて，多くの女性が強制された結婚を解消したため，婚姻法は「離婚法」とも揶揄された。当時，婚姻自主を求めた女性が，儒教道徳を守ろうとする旧勢力によって殺される事件が各地で起こった。多くの痛ましい犠牲をともないながら，20世紀後半に中国のジェンダー規範は大きく変化し，結婚は本人が決めるという原則は中国全土で定着して，現在にいたっている。（下図は当時のポスター。同法では男女本人が出向いて登記すれば結婚が成立する）

❸ポスター「人民公社は限りなく良く，女性は徹底的に解放された」（1960）

❷【史料】区夢覚「いかにして新社会の新女性になるか」（1949）

　「人民政府の施策は，女性が解放を勝ち取るための社会条件を保障することにある。しかし，女性がその権利を実現し，この機会を活用するには，必ず自分の努力に頼り，旧社会の伝統的思想習慣とたゆまぬ闘争をし，旧社会が自分に残した弱点〔狭隘，依存，感情のもろさ，怯懦，虚栄心など〕をたゆまず改造しなければならず，それを完遂するために最大の努力をしなければならない。どのように努力すべきだろうか。私個人として，次のいくつかの意見を述べよう。第一に，私たちは革命的人生観をうちたて，人民大衆の立場に立って，真剣にきっぱりと帝国主義・封建主義・官僚資本主義に反対する革命運動に参加しなければならない。女性の抑圧や奴隷化は，帝国主義・封建主義・官僚資本主義の反動統治と切り離せない。……第二に，私たちは労働の観点をもち，積極的に生産建設に参加しなければならない。私たちは労働こそが世界を創造することを認識しなければならない。……女性は必ず生産に参加し，それによって社会の発展を押し進め，経済的独立を勝ち取るべきで，これが女性解放の鍵である。……第四に，実証的で，苦難を恐れぬ質朴な態度を身につけなければならない。……私たちは一方で人民に奉仕し，また一方では家庭や子どもがちゃんとした世話を受けられるようにしなければならない。このような二重の任務を負うためには，仕事に対する強い決意が必要であり，困難や辛苦を恐れず，堅忍剛毅に，新社会のために自分を捧げなければならない」。

【解説】　中華全国婦女連合会（婦女連と略称）機関誌の『中国婦女』創刊号に掲載されたもの。区夢覚（1906～92）は，中国共産党の古参党員で，女性運動に活躍した。中華人民共和国の政治システムは，人びとを各種の集団に組織化し動員するものだが，婦女連は女性を職場や地域で上から組織して動員し，また女性独自の立場や要求を伝える制度化されたシステムである。

参考文献　J.ステイシー（秋山訳）『フェミニズムは中国をどう見るか』勁草書房，1990／小野和子『中国女性史』平凡社，1978／中国女性史研究会編『中国女性の100年』青木書店，2004／林紅『中国における買売春根絶政策』明石書店，2007

14-4　変化するジェンダー政策──韓国軍事独裁の女性抑圧と両性平等への闘い

教科書　朝鮮戦争／冷戦下の朝鮮半島　☞13-8, 14-5, 15-4

◆**男女平等法を否定する南北分断**　朝鮮半島は，1945年8月に日本の植民地支配から解放されたが，米ソ冷戦の影響を受け，1948年に南北に大韓民国（韓国），朝鮮民主主義人民共和国（北朝鮮）が樹立，南北分断となる。韓国では憲法で男女平等権が保障されるが，朝鮮戦争（1950〜53）❶が契機となって，1954年に父母の親権差別を認める大法院（最高裁）判決が認められる。北朝鮮でも1946年に男女平等権法令が公布され，戸主制が廃止されたが，1950年に軍務者を対象にする離婚請求は提訴さえ許可されず，実質的な男女平等が否定された。

◆**民主化に向けた女性たちの闘い**　韓国では1960年に植民地期の旧民法を踏襲(とうしゅう)する戸主制度を定めた。以後，全女性の共通課題として女性に不利な家族法改正運動が広範囲に展開された。1970年代，経済成長を優先する軍事独裁政権は民主的諸権利を抑圧し，低賃金・長時間労働の苦しい労働環境を強いてきた。労働環境改善を求める女子労働者の闘い❷は，民主化運動への導火線となり全国に拡大した。改革のうねりのなかで1980年代には梨花(イファ)女子大学大学院に女性学科が開設され，後半には韓国女性団体連合が創立した。また1986年に起こった富川警察による権仁淑(クォン・インスク)性拷問事件❸は，性暴力を行使する公権力への批判はいうまでもなく，女性の人権を根本的に問い直す契機となった。

◆**冷戦崩壊，グローバリズムと女性**　1980年代は光州事件によって幕を開けたが，ついに1987年に民主化宣言がなされ，文民政権が樹立した。1990年以降，韓国は社会主義圏との国交樹立，南北同時国連加盟などと並行して，性差別文化にもメスを入れた。1989年の家族法改正は戸主制度廃止（2005）をもたらした。このような社会的変化が1991年の金学順(キム・ハクスン)のカムアウトを促したのである❹。この衝撃はアジアに拡大し，沈黙を強いられてきた各地の日本軍性暴力被害者に人権回復への勇気を与えた。韓国政府は両性平等政策を推進するために2001年に女性部（省）を創設し（2005年に女性家族部に改編），2004年には性売買特別法を制定した。新たな課題として，金融危機以降，とくに女性に顕著に現れている経済格差や，2万人を超える結婚移住女性の問題などがある。一方，北朝鮮では男女平等が謳われながら，母性イデオロギーが強調され，女性が仕事と家事の二重負担を負うが，90年代以降の経済難が家父長的な価値観を揺るがし，非婚や離婚が増えている。（宋）

14-4 変化するジェンダー政策

❶朝鮮戦争下の子どもたち

3年間にわたる戦争は家族離散と戦争孤児，南北双方の独裁政治を生んだ（右写真）。南北対峙による過重な軍事負担は人びとの暮らしを圧迫する要因となった。

❷ YH貿易会社女子労働者の闘い（1979）

「首切ってどうしろというのだ」という横断幕を掲げた女子労働者は会社閉鎖に反対し野党本部にたてこもった（右中央写真）。警察は闘争参加者の1人を建物の上から突き落として死なせ，その他の参加者のブラックリストをつくり，再就職を妨げた。2012年現在，当時の労組員24名は政府を相手取って損害賠償訴訟を提訴している。

❸勇気ある告発をした権仁淑

全斗煥政権による民主化運動弾圧がピークに達していた1986年に，ソウル大学生だった権仁淑は労働者になりすますために住民登録を偽造したという嫌疑で富川警察に連行された。彼女は裁判で「(署内で受けた性暴行により) 自殺したい衝動に駆られながら……この問題は個人の羞恥心を超える問題であり，真実が虚偽に勝利することを示したい一念だった」と陳述した。

❹【史料】金学順（1924～1997）の証言から

「町役場に仕事を斡旋してもらうために出かけて，原爆被害を受けた女性にぐうぜん出あった。私も日本を恨み，悔しい思いを抱えて生きてきたことを誰かに打ち明けたい時期だったので，軍慰安婦だったことを話した。初めての証言者ということであちこちに呼ばれて行った。あの記憶を思いかえすのはとても辛かった。……私の純潔を奪い，こんなにした張本人を懲らしめたい気持ちもある。しかしどうやってこの悔しさを晴らせるだろうか。もうこれ以上，私の記憶を掘りかえしたくない。韓国政府も日本政府も，死ねばおわりの私のような悲惨な女の人生になんの関心があろうか，とも思う」(韓国挺対協研究会編『証言集Ⅰ』)。

【解説】 千田夏光による『従軍慰安婦』(1973) などで軍慰安婦の存在は知られていたが，韓国では初となった金学順（上写真）のカムアウトは世界に衝撃を与え，以来，アジア各地で戦時の性暴力被害者のカムアウトが続いた。被害者たちの性暴力根絶の願いを受け入れ，1997年から日本の中学歴史教科書にこの事実を記載し，教育しようとしたが，それを否定する動きによって現在はまったく慰安婦の記述はない。2007年に米下院がこの問題への公式謝罪等を求めた決議案を出したのに続き，オランダ，カナダ，EU，フィリピンでも決議された。韓国では2011年に憲法裁判所が元慰安婦の個人請求権問題に対する違憲審査の申し立てを受け，韓国政府に外交交渉をうながす「憲法違反」の決定を下した。

参考文献　日韓「女性」共同歴史教材編纂委員会『ジェンダーの視点からみる　日韓近現代史』梨の木舎，2005／韓国女性ホットライン連合編（山下訳）『韓国女性人権運動史』明石書店，2004／北朝鮮研究学会編『北朝鮮は，いま』岩波書店，2007

14-5 ベトナム戦争のなかの女性たち

教科書 戦後の東南アジア諸国　☞12-5, 14-4, 15-9

◆**戦う女性たち**　当時氾濫したベトナム戦争報道をつうじて，ベトナム女性の優美なアオザイ姿，その一方で戦う女性たちのたくましさなどが世界に知られた。女性たちは民兵やゲリラとして戦っただけではない。北ベトナムでは，出征した男性にかわって女性が生産・生活・戦闘の3側面すべてを担う「三つの担当運動」が組織された。アオザイすら戦いの武器になった。南のゴー・ディン・ジエム政権では，ジエムが独身だったため，弟ゴー・ディン・ニューの妻チャン・レー・スアン（マダム・ニュー）が事実上のファーストレディとして振る舞い，斬新なデザインのアオザイ姿でテレビのインタビューに答えて，強気の発言を続けた❶。パリ和平交渉には，解放戦線のグエン・ティ・ビンが清楚なアオザイ姿で現れ，堂々とキッシンジャーと渡りあった。

◆**枯葉剤の悲劇**　戦火のなかで傷つき逃げ惑う女性，夫や子どもを失って泣き崩れる女性❷，ベトナム戦争報道は数多くの女性の苦しみや嘆きを伝えた。兵士と米ドル，それに戦火で故郷を追われた女性があふれる南の首都サイゴンは，巨大な売春センターとなっていた。戦争終結後も，被害は解消しない。米軍が猛毒のダイオキシン系化合物（TCDD）を含む枯葉剤を散布した地域では，直接これをあびた人びとの健康被害だけでなく，「ベトちゃん・ドクちゃん」で有名な結合体双生児など，異常出産が増加したとされる。遺伝子への影響のメカニズムは未解明だが（米軍人の被害者には補償がされたが，ベトナム側に対する補償はされていない），TCDDの毒性は世代を超えても減衰しないので，原発の放射能に劣らぬ長期的な脅威である。

◆**別離と再会**　1954年のジュネーブ協定後，民主共和国支持の南部住民は北部に「集結」し，逆に共産主義を嫌った北の人びとは南に移住した。1975年，南部解放のさいには多くのベトナム難民が海外に脱出した。1970年代末にはソ連型社会主義体制の破綻とカンボジア侵攻による国際的孤立で貧困のどん底にあえぐベトナムから，より多くの「経済難民」が流出した。これらの過程で，おびただしい数の夫婦や恋人，親子や兄弟姉妹，友人や仕事仲間が生き別れになった。ドイモイ（刷新）は，難民の帰国や国民の海外渡航を認めることにより，引き裂かれた家族を再生させる政策でもあった❸。（桃木）

❶マダム・ニュー

　夫はジエム政権の秘密警察長官として恐れられ，彼女も「ドラゴン・レディ」と呼ばれた。カトリック教徒主体のジエム政権に抗議した仏僧の焼身自殺に対する彼女の放言が，ケネディ米大統領を激怒させ，南ベトナム軍部による1963年のクーデタ（ジエム兄弟を殺害）の一因になったとされる。

❷ベトナムの劇や映画に描かれる女性

　ベトナムの伝統劇や現代劇では，ハイバーチュン（徴姉妹）の反乱（56頁参照）のモチーフに従ってか，まず夫が敵に殺され，そこでまなじりを決して立ち上がった妻が敵に復讐するというストーリーがよくある。1980年代に日本でも公開された映画で，メコン・デルタに住む若いゲリラ夫妻を主人公にした『無人の野』（右中央写真）もそのパターンで，米軍のヘリの攻撃で夫が殺され，そこで銃をとった妻が撃ち落としたヘリでは，死んだ米兵のポケットから故郷に残した家族の写真がこぼれ落ちるというストーリーだった。逆に，家族をないがしろにしてあくどい金儲けなどに走る「悪妻」の話を含んだ『退役将軍』，高官である夫の，解放の理想を忘れた権威主義的行動を告発する改革派新聞記者の妻の話（『河の女』）などの映画も話題になった。男性の頼りなさ，良くも悪くもしっかり者の妻や母などは，それ自体が男性目線によるものかもしれないが，ベトナムを含む東南アジアの男女のイメージにおいて定番になっている。

❸チン・コン・ソン（1939～2001）とカイン・リー（1945～）

　南ベトナムのシンガーソングライターで，女性歌手カイン・リーとのコンビが国民的人気を誇ったチン・コン・ソン（右下写真）は，「坊や大きくならないで」などの反戦歌で日本にも知られたが，南政権によって活動を禁止された。1975年にベトナムにとどまったソンは，戦争一般を否定した作品が北の政府からもにらまれ，一方混乱のなかで両親を残してアメリカに逃れたリーは，難民社会で「反共のシンボル」に祭り上げられた。２人が再会したのは1989年のパリ，カイン・リーがベトナムに里帰りできたのは1997年のことだった。ドイモイ政策下でチン・コン・ソンの活動も解禁され，日本でも代表作の「美しい昔」を天童よしみが歌って大ヒットした。

　カイン・リーは1970年の大阪万博に来日し，日本版が発売された「美しい昔」は，1978年にテレビ化された近藤紘一『サイゴンから来た妻と娘』（作者は産経新聞のサイゴン特派員）の主題歌としても話題になったが，チン・コン・ソンの万博招聘は南政府の禁止で実現せず，初来日は，ドイモイ（刷新）政策下で，彼の作品がむしろ南北統合の象徴として扱われるようになった1996年のことだった。

参考文献　古田元夫『歴史としてのベトナム戦争』大月書店，1991／レ・ティ・ニャム・トゥエット（片山編訳）『ベトナム女性史』明石書店，2010／ベトナム戦争の記録編集委員会編『ベトナム戦争の記録』大月書店，1988

14-6 アフリカの独立とジェンダー

教科書 アフリカ諸国の独立　☞12-6, 15-7, 15-9

◆**アフリカ社会主義**　新生アフリカ諸国の多くは，独立後，「社会主義」を選択した。このことは，女性の政治参加や社会進出をうながすうえである程度効果があった。しかし，それは公的部門の肥大化によって支えられていた側面が大きい。1980年代以降の経済的低迷を機に，公的部門が縮小され，市場経済への移行が進展すると，女性は政治的にも経済的にも周縁に追いやられた。「貧困の女性化」❶という現象である。女性のHIV／エイズ感染人口の増加がそれに追い打ちをかけた。そうしたなかで，女性の活力を開発や発展に生かすにはジェンダー間の平等こそが重要であるという理念がアフリカでも定着しつつある。

◆**慣習法**　新生アフリカ諸国が独立を機に取り組んだ最重要課題の一つが，「国民国家」の建設であった。「社会主義」はそのために最適な政治体制だと考えられた。しかし，その前に立ちはだかったのが，植民地時代にさまざまな操作によってつくりだされ固定化された「部族」（民族集団）であった。50以上の「部族」をかかえている国家も少なくない。そうした「部族」のアイデンティティを支えているのが「慣習法」である。そのなかには，女性にとってもはや存在意義を失いつつあるものや失ってしまったものも含まれている。「一夫多妻制」「レヴィレート」（右頁コラム参照）「父系親族に有利な遺産相続法」などである。土地や不動産の所有権や処分権も，父系の家長が握っている場合が多い。憲法や民法によって女性の権利を保証する方策が模索されてはいるが，植民地法を継承した制定法，イスラーム法，慣習法といった多様な民法体系が併存する状況がその実践を阻んでいる。

◆**女性の人権**　国際女性年（1975）を機に，アフリカでも女性の人権問題が浮上した。北京で開催された第4回国連世界女性会議（1995）で議論の俎上にのぼったのが「女性性器切除」❷である。ユニセフによれば，世界中で施術された女性は現在1億3000万人，人権活動家でもあるアフリカ系アメリカ人の小説家アリス・ウォーカー（1944～）によれば，毎年200万人の少女がその対象となっている❸。健康な身体を損ない，精神的ダメージも大きいとされるこの問題をめぐって，WHOをはじめとするさまざまな国際機関がアフリカ域内の廃絶運動に協力している。法的に禁止している国も増えているが，「文化」として深く根づいていること，施術されていない女性は結婚が難しい，という現実が廃絶を困難にしている。（富永）

❶「貧困の女性化」

「貧困の女性化」という用語は1970年代以前のアメリカにさかのぼるが，途上国における現象として広く関心を集めるようになったのは1990年代以降である。貧困層に占める女性比率の高いことをさしている。食糧・飲料水・住居・保健・教育機会などの必要最低限の生活水準を獲得する機会を得ていない絶対的貧困者は10億人以上にのぼると見られ，その約7割が女性といわれている。

❷女性性器切除（FGM）

女性の性器を切除する慣習。切除の部位や施術を受ける年齢も2〜16歳と地域によってさまざま。アフリカ28か国，中東やインドの一部，あるいはアフリカ系移民の多いフランスやアメリカ合衆国でもおこなわれている。目的は大別して①娘の処女性を守るため，②共同体への加入儀礼，の二つ。前者は中東やエジプト・スーダン・ソマリアに多く，後者はサハラ以南のアフリカ諸国で見られる。起源は古代エジプトとされ，イスラーム教とは無関係とする説が優勢である。

アフリカにおける女性性器切除の実施状況

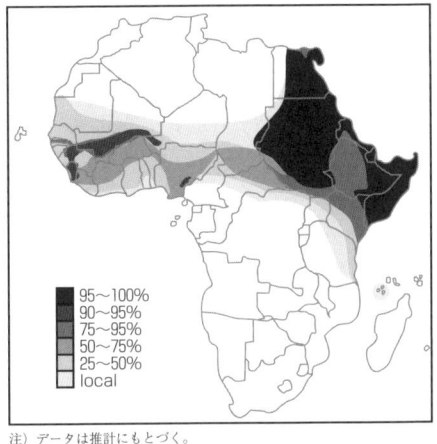

95〜100%
90〜95%
75〜95%
50〜75%
25〜50%
local

注) データは推計にもとづく。

❸【史料】ケニアの国会議員の女性の証言から

「私は8歳の時，同じ年頃の少女たち7人と共にFGMをうけました。一緒に施術を受けた仲間のうち，3人が出血多量で死亡，そのひとりは大の親友でした。私自身は，運よく病院で輸血を受け，一命をとりとめました。……その後，月経困難，性交痛，難産に苦しみました。大勢の少女がこの施術による出血や感染症で死んでいます。秘密裏に行われているために記録には残っていませんが……これは殺人に他なりません」（WAAFニュースレター2011）。

> アフリカの婚姻制度　アフリカには多様な婚姻制度が併存している。4人までに制限されているイスラームの一夫多妻婚，妻の数に制限のない伝統的な一夫多妻婚では，都市化や生業形態の変化により，複数の妻をもつ男性は少なくなっている。「レヴィレート」は寡婦になった女性が死亡した夫の兄弟や親族に相続される制度で，ひとたび婚入した女性を父系家族にとどめおくための制度である。未婚のまま死んだ息子に子孫を遺すための「亡霊婚」もスーダンの牧畜民のあいだなどでおこなわれていた。これらが世界各地で見られた婚姻制度でもあるのに対し，アフリカ社会独特の婚姻制度に「女性婚」がある。さまざまな理由から，男性と結婚したくない女性，しかし「家族」がほしい女性が，年長で財力のある女性と「結婚」する制度である。年長の女性に夫がいる場合もある。キリスト教会はこの女性婚を禁止（ケニア）しているが，現在も西アフリカや東アフリカで見られ，男性の抑圧から脱しようとする女性の選択肢として注目している研究者もいる。

参考文献　I. バーガー，E. フランシス・ホワイト（富永訳）『アフリカ史再考』未來社，2004

14-7　ジェンダー平等に向けた国連の取り組み

教科書　東西対立の始まりとアジア諸地域の自立　☞14-1, 15-1, 15-9

◆**国連の取り組み**　ジェンダー平等の達成に向けた国連の取り組みは4期に分けることができる。第1期（1946~67）には「法律上の平等」がめざされ、女性の権利の法典化が進められた。国連発足後まもなく「女性の地位向上委員会」が設立されたが（1946）、当初の国連加盟国51か国のうち20か国にまだ女性参政権がない状況であった。委員会は女性の法的権利の整備に努め、三つの条約が成立した（1952年女性参政権, 1957年既婚女性の国籍, 1962年婚姻の同意等）。さらに委員会は女性問題を包括的に規定する文書の作成をめざし、それは女性差別撤廃宣言（1967）として実を結んだ。しかし、同宣言にはジェンダー視点はなく、女性の家庭役割を前提としている。第2期（1967~74）には経済発展が女性の地位を引き上げるという認識のもと、「開発と統合」が唱えられた。

◆**概念の創出**　国連の取り組みにジェンダー視点が入るのは、第3期（1975~95）である。この時期、ジェンダー平等に向けた国連の取り組みが本格化し、「実質的平等」達成が自覚的に追求されるようになった。4回の世界女性会議における議論や行動綱領の策定、女性差別撤廃条約❶の成立（1979）はその最も重要な成果である。フェミニズムはグローバル化し、欧米女性とアジア・アフリカの女性との利害対立も表面化した。ジェンダー視点は新しい概念を創出するのに大いに役立った。DV、セクシュアル・ハラスメント、夫婦間強姦といった新しい概念は、性器切除、持参金殺人、戦時性暴力などとともに「女性に対する暴力」として定義された（女性に対する暴力撤廃宣言, 1993）。また、「リプロダクティブ・ヘルス／ライツ（性と生殖の健康／権利）」の提唱により、女性およびカップルの生殖コントロールが人権の一つとして認められた（カイロ行動計画, 1994）。

◆**ジェンダー主流化**　1995年の北京会議（第4回世界女性会議）は、第3期の帰結であるとともに第4期のはじまりを画する重要な転換点となった。「女性のエンパワーメント」と「ジェンダー主流化」❶が提唱されたからである。ジェンダー統計❷の重要性が指摘され、人身売買に関する国連議定書が採択され各国が署名・締約した（日本は未批准）。ポジティブ・アクションの導入や性的指向による差別の禁止などジェンダー主流化の波は急速に進んでいる。2011年にはUNWomen（ジェンダー平等及び女性のエンパワーメントのための国連組織）が発足し、取り組みが強化された。（三成）

14-7 ジェンダー平等に向けた国連の取り組み

❶【史料】女性差別撤廃条約（1979年，日本批准1985年，以下公定訳では「女子」を使用）

第1条　この条約の適用上，「女子に対する差別」とは，性に基づく区別，排除又は制限であって，政治的，経済的，社会的，文化的，市民的その他のいかなる分野においても，女子（婚姻をしているかいないかを問わない。）が男女の平等を基礎として人権及び基本的自由を認識し，享有し又は行使することを害し又は無効にする効果又は目的を有するものをいう。

第2条　締約国は，女子に対するあらゆる形態の差別を非難し，女子に対する差別を撤廃する政策をすべての適当な手段により，かつ，遅滞なく追求することに合意し，及びこのため次のことを約束する。

(a) 男女の平等の原則が自国の憲法その他の適当な法令に組み入れられていない場合にはこれを定め，かつ，男女の平等の原則の実際的な実現を法律その他の適当な手段により確保すること。(b) 女子に対するすべての差別を禁止する適当な立法その他の措置（適当な場合には制裁を含む。）をとること。(c) 女子の権利の法的な保護を男子との平等を基礎として確立し，かつ，権限のある自国の裁判所その他の公の機関を通じて差別となるいかなる行為からも女子を効果的に保護することを確保すること。(d) 女子に対する差別となるいかなる行為又は慣行も差し控え，かつ，公の当局及び機関がこの義務に従って行動することを確保すること。(e) 個人，団体又は企業による女子に対する差別を撤廃するためのすべての適当な措置をとること。(f) 女子に対する差別となる既存の法律，規則，慣習及び慣行を修正し又は廃止するためのすべての適当な措置（立法を含む。）をとること。(g) 女子に対する差別となる自国のすべての刑罰規定を廃止すること。

❷ジェンダー不平等指数とジェンダー・ギャップ指数（2012）

	HDI（人間開発指数）	GII（ジェンダー不平等指数）	GGI（ジェンダー・ギャップ指数）
1位	ノルウェー	オランダ	アイスランド
2位	オーストラリア	スウェーデン	フィンランド
3位	米国	スイス／デンマーク	スウェーデン
日本順位	10位／全187か国	21位／全148か国	101位／全135か国

【解説】1995年，国連開発計画が導入したジェンダー指数が「ジェンダー開発指数」と「ジェンダー・エンパワーメント指数」である。2009年以降，両者を統合した「ジェンダー不平等指数 GII」が利用されている。GII は，保健分野，エンパワーメント，労働市場の三つの側面からなる。一方，2005年以降，世界経済フォーラムが用いている「ジェンダー・ギャップ指数 GGI」は，ジェンダー平等の達成度を最も正確に反映するといわれる。GGI は，①給与，参加レベル，および専門職での雇用，②初等教育や高等・専門教育への就学，③寿命と男女比，④意思決定機関への参画により測定する。

EUとアジアのジェンダー政策　EU のジェンダー政策は先進的である。一般的女性解放から，女性のエンパワーメント，管理職や議会議員の女性の比率40％以上のクォータ制へと進み，見えやすい目標を提示することで，世界の女性の地位向上に大きな影響力を与えている。2012年の欧州議会のパンフレットでは，欧州議会における女性議員数を各国ごとに40％にする（各国ごとの比較表とEU平均で明示化），各国家機関や，大学，企業における女性管理職を40％以上にするなどの取り組みの成功例を明示し，遅れている国に対しては警告をおこなっている。2012年のフランスの大統領選挙で勝利したオランド大統領が，閣僚の5割を女性とするなど，各国政府の女性政策にも大きな影響を与えている。アジアでも，インドに続き2013年に韓国で初の女性大統領が選ばれるなど，トップレベルでの女性の地位は大きく前進しつつある。日本でも学術会議や外務省など省庁は，当面20％を目標とし，積極的に女性の比率の拡大に努めている。しかし議会や企業を含めて，日本の女性のエンパワーメントは国際水準から大きく遅れをとり，G8では最下位である。女性の管理職の積極的登用や育成などが要請される。（羽場）

参考文献　J.A.ティックナー（進藤・進藤訳）『国際関係論とジェンダー』岩波書店，2005／川島典子・西尾亜希子編著『アジアのなかのジェンダー』ミネルヴァ書房，2012／国連経済社会局女性の地位向上部：ヒューマンライツ・ナウ編訳『女性に対する暴力に関する立法ハンドブック』信山社，2011

14-8 フェミニズムの第二の波

教科書 冷戦の解消と世界の多極化　☞11-9, 15-1, 15-2

◆**第二波フェミニズムの誕生**　1960年代アメリカのミドルクラスの女たちは，暖かなマイホームで夫や子どもに囲まれて幸せな日常をすごしているはずだったが，実際には家庭への拘束に強いいらだちを感じていた。そのなかで女性の役割を妻・母に限定する「女らしさの神話」を拒否し，教育と仕事によって全人格的な人間としての成長を訴えたフリーダンの『新しい女性の創造』が刊行され (1963)，公民権運動とも共鳴して，多くの女性の共感を呼んだ。1966年には全米女性機構❶が設立され，全国規模で女性解放が唱道される。女性運動が盛り上がり，平等権修正条項❷批准に向けた取り組みが進められた。アメリカを震源とするフェミニズムは，それぞれの地域，国々のかかえる女性問題と呼応しながら世界各地に広がっていく。

◆**68年学生運動とフェミニズムの誕生**　学生運動もフェミニズム運動を誕生させる契機となった。反権威主義を唱えながら，既存の権威主義的な男女の支配構造をそのまま運動のなかにもちこみ，女性に補助的な労働やお茶くみをさせる男性に，女性たちの怒りが爆発した。各地で女性だけのグループをつくり，「女らしさ」を強いるものとして制度的な婚姻を拒否し，性役割に疑問を投げかけ，家父長制打倒を叫んだ。ヨーロッパでは，この時期から非婚同居や非婚出産が一般化する。1970年代には中絶の自由化を掲げてデモをおこない❸，コンシャスネス・レイジング・グループで各人のかかえる問題を話し合って意識変革し，自分たちで問題を解決するために女性センターや自助グループをつくった。シスターフードを掲げ，女は強いと主張して，日常生活レベルから着実に女性の発言権を拡大していった。

◆**草の根から制度化へ**　当初は草の根レベルでの活動が中心だったフェミニズムは，1975年の国際女性年❹を契機に制度化の方向へ動きだす。国連の主導で世界各国政府が男女平等への取り組みを開始し，予算もつけられた。健康，移民，暴力からの避難シェルターをはじめとする女性支援のための自助グループに助成金が支給され，自治体の女性政策に組みこまれていった。大学では女性学が開講された。1980年に結成されたドイツの「緑の党」が導入した，幹部や議員の数を男女半々にするというクォータ制は，その後さまざまな分野に広まり，女性の指導的地位への進出に寄与した。制度化の進展とともに運動としてのフェミニズムは熱気を失ったが，平等，公正，正義，自己決定をめざす取り組みは継続中である。（姫岡）

❶全米女性機構（NOW）

1966年にベティ・フリーダン（1921〜2006）ら24人の女性によって結成された米国最大のフェミニスト組織。男女平等の達成のために活動し，当初は女性の社会進出を主要な課題とした。差別やハラスメントの撤廃，性の自己決定権の獲得，女性に対するあらゆる暴力の根絶，人種主義，性差別主義，同性愛嫌悪の廃絶などに活動目的を広げている。その手段をめぐり，法改正をめざすグループともっと積極的に性差別撤廃を訴える急進派との対立も続いたが，分裂を回避して発展した。女性問題を一般に認めさせ，米国の政治にも影響を与えている。州単位の委員会組織がつくられ，支部は500以上を数え，現在の会員数は約50万人。

❷平等権修正条項（ERA）

性別にもとづくいかなる法的差別も憲法違反となるという条項を憲法に導入するよう，米国憲法の修正を求めたもの。実現すれば，雇用，婚姻，徴兵，教育など，すべての分野で男女平等な適用が要求できた。起草は1923年にさかのぼるが，フェミニズム運動が活発になった1972年にようやく連邦議会で可決された。批准のため各州に送られ，1973年までに30州が賛成した。あと５州の批准で効力が発生するとなった段階で保守派が猛烈な阻止運動を展開する。NOWをはじめとする女性組織はERAの可決達成に全エネルギーを傾けたが，反対意見も強まり，1982年には批准延長が時間切れになって成立しなかった。

❸中絶の自由化──産む産まないは女が決める！

性に関する自己決定権を主張する第二波フェミニズムを象徴するスローガンである。1971年にフランスやドイツでは大手マスコミにそれぞれ350名余りの女性が自らの中絶体験を告白して，妊娠中絶の権利を要求した。これが口火となって全国各地で行動グループが結成され，女たちは街頭に出ていった。また女の窮状を自分たちで解決するために各地で女性センターをつくり，カウンセリングや医者の紹介，性教育をおこなった。ドイツでは，比較的中絶が簡単な隣国オランダへの中絶バス旅行が組織され，「望まぬ子どもは産まない」という横断幕を掲げたバスがセンターからオランダに向かった。（中絶実施を公言し，自由化を訴える女性たち。『シュテルン』1971年６月14日号の表紙）

❹国際女性年──国連世界女性会議

1975年の「国際女性年」を契機に，国連が「平等・開発・平和」をテーマとして政府代表者を集めて国際会議を開催し，NGOフォーラムも同時におこなわれている。第１回は1975年にメキシコで，その後，1980年にコペンハーゲンで，1985年にナイロビで，1995年に北京で開催されている。会議では「行動計画」や「宣言」が採択され，各国政府は計画の実施について道義的責任を課されるため，各国における男女平等が大きく前進した。当初は白人女性がイニシアティブをとり，平等に関する議論が中心だったが，第三世界から白人主導が批判され，開発や平和に関する多様なテーマが議論された。北京以降は，保守派やイスラームなどバックラッシュ勢力の活動が活発になり，あらたな「行動計画」は採択されていない。（写真は，北京会議のNGOフォーラム）

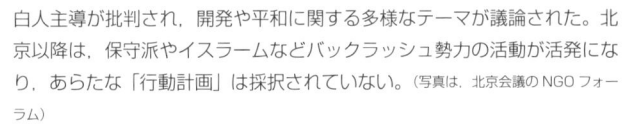

参考文献　B. フリーダン（三浦訳）『新しい女性の創造』大和書房，1970／有賀夏紀『アメリカ・フェミニズムの社会史』勁草書房，2001／有賀夏紀・小檜山ルイ編『アメリカ・ジェンダー史研究入門』青木書店，2010

14-9 特論⑭　映画とジェンダー

教科書 現代の世界　☞8-3, 11-12, 13-12

◆**ハリウッド映画のジェンダー・バイアス**　第二次世界大戦前から巨大な映画産業となっていたアメリカのハリウッドは，戦後，西側諸国に大量の映画作品を輸出し，アメリカ文化を普及させた。商業映画はもともと巨額の資金を必要とするため，制作・配給はすべて男性の仕事と考えられており，観客には女性が多かったにもかかわらず，映画の内容はほとんど男性の興味にもとづいていた。登場する女性は，男性の目から見て女らしい依存的な女性や，性の対象としてのセックス・シンボルであり，マリリン・モンロー（1926~62）❶はその典型といえる。他方，台頭したテレビドラマで多く登場したのは家庭的なハウスワイフ（主婦）であり，女性は概してこの二つの型にはまった描き方をされた。

◆**「女性映画」の登場**　1960年代末に起こった第二波フェミニズム運動の波は，男性中心の文化に異議申し立てをし，映画の分野にも影響を及ぼした。1970年代の英語圏では映画研究が発展し，ローラ・マルヴィ❷が，映像の分析をとおして，主流の映画がもっぱら男性の欲望と視覚の快楽に奉仕するものであることを指摘した。この頃，ヨーロッパではフランスやドイツなどで，女性監督による映画が制作され，女同士の友情や母娘の関係を問い直すもの，あるいは結婚・出産のライフコースに縛られない女性の自由な生き方が描かれるようになった。

◆**家庭観・男女観の変化**　このような趨勢を受けて，ハリウッド映画でも，家庭内の性役割や男らしさ・女らしさの理想像に変化が見られはじめた。1970年代末には，『クレイマー，クレイマー』（1979）❸など，既成の家族像が解体したあとの親子関係を模索する映画が登場する。ここでの新しい男性像とは，妻が家出したあと幼い息子の養育に奮闘する，感じやすい繊細な男のタイプである。また1980年代には，働く女性を主人公とした『9時から5時まで』（1980）や『ワーキング・ガール』（1988）などがヒットし，ビジネス社会のなかでキャリアを積む女性の生きざまが描かれた。しかし仕事も恋も，という異性愛「ロマンチック・ラブ」のイデオロギーは抜けきれておらず，男社会の価値観そのものを問う新しさはない。依然として女性の監督が出にくいハリウッド映画は，男性中心の異性愛主義という性格を温存しており，1990年代以降も老人を題材にした映画など例外はあるものの，基本的に性役割と家庭について保守的である。（香川）

❶マリリン・モンロー（本名・旧姓　ノーマ・ジーン・モーテンセン）

アメリカの女優。米軍機関誌のピンナップガールとして出発し，1947年に映画デビュー。1953年『ナイアガラ』では不倫相手と夫の殺害を計画する悪女を主演し，腰を振って歩くモンロー・ウォークで注目を集める。続く『紳士は金髪がお好き』『百万長者と結婚する方法』や『七年目の浮気』が大ヒットして一躍トップスターとなった。睡眠薬を大量服用し，1962年8月，自宅の寝室で死体で発見された。

❷ローラ・マルヴィ（1941～）「視覚的快楽と物語映画」（1975）

「伝統的に顕示的な役割をもつ女性は見られると同時に呈示される。……性的対象として呈示された女性は性愛的見世物のライトモチーフ的存在だ。……男性が映画の幻想を支配し，そして更に押し進めた意味で，権力の表象として現れる。つまり，ここで男性は観客の視線の担い手となり，その視線は画面背後に転写され，見世物（スペクタクル）としての女性が表象する物語虚構世界の外部性を中和状態に戻してしまう」（斉藤訳，月刊『イマーゴ』青土社, vol.3-12, 1992：40～53頁）。

マルヴィのこの論文は，映画・精神分析・フェミニズムという三つの分野の接点を模索した理論的試みであった。ただし，映画の観客を男性として想定していたため，女性観客の心理は存在するのかという疑問も生じた。

❸新しい家族像・男女像

ダスティン・ホフマン (1937～) は『クレイマー，クレイマー』で子育てする父親役を演じたが，映画の筋書きは，自立を求めて家を出た母親を一方的に非難していた。また同じダスティン・ホフマンが女装して話題を呼んだ『トッツィー』(1982) や，同じく男優が女装する『ミセス・ダウト』(1993) は，ハリウッドが男性のもつ女性的側面をあからさまなコメディでしか描けないことを物語っている。

> **1970年代の女性映画**　ベルギー出身でパリに暮らす女性監督アニエス・ヴァルダ (1928～，右写真) が1977年に公開した映画『歌う女　歌わない女』(仏・ベルギー合作) は，自立を求めて生きる2人の女性の友情を描いて多くの女性の共感を得た。同じ年，アメリカでも女性劇作家リリアン・ヘルマン (1905～84) の自伝小説を原作とした『ジュリア』が封切られた。処女作を執筆中の若きヘルマンをジェーン・フォンダ (1937～) が，その幼馴染で反ナチ抵抗運動にかかわっていくジュリアをバネッサ・レッドグレーヴがそれぞれ好演。ここでも女性の友情が物語をつらぬく赤い糸となり，女性のための映画の時代が到来したことを印象づけた。
>
> （Puchku/Wikipedia）

参考文献　E.A. カプラン（水田訳）『フェミニスト映画』田畑書店，1985／M.A. ドーン（松田訳）『欲望への欲望』勁草書房，1994／井上輝子ほか『ビデオで女性学』有斐閣ブックス，1999／H.M. Benshoff ほか（苅部ほか訳）『Gender and American Film：映画の中の女と男——アメリカ映画のジェンダー表象』中級英語読本，英宝社，2005

第15章

現代の世界

15-1 概説⑮ ジェンダー主流化への道

[教科書] 現代の世界　☞12-1, 13-1, 14-1

◆**転換期としての1970年代**　1970年代は，世界史上の大きな転換期であった。「近代」を支えた三つの柱——近代国民国家・近代市民社会・近代家族——が大きく動揺し，「西洋近代モデル」の見直しがはじまる。それは，1770〜80年代以降に登場し，欧米社会を基礎づけてきた公私二元的なジェンダー秩序に対する根本的な異議申し立てを意味した。近代的な人間像（「ひと」）がはらむさまざまなバイアスが暴かれはじめる。白人女性を中心とするウーマン・リブの高揚とともに，「フェミニズムの第二の波」がはじまる。キリスト教規範と近代家族規範に抑圧されてきた「性と生殖の自由」が要求され，女性の権利として確立した。また，黒人男性による公民権運動の展開，異性愛主義を批判するゲイ解放運動の進展によって，「ひと＝男性・白人・異性愛者」がもたらす差別システムが次々と明らかにされていった。さらに1970〜90年代にかけて，欧米フェミニズムとは一線を画したアジア・アフリカのフェミニズムが進展する。黒人男性の解放は黒人女性に対する家父長制支配を解決しないことや，いわゆる性的マイノリティにおけるレズビアンの周縁化も認識されるようになった。歴史学では「新しい歴史学」として「社会史」が登場し，日常生活や家族，女性に目が向けられはじめる。

◆**女性差別撤廃条約 (1979) とその後**　1970年代以降，国連はジェンダー平等に向けて本格的にのりだした。国際女性年 (1975)，「国連女性の10年」(1976〜85)，4回にわたる世界女性会議 (1975, 1980, 1985, 1995)。そして何よりも重要なのが，女性差別撤廃条約の成立 (1979) である。同条約は，性差別廃止・ジェンダー平等達成のための最も基本的な条約である (2009年現在で締約国187か国)。それは，男女の固定的な役割の否定，個人・社会慣行による性差別の撤廃を明記し，差別是正のための措置 (ポジティブ・アクション) を認めた。同条約にもとづいて設置された国連女性差別撤廃委員会 (CEDAW) は，定期的に条約締約国の状況をレポート審議し，総括所見でさまざまな勧告を出している。一方，「女性に対する暴力」は，ナイロビ将来戦略 (1985) ではじめて具体化された。1993年，国連総会で「女性に対する暴力撤廃宣言」が採択される。それは，冷戦終結後の内戦下で生じた性暴力を廃絶するという決意を示しただけでなく，暴力が家庭などの親密な関係や職場などで起こること (DV, セクシュアル・ハラスメント，レイプ，性器切除，持参金殺人など) を確認するものでもあ

った。

◆**1990年代の変化** 冷戦の終結（1989）は，新しい国際的な経済秩序・政治秩序を生み出した。「グローバリゼーション（世界経済の地球化）」が急速に本格化し，経済発展を究極目標とする価値観が強まり，国家間・地域間・階層間の経済格差はいっそう拡大した。旧社会主義国では，市場経済は女性に厳しく作用した。アジア・アフリカの発展途上国では「貧困の女性化」が深刻になっている。また，アジアから安価なケア労働力として女性労働力がグローバルに移動するようになった。性の搾取もグローバル化し，国境を越えた人身取引が急増している。国際社会の急変は，性や人種，宗教，国家を超えて国際的協調をはかる必要性をますます高めている。

◆**21世紀——ジェンダー主流化に向けて**「ジェンダー主流化」は，21世紀の国際社会を展望した国連の方針である。それは，「ジェンダー平等」を志向する新たなジェンダー秩序を築くための歴史的営為の一環といえよう。確かに，1970年代以降のフェミニズムの第二の波は，固定的な性別役割分業から多くの女性を解き放った。しかし，それは同時に女性間の格差も拡大した。けれども，世界にはなお多くのジェンダー・バイアスが残り，女性が政治的・経済的に不利益を被る状況は根本的な解決をみていない。真の意味でのジェンダー平等達成のために，私たちは歴史から何を学び，歴史主体としてどのように行動していくべきか。私たち自身の責任は大きい。(三成)

参考文献　三成美保ほか『ジェンダー法学入門』法律文化社，2011／国際女性の地位協会編『国際女性』1（1988）／長野ひろ子・姫岡とし子編『歴史教育とジェンダー』青弓社，2011

国際社会（1970以降）	
1973	石油危機
	米：ロウ判決（妊娠初期中絶自由化）
	ベトナム戦争終結
1974	独：堕胎罪改正違憲判決
1975	国連「国際女性年」，第1回世界女性会議開催（メキシコ・シティー）
1976	「国連女性の10年——平等・開発・平和」を宣言
1978	英：初の体外受精児誕生
1979	女性差別撤廃条約成立
	中：一人っ子政策の開始
	英：サッチャー首相就任（〜90）
	イラン革命（イラン＝イスラーム共和国の成立）
1980	イラン—イラク戦争勃発（〜88）
	第2回世界女性会議（コペンハーゲン）
1985	第3回世界女性会議（ナイロビ）
1986	ソ連：チェルノブイリ原子力発電所事故発生
	フィリピン：コラソン・アキノ大統領就任（〜92）
1987	韓国：民主化宣言
	台湾：戒厳令解除
1989	中：天安門事件
	リベリア第1次内戦勃発（〜96）
	米ソ首脳，冷戦終結を宣言
	東欧革命（共産党政権の廃止）
1990	東西ドイツの統一
	ルワンダ内戦勃発（〜93）
1991	ソ連崩壊
	湾岸戦争
	ユーゴスラヴィア内戦勃発（〜2000）
1992	マーストリヒト条約
1994	EU（欧州連合）発足
1995	第4回世界女性会議（北京），「北京行動綱領」
1998	国際刑事裁判所（ICC）に関するローマ規程（ICC規程）採択
1999	リベリア第2次内戦勃発（〜2003）
2000	国連女性2000年会議
	オランダ：世界初の同性婚容認
	人身取引議定書成立
2001	米：同時多発テロ事件
	インドネシア：メガワティ大統領就任（〜04）
2004	ワンガリ・マータイがノーベル平和賞を受賞
2005	独：メルケル首相就任
2008	リーマン・ショック
2011	リーマ・ボウイーがノーベル平和賞
	日：福島原子力発電所事故発生

15-2 性の自由と家族の多様化

[教科書] 冷戦の解消と世界の多極化　☞1-5, 10-10, 13-5

◆**性規範と婚姻の変容**　1960～70年代以降，先進諸国を中心に「性革命」が進行し，性や家族をとりまく状況は大きく変化した。性行動の若年化と処女性へのこだわりの減少，結婚を前提としない性関係の容認，同棲の増加と婚姻率の低下，さらには出生率の低下と離婚の増加などが，共通した特徴である。こうした変化の背景には，反戦運動や学園紛争，ロックなどに象徴される若者文化の台頭，ピルの登場，フェミニズムの広がり，教会に代表される宗教的権威の低下などがあった。婚姻制度自体がなくなったわけではないが，近代社会に強固だった愛と性と結婚と生殖を不可分のものとし，とくに女の性を厳しく管理しようとする性規範や結婚観は大きな変容を遂げたのである。その一つの現れが欧米諸国での出生に占める婚外子割合の高さで，スウェーデンやフランスではすでに50％を上回っている❶（ただし日本や韓国など，アジアの先進国では依然として低い）。

◆**中絶とリプロダクティブ・ライツ**　性の変化にとってピルとともに重要だったのは中絶の合法化である。日本や旧共産圏と異なり，欧米諸国では1960～70年代まで中絶は厳しく規制されており，中絶の権利の獲得は第二波フェミニズムの最重要課題の一つとなった。だが1973年にロウ判決で中絶が認められたアメリカでは，現在も反中絶派との対立が続く❷。そのため「リプロダクティブ・ライツ」という言葉は先進国では避妊や中絶の自由を意味することが多いが，途上国での人口政策の問題点が明らかになるにつれ，より広く，国家や宗教による強制なしに性と生殖に関して女性が自己決定する権利の意味で使用されるようになった。

◆**家族のあり方の変化**　性規範や婚姻の変化は，非婚・離婚による一人親家族や子連れ同士の再婚による複合家族の増加など，家族の形態の多様化をもたらした。さらに近年議論を呼んでいるのが，同性婚と生殖補助技術を用いた子づくりである。ゲイやレズビアンの同性カップルにも異性カップルと同等な婚姻権を認める国はヨーロッパを中心に増加しつつあるが❸，依然として結婚は男女に限るべきだと考えて反対する人びとも多い。また，体外受精などの生殖技術の発達は，第三者からの提供精子・卵子・受精卵による妊娠や代理出産など，不妊の人が子どもを得るための新しい選択肢を提供する一方で，親子関係の混乱や，商業的代理出産のような生殖そのものの市場化という新たな問題も発生している。（荻野）

15-2 性の自由と家族の多様化　279

❶世界各国の婚外子割合

婚外子とは，母が婚姻していない（未婚あるいは離死別後に再婚していない）状態で生まれた子をさす。欧米で婚外子出生が多いのは，婚姻の有無に関係なく同様の法的保護や権利が与えられることが大きいとされる。

世界各国の婚外子割合

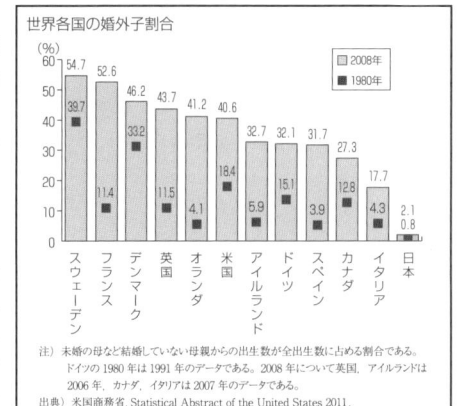

注）未婚の母など結婚していない母親からの出生数が全出生数に占める割合である。ドイツの1980年は1991年のデータである。2008年について英国，アイルランドは2006年，カナダ，イタリアは2007年のデータである。
出典）米国商務省，Statistical Abstract of the United States 2011.
日本：厚生労働省「人口動態統計」。

❷ロウ判決と中絶論争

アメリカの連邦最高裁判所は1973年，ロウ対ウェイド裁判において，女性が医師と相談のうえ妊娠初期に中絶を選択することを憲法に保障された「プライバシーの権利」とする判決を下した。これは中絶の権利を求めたフェミニズム運動の勝利であったが，同時に中絶は「罪」であり，胎児の「殺人」であると考える人びとの激しい反発を引き起こし，以来，アメリカではプロチョイス（中絶容認派）とプロライフ（中絶反対派）の対立や論争が続くとともに，中絶の是非が大統領選挙の争点ともなるような状況が存在し，反対派による中絶医師の殺害などの暴力行為も繰り返されている。右図は，こうした中絶をめぐる根深い対立を扱った多数の研究書のうちの1冊である。

❸同性婚

法的に同性同士の婚姻を認めているのは，ベルギー，オランダ，スウェーデン，デンマーク，スペイン，フランス，イギリスなどのヨーロッパ諸国をはじめ，カナダやアメリカの一部の州，中南米諸国，南アフリカ，ニュージーランド，ベトナムなどで，急速に増加の途をたどっている。それ以外に，婚姻に準じるシビル・ユニオンやパートナーシップを認める国や地域もある。日本でも同性愛の人びとの存在は近年次第に可視化されつつあるが，差別感情も依然として強く，まだ同性婚をめぐる本格的な議論ははじまっていない。

クリニックの前でデモをする中絶反対派と容認派の人びと
(Wendy Simonds, *Abortion at Work*, Rutgers Univ. Press, 1996, 表紙)

ニュージーランドのロトルア博物館で結婚式をあげた2組の同性婚カップル（2013年8月19日撮影。Ⓒ AFP＝時事）

参考文献　荻野美穂『中絶論争とアメリカ社会』岩波書店，2012（初版は2001）／谷口真由美『リプロダクティブ・ライツとリプロダクティブ・ヘルス』信山社，2007／G.チョーンシー（上杉・村上訳）『同性婚』明石書店，2006

15-3　改革開放政策下の中国

教科書　脱社会主義化するアジア　☞14-3, 14-4, 15-4

◆**改革開放政策と「婦女回家」**　中国は1978年より社会主義の革命路線から脱却して改革開放政策を開始し，市場経済のもとでの近代化と経済発展が追求されるようになった。多くの余剰労働力をかかえて生産効率が低かった国有工場ではリストラが進み，子どもをもつ女性が解雇されるケースが相次いだ。こうしたなかで，日本のM字型就労をモデルとした女性の「段階性就業」や女性を家に戻す「婦女回家」も議論されたが，婦女連合会などの反対により撤回され，女性の権利を守るための「婦女権益保障法」(1992年)も制定された。労働市場の自由化が進むなかで，全体として賃金は上昇したが，職種・性別・雇用の正規非正規（農村出身者は基本的に後者）などによる格差も拡大している。華々しい女性起業家の活躍が喧伝される一方，低賃金の不安定な仕事で働く女性も多い❶。

◆**「一人っ子政策」の展開**　1950年代半ばから計画出産がはじまってバース・コントロールの普及がはかられた中国では，1960年代におおむね6人台だった合計特殊出生率が1970年代に急落して1979年には2.75人となった。しかし1980年代にはベビーブーマーが生殖年齢に突入するため，1979年より1組の夫婦に子ども1人を原則とする強力な出産統制がはじまった❷。この「一人っ子政策」は当初，とくに農村部で強い反発を招いて，女児の虐待や出生性比不均衡などの深刻な問題が起きた。そのため，多くの場合，農村では第一子が女児の場合は第二子を産めるなどの修正がなされた。近年は人びとの生育観念が変化し，農村でも女児だけでよいとする人も増えている。一方，社会が豊かになる前に少子高齢化が進んで老人扶養の問題が大きくなり，第二子全面解禁などの政策の緩和も検討されているが，中国では女性の生殖能力を国家がコントロールすることが定着している。

◆**中国女性学の創設と女性性の模索**　性差を極小化した文化大革命の時代が過ぎ，1980年代には李小江（りしょうこう）らが中国独自の女性学の創設を提唱した。彼女たちは従来のマルクス主義女性解放論とは距離をおき，文革期に否定された女性性を探求しようとして，「女性主義（feminism）」を唱えた❸。一方，市場経済と商業主義の展開のなかで，セクシュアリティの商品化が進んだ。社会主義時代の中国では見られなかった化粧も復活し，ファッションは成長産業となった。1950年代に廃絶された売買春も復活しており，腐敗した高官が愛人を囲う現象もしばしば摘発されている。（小浜）

15-3 改革開放政策下の中国

❶「世界の工場」を支える出稼ぎ女性労働者

21世紀の「世界の工場」として経済発展を続ける中国だが,沿岸部の工場で低賃金労働力として働くのは内陸部の農村からの出稼ぎ労働者である。家を継ぐことを期待されていない農家の娘たちの多くは,中学を出ると遠方の工場へ出稼ぎに行く。一方,都市のミドルクラスの家庭で住みこみの家事労働者として働いて,都市女性の就業を支えている農村女性も少なくない。こうした「打工妹(ダーコンメイ)(出稼ぎ女性労働者)」は,農村出身であることと女性であることの二重の理由によって二流の労働力として位置づけられ,低賃金で長時間労働をおこなっている。しかし故郷を出て視野を広げた彼女たちは,携帯電話でネットワークをつくってしたたかに新しい世界を切り拓いている。近年,労働者としての権利を要求するストライキが中国の工場で頻発しているのも,彼女たちの目覚めの結果の一つといえる。

❷計画出産宣伝の時代による変化

下は,社会主義時代のポスター「革命のために計画出産を実行しよう」(1974)。右は,改革開放時代のマンガで,子どもが1人だと生活水準が高く,多いと低くなることを訴える(『計画出産漫画選』1987年より)。

❸【史料】『イヴの探索』(李小江,1988)

「今日から見ると,女性研究の足枷になっていた「タブー」は少なくとも三つある。

第一は,性のタブーだ。性のタブーは,主として「女性」のタブーである。社会で人々の考えのなかに共通する「性のタブー」以外に,女性研究にはもうひとつの障害がある。すなわち女性の社会的属性を強調すると同時に,生物-生理上の性別が持つ意味を打ち消し,人類の最初の自然分業を基礎として性差の生成と変化を考察することに反対することだ。考察するにしても,結局男女両性の「共通の社会属性」によって自然に基づく両性の差異を人為的に淘汰(とうた)してしまう。このようなやり方は「男女平等」のように見えて,実際は「女性解放」の形式によって女性の生理-心理的負担を強化し,女性の健康の発展をそこない,現代女性の役割緊張緩和に役立つことがない。……

第二は,「階級」のタブーである。「階級」のタブーは,今なおマルクス主義女性理論研究における突破しがたい壁の一つだ。……

第三は,フェミニズムのタブーである。歴史上,フェミニズムは西側資本主義社会の特産であり,ブルジョア革命の一部をなしていた。しかし,いまや歴史は一世紀以上前進し,東西双方の社会生活は大きく変化した。新しい歴史条件の下で,現在の新しいフェミニズム運動の原因・発展・規模と性格を考察することなく,それが西側社会に発生したというだけで「ブルジョア」のレッテルを貼ることは,明らかに科学的ではないし,公正でもない」(秋山ほか編訳)。

参考文献　秋山洋子ほか編訳『中国の女性学』勁草書房,1998/R.T.チャン(栗原泉訳)『現代中国女工哀史』白水社,2010/若林敬子『中国の人口問題と社会的現実』ミネルヴァ書房,2005/大橋史恵『現代中国の移住家事労働者――農村-都市関係と再生産労働のジェンダー・ポリティクス』御茶の水書房,2012

15-4 変化する台湾社会のジェンダー秩序

教科書 台湾の民主化　☞13-9, 14-3, 15-3

◆**漢人の移住**　17世紀初頭の台湾は南部がオランダ，北部がスペインに占拠されていた。のちにオランダはスペインを駆逐するが，この頃の島の住民はオーストロネシア語族に属する複数の民族であった。鄭成功(ていせいこう)(1624~62)が1662年にオランダを追い出して台湾に拠ったことから漢人の移住がはじまり，1683年に清朝が鄭氏政権を滅ぼして版図に組みこむと，福建の閩南人(びんなん)や広東の客家(ハッカ)の移民が増大した。当初，家族の渡航は禁止だったが，18世紀末には漢人女性の移住が解禁され，これにともない，漢民族の性別役割観念や纏足(てんそく)・早婚などの風習が台湾にもちこまれた。

◆**日本植民地から国民党政府へ**　1895年，日清戦争後の下関条約で，台湾島と澎湖島(ほうこ)は日本に割譲された。植民地政府である台湾総督府は同化政策のもと，強権でもって閩南人女性の纏足を禁ずる一方，女子の学校教育を推進した❶。1945年，日本の敗戦で台湾は中華民国に復帰したが，大陸では国共内戦が勃発，1949年に中華人民共和国が成立すると，共産党に敗れた蔣介石(しょうかいせき)(1887~1975)率いる国民党政府は台湾に遷る。このとき，国民党や軍とともに多くの中国人が台湾に渡った。これ以後，以前から台湾に住んでいた閩南人と客家は自らを本省人と称し，戦後，中国の各省から移ってきた人びとを外省人と称するようになる。国民党政権は大陸反攻(大陸奪還)をスローガンに台湾に戒厳令をしき，外省人を優遇する一方で本省人を中心とする反体制運動を厳しく取り締まり，フェミニズム運動も危険視された。

◆**民主化とジェンダー主流化**　「台湾の奇跡」と呼ばれた急速な経済成長をへて，1980年代になると民主化運動とともにフェミニズム運動も高まり，多くの女性団体が組織された。1987年の戒厳令解除以後は，法的に女性の権利を保障する動きも活発化し，民法親属編の夫権父権優先条項の改正(1996~)，性暴力防止法(1997)，DV防止法(1998)のほか，男女平等の労働法である両性工作平等法(2001, のちジェンダー工作平等法)やジェンダー平等教育法(2004)，セクハラ防止法(2005)などが制定された。「一つの中国」の原則によって台湾(中華民国)は1971年に国連を追放されたが，民主化以後は国家戦略として積極的にジェンダー主流化を推進してきた。女性の就業率も高く，女性政治家や経済界の中枢で活躍する女性も多い。その成果は，ジェンダー不平等指数(GII)やジェンダーギャップ指数(GGI, 269頁参照)のランクの高さ❷にも反映されている。(野村)

15-4 変化する台湾社会のジェンダー秩序

❶日本統治下の女子教育

台湾の正式な女子教育制度としては，1897年国語学校第一附属学校に女子分教場がつくられたのを嚆矢とする。翌年，台湾籍学童の初等教育機関として公学校が設立される。当初は，漢民族の「男女七歳にして席を同じうせず」という観念や纏足の影響から，娘を学校に入れたがらない親が多かったが，1920年代から女児の就学が広まり，終戦までに初等教育の女子就学率は60％に達した。進学熱も高まり，植民地下の台湾には高等女学校が22校，女子のための実業系補習学校（家政学校）が39校建設された。生徒の大半は日本人だったが，一部の中上流階層の台湾女性も入学し，良妻賢母教育を受けた。日本に留学して専門教育を受ける者も現れ，台湾初の女医蔡阿信や台湾初の女性市長許世賢，台湾女性画家として帝展に初入選した陳進はその代表的人物である。

> **移民社会と台湾アイデンティティ** 台湾では一般に，原住民族（これは憲法上の正式呼称である。公式に認定されているのは14族），閩南人，客家，外省人を４大エスニックグループとする。しかし，実際には通婚などにより，個人を単一のエスニックグループに帰属させるのは困難である。戦後に来台した外省人もすでに台湾に暮らして60年以上たち，2世，3世と世代をへていくごとに台湾人としてのアイデンティティをもつにいたっている。一方，近年，中国大陸や東南アジアの国々から婚姻によって来台する女性が増えており，周縁におかれがちな彼女たちを「新移民女性」と呼んで支援する活動も広がっている。

❷国際比較から見た台湾のジェンダー

台湾の「ジェンダー不平等指数（GII）」は国連加盟国ではないためランキングには入っていないが，台湾の行政院主計処が計算式をあてはめて計算したところ，2012年の最新データで台湾はオランダに次ぎ世界149か国中２番目に格差が少なかったという。「ジェンダーギャップ指数（GGI）」は136か国中39位（日本は101位）である。現在，台湾では立法委員の比例代表当選者の半分以上は女性候補でなければならないというルール（クォーター制）があり，2012年の立法委員選挙では与野党含めて女性の国会議員比率は33.9％となり，日本の衆議院（7.9％）や韓国の国会（15.7％）を大きく引き離している。

> **女性運動家から政治犯，そして副総統へ──呂秀蓮**
> 台湾におけるフェミニズムの先駆者としては呂秀蓮（1944〜）が有名である。彼女は1970年代に，保守的な台湾社会に「ニューフェミニズム」を掲げて颯爽と登場し，女性の公領域における平等と参与を主張した。しかし，その著書『新女性主義』（1974）はフリーセックスを宣伝するとして当局から発禁処分を受けるなど弾圧された。ほどなく民主化運動に身を投じた彼女は，1979年12月10日，副編集長を務める『美麗島』雑誌社が世界人権デーのデモを主催し，自ら演説をおこなったことから，国民党政権によって反乱罪で起訴され，懲役12年の判刑を受けた（美麗島事件）。5年の懲役に服し，病気治療のため釈放されて以後，彼女は政治活動に全力を注ぐようになり，1992年に立法委員（国会議員）に当選し，1997年に桃園県の県長となる。そして，2000年に台湾ではじめて民進党政権が誕生したとき，「両性がともに治める」のスローガンのもと，台湾史上初の女性副総統となった。彼女の言論は多くの女性を啓蒙し，その後の台湾女性運動の発展の基礎を築いたといえる。

(davidreid/Wikipedia)

参考文献 台湾女性史編纂委員会編『台湾女性史入門』人文書院，2008／野村鮎子・成田静香編『台湾女性研究の挑戦』人文書院，2010／洪郁如『近代台湾女性史』勁草書房，2001／何春蕤（大橋・張訳）『「性/別」攪乱──台湾における性政治』御茶の水書房，2013

15-5　ソ連・東欧の社会主義体制の崩壊とジェンダー

教科書　ソ連・東欧社会主義圏の解体　☞13-3, 13-11, 15-6

◆**社会主義体制改革努力とジェンダー**　東欧の社会主義体制下では，自立や独自の社会主義を求めて，1956年のハンガリー，1968年のチェコスロヴァキアのプラハの春，1980年のポーランド連帯運動など，繰り返し改革運動が起こり，それは1989年の社会主義体制崩壊につながった❶。社会主義体制下では，女性の解放として男性とともに働く環境が整っていたが，それが崩壊して女性の立場は悪化した。

◆**社会主義体制崩壊後の女性の状況**　1985年のペレストロイカ，1989年の東欧革命，1991年のソ連邦の崩壊という体制と価値のすさまじい転換のなかで，男性と同等に働き賃金を得るという一般女性の地位は，社会主義時代に比べ低下した❷。女性のかなりの部分が失職した。企業内保育園の廃止による保母の解雇，社会主義時代に必須であったロシア語教育の廃止，国有企業や農業協同組合の解体等によって解雇された女性たちは，「家庭に戻れ」という社会風潮のなかで，新たに正規雇用者として採用されることは難しかった。それでも旧ソ連やウクライナでは全雇用者の40％台が女性であった。これは社会主義体制で労働によって自己実現したいという女性意識が定着したという以上に，夫婦2人で働いて家族を養えるという賃金生活システムと，西側からの商品の流入によって，物価が著しく上がったものの賃金上昇が物価上昇に追いつかず，社会主義時代の低い賃金が容易に改善しないなか，男性1人の賃金ではとうてい家族を養えない状況にあったという独特の「体制転換後」の事情もあった。一方，宗教や民族を異にする人びとが混在する旧ユーゴスラヴィアでは，内戦が勃発し，それはジェンダーに深刻な影響を及ぼした❸。

◆**「破綻国家」とジェンダー**　とくに「破綻国家」と呼ばれたベラルーシ，モルドヴァなどに住む多くの女性たちは，賃金未払いを含め，賃金状況が生活維持にまったく追いつかないがゆえに，国境を越えた出稼ぎ，売春に出ざるをえなくなり，さらにはトラフィッキング（人身売買）の罠にとりこまれるなど，悲惨な状況に追いこまれる人びとが増加した。21世紀に入ってもウクライナや中央アジアでは経済的な不安定が続いた。他方，中・東欧諸国の女性たちは，EU加盟前後から相対的安定に向かいはじめ，議会や国家機関における女性のクォータ制の導入により，西側に遅れつつも，女性の政治進出，社会進出をはたしていっている。（羽場）

15-5 ソ連・東欧の社会主義体制の崩壊とジェンダー

❶ハンガリー動乱，プラハの春，連帯運動から，社会主義体制の崩壊へ

1953年の東ドイツの蜂起からはじまり，56年のポーランドのポズナニ動乱，ハンガリー動乱，68年の「プラハの春」，80年の連帯運動など，社会主義体制下では，「独自の社会主義」「人間の顔をした社会主義」「労働者の自主管理」という，自立への強い欲求が民衆を突き動かした。

それは，19世紀末にはすでに民族の解放「諸国民の春」を経験していた中欧地域に，ソ連のスターリンからブレジネフの体制が，軍事力での支配を強要したからである。

女性についても，ロシアの「母なる大地」「子だくさん家庭を支える母」というイメージは，小家族を基礎とする中・東欧にはなく，家庭，女性認識としてもソ連とのギャップに苦しんだ。

中・東欧には19世紀以来の社会民主主義とキリスト教保守主義の伝統があり，それがソ連や南スラブの急進的共産主義や「大家族制」との齟齬を引き起こした。

しかし社会主義体制崩壊後，一方では，西欧なみの物価高が，国境線を越えて流入して家計を破綻させ，企業内の保育園は閉鎖され，他方で，急激な自由化と性の解放と商品化などの結果，女性は家庭に入るか，移民として出稼ぎに出るか，サービス業により家計を支えるかの選択を強いられるなど，中流・底辺層においては，社会主義体制時代よりも人権は損なわれる結果となった。こうしたなかで，売春やトラフィッキングの増加も大きな社会問題となった。

❷社会主義とジェンダー

社会主義体制は，硬直した政治体制や，盗聴などの息苦しさがあったものの，他方で物価は安く，女性の労働・社会解放や医療・教育の無料化がおこなわれるなど，個人や社会を丸抱えして支えるパターナリズムの側面ももっていた。めまぐるしく変わる価値・体制・愛国心に翻弄されるアイデンティティの苦悩は，『灰とダイヤモンド』『グッバイレーニン』『よき人のためのソナタ』『太陽のしずく』などさまざまな映画でも表現されている。政治的鬱屈と社会的弱者保障というアンビバレントな抑圧＝依存関係は，社会主義体制のジェンダー秩序をも規定していた。社会主義体制の崩壊後，大量の失業者が出て，女性の労働が困難になるなか，1990年代に中・東欧各国で社会主義ノスタルジーの揺り戻しが起こった。女性や年金生活者の多くが，左派政党に投票したのも，体制転換後の自由主義体制の生きにくさを反映していた。現在でも，ロシア・東欧における少子高齢化や介護の負担は，多くがフルタイム労働の女性にかかっている。

（販売元：東映・東映ビデオ，発売元：ギャガ，発売中3,800円〔税抜〕）

❸ユーゴ内戦とジェンダー

ユーゴスラヴィア内戦における「民族浄化」のレイプは，20世紀末から21世紀の国際社会に，戦争とジェンダーの問題の深刻さを，白日のもとにさらした。内戦下でおこなわれた民族浄化レイプと，収容所で子どもを産み落とすまで中絶しないよう閉じこめておく戦略は，国際的な非難を呼び起こした。映画『サラエヴォの花』でも集団レイプの末できた子どもを育てるトラウマと愛情の相克が描かれている。戦争における男性兵士による女性へのレイプ，戦時「慰安婦」など現地女性の蹂躙は，戦争の男性性，女性の庇護性による「正義の戦争の正当化」を象徴している。また，女性兵士の勧誘によって，戦争の脱男性化も促進した。

参考文献 若桑みどり『戦争とジェンダー』大月書店，2005／土佐弘之『グローバル／ジェンダー・ポリティクス』世界思想社，2000／塩川伸明ほか編『ユーラシア世界4』東京大学出版会，2012／山内進編『フロンティアのヨーロッパ』国際書院，2007／羽場久美子ほか編『ヨーロッパの東方拡大』岩波書店，2006

15-6　ドイツ統一の光と影

教科書　ソ連・東欧社会主義圏の解体とアジア社会主義の転換　☞13-10, 14-8, 15-5

◆**ベルリンの壁崩壊とフェミニズムの誕生**　1989年11月9日，旧東ドイツでは民主化運動の高揚によってベルリンの壁が崩壊した。新しい国家建設に女性の視点を反映させるという，従来の革命では見られなかった目的が登場し，女性組織が結成されている❶。東の人びとは，独自に社会変革を進める道ではなくドイツ統一を選び，1990年10月3日に東は西に編入された。その過程で女性の問題は後景に退いた。それでも各自治体に男女平等担当者が設置され，女性センターも誕生するなど，フェミニストは活動拠点を獲得した。社会主義時代から存在した人と人のつながりを生かして女性ネットワークは広がったが，旧東ドイツ時代の女性の既得権を守る活動に追われることになった。

◆**女性に厳しい市場経済**　旧東ドイツでは女性の90％以上が就業し，家庭との両立は容易だった。離婚しても1人で十分に子育てできる育児システムや財政支援も整っていた。だが通貨統合による経済の壊滅的打撃によって東ドイツ時代にはなかった失業者が急増し，その比率は女性が男性を上回った。効率重視の市場経済はリスクの高い労働力を好まず，乳幼児をもつ女性の再就職はとりわけ難しく，失業者に占める女性比率は年々高まった❷。西の家族政策が東に適用されたため，家庭と職業の両立条件は著しく悪化した。ドイツ統一の結果は男性より女性に過酷だったのである。それでも専業主婦という選択肢が可能になった統一後も東の女性の就業意欲はきわめて高く，出産を先延ばしにしたり，離婚に慎重になったりしながら，職業研修を受けて積極的に就職の機会を求めつづけた。

◆**統一10年後のジェンダー**　統一10周年の記念式典は歴史化のはじまりを印象づけ，1990年代にしきりに話題になった社会問題の深刻化や「東西の心の壁」を払拭する「成功の記憶」が前景に押しだされた。実際，2000年には，ドイツ人の3分の2が統一を肯定的にとらえているが，この間に早婚，早期出産，「職業と家庭」の両立という東の女性の生活形態は崩壊し，西型への接近をよぎなくされている。問題はまだ山積みで，女性失業率も20％を超えて西の2倍以上であり，もはや女性を一括りに議論することも問題を統一だけに還元することもできず，ドイツ全体の動きのなかで決定される部分が強まっている。就業や昇進の機会はジェンダー・カテゴリーによる規定と個人レベルの評価が混在し，女性間の階層差も広がった。　（姫岡）

❶独立女性同盟

壁崩壊から1か月たたない12月3日に,政策決定や社会建設に女性の視点や体験を反映させ,女性の現状の抜本的改善のために「独立女性同盟」が結成された。東で初の自律的で自発的な女性運動であり,東ドイツ再建のための提案をおこなう「円卓会議」に参加。1990年3月選挙では「緑の党」と共闘するが,1議席しか獲得できなかった。西のフェミニズムが男女の権力関係を問うたのに対して,東は「働く母親」であることを重視して女性を支援した。(右上図は,独立女性同盟のポスター「すべての女性は勇気があって強く美しい!」)

❷女性の就業率

(1) 旧東ドイツにおける失業者比率 (%)

	1990	1991	1992	1993	1994	1995
女性	8.2	14.7	18.6	21.5	19.6	18.7
男性	6.5	9.0	8.5	11.0	8.8	10.1

出典) Sozialreport 1995, Berlin 1995, p.129

(2) 旧東ドイツにおける出生・婚姻・離婚の変化

	出生率 (対千人)	婚姻締結 (対千人)	離婚 (対1万人)
1990	11.1	6.3	19.8
1991	6.8	3.3	5.6
1992	5.6	3.0	6.6
1993	5.1	3.1	11.8

出典) Sozialreport 1994, Berlin 1994, p.63

ベルリンの壁を壊す人びと (1989年12月)

ドイツ統一 (1990年10月3日)

ドイツ統一と中絶 中絶に対する法律は西と東で異なっていた。東では妊娠3か月以内の中絶が認められていたのに対して,西では医学的,社会的,心理的な理由がないかぎり中絶できなかった。統一によって西の中絶法が全ドイツに自動的に適用されるところだが,女たちの激しい抗議の結果,東では暫定的に従来どおり3か月以内の中絶が認められた。1992年に制定された,あらたな中絶法は,事前カウンセリングを義務づけたうえで12週以内の中絶を合法とした。東の法律が西に影響を及ぼした,ほとんど唯一の例である。

【史料】ドイツ刑法の中絶条項(1995) 第219条(1) 相談は未出生の生命の保護に奉仕する。相談は,妊娠を継続するよう女性を勇気づけ並びに子との生活の展望を女性に開かせる努力によって,指導されていなければならない。相談は,責任ある誠実な決断を下すよう,女性を援助するものとする。その際,女性は,未出生の生命は妊娠のあらゆる段階において,女性に対してさえ独自の生きる権利を持つこと,それ故に法秩序に従えば妊娠中絶は,期待可能な犠牲の限界を超えるほど重大かつ異常な負担が,臨月まで子を懐胎することによって女性に生じるような例外状況においてのみ考慮することができることを,自覚しなければならない。相談は,助言援助を通じて,妊娠と関連して存在する葛藤状態の克服および困窮状態の除去に寄与すべきものとする。細目は妊娠葛藤法に定める。

参考文献 姫岡とし子『統一ドイツと女たち』時事通信社,1992/上野千鶴子ほか『統一ドイツの見えない壁』岩波新書,1993/仲正昌樹編『ヨーロッパ・ジェンダー研究の現在』御茶の水書房,2001

15-7 アフリカの平和構築に活躍する女性

教科書 アフリカの地域紛争　☞14-6, 14-7, 15-9

◆**平和への展望とジェンダー構造**　歴史に記録が残る戦争は，ほぼすべて男性によって火ぶたが切られている。その民間人犠牲者の多くは女性や子どもである。これが，歴史的に構築された女性の文化は男性の文化より非暴力的でありかつ女性に平和志向が強い理由の一つである。この点からも女性が政治の意志決定機関に参入することは，男性優位のジェンダー構造を変え，より平和的な社会秩序への展望を開くために不可欠だといえる。しかし，解放闘争に参加した女性の元闘士たちの多くは，ふたたび家庭の領域に戻らざるをえなかった。この状況は，アフリカ諸国が飢餓と内戦の1980年代をくぐり抜け，政治の民主化や女性の地位向上が国連主導で日程にのぼりはじめた90年代以降になってようやく変化の兆しを見せはじめた。

◆**女性の政治参加と平和構築**　国連は紀元2000年の節目に，ミレニアム開発目標を設定し，そのなかにジェンダー平等の推進と女性の地位向上の指標として「国会における女性議員の割合」を盛りこんだ。女性への割当制（クォータ制）を導入するなどの努力の結果，下院における女性議員の比率が3割以上を占めているアフリカの国は10か国にのぼっている（2013年，「列国議会同盟」発表の数値）。ちなみに，190か国中3割を超えるのは33か国，1位はルワンダ，日本は161位にとどまっている。アフリカ同盟（AU）の「ジェンダー政策」（2009）は，2015年までに議員の半数を女性にするよう求めるとともに，経済分野や平和・治安問題，労働，HIV/エイズ，IT領域における男女の平等の参加を強く要求している。

◆**草の根のジェンダー平等と平和構築**　アフリカでは，エリート女性と草の根の一般女性とのあいだに大きなギャップがある。エリート女性が国際的基準の「人権思想」を共有しているのに対し，一般の女性，とりわけ農村部の女性たちの多くは，遺産相続権も土地所有権も保障されずに，男性に有利な慣習法のなかで生活している。多くのアフリカ国家が，近代法とイスラーム家族法に加えて慣習法を認めていることが，この状況の変革を阻んでいる。一方で，植民地時代の利益を代弁してきた男性主導の政治を支えつづけている旧宗主国の思惑があり，近年，そこに中国や日本の資本がアフリカの資源を目的に参入しはじめている。そうした介入が，アフリカに新たな紛争の火種をもたらさないためにも，草の根の女性の地位の向上とジェンダー間の平等の実現が急がれている。（富永）

ノーベル平和賞を受賞したリーマ・ボウイーと(1972〜)女性たち

◆**内戦のなかの女性たち** リーマ・ボウイーは，1972年，リベリアのキリスト教徒の先住民族の両親のもと，5人姉妹の4女として生を受けた。貧しい家庭に育った父親だったが，アメリコ＝ライベリアンの政権に役人として登用されてからは生活が安定，リーマは首都モンロビアで何不自由ない高校生活を送った。ところが，大学に入学し，順調な人生航路を歩み出した矢先，内戦が勃発した。さらに，それに追い打ちをかけるように，つらい現実が待ち受けていた。それは，内戦の混乱のなかで出会って一緒になった夫の家庭内暴力だった。それでも，2児を出産。しばらくは，生活も安定していたが，やがて役人だった夫が汚職で失職し，リーマ自身がケーキやパンを焼いて日銭を稼がざるをえない日々が続く。そのような絶望のさなか，リーマは，同

(Jon Styer/Eastern Mennonite University/Wikipedia)

じく内戦で混乱していた隣国シエラレオネから逃れてきた難民女性たちと出会う。彼女たちは，乳房を反乱兵に切り取られるというような言語に絶する傷を肉体と精神に負いながら，リベリアに避難してきていたのである。こうした女性たちをとおして，リーマはこの惨状の根源に男性による暴力があり，それが国家を暴力国家に仕立てている，ということを具体的に学んでいく。

◆**女性たちの決断** 朝，少年を満載して戦闘に繰り出したトラックが，夕方には空っぽで戻ってくるという状況が続くなか，リーマの呼びかけに応えて女性たちが立ち上がる。2001年初頭のことであった。女性たちは，平和を象徴する白いシャツを身につけ，毎日毎日道端に座りこみ，大統領に和平交渉の座につくよう訴えつづけた。無視できなくなった大統領は，官邸にリーマたちを呼び出した。こうして，隣国ガーナでの政府軍と反政府軍との和平交渉がはじまったのである。

◆**和平交渉** 2003年，ガーナではじまった内戦終結のための和平交渉は，リーマたちが案じたとおり空転していた。1か月半が経過しても状況は変わらなかった。男たちの関心は，和平後，誰がどのポストに就くかという話ばかり……。リーマたちは，しびれを切らし，閣僚たちを宿泊所に訪ねて説得を繰り返した。そうこうするなか，リベリアのアメリカ大使館にミサイルが着弾し，避難していた女性や子どもたちが大勢犠牲になったというニュースが飛びこんできた。もはや猶予はできない。リーマたちは，会議場を封鎖した。和平協定が調印されるまで，誰1人ドアの外には出さない，そう決意しての実力行使だった。これを機に，リーマたちは，次のような声明を出した。「私たちは疲れ切っています。殺し合いはもううんざり。必要なら，何度でも会議場を封鎖します。今度は千人どころではありません。ガーナの難民キャンプには2万5000人，ここアクラには1万人以上のリベリア女性がいるのです」。このリーマたちの声明のあと，和平会議のムードは一変し，「大統領の追放」，「国連平和維持軍のモンロビア駐留」，「暫定政府による民主選挙の実施」などの内戦の終結に向けての政治決定を確認する文書が調印された(2003)。ちなみに，総選挙によるアフリカ初の女性大統領で，リーマと同時に2011年にノーベル平和賞を受賞したエレン・サーリーフの登場(2006)の背後には，リーマを先頭とした女性たちの支援があった。

【解説】 リベリアは，日本の約3分の1の国土に人口400万ほどを擁する西アフリカの小さな共和国である。1820年代から入植をはじめたアメリカからの解放奴隷によってつくられた国家である。このことは，この地が，アメリカの文化を身につけた少数の入植者によって「植民地化」されたことを意味する。こうして，リベリアの16を数える先住民族は，アメリコ＝ライベリアンと呼ばれる入植者集団によって支配されるようになった。その統治は130年も続いた。それを覆したのが，1980年に起きた1人の先住民軍曹によるクーデタだった。皮肉なことに，これが，先住民族間の権力をめぐる対立と抗争に道を開くことになる。こうして1989年，悲惨な内戦が幕を切って落とされたのである。この内戦を終結に導いたリベリア女性の団結と行動力は，女性にも軍人になる道を開きつつあるアメリカや日本の状況を，ジェンダーの視点でどうとらえるかを改めて考えさせる出来事であった。

参考資料 戸田真紀子『アフリカと政治紛争と貧国とジェンダー（改訂版）』御茶の水書房，2013／L. ボウイー，C. ミザーズ（東方訳）『祈りよ力となれ――リーマ・ボウイー自伝』英治出版，2012

15-8 現代イスラーム社会とジェンダー

教科書 グローバル化と地域統合　☞1-8, 5-4, 13-7

◆**家族法とジェンダー平等**　19世紀頃より，ムスリム（イスラーム教徒）の多く居住する各地域では，「西洋の衝撃」を受けて近代的な立法改革が推進されたが，家族法の分野についてはイスラーム法の伝統がある程度存続した。20世紀中頃にイスラーム諸国が独立すると，エジプト，シリア，イラクをはじめ多くの国で，イスラーム法の影響を残しつつ近代法に範をとった家族法が法典化された。ところが，一夫多妻制や男性からの一方的離婚等が，女性の地位向上とイスラーム的規範尊重の矛盾としてしばしば議論となった。イスラーム法と決別し近代的民法を採用したトルコ以外にも，チュニジアではイスラームの解釈の一つというかたちで一夫多妻制を禁じた。また近年エジプトで，女性からの離婚を容易にする法改正がおこなわれ，イスラーム規範とジェンダー平等の調和がはかられている。

◆**世俗化とイスラーム復興**　20世紀初頭より，イスラーム改革主義の立場と並行して，世俗主義が唱えられるようになり，女性のヴェールは後進性の象徴として排除され，男女ともに洋装化が進んだ。教育❶においても，伝統的なイスラーム学校ではなく西洋の学問を教える学校の出身者がエリート層を占めるようになり，イスラーム教育が軽視されていった。独立後のイスラーム諸国では，宗教勢力が国家管理下におかれた。ところが1970年代以降，経済不振や政治不安を背景とした反体制運動が隆盛するなかで，エジプトをはじめとする中東・アフリカ・アジアの各国でイスラーム復興運動が発展する。1979年のイラン・イスラーム革命もそうした流れを刺激した。さらにインターネットをはじめとする新しいメディアの発達は，イスラームのグローバル化を促進し，イスラーム教育の再評価や，女性たちによるヴェール復権❷の動きなどを加速させている。

◆**女性の地位向上とイスラーム**　ヴェールや女性隔離の習慣，一夫多妻制の許容などをもって，イスラームを女性抑圧の規範とみなす傾向は強い。とくに9.11以降，極端な女性差別を実行するターリバーン等のグループが，欧米からの批判の対象となっている。イスラーム社会内部でも，旧態然としたイスラームを否定する女性団体が活動をおこなっている。一方で，2011年のチュニジア，エジプト等での政変後，イスラーム主義を支持する女性の姿が各地で顕在化しており，イスラームの教えを守りつつ，社会への貢献をめざす女性も増えている。（小野）

15-8 現代イスラーム社会とジェンダー

❶イスラームと女子教育

独立国家となったイスラーム諸国では、公教育が導入されて男女の教育機会の平等がめざされるようになる。しかしながら、保守的な人びとにとっては、男女共学であることが女子への教育を拒む理由ともなった。そのようななかで、女子校の増加は女子の教育機会を促進させることとなった。たとえばイランでは、1979年のイスラーム革命以降、女性隔離の規範がより厳格となり、女性の自由は大幅に制限されたが、その一方で女子校が増えて女性の高学歴化が進み、専門職への就業機会も増加した。

> **現代世界のムスリム人口分布(2011年推計)**
>
> 世界人口約70億人のうち、ムスリムは約15億人と推計されている。イスラーム協力機構の加盟国のうち、ムスリム人口の多い10か国は以下のとおり。①インドネシア（2億人）、②パキスタン（1.7億人）、③インド（1.5億人）、④バングラデシュ（1.4億人）、⑤ナイジェリア（8200万人）、⑥イラン（7400万人）、⑦トルコ（7200万人）、⑧エジプト（7000万人）、⑨アルジェリア（3600万人）、⑩モロッコ（3200万人）。

❷ヴェール復権——ヒジャーブの流行とブルカ禁止法

サウジアラビアやイランなどの一部の国では、成人女性は公の場でのヴェール着用を義務づけられている。しかし多くの国では、20世紀に入りヴェールをつけない女性が増えていた。ところが1970年代以降、エジプトをはじめとするイスラーム諸国では、アラビア語でヒジャーブと呼ばれる頭を覆うヴェールや、ゆったりとして丈の長いイスラーム服を自ら身につける女性が急増し流行ともなっている。一部の若者には、顔まで覆うニカーブや、全身を覆うブルカを身につける者も現れ、これが逆にイスラームの教えに則るか否かについては論争となっている。フランスやベルギーなどではブルカ禁止法が施行され、ヴェールをかぶる自由を求めるムスリム女性からは反対の声も上がっている。

エジプトの雑誌『ヒジャーブ・ファッション』

ニカーブをつけた女性（後藤絵美撮影）

> **著名なムスリム女性たち**　女性の社会進出が課題となるイスラーム圏では、意外に多くの著名な女性を輩出している。ブットー・パキスタン元首相、メガワティ・インドネシア元大統領などの国家元首のほか、2011年にノーベル平和賞を受賞したタワックル・カルマン（右写真）などの活躍が知られている。カルマンは、イエメンの政治家・ジャーナリストで非暴力による「言論の自由」や「女性の権利」を求める活動をおこなっている。2005年、イエメンの首都サヌアで「束縛のない女性ジャーナリスト」という人権団体を組織。2011年の反政府抗議運動においても、指導者として若者たちを牽引した。

(Frank Plitt/Wikipedia)

参考文献　川上泰徳『イスラームを生きる人びと』岩波書店、2012／J.W.スコット（李訳）『ヴェールの政治学』みすず書房、2012／大塚和夫『近代・イスラームの人類学』東京大学出版会、2000／松本ますみ『イスラームへの回帰』山川出版社、2010

15-9 グローバル化とジェンダー

教科書 第三世界の多元化と地域紛争　☞1-8, 14-7, 15-5

◆**貧困・格差とジェンダー**　冷戦が終焉し，世紀転換期から21世紀にかけて，いくつかの大きな変化が，国境を越えたジェンダーの問題として起こってきた。1995年に北京で開催された第4回世界女性会議，およびそれに先立って開催された5万人の女性によるNGOの会議では，21世紀のグローバル化のなかで問題が多岐にわたる状況が示された。グローバル・フェミニズムの問題，西洋中心主義の克服と多様性の理解，女性の人権と自己決定権の確立，エンパワーメント，さらに女性の政策決定・法律制定過程への参加などが，南北の女性要求の違いとして表出された。なかでも重要な課題は，「貧困の女性化」である❶。世界の10億人を超える絶対的貧困のなかの7割が女性である。貧困化は，自然経済から貨幣経済への転換による経済的近代化によるもので，その結果，現金収入の男性への独占が，母子家庭や経済的所有権をもたない女性たちを貧困に追いやった。そのため，女性の権利，人権の擁護，クォータ制の採用，それに実効性をもたせるための監視システムや制裁措置の導入が，不可欠の一体として要請されている。

◆**移民の女性化，国際的労働力移動と異文化結婚**　2010年で移民の数は2億1400万人となり，その約半分の約1億人が女性という「移民の女性化」が進行している。背景には，未熟練労働者からサービス業労働者へ，少子高齢化とともに介護・家事労働者の国際移動が進行し，その多くがアジアの女性たちから供給されているという実態がある。それは時に個人および集団での人権侵害や暴力，ハラスメントを呼び起こしており，自治体・NGOのケアや人権の擁護と監視システムの整備が不可欠である。また異文化結婚（国際結婚）も増加しており，異質との共存のみならず，個人および共同体のレベルで「境界線を越える」多様な試みが営まれている。

◆**国際闇犯罪とジェンダー**　いま一つの重要な問題は，人身売買（人身取引）である❷。冷戦体制終焉後，国境の開放にともない，国連が3大犯罪と名指しする「銃・麻薬取引・人身売買」が急増した。20世紀半ばに収束した人の売買制度が，かたちを変えて世紀転換期に復活した。その目的は無から有を生じさせる，莫大なもうけである。介護・偽装結婚に加え，性的労働，臓器摘出など，先進国での公然たる人権侵害が，需要者の存在を前提に闇のルートでおこなわれている。人権保護の法整備，制度整備と，NGO，自治体の協同活動が急務となっている❸。（羽場）

❶ 1日1.25ドル未満での生活者

世界銀行の報告によれば2008年に1日1.25ドル未満で暮らす貧困層は途上国の人口の22%に相当する12億9000万人と推定され、その7割近くが女性である。貧困地域の分布は南アジアが最も多く、次いでサハラ以南のアフリカ、東アジア太平洋諸国となっており、アジアが66%を占める。貧困は移民と犯罪の温床ともなっており、とくに貧困とジェンダーの観点から、保護・教育・援助・エンパワーメントが課題となっている。

❷ 人身売買のルート

人身売買は、1980年代はアジアやラテンアメリカ、アフリカから先進国へのルートであったが、冷戦終焉後は、崩壊した旧社会主義国、とりわけ破綻国家と呼ばれた旧ソ連邦の貧困地域と周辺の国々が加わった。ウクライナ、モルドヴァ、ベラルーシなどから白人の未成年女性が国外に合法・非合法のルートで運ばれた。一時は100万人を超える女性たちが、ドイツ、アメリカ、日本、韓国などに送られた。21世紀に入り、EU・アメリカで一定の取り組みの進展が見られ、各国NGOや地方自治体・学識者の連携により、世紀転換期に広がった爆発的な人身売買は影をひそめた。しかし人身売買を起こす原因となる経済格差、介護要員の不足、移民の不法流入、性的搾取や闇ルートでの儲けの問題は解決されていない。当事者の違法労働の処罰と強制送還では解決にならず、児童労働の禁止や人身売買被害者の保護、職業訓練や自立生活の援助などの政策化が欧米では進められている。ルートは複雑で、合法の出稼ぎ勧誘・非合法の誘拐と詐欺、偽造ビザでの入国と闇経路への販売などである。国際条約として「子どもの権利条約」「選択議定書」「人身取引議定書」「最悪の形態の児童労働の禁止および撤廃のための即時の行動に関する条約」を採択、これを日本でも批准、実効させていくことが急務となる。

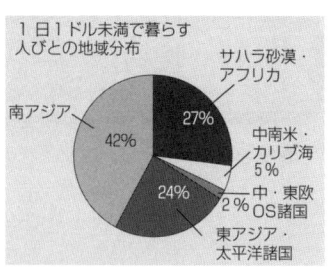

出典）「人間開発報告書」2003, UNDP

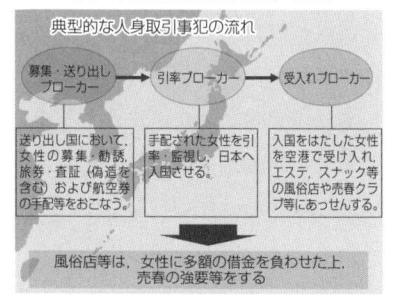

出典）『警察白書平成22年度版』より作成。

❸【史料】人身取引議定書（2000年。日本：2002年署名、2005年国会承認しかし未批准）

第2条（目的）　この議定書は、次のことを目的とする。
(a) 女性及び児童に特別の考慮を払いつつ、人身取引を防止し、及びこれと戦うこと。
(b) 人身取引の被害者の人権を十分に尊重しつつ、これらの者を保護し、及び援助すること。

第3条（用語）
(a)「人身取引」とは、搾取の目的で、暴力その他の形態の強制力による脅迫若しくはその行使、誘拐、詐欺、欺もう、権力の濫用若しくはぜい弱な立場に乗ずること又は他の者を支配下に置く者の同意を得る目的で行われる金銭若しくは利益の授受の手段を用いて、人を獲得し、輸送し、引き渡し、蔵匿し、又は収受することをいう。搾取には、少なくとも、他の者を売春させて搾取することその他の形態の性的搾取、強制的な労働若しくは役務の提供、奴隷化若しくはこれに類する行為、隷属又は臓器の摘出を含める。……

【解説】　冷戦終焉後、国境線が開かれることによって犯罪が国際化するなかで、銃・麻薬ならび人の売買、とりわけ女性や子どもの人身売買が急増する。これに対し、2000年、「国際組織犯罪防止条約」を補完する議定書として国際連合国連総会では「（略称）人身取引議定書」が採択され、2003年に発効した。日本では2005年に国会で承認されたものの批准は国内法との関係でまだおこなわれていない。

参考文献　池内靖子ほか『21世紀のジェンダー論』晃洋書房、1999／久場嬉子『介護・家事労働者の国際移動』日本評論社、2007／馬橋憲男『グローバル問題とNGO・市民社会』明石書店、2007／大久保史郎編『人間の安全保障とヒューマン・トラフィキング』日本評論社、2007

15-10 特論⑮ 現代科学とジェンダー

教科書 現代文明　☞1-7, 9-7, 11-11

◆**科学の必要**　2011年に地球の人口は70億人に達し，なお増加を続けている。増大する人口を支える食料やエネルギーの不足に加え，地球の温暖化，砂漠化といった環境問題も深刻化している。こうした状況のもとで，科学の力は絶対に必要であるが，先進国では少子高齢化が進み，研究者の大幅な不足が切実な問題になりつつある。21世紀に入って，アメリカもEUもそしてアジアでも新たな戦力として女性研究者の増大策に真剣に取り組んでいる。

◆**環境問題**　現代の私たちがかかえる問題の一つは，地球温暖化やオゾン層の破壊といった地域を限定しない地球環境問題であるが，ここまで事態が悪化する前には，環境問題は化学物質による水や大気の汚染が中心であった。こうした環境問題の原点は，農薬の大量使用による自然破壊を論じたレイチェル・カーソンの『沈黙の春』(1962)にはじまるとされる❶。1970年にニクソン大統領のもと，初の『環境白書』が議会に提出され，環境問題を無視した科学技術の独走に疑問が呈されるようになった。同年，地球の有限性を共通認識とする民間組織ローマ・クラブが組織され，1972年にコンピュータによるデータ解析を中心に地球の将来像を模擬的に提示した『成長の限界』は，米国で1週間に2万冊が売れ，大きな衝撃を与えた❷。ただし，同書は将来のエネルギー枯渇の問題を，全面的な核エネルギーの導入によって乗り越えようとしており，時代的な限界がある。1979年のスリーマイル島原発の炉心溶融事故，1986年のチェルノブイリ原発爆発事故，そして2011年の福島原発爆発事故を経験して，人類のめざすべきは脱原発社会であることは明確である。ヘレン・カルディコットの『核文明の恐怖――原発と核兵器』(岩波書店, 1979)は，原発が核の平和利用などでないことを暴露した❸。

◆**女性研究者増大策**　歴史をとおして女性がおかれてきた境遇を見れば，いかに優れた才能であっても，それを育て励ます環境なくして天才が世に出ることはないことがわかる。動きが出てきたのは，1979年国連総会で「女性差別撤廃条約」が採択されて以降である。男女共同参画は21世紀の最重要課題であり，科学技術分野の革新を実現するために，活躍の場が限定されているこの分野への女性の進出を支援する動きが広がっている❹。またジェンダーの視点から科学の歴史を見直す重要性もようやく認識されるようになってきた。(小川)

❶レイチェル・カーソン（1907〜64）

ジョンズ・ホップキンズ大学大学院で動物学専攻ののち，アメリカ合衆国漁業局勤務をへて文筆に専念．癌と闘いながら完成した『沈黙の春』は，20世紀を震撼させた1冊と評価できる．しかし21世紀になって彼女の主張を誤りとする強力なキャンペーンが張られた．カーソン（右写真）が有機塩素系の殺虫剤DDTを槍玉にあげたために，DDTが禁止されたアフリカで何百万もの人びとがマラリアの犠牲になったというのである．しかし，これは科学的根拠にもとづく議論ではなく，今日カーソンの復権ははかられつつある．

❷『成長の限界』（1972）

『成長の限界』が出版された1972年は，国連の「人間環境会議」が開催され，「かけがえのない地球」という認識が広まった年である．これに先立つ1969年，日本では，水俣病の惨状を描き出した石牟礼道子『苦海浄土』が出版されて多くの人びとに衝撃を与え，その後公害裁判が相次いだ．

❸ヘレン・カルディコット（1938〜）

ヘレン（右写真）は，1938年生まれのオーストラリア人で，核戦争防止国際医師会議の生みの親とされる小児科医である．若い頃から，徹底した反核運動家として知られる．福島原発事故のあとほどなく日本を訪問し，小児科医の立場から調査をおこない，事態をかなり深刻に受けとめ，警告を発した．

❹女性研究者増大策，米国，EU，日本の取り組み

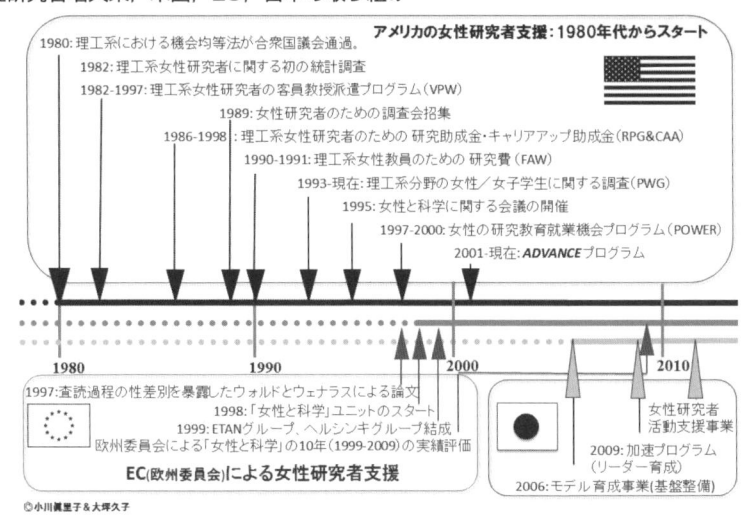

アメリカの女性研究者支援：1980年代からスタート
- 1980: 理工系における機会均等法が合衆国議会通過
- 1982: 理工系女性研究者に関する初の統計調査
- 1982-1997: 理工系女性研究者の客員教授派遣プログラム（VPW）
- 1989: 女性研究者のための調査会招集
- 1986-1998: 理工系女性研究者のための研究助成金・キャリアアップ助成金（RPG&CAA）
- 1990-1991: 理工系女性教員のための研究費（FAW）
- 1993-現在: 理工系分野の女性／女子学生に関する調査（PWG）
- 1995: 女性と科学に関する会議の開催
- 1997-2000: 女性の研究教育就業機会プログラム（POWER）
- 2001-現在: **ADVANCE**プログラム

EC（欧州委員会）による女性研究者支援
- 1997: 査読過程の性差別を暴露したウォルドとウェナラスによる論文
- 1998: 「女性と科学」ユニットのスタート
- 1999: ETANグループ，ヘルシンキグループ結成
- 欧州委員会による「女性と科学」の10年（1999-2009）の実績評価

日本
- 2006: モデル育成事業（基盤整備）
- 2009: 加速プログラム（リーダー育成）
- 女性研究者活動支援事業

©小川眞里子＆大坪久子

参考文献　R.カーソン（青樹訳）『沈黙の春』新潮文庫，1974／H.リューブザーメン－ヴァイクマン（小川ほか訳）『科学技術とジェンダー』明石書店，2004／N.オレスケス，E.M.コンウェイ（福岡訳）『世界を騙しつづける科学者たち』楽工社，2011

主要参考文献

◆史料集・事典・叢書・講座・入門書等

久保正幡先生還暦記念『西洋法制史料選』全3巻,創文社,1978-81
国際女性法研究会編『国際女性条約・資料集』東信堂,1994
『西洋史料集成』平凡社,1990
中村義孝編訳『ナポレオン刑事法典史料集成』法律文化社,2006
中村義孝編訳『フランス憲法史集成』法律文化社,2003
ヨーロッパ中世史研究会編『西洋中世史料集』東京大学出版会,2000
歴史学研究会編『世界史史料』全12巻,岩波書店,2006-12
グリーンスパン,K.(進藤・谷中訳)『世界女性史年表』明石書店,2003
アンダマール,S., ロヴェル,T., ウォルコウィッツ,C.(奥田監訳)『現代フェミニズム思想辞典』明石書店,2000
池端雪浦・桃木至朗ほか編『東南アジアを知る事典(新版)』平凡社,2008
イーディー,J.(金城訳)『セクシュアリティ基本用語事典』明石書店,2006
井上輝子ほか編『岩波女性学事典』岩波書店,2002
『岩波世界人名大辞典』岩波書店,2013
シュルツェ,H.K.(千葉ほか訳)『西欧中世史事典』ミネルヴァ書房,1997
タトル,L.(渡辺監訳)『フェミニズム事典(新版)』明石書店,1998
タン,L,G.編(金城監修)『同性愛嫌悪(ホモフォビア)を知る辞典』明石書店,2013
橋本泰元・宮本義久・山下博司『ヒンドゥー教の事典』東京堂出版,2005
長谷川岳男・樋脇博敏『古代ローマを知る事典』東京堂出版,2004
ハム,M.(木本・高橋監訳)『フェミニズム理論事典』明石書店,1999
ヒラータ,H.ほか編(志賀・杉村監訳)『読む事典 女性学』藤原書店,2002
ボールズ,J.K., ホーヴェラー,D.L.(水田・安川監訳)『フェミニズム歴史事典』明石書店,2000
『ジェンダー史叢書』全8巻,明石書店,2009-11
　1. 服藤早苗・三成美保編『権力と身体』,2. 石川照子・高橋裕子編『家族と教育』,3. 竹村和子・義江明子編『思想と文化』,4. 池田忍・小林緑編『視覚表象と音楽』,5. 加藤千香子・細谷実編『暴力と戦争』,6. 長野ひろ子・松本悠子編『経済と消費社会』,7. 粟屋利江・松本悠子編『人の移動と文化の交差』,8. 赤阪俊一・柳谷慶子編『生活と福祉』
『岩波講座　世界歴史』全28巻,岩波書店,1997-2000
『岩波講座　天皇と王権を考える』全10巻,岩波書店,2002-03
『岩波講座　東南アジア史』全9巻,岩波書店,2001-02
『岩波講座　東アジア近現代通史』全10巻,岩波書店,2010-11
ジェンダー法学会編『講座　ジェンダーと法』全4巻,日本加除出版,2012
阿部恒久・天野正子・大日方純夫編『男性史』全3巻,日本経済評論社,2006
天野正子ほか編『新編日本のフェミニズム』全12巻,岩波書店,2009, 2011
池上俊一・河原温編『ヨーロッパの中世』全8巻,岩波書店,2008-10
上村忠男ほか編『シリーズ歴史を問う』全6巻,岩波書店,2001-04
辻村みよ子・大沢真理編『ジェンダー社会科学の可能性』全4巻,岩波書店,2011
デュビィ,G., ペロー,M.監修(杉村・志賀監訳)『女の歴史』全5巻10分冊,藤原書店,1994-2001
野村浩一ほか編『新編原典中国近代思想史』全7巻,岩波書店,2010-12
『塙浩著作集：西洋法史研究』全11巻,信山社,1992-95
網野善彦ほか『歴史のなかのジェンダー』藤原書店,2001
有賀夏紀・小檜山ルイ編『アメリカ・ジェンダー史研究入門』青木書店,2010

石岡浩ほか『史料からみる中国法史』法律文化社，2012
井上洋子ほか『ジェンダーの西洋史』法律文化社，1998
岩村等・三成賢次・三成美保『法制史入門』ナカニシヤ出版，1996
大阪大学歴史教育研究会編『市民のための世界史』大阪大学出版会，2014
河村貞枝・今井けい編『イギリス近現代女性史研究入門』青木書店，2006
関西中国女性史研究会編『ジェンダーからみた中国の家と女』東方書店，2004
関西中国女性史研究会編『中国女性史入門——女たちの今と昔（増補改訂版）』人文書院，2014
シーガー，J.（原・木村訳）『地図で見る世界の女性』明石書店，2005
台湾女性史入門編纂委員会編『台湾女性史入門』人文書院，2008
長野ひろ子・姫岡とし子編『歴史教育とジェンダー——教科書からサブカルチャーまで』青弓社，2011
姫岡とし子・川越修編『ドイツ近現代ジェンダー史入門』青木書店，2009
ベイカー，J.H.（深尾訳）『イギリス法史入門』関西学院大学出版会，2014
ミッタイス，H., リーベリッヒ H.（世良訳）『ドイツ法制史概説（改訂版）』創文社，1971
三成美保ほか『ジェンダー法学入門』法律文化社，2011
桃木至朗『わかる歴史・面白い歴史・役に立つ歴史——歴史学と歴史教育の再生をめざして』大阪大学出版会，2009
『ヨーロッパ史入門』全10冊，岩波書店，2004-06
『ヨーロッパ史入門（第Ⅱ期）』全7冊，岩波書店，2008-09
ロシア史研究会編『ロシア史研究案内』彩流社，2012

◆啓蒙書・研究書
アイスラー，R.（野島訳）『聖杯と剣——われらの歴史，われらの未来』法政大学出版会，1991
青木道彦『エリザベス一世——大英帝国の幕開け』講談社現代新書，2000
赤司道和『19世紀パリ社会史——労働・家族・文化』北海道大学図書刊行会，2004
アクターバーク，J.（長井訳）『癒しの女性史——医療における女性の復権』春秋社，1994
秋山洋子ほか編訳『中国の女性学——平等幻想に挑む』勁草書房，1998
アジア女性史国際シンポジウム実行委員会編『アジア女性史——比較史の試み』明石書店，1997
アダム，B.（瀬野訳）『王様も文豪もみな苦しんだ 性病の世界史』草思社，2003
アドレール，L.（加藤・杉村訳）『黎明期のフェミニズム——フランスの女性ジャーナリスト（1830-1850）』人文書院，1981
アハメド，L.（林ほか訳）『イスラームにおける女性とジェンダー——近代論争の歴史的根源』法政大学出版局，2000
アブー＝ルゴド，L.編著（後藤ほか訳）『「女性をつくりかえる」という思想——中東におけるフェミニズムと近代性』明石書店，2009
阿部謹也『西洋中世の男と女——聖性の呪縛の下で』筑摩書房，1991
アームストロング，K.（高尾訳）『キリスト教とセックス戦争——西洋における女性観念の構造』柏書房，1996
綾部恒雄編『女の民族誌1 アジア編』弘文堂，1997
新井政美『トルコ近現代史——イスラム国家から国民国家へ』みすず書房，2001
新井政美編著『イスラムと近代化——共和国トルコの苦闘』講談社，2013
アリエス，P.（杉山・杉山訳）『〈子供〉の誕生——アンシャン・レジーム期の子供と家族生活』みすず書房，1980
アーリク，M.（上平ほか訳）『男装の科学者たち——ヒュパティアからマリー・キュリーへ』北海道大学図書刊行会，1999
有賀夏紀『アメリカ・フェミニズムの社会史』勁草書房，1988

アーレント＝シュルテ，I.（野口・小山訳）『魔女にされた女性たち――近世初期ドイツにおける魔女裁判』勁草書房，2003
石井美樹子『イギリス中世の女たち』大修館書店，1997
石井美樹子『エリザベス――華麗なる孤独』中央公論新社，2009
石井美樹子『図説ヨーロッパ宮廷の愛人たち』河出書房新社，2010
石井米雄編『講座仏教の受容と変容2　東南編』佼成出版社，1991
石川晃弘ほか編『講座スラブの世界4　スラブの社会』弘文堂，1994
石田米子ほか編『黄土の村の性暴力――大娘(ダーニャン)たちの戦争は終わらない』創土社，2004
イーズリー，B.（市場訳）『魔女狩り対新哲学――自然と女性像の転換をめぐって』平凡社，1986
伊藤航多・佐藤繭子・菅靖子編著『欲張りな女たち――近現代イギリス女性史論集』彩流社，2013
伊藤セツ『クララ・ツェトキンの婦人解放論』有斐閣，1984
伊藤セツ『クラーラ・ツェトキーン――ジェンダー平等と反戦の生涯』御茶の水書房，2014
伊藤るり・坂元ひろ子・バーロウ，タン・E.編『モダンガールと植民地的近代――東アジアにおける帝国・資本・ジェンダー』岩波書店，2010
井上浩一・栗生沢猛夫『世界の歴史11　ビザンツとスラヴ』中央公論社，1998
井上輝子ほか『ビデオで女性学――映画のなかの女性を読む』有斐閣ブックス，1999
井上泰男ほか『中世ヨーロッパ女性誌――婚姻・家族・信仰をめぐって』平凡社，1986
井野瀬久美恵『女たちの大英帝国』講談社，1998
井野瀬久美恵『植民地経験のゆくえ――アリス・グリーンのサロンと世紀転換期の大英帝国』人文書院，2004
今井けい『イギリス女性運動史――フェミニズムと女性労働運動の結合』日本経済評論社，1992
イム・ホーフ，U.（成瀬訳）『啓蒙のヨーロッパ』平凡社，1998
インカ・ガルシラーソ・デ・ラ・ベーガ（牛島訳）『インカ皇統記』岩波文庫，2006
ヴァイグル，E.（三島・宮田訳）『啓蒙の都市周遊』岩波書店，1997
ウイツ，E.（高津訳）『中世都市の女性たち』講談社，1993
上野千鶴子『家父長制と資本制――マルクス主義フェミニズムの地平』岩波書店，1990
上野千鶴子・田中美由紀・前みち子『統一ドイツの見えない壁――女が問い直す統一』岩波新書，1993
浦一章ほか『ヴィーナス・メタモルフォーシス――国立西洋美術館『ウルビーノのヴィーナス展』講演録』三元社，2010
エヴァンズ，S.M.（小檜山ほか訳）『アメリカの女性の歴史――自由のために生まれて』明石書店，1997
エリクソン，C.（古賀訳）『イギリス摂政時代の肖像――ジョージ四世と激動の日々』ミネルヴァ書房，2013
エーレンバーグ，M.（河合訳）『先史時代の女性――ジェンダー考古学事始め』河出書房新社，1997
エントウィスル，J.（鈴木訳）『ファッションと身体』日本経済評論社，2005
エンネン，E.（阿部・泉眞訳）『西洋中世の女たち』人文書院，1992
大澤正昭『主張する愚民たち――伝統中国の紛争と解決法』角川書店，1996
大澤正昭『唐宋時代の家族・婚姻・女性――婦(つま)は強く』明石書店，2005
小川眞里子『フェミニズムと科学／技術』岩波書店，2001
荻野美穂『生殖の政治学――フェミニズムとバース・コントロール』山川出版社，1994
荻野美穂『中絶論争とアメリカ社会――身体をめぐる論争』岩波書店，2001
荻野美穂『ジェンダー化される身体』勁草書房，2002
荻野美穂『女のからだ――フェミニズム以後』岩波新書，2014
荻野美穂・姫岡とし子ほか『制度としての〈女〉――性・産・家族の比較社会史』平凡社，1990
小倉充夫編『現代アフリカ社会と国際関係――国際社会学の地平』有信堂，2012
小澤重男訳『元朝秘史（下）』岩波書店，1997

押川文子編『南アジアの社会変容と女性』アジア経済研究所，1997
オティエノ，W.W.（富永訳）『マウマウの娘——あるケニア人女性の回想』未來社，2007
小野和子『中国女性史——太平天国から現代まで』平凡社，1978
オールドリッチ，R.（田中・田口訳）『同性愛の歴史』東洋書林，2009
オレスケス，N., コンウェイ，E.M.（福岡訳）『世界を騙しつづける科学者たち（上・下）』楽工社，2011
夏暁虹（藤井監修，清水・星野訳）『纏足をほどいた女たち』朝日新聞社，1998
香川せつ子・河村貞枝編『女性と高等教育——機会拡張と社会的相克』昭和堂，2008
カッシーラー，E.（朝倉ほか訳）『デカルト，コルネーユ，スウェーデン女王クリスティーナ』工作舎，2000
金澤周作『チャリティとイギリス近代』京都大学学術出版会，2008
金山直樹『法典という近代——装置としての法』勁草書房，2011
カプラン，E.A（水田訳）『フェミニスト映画——性幻想と映像表現』田畑書店，1985
カルピニ，ルブルク（護訳）『中央アジア・蒙古旅行記』光風社，1989
川上泰徳『イスラムを生きる人びと——伝統と「革命」のあいだで』岩波書店，2012
川北稔・藤川隆男編『空間のイギリス史』山川出版社，2005
川越修『社会国家の生成——20世紀社会とナチズム』岩波書店，2004
川越修・姫岡とし子ほか編者『近代を生きる女たち——一九世紀ドイツ社会史を読む』未來社，1990
川島慶子『エミリー・デュ・シャトレとマリー・ラヴワジエ』東京大学出版会，2005
川島慶子『マリー・キュリーの挑戦』トランスビュー，2010
川島典子・西尾亜希子編著『アジアのなかのジェンダー——多様な現実をとらえ考える』ミネルヴァ書房，2012
河村貞枝『イギリス近代フェミニズム運動の歴史像』明石書店，2001
河本和子『ソ連の民主主義と家族——連邦家族基本法制定過程1948-1968』有信堂高文社，2012
韓国女性ホットライン連合編（山下訳）『韓国女性人権運動史』明石書店，2004
氣賀澤保規『則天武后』白帝社，1995
木谷勤・望田幸男編著『ドイツ近代史——18世紀から現代まで』ミネルヴァ書房，1992
君塚直隆『ヴィクトリア女王——大英帝国の"闘う女王"』中公新書，2007
キューネ，T.（星乃訳）『男の歴史——市民生活の〈男らしさ〉の神話』柏書房，1997
ギルマン，S.L.（大瀧訳）『「性」の表象』青土社，1997
金富子『植民地期朝鮮の教育とジェンダー——就学・不就学をめぐる権力関係』世織書房，2005
キング，K.L.（山形・新免訳）『マグダラのマリアによる福音書——イエスと最高の女性使徒』河出書房新社，2006
クマラスワミ，R.（VAWW-NET ジャパン翻訳グループ訳）『女性に対する暴力をめぐる10年——国連人権委員会特別報告者クマラスワミ最終報告書』明石書店，2003
グレシンジャー，C.（元木・青野訳）『女を描く——ヨーロッパ中世末期からルネサンスの美術に見る女のイメージ』三元社，2004
黒川正剛『図説魔女狩り』河出書房新社，2011
クーンズ，C.（姫岡監訳）『父の国の母たち——女を軸にナチズムを読む（上・下）』時事通信社，1990
クンツエ，M.（鍋谷訳）『火刑台への道』白水社，1993
洪郁如『近代台湾女性史——日本の植民統治と「新女性」の誕生』勁草書房，2001
高世瑜（小林・任訳）『大唐帝国の女性たち』岩波書店，1999
コウ，D.（小野・小野訳）『纏足の靴——小さな足の文化史』岩波書店，2005
小杉泰・江川ひかり編『イスラーム——社会生活・思想・歴史』新曜社，2006
ゴットフリート修道士ほか著（久保ほか訳）『聖女ヒルデガルトの生涯』荒地出版，1998
小浜正子・松岡悦子編『アジアの出産と家族計画——「産む・産まない・産めない」身体をめぐる政治』

勉誠出版, 2014
小林登志子『五〇〇〇年前の日常――シュメル人たちの物語』新潮選書, 2007
コルバン, A.（杉村監訳）『娼婦』藤原書店, 1991
コンネル, R.W.（森ほか訳）『ジェンダーと権力――セクシュアリティの社会学』三交社, 1993
コンネル, R.W.（多賀訳）『ジェンダー学の最前線』世界思想社, 2008
サイード, E.（板垣・杉田監修, 今沢訳）『オリエンタリズム』平凡社, 1986
斎藤哲『消費生活と女性――ドイツ社会史（1920~70年）の一側面』日本経済評論社, 2007
阪口修平・丸畠宏太編著『軍隊』ミネルヴァ書房, 2009
坂本辰朗『アメリカ大学史とジェンダー』東信堂, 2002
坂元ひろ子『中国民族主義の神話――人種・身体・ジェンダー』岩波書店, 2004
桜井万里子『古代ギリシアの女たち――アテナイの現実と夢』中公文庫, 2011（初版は1992）
桜井万里子『古代ギリシア社会史研究――宗教・女性・他者』岩波書店, 1996
指昭博編『王はいかに受け入れられたか――政治文化のイギリス史』刀水書房, 2007
佐藤次高『イスラームを知る1　イスラーム――知の営み』山川出版社, 2009
サルカール, S.（長崎ほか訳）『新しいインド近代史――下からの歴史の試み（I・II）』研文出版, 1993
ザンダー, H., ヨール, B. 編（寺崎・伊藤訳）『ベルリン・解放の真実――戦争・強姦・子ども』現代書館, 1996
ジェイコブズ, H.（小林編訳）『ハリエット・ジェイコブズ自伝――女・奴隷制・アメリカ』明石書店, 2001
塩川伸明ほか編『ユーラシア世界4』東京大学出版会, 2012
滋賀秀三『中国家族法の原理』創文社, 1967
蔀勇造『シェバの女王――伝説の変容と歴史との交錯』山川出版社, 2006
シービンガー, L.（小川ほか訳）『科学史から消された女性たち――アカデミー下の知と創造性』工作舎, 1992
シービンガー, L.（小川ほか訳）『ジェンダーは科学を変える!?――医学・霊長類学から物理学・数学まで』工作舎, 2002
シービンガー, L.（小川・弓削訳）『植物と帝国――抹殺された中絶薬とジェンダー』工作舎, 2007
シュミット, F.（藤代訳）『ある首斬り役人の日記』白水社, 1987
シュライナー, C.（内藤訳）『マリア――処女・母親・女主人』法政大学出版局, 2000
末次玲子『二〇世紀中国女性史』青木書店, 2009
菅利恵『ドイツ市民悲劇とジェンダー――啓蒙時代の「自己形成」』彩流社, 2009
スカール, G., カロウ, J.（小泉訳）『魔女狩り』岩波書店, 2004
スコット, J.W.（荻野訳）『ジェンダーと歴史学』平凡社, 1992（改訂版は2004）
スコット, J.W.（李訳）『ヴェールの政治学』みすず書房, 2012
鈴木杜幾子ほか編著『美術とジェンダー――非対称の視線』ブリュッケ, 1997
ステイシー, J.（秋山訳）『フェミニズムは中国をどう見るか』勁草書房, 1990
ストラットン, J.（井尾・当麻訳）『パイオニア・ウーマン――女たちの西部開拓史』講談社学術文庫, 2003
スピヴァク, G.（上村訳）『サバルタンは語ることができるか』みすず書房, 1998
セジウィック, Y.K.（外岡訳）『クローゼットの認識論――セクシュアリティの20世紀』青土社, 1999
セジウィック, Y.K.（上原・亀澤訳）『男同士の絆――イギリス文学とホモソーシャルな欲望』名古屋大学出版会, 2001
多賀太『男らしさの社会学――揺らぐ男のライフコース』世界思想社, 2006
高田実・中野智世編著『福祉』ミネルヴァ書房, 2012
高津孝編『中国学のパースペクティブ――科挙・出版史・ジェンダー』勉誠出版, 2010

高橋友子『捨児たちのルネッサンス——15世紀イタリアの捨児養育院と都市・農村』名古屋大学出版会，2000
高山一彦編訳『ジャンヌ・ダルク処刑裁判』白水社，1984
高山博『ヨーロッパとイスラーム世界』山川出版社，2007
竹下節子『ジャンヌ・ダルク——超異端の聖女』講談社現代新書，1997
竹下政孝『イスラームを知る四つの扉』ぷねうま舎，2013
田中雅一編『女神——聖と性の人類学』平凡社，1998
田端泰子・上野千鶴子・服藤早苗編『ジェンダーと女性』早稲田大学出版部，1997
田丸理砂・香川檀編『ベルリンのモダンガール——一九二〇年代を駆け抜けた女たち』三修社，2004
田村雲供『近代ドイツ女性史——市民社会・女性・ナショナリズム』阿吽社，1998
チェイス゠リボウ，B.（石田訳）『サリー・ヘミングス——禁じられた愛の記憶』大阪教育図書，2006
チャン，L.T.（栗原訳）『現代中国女工哀史』白水社，2010
中華全国婦女連合会編著（中国女性史研究会編訳）『中国女性運動史1919-49』論創社，1995
中国女性史研究会編『中国女性の100年——史料に見る歩み』青木書店，2004
チョーンシー，G.（上杉・村上訳）『同性婚——ゲイの権利をめぐるアメリカ現代史』明石書店，2006
陳姃湲『東アジアの良妻賢母論——創られた伝統』勁草書房，2006
辻村みよ子『人権の普遍性と歴史性——フランス人権宣言と現代憲法』創文社，1992
辻村みよ子『ジェンダーと人権——歴史と理論から学ぶ』日本評論社，2007
辻村みよ子・金城清子『女性の権利の歴史』岩波書店，1992
土屋健治『カルティニの風景』めこん，1991
鶴岡瑛『通説を見なおす　女性と仏教』朝日新聞社，2003
ティックナー J.A.（進藤・進藤訳）『国際関係論とジェンダー——安全保障のフェミニズムの見方』岩波書店，2005
ティヨン，G（宮治訳）『イトコたちの共和国——地中海社会の親族関係と女性の抑圧』みすず書房，2012
デュビー，G.（篠田訳）『中世の結婚——騎士・女性・司祭』新評論，1984
デュビー，G.（福井・松本訳）『愛と結婚とセクシュアリテの歴史（増補）』新評論，1993
デュビー，G.（新倉・松村訳）『十二世紀の女性たち』白水社，2003
デュビィ，G.編（杉村・志賀訳）『女のイマージュ——図像が語る女の歴史』藤原書店，1994
デュビィ，G.，ペロー.M.編（小倉訳）『『女の歴史』を批判する』藤原書店，1996
デュボイス，E.C.，デュメニル，L.（石井ほか訳）『女性の目からみたアメリカ史』明石書店，2009
デュルメン，R.v.（佐藤訳）『近世の文化と日常生活』全3巻，鳥影社，1993
ドゥーデン，B.（井上訳）『女の皮膚の下——十八世紀のある医師とその患者たち』藤原書店，1994
土佐弘之『グローバル／ジェンダー・ポリティクス——国際関係論とフェミニズム』世界思想社，2000
トッド，K.（屋代訳）『マリア・シビラ・メーリアン——17世紀，昆虫を求めて新大陸へ渡ったナチュラリスト』みすず書房，2008
土肥恒之『興亡の世界史14　ロシア・ロマノフ王朝の大地』講談社，2007
ドーン，M.A.（松田訳）『欲望への欲望——1940年代の女性映画』勁草書房，1994
トンプソン，D.（古賀・小関訳）『階級・ジェンダー・ネイション——チャーティズムとアウトサイダー』ミネルヴァ書房，2001
羅英均『日帝時代，我が家は』岩波書店，2003
中野京子『情熱の女流「昆虫画家」——メーリアン波乱万丈の生涯』講談社，2002
仲正昌樹『ヨーロッパ・ジェンダー研究の現在——ドイツ統一後のパラダイム転換』御茶の水書房，2001
日韓「女性」共同歴史教材編纂委員会編『ジェンダーの視点からみる　日韓近現代史』梨の木舎，2005
二宮宏之・阿河雄二郎編『アンシアン・レジームの国家と社会——権力の社会史へ』山川出版社，2003

二宮宏之・樺山紘一・福井憲一編『家の歴史社会学（新版）』藤原書店，2010
二宮素子『宮廷文化と民衆文化』山川出版社，1999
野村鮎子・成田靜香編『台湾女性研究の挑戦』人文書院，2010
ネクラーソフ（谷訳）『デカブリストの妻（ロシヤの婦人）』岩波文庫，1950
パウル，C.（イェミンほか訳）『ナチズムと強制売春——強制収容所特別棟の女性たち』明石書店，1996
バーガー，A., フランシス，E.F.（富永訳）『アフリカ史再考——女性・ジェンダーの視点から』未來社，2004
バーク，P. 編（谷川ほか訳）『ニュー・ヒストリーの現在——歴史叙述の新しい展望』人文書院，1996
橋本伸也『エカテリーナの夢　ソフィアの旅——帝政期ロシア女子教育の社会史』ミネルヴァ書房，2004
長谷川まゆ帆『女と男と子どもの近代』山川出版社，2007
パトマンジー .B., ラマーバーイー，P.（小谷・押川訳）『ヒンドゥー社会と女性解放——ヤムナーの旅・高位カーストのヒンドゥー婦人』明石書店，1996
羽場久美子・小森田秋夫・田中素香編『ヨーロッパの東方拡大』岩波書店，2006
浜本隆志ほか『ヨーロッパ・ジェンダー文化論——女神信仰・社会風俗・結婚観の軌跡』明石書店，2011
早川紀代・江上幸子ほか編『東アジアの国民国家形成とジェンダー——女性像をめぐって』青木書店，2007
林佳世子『興亡の世界史10　オスマン帝国500年の平和』講談社，2008
速水融編『歴史人口学と家族史』藤原書店，2003
速水融・鬼頭宏・友部謙一編『歴史人口学のフロンティア』東洋経済新報社，2001
ハルダッハ＝ピンケ，I., ハルダッハ，G. 編（木村ほか訳）『ドイツ／子どもの社会史—1700-1900年の自伝による証言』勁草書房，1992
ハント，L.（西川ほか訳）『フランス革命と家族ロマンス』平凡社，1999
ハント，L.（正岡・吉原訳）『ポルノグラフィーの発明——猥褻と近代の起源，1500年から1800年へ』ありな書房，2002
ハント，L.（松浦訳）『人権を創造する』岩波書店，2011
東田雅博『纏足の発見——ある英国女性と清末の中国』大修館書店，2004
姫岡とし子『統一ドイツと女たち——家族・労働・ネットワーク』時事通信社，1992
姫岡とし子『近代ドイツの母性主義フェミニズム』勁草書房，1993
姫岡とし子『ジェンダー化する社会——労働とアイデンティティの日独比較史』岩波書店，2004
姫岡とし子『ヨーロッパの家族史』山川出版社，2008
姫岡とし子・河村貞枝ほか『ジェンダー』ミネルヴァ書房，2008
姫岡とし子ほか編『労働のジェンダー化——ゆらぐ労働とアイデンティティ』平凡社，2005
平野隆文『魔女の法廷——ルネサンス・デモノロジーへの誘い』岩波書店，2004
ビルクナー，S.（佐藤訳）『ある子殺しの女の記録——18世紀ドイツの裁判記録から』人文書院，1990
ファイアストーン，S.（林訳）『性の弁証法——女性解放革命の場合』評論社，1975
夫馬進『中国善会善堂史研究』同朋舎出版，1997
フェダマン，L.（富岡・原訳）『レズビアンの歴史』筑摩書房，1996
深井晃子監修『世界服飾史（カラー版増補新装）』美術出版社，2010
フーコー，M.（渡辺・田村訳）『性の歴史（Ⅰ～Ⅲ）』新潮社，1986-87
藤田苑子『フランソワとマルグリット——18世紀フランスの未婚の母と子どもたち』同文舘出版，1994
ブラン，O.（辻村監訳）『オランプ・ドゥ・グージュ——フランス革命と女性の権利宣言』信山社，2010
フランドラン，J.-L.（宮原訳）『性の歴史』藤原書店，1992（＝『性と歴史』新評論，1987）
フリーダン，B.（三浦訳）『新しい女性の創造』大和書房，1970
ブリュッセイ，L.（栗原訳）『おてんばコルネリアの闘い——17世紀バタヴィアの日蘭混血女性の生涯』平凡社，1988

プレスリー，C.A.（富永訳）『アフリカの女性史——ケニア独立闘争とキクユ社会』未來社，1999
フレーフェルト，U.（若尾ほか訳）『ドイツ女性の社会史——200年の歩み』晃洋書房，1990
ブーロー，V.，ブーロー，B.（香川ほか訳）『売春の社会史——古代オリエントから現代まで』筑摩書房，1990
ブロッキエーリ.M.F.B.（白崎ほか訳）『エロイーズとアベラール——ものではなく言葉を』法政大学出版局，2004
ベイカー，L.（大原ほか訳）『世界最初の女性医師——エリザベス・ブラックウェルの一生』日本女医会，2002
ヘイマー，M.（正岡・橋本訳）『クレオパトラという記号——歴史，ポリティクス，表象』ありな書房，2003
ペイン，B.（古賀訳）『ファッションの歴史——西洋中世から19世紀まで』八坂書房，2006
ベトナム戦争の記録編集委員会編『ベトナム戦争の記録』大月書店，1988
ヘリン，J.（井上ほか訳）『ビザンツ　驚くべき中世帝国』白水社，2010
ヘルツォーク，D.（田野ほか訳）『セックスとナチズムの記憶——20世紀ドイツにおける性の政治化』岩波書店，2012
ベルナウ，A.（夏目訳）『処女の文化史』新潮社，2008
ペルヌー，R.（高山訳）『ジャンヌ・ダルクの実像』白水社，1995
ペルヌー，R.（塚本監修，遠藤訳）『奇跡の少女ジャンヌ・ダルク』創元社，2002
ペロー，M.（持田訳）『歴史の沈黙——語られなかった女たちの記録』藤原書店，2003
ペロー，M.編（杉村・志賀監訳）『女性史は可能か（新版）』藤原書店，2001
星乃治彦『男たちの帝国——ヴィルヘルム2世からナチスへ』岩波書店，2006
ポーター，R.（見市訳）『啓蒙主義』岩波書店，2004
ホプキンス，A.（森本監修，浅香ほか訳）『中世を生きる女性たち——ジャンヌ・ダルクから王妃エレアノールまで』原書房，2002
堀越宏一・甚野尚志編『15のテーマで学ぶ中世ヨーロッパ史』ミネルヴァ書房，2013
前嶋信次『千夜一夜物語と中東文化』平凡社，2000
松本典昭『パトロンたちのルネサンス——フィレンツェ美術の舞台裏』NHKブックス，2007
松本ますみ『イスラームへの回帰——中国のムスリマたち』山川出版社，2010.
馬橋憲男『グローバル問題とNGO・市民社会』明石書店，2007
水井万里子『テューダー朝の歴史』河出書房新社，2011
水田珠枝『女性解放思想の歩み』岩波新書，1973
水田珠枝『女性解放思想史』筑摩書房，1976
三田村泰助『宦官——側近政治の構造』中央公論社，1963
ミッテラウアー，M.（若尾ほか訳）『歴史人類学の家族研究——ヨーロッパ比較家族史の課題と方法』新曜社，1994
三成美保『ジェンダーの法史学——近代ドイツの家族とセクシュアリティ』勁草書房，2005
三成美保編『ジェンダーの比較法史学——近代法秩序の再定位』大阪大学出版会，2006
峯陽一・武内進一・笹岡雄一編『アフリカから学ぶ』有斐閣，2010
ミール＝ホセイニー，Z.（山岸監訳）『イスラームとジェンダー——現代イランの宗教論争』明石書店，2004
ミレット，K.（藤枝ほか訳）『性の政治学』ドメス出版，1975
ムッツァレッリ，M.G.（伊藤訳）『フランス宮廷のイタリア女性——「文化人」クリスティーヌ・ド・ピザン』知泉書館，2010
村上憲司『西洋服装史（第3版）』創元社，1983
メイエール，C.（辻訳）『中国女性の歴史』白水社，1995

メンデルス，F., ブラウン，R.（篠塚ほか訳）『西欧近代と農村工業』北大図書刊行会，1991
モザンス，H.J.（山下訳）『科学史における女性』柏書房，1986
望田幸男・田村栄子編『身体と医療の教育社会史』昭和堂，2003
モッセ，J.（佐藤・佐藤訳）『ナショナリズムとセクシュアリティ――市民道徳とナチズム』柏書房，1996
本村凌二『ローマ人の愛と性』講談社現代新書，1999
本村凌二『帝国を魅せる剣闘士――血と汗のローマ社会史』山川出版社，2011
森島恒雄『魔女狩り』岩波新書，1970
森谷公俊『アレクサンドロスとオリュンピアス――大王の母，光輝と波乱の生涯』ちくま学芸文庫，2012（初版は1998）
モンタナーリ，M.（山辺・城戸訳）『ヨーロッパの食文化』平凡社，1999
柳田節子『宋代庶民の女たち』汲古書院，2003
柳橋博之『イスラーム家族法――婚姻・親子・親族』創文社，2001
山内進編『フロンティアのヨーロッパ』国際書院，2007
山崎純一『教育からみた中国女性史資料の研究――『女四書』と『新婦譜』三部書』汲古書院，1986
弓削尚子『啓蒙の世紀と文明観』山川出版社，2004
尹貞蘭『王妃たちの朝鮮王朝』日本評論社，2010
吉田恵子・東城由紀彦・岡山礼子『女性と労働――雇用・技術・家庭の英独日比較史研究』日本経済評論社，2004
ラカー，T.（高井ほか訳）『セックスの発明――性差の観念史と解剖学のアポリア』工作舎，1998
ラスレット，P.（川北ほか訳）『われら失いし世界――近代イギリス社会史』三嶺書房，1986
李貞徳（大原訳）『中国儒教社会に挑んだ女性たち』大修館書店，2009
リード，A.（平野・田中訳）『大航海時代の東南アジア――1450-1680年（1・2）』法政大学出版局，1997，2002
劉向（中島訳注）『列女伝（1-3）』平凡社（東洋文庫），2001
リュープザーメン＝ヴァイクマン，H.（小川ほか訳）『科学技術とジェンダー――EU女性科学技術者政策』明石書店，2004
ル＝ゴフ，J.（池田・菅沼訳）『中世の身体』藤原書店，2006
歴史学研究会編『性と権力関係の歴史』青木書店，2004
レ・ティ・ニャム・トゥエット（片山編訳）『ベトナム女性史――フランス植民地時代からベトナム戦争まで』明石書店，2010
若尾祐司『近代ドイツの結婚と家族』名古屋大学出版会，1996
若尾祐司・栖原彌生・垂水節子編『革命と性文化』山川出版社，2005
若桑みどり『女性画家列伝』岩波新書，1985
若桑みどり『象徴としての女性像――ジェンダー史から見た家父長制社会における女性表象』筑摩書房，2000
若桑みどり『戦争とジェンダー――戦争を起こす男性同盟と平和を創るジェンダー理論』大月書店，2005
若林敬子『中国の人口問題と社会的現実』ミネルヴァ書房，2005

索 引

あ

愛国女性協会／愛国婦人会　171, 192
アーイシャ・ビント・アブー・バクル　82, 83
アウンサン・スーチー　221
アキノ，コラソン　221
アクリャ　58, 59
アダット　81
アッカ・マハーデーヴィー　122
アダムズ，アビゲイル　165
新しい女性（新女性）　208, 216, 244, 245, 252, 253, 261
『新しい女性の創造』　270
アニェージ，マリーア・ガエターナ　158, 159
アネケ，マティルデ・フランチスカ　173
アパの反乱　222
アベラール　101
アマニトレ　50
アメリカ・メキシコ戦争　194
アメン神　34, 35
アリストパネス　36
アリメンタ制　45
アルキュロプライア，マリア　104
アルバート公　198, 199
アルント，エルンスト・モリッツ　149, 189
アロヨ　221
アングィッソーラ，ソフォニスバ　132
アーンダール　122
アントニウス　40, 41
アンナ・コムネナ　91
安楽死　23, 248
アンリ4世　140, 141
「慰安婦」　244-246, 251, 263, 285
家（イエ）　16, 18, 61, 110, 147, 212
『イギリスにおける労働者階級の状態』　175
育嬰堂　114
イサベル1世　103
イザボー・ド・バヴィエール　98, 99-101
イスカンダル・ムダ　81
イスラーム　50, 51, 53, 56, 76-83, 104, 105, 110, 111, 120-123, 214, 215, 231, 234, 242, 267, 271, 290, 291
イスラーム革命（イラン）　290, 291
イスラーム法（シャリーア）　77-79, 81, 82, 111, 120, 266, 290

異性愛　10, 11, 23, 25, 106, 272, 276
異性装　11, 99
異姓不養　19
異端運動　87, 92
一妻多夫　18
一夫一妻多妾制　19, 88
一夫一婦（一夫一妻）　18, 19, 38, 61, 88, 92, 216, 218, 244, 258
一夫多妻　18, 41, 78, 80, 157, 216, 217, 221, 242, 249, 266, 267, 290
移民　58, 59, 194, 197, 221, 237-239, 267, 270, 282, 283, 285, 292, 293
移民の女性化　292
EU（欧州連合）　11, 28, 29, 242, 243, 269, 284, 293-295
インターナショナル　179
インディアン　58, 155, 195
インド憲法　258, 259
インラック　221
ヴァスコ・ダ・ガマ　130, 131
ヴァンダナー・シヴァ　259
ヴィクトリア女王　198, 199
ヴィーナス　132, 133
ヴィルヘルム2世　199
ヴェサリウス，アンドレアス　143
ヴェーダ時代　53
ウェッジウッド，ジョサイア　157
ウェーバー，マックス　16, 17
ヴェール　76, 111, 120, 121, 242, 290, 291
ウェルズ，アイダ・B．　196, 197
ウォーカー，アリス　266
ウォシュバーン，シャーウッド　46, 47
ヴォルコンスカヤ，マリア　193
ヴォルテール，フランソワ＝マリー・アルエ　148, 151, 159, 167
美しき女性性　106, 146
ウーマン・リブ　276
ウルストンクラフト，メアリ　200, 204, 205
営業の自由　97
嬰児殺し／子殺し　21, 76, 114, 134, 141, 150, 151
HIV／エイズ　28, 29, 266, 288
エイレーネー　91, 104, 105
エヴァ（イブ）　106, 133, 136, 137
エカテリーナ1世　152, 153

エカテリーナ2世 148, 152, 153
エディプ・ハリデ 217
NGO（非政府組織） 271, 292, 293
『エミール』 150, 151
エリザベス1世 128, 138, 139
LGBTI 10, 11
エロイーズ 101
エンゲルス，フリードリヒ 16, 173, 175, 178
オイコス 37-39
『鶯鶯伝』 67
王昭君 64
荻野吟子 206, 207
「オダリスクと奴隷」 121
男らしさ 23-25, 188, 189, 272
オリエンタリズム 40, 121, 147, 221
オリュンピアス 40, 41
女教皇ヨハンナ伝説 93

か

外戚 55, 57, 72, 73, 221
回転箱 151
カイン・リー 265
ガヴァネス 190, 191, 201
科学革命 128, 158
家産制 17, 28, 72
嫁資／持参金 39, 88, 89, 94, 135, 258, 259, 268
家事使用人 183, 230, 233
カースト秩序 52
家族
　核家族 20, 38, 44, 51, 56, 148
　家族改革 240, 241, 246
　家族計画 238, 239
　家族政策 248, 286
　家族法 51, 77, 106, 216, 220, 234, 248, 258, 262, 288, 290
カーソン，レイチェル 294, 295
割礼（男子） 80
家庭内暴力→DV
家庭復帰令 166
カトリック神学 92
カトリーヌ 99
カトリーヌ・ド・メディシス 129, 134, 141
ガートン・カレッジ 26, 27
寡婦 19, 53, 72, 93, 97, 114, 115, 140, 214, 215, 227, 260, 267
寡婦再婚の禁止 52
家父長制 16-18, 23, 32, 40, 42, 44, 56, 58, 59, 61, 73, 76, 88, 100, 110, 147-149, 153, 168, 169, 212, 213, 215, 216, 221, 246, 270, 276
家門 94, 95
カーライッカール・アンマイヤール 123
からゆきさん 220, 221
カーリー 52
ガリンド，ベアトリクス 103
カール大帝 88, 104
ガルディカス，ビルーテ 47
カルディコット，ヘレン 294, 295
カルティニ 220
カルマン・タワックル 291
瓦礫場の女性 256
宦官 72, 73, 91
『環境白書』 294
環境問題 294
慣習法 51, 52, 78, 152, 266, 288
姦通／姦通罪 79, 89, 92, 95, 135, 140, 141, 167-169, 244
ガーンディー 214, 231
ガーンディー，インディラー 258
カント，イマニュエル 146, 151
姜徳景 245
観音信仰 68
騎士制度 86
ギゼラ 95
魏忠賢 73
金学順 262, 263
金活蘭 244
ギムナジウム／ギムナジア 149, 192
金萬徳 118
ギャレット，ミリセント 207
ギャレット＝アンダーソン，エリザベス 207
キャロライン王妃 198, 199
『九雲夢』 118, 119
宮廷風恋愛 94, 95, 101
救貧 170, 171
義勇兵 188, 189
キュリー，マリ 26, 27
教会法大全 92
教区簿冊 20, 21
教皇権 86, 93
強制収容所 250, 251
卿二位 61
共和国の母 164
ギリシア神話 37, 86
キリスト教 45, 50, 73, 78, 86, 88, 91, 92, 96, 104-107,

112, 130-133, 136, 146, 164, 170, 177, 180, 215,
    222, 245, 267, 276, 285
キングズリ，メアリ　225
近親婚　68, 94, 95, 99
　　近親婚の禁止　94
近代（市民）家族　18, 129, 146, 182, 183, 194, 220,
    252-253, 257, 276
金天翮　218, 219
クイア　25
空想的社会主義　178, 179
グエン・ティ・ディン　221
グエン・ティ・ビン　221, 264
クォータ制　11, 29, 223, 259, 269, 270, 284, 288, 292
権仁淑性拷問事件　262
グージュ，オランプ・ドゥ　166, 167, 204
グドール，ジェーン　47
権友会　244
グバダン・バーヌー・ベーガム　122
グラティアヌス教令集　92
クリスティナ女王　158, 159
クリミア戦争　192, 201
グレイ，ジェイン　138, 139
クレイステネス　36
クレオパトラ7世　40, 41
グローバル化／グローバリゼーション　28, 29, 131,
    268, 277, 290, 292
グローバル・フェミニズム　292
ゲイ解放運動　25, 276
計画出産　280, 281
『閨閣叢書』　118
兄死娶嫂制→レヴィレート（婚）
『閨範』　116
刑法　77, 137, 151, 168, 169, 242, 243, 259, 287
啓蒙主義　134, 142, 146-148, 151, 183
啓蒙専制主義　148, 149
『ゲルマーニア』　89
原罪　106, 133
現地妻　131, 213, 220
『元朝秘史』　112
原発　264, 294, 295
『高位カーストのヒンドゥー婦人』　215
合意主義　92, 134
強姦（レイプ）　71, 168, 133, 135, 151, 194, 196, 197,
    223, 246, 250, 251, 258, 268, 276, 285
公妾　128, 140, 151
公娼制度　181
皇太后　57, 65, 67, 72, 73, 111

高等教育　26, 103, 190, 191, 193, 200, 206, 233, 242
公民権運動　270, 276
康有為　218, 219
公論　106, 146, 150, 192
呉虞　241
国王至上法　138
国際結婚　292
国際女性参政権同盟　204
国際女性デー　179, 204
国際女性年　266, 270, 271, 276
『国朝閨閣詩人徴略』　116
国民運動　186
国民家族　186
国連女性差別撤廃委員会　276
国連女性の10年　276
コケジン　113
子殺し→嬰児殺し
五・四運動　240, 241, 246
戸主／戸主権　212, 244, 262
五障三従　61
コスモポリタリズム　147
ゴットシェート，ヨハン・クリストフ　146
コーヒーハウス　150
コーラン　76-79, 82
コルセット　208, 209
コルテス，エルナン　58, 59
コロンタイ，アレクサンドラ　234, 235
コロンブス　103, 131, 154
婚姻契約　77-79, 88
婚姻条例　246, 247
婚姻非解消主義　92
婚姻法　81, 92, 134, 260, 261
婚外子　45, 96, 97, 149, 167, 168, 180, 181, 278, 279
婚資／結納金　78, 79, 114, 115, 120
コンネル，レイウィン　24, 25
婚約不履行訴訟　135

さ

サカガウィア　58
サティー（寡婦殉死）　52, 111, 122, 123, 212, 214,
    224, 226, 227
サバト　136
サマヴィル，メアリ　27
『サラ・サンプソン』　181
サラスヴァティー　53
サリカ法典　88, 89, 128, 149
サーリーフ，エレン　289

308　索引

サルゴン王　34
サレルノ医学校　102
ザロモン，アリーゼ　171
サロン　91, 146, 150, 151, 158, 159, 167, 209, 237
三・一（独立）運動　231, 244
産科／産婦人科　82, 116, 142, 206, 207
サンガー，マーガレット　238, 239
『三綱行実図』　118, 119
三綱五倫　70, 71
三姑六婆　116
三職分論　86
サンスクリット文献　52, 226
産婆　82, 102, 115-117, 137, 158, 206, 207
ジェイコブズ，ハリエット　197
ジェクス＝ブレイク，ソフィー・ルイザ　206, 207
シェバの女王　105
ジェファーソン，トーマス　165
慈円　61
ジェンダー・ギャップ指数（GGI）　269, 282, 283
ジェンダー史　14, 15
ジェンダー主流化　10, 11, 268, 276, 277, 282
ジェンダー政策　244, 269, 288
ジェンダー統計　29, 268
ジェンダー・バイアス　10, 89, 175, 272, 277
ジェンダー平等　10, 11, 28, 29, 268, 269, 276, 277, 282, 288, 290
ジェンダー不平等指数　269, 282, 283
ジェンティレスキ，アルテミジア　132, 133
持参金→嫁資
慈善／慈善活動　82, 164, 170, 171, 192, 224, 243
持続可能な開発　28, 29
士大夫　70, 116
ジッペ（親族集団）　88
市民的価値観（リスペクタビリティ）　162, 182, 191
ジャウハル　123
社会主義女性解放論　178, 179
ジャクソン，ヘレン・ハント　194, 195
シャクティ　52, 53
ジャコービ，メアリ・パットナム　206, 207
謝道蘊　67
シャネル，ココ　208, 209
シャー・バーノー裁判　258, 259
シャリーア→イスラーム法
シャリヴァリ　140
シャーロット王女　198, 199
ジャンヌ・ダルク　98-100, 189
周縁民　87

就業率　174, 175, 230, 282, 287
秋瑾　219
銃後　196, 232
自由と自治　87, 96, 97, 100
儒教／儒学　18, 19, 54, 56, 57, 61, 64, 67, 68, 70, 71, 73, 110, 111, 118, 119, 218, 230, 240, 241, 253, 261
手権婚　42
朱子学　18, 19, 70, 110, 118
出生率　20, 21, 148, 156, 157, 181, 194, 230, 278, 281, 287
主婦　29, 39, 162, 175, 176, 182, 183, 186, 230, 234, 236, 272, 286
『春香伝』　118, 119
上座部仏教　56, 60
少子高齢化　11, 280, 285, 292, 294
少年愛　25, 32, 106
娼婦→売春婦
『女誡』　116
『女界鐘』　218, 219
女権宣言　166, 167
女工→女性労働者
助産婦　120
女子医学校　206
女子学生　207, 215, 240, 241, 244
女子割礼（女性性器切除）　111, 267
女子カレッジ　26, 27, 190, 191
女子教育　116, 152, 164, 165, 190, 201, 202, 212, 214-216, 220, 241, 244, 283, 291
ジョージ5世　198, 199
女子修道院　87, 92, 93, 102, 135
女性医師（女医）　102, 103, 116, 158, 159, 193, 206, 207, 241
女性インド協会　214
女性解放　14, 124, 178, 179, 203, 209, 213, 218, 230, 231, 234, 236, 240, 244-246, 248, 256, 260, 261, 269, 270, 280, 281
女性隔離　111, 120, 215, 216, 290, 291
女性協会／女性クラブ　166, 172, 173, 186
女性嫌悪（ミソジニー）　36, 37, 100, 106, 107, 147
女性研究者　26, 27, 206, 294, 295
女性婚　267
女性＝採取者仮説　47
女性差別撤廃条約　268, 269, 276, 294
女性差別撤廃宣言　268
女性参政権　27, 29, 173, 179, 187, 193, 196, 202-205, 207, 214, 236, 237, 240, 256, 268
女性参政権協会全国同盟　204

女性史　14, 15, 171
女性社会政治同盟　204
女性就労促進イスラーム協会　217
女性主義　280
『女性新聞』　172, 173
女性センター　270, 271, 286
女性伝道師／女性ミッショナリー　124, 215
女性のエンパワーメント　268, 269
女性の権利／女権　44, 76, 100, 166, 173, 197, 202-204, 216, 218, 236, 238, 243, 246, 266, 268, 276, 280, 282, 291, 292
『女性の権利の擁護』　200, 205
『女性の声』　172, 173
女性の財産権　57, 70, 120, 214
女性の地位向上委員会　268
『女性の隷従』　205
「女性は天の半分を支える」　260
女性奉仕団　233, 248
女性保護共催連盟　202, 203
女性保護法　174, 175
女性労働／女性労働力　174-176, 179, 232, 233, 236, 244, 277
女性労働者／女工　163, 172, 173, 179, 202, 203, 240, 281
女性論争　100
『女範捷録』　116
『女報』　218
『女論語』　116, 117
『仁学』　218
進化論　143, 238
人権宣言　166, 167
人口政策　249, 278
『人口論』　239
申師任堂　119
新女性→新しい女性
人身取引議定書　293
人身売買（トラフィッキング）　130, 167, 244, 268, 284, 285, 292, 293
真聖女王　64, 68
親桑　54, 114
親族組織　50, 51
真徳女王　64, 68
新文化運動　230, 240, 246
垂簾聴政　67, 72, 219
スコット、ジョーン・W.　15, 17
スタントン、エリザベス　203
捨て子　45, 151, 183

ストウ、ハリエット・ビーチャー　165, 196
ストープス、マリー　238, 239
ストリーダナ　52
ストーン、ルーシー　207
スモーリヌイ女学院　153
スレッサー、メアリ　225
聖イグナティオス　73
性革命　278
生殺与奪権　18, 33, 42
『西廂記』　67
生殖コントロール→バース・コントロール
清節堂　115
聖像破壊運動　91
西太后　73, 218, 219
『成長の限界』　294, 295
『青年雑誌』（『新青年』）　240, 241
性の二重基準　168, 180, 194
性売買特別法（韓国）　262
聖ヒルデガルト　102, 103
性別分業　50, 54
性別役割分担　24, 29, 150, 221, 257
性暴力　223, 262, 268, 276
　戦時性暴力　246, 247, 250, 251, 262, 263
『清明集』　70, 71
生命の泉　249, 251
婿留婦家制　68
精霊崇拝　81
性労働／性的労働　221, 250, 251, 292
世界女性会議　11, 266, 268, 271, 276, 292
セクシュアリティ　11, 16, 23, 24, 52, 72, 73, 96, 106, 110, 111, 134, 135, 168, 245, 249, 280
セクシュアル・ハラスメント　268, 276
セジウィック、イブ　24, 25
『世説新語』　67
摂政母后　128, 129, 141
節婦／貞女　52, 114, 123
セネカ・フォールズ　196, 202-204
全インド女性会議　214
選挙権　166, 172, 187, 204, 205, 215, 242, 243, 256
全国アメリカ女性参政権協会　204
全国女性反参政権同盟　237
全国農民主婦連盟　237
先住民　23, 58, 59, 194-197, 289
善徳女王　64, 68, 69
全米女性機構　270, 271
専門職　100, 146, 162, 171, 182, 193, 200, 230, 234, 236, 248, 269, 291

『千夜一夜物語』 83
双系／双系制 18, 51, 56, 57, 60, 65, 68, 118, 119
曹操 73
相続
　均分相続（兄弟） 19, 38, 70
　均分相続（男女） 56, 57, 68, 118
宗法 54, 241
族規（家訓） 70, 110
祖国女性奉仕団 233
ソーシャルワーカー／ソーシャルワーク 170, 171, 200, 230, 248
ソドミー 134
ソポクレス 36
ソルカクタニ・ベキ 112
ソロレート婚 19
村落共同体 61, 87, 96, 110, 140

た
大学 26, 27, 86, 100-103, 137, 149, 158, 171, 190-193, 206, 207, 216, 222, 262, 263, 269, 270, 289, 295
第三の性 73
『大草原の小さな家』 195
タイトゥ 222
太平公主 66
太平天国 218
ダーウィン，チャールズ 46, 47, 143, 238
ダウリー 258, 259
ダキテール，アリエノール 98-100
タブマン，ハリエット 197
ターリバーン 290
ダルコンヴィル，マリ＝ジュヌヴィエーヴ＝シャルロット・ティリー 143
談允賢 116
段階性就業 280
男耕女織 54
譚嗣同 218
断種法 248
男女共同参画／男女共同参画社会基本法（日本） 10, 294
男女平等 29, 146, 166, 176, 178, 196, 197, 202, 205, 234, 242-244, 246, 247, 256, 260, 262, 270, 271, 281, 282, 286
男女有別（男女に別あり） 70, 110, 118, 119
男性学 24, 25
男性＝狩猟者仮説 46, 47
断髪 246, 252
父方平行イトコ婚 78, 79

「チプコー」運動 259
チャリティ 163, 170, 171
チャルウェ 222
チャン・レー・スアン（マダム・ニュー） 264, 265
中華全国婦女連合会 260, 261
中絶／堕胎 21, 23, 92, 141, 154-156, 206, 234, 238, 248, 270, 271, 278, 279, 285, 287
中絶薬 154, 155
長孫皇后 66, 67
張竹君 241
チン・コン・ソン 265
陳擷芬 218
ツイールマン，タナー 46, 47
ツェトキン，クララ 178, 179, 203
ツーセックス・モデル 142
ツマドヒ婚 65
ツンフト／ツンフト規約 96, 97, 100, 148
挺身隊 244, 245
貞節 23, 53, 55, 66, 70, 110, 111, 114, 119, 180
DV（ドメスティック・バイオレンス） 258, 268, 276, 282
テイラー，ハリエット 205
ティーライン 60
丁玲 247
テオドラ（テオフィロスの皇妃） 104
テオドラ（ユスティニアヌスの皇后） 90, 91
デカブリスト 192, 193
溺女 114, 115
鉄の娘 260
デュ・シャトレ，エミリ 158, 159
纏足 110, 124, 125, 212, 218, 246, 260, 282, 283
纏足反対運動 124, 125, 218
ドイツ女性参政権協会 204
ドイツ女性団体連合 171, 203, 233
ドイツ農民戦争 96, 97
ドイモイ 264, 265
鄧穎超 241
同性愛 11, 23-25, 32, 92, 249, 250, 271, 279
同姓同本結婚 244
同姓不婚 19
道徳改良協会 196
ドゥルガー女神 53
ドクズ 112
独立女性同盟 287
都市貴族 96, 132
独狐伽羅 66
ドートリッシュ，アンヌ 141

『妊婦記』 67
トマジウス，クリスチャン 136
都弥夫人 68
トラフィッキング→人身売買
トリエント公会議 134
トリスタン，フローラ 179
トルコ女性同盟 243
奴隷／奴隷制 32, 33, 36-38, 40, 43, 45, 50, 51, 59, 78, 80, 82, 83, 104, 120, 121, 130, 147, 155-157, 164, 165, 167, 196, 197, 203, 204, 224, 293
ドレイク，フランシス 139
奴隷貿易廃止協会 156
トロトゥーラ 102, 103
童養媳（トンヤンシー） 114

な

『内訓』 116, 118
ナイティンゲール，フローレンス 200, 201
ナチ 23, 99, 171, 230, 232, 248-251
ナチ女性団 248
ナット 60
羅蕙錫 245
ナポレオン戦争 156, 186, 188, 189, 192
ナルセス 73
南北戦争 196, 197, 204
難民 29, 130, 264, 265, 289
ニカーブ 291
ニコライ2世 199
二重革命 162
日本軍性暴力→戦時性暴力
乳幼児死亡 29, 151, 170, 246
ヌール・ジャハーン 122
ネルウァ帝 45
ノヴェッラ・ダンドレア 102
農耕文化 46
ノーベル賞 26, 289

は

売春／売買春 34, 92, 95, 135, 141, 180, 181, 194-196, 250, 251, 264, 280, 284, 285, 293
売春婦／娼婦 82, 180, 181, 194, 195, 213, 220, 223, 238, 250
廃娼運動 181, 207
梅毒 131
ハイバーチュン（徴姉妹）の反乱 56, 265
バクティ 122, 123
馬君武 218

バース・コントロール（生殖コントロール） 16, 92, 238, 268, 280
ハセキ 120
バックラッシュ 236, 271
バッシ，ラウラ 158, 159
バッハオーフェン，ヨハン・ヤーコプ 16, 17
パティヴラター 52, 123
ハディージャ（・ビント・フワイリド） 82, 83
ハディース 76, 77, 78, 82
バード，イザベラ 225
ハトシェプスト女王 35
バトラー，ジョセフィン 181
パトリキ 42
母の日 249
バラ戦争 138
バーラト・マーター（母なるインド） 215
『薔薇物語』 100, 101
パールヴァティー 52
パルチザン 189, 251
ハレム 120, 121
パンクハースト母娘 204, 205
ハングル 118, 119
班昭 116
反女性参政権 204, 237
バントゥー女性連盟 222
反フェミニズム 236
ハンマーム 82, 83
反ユダヤ主義 236
比丘尼 60, 61
ピザン，クリスティーヌ・ド 100, 101, 132
ヒジャーブ 291
秘蹟 92, 93
ビーチャー，キャサリン 165
ヒトラー，アドルフ 248, 249
一人っ子政策 280
避妊 21, 23, 45, 92, 154, 156, 180, 238, 239, 241, 248, 278
『平等』 203
平等権修正条項 270, 271
憑霊信仰 80
ピル 278
美麗島事件 283
牝鶏司晨 67
貧困の女性化 266, 267, 277, 292
ヒンドゥー法 52, 214, 227
ファイアストーン，シュラミス 16
ファッション 125, 208, 209, 252, 253, 260, 280, 291

ファーティマ（・ビント・ムハンマド）　78, 79
黄信徳　244, 245
フィルマー　16, 17
馮太后　66
夫婦別姓　118
フェミニズム／フェミニズム運動　14, 16, 23, 26, 29,
　　163, 166, 170, 172, 173, 181, 191, 192, 202, 205,
　　207, 236, 242, 257, 259, 268, 270-273, 276-279,
　　281-283, 286, 287, 292
　　社会派フェミニズム　202
　　母性主義フェミニズム　202
フォッシー，ダイアン　47
フォード・システム　230
フォン・ボラ，カタリーナ　135
婦科／婦人科　82, 116
復員　230, 232, 233
福祉　14, 29, 170, 171, 186, 187, 203, 220, 230, 232,
　　233, 248
父系／父系制　18, 19, 21, 23, 50-52, 54-57, 61, 65, 68,
　　72, 76, 78, 110, 114, 118, 220, 221, 266, 267
父系血統主義　19, 72
父系親族集団　54, 56, 110, 112
婦好　55
婦女回家　280
婦女権益保障法　280
『婦人と社会主義』　177-179
武則天　61, 65-67
普通選挙　166, 172, 204, 214, 215, 258
ブットー，ベナジル　291
武帝（前漢）　54, 55
不纏足会　124, 218
『フマーユーン・ナーマ』　122
ブラックウェル，エリザベス　206, 207
プラトン　37, 41
フランス革命　135, 141, 149, 156, 157, 162, 166, 167,
　　186, 188, 202, 204
フランス人権宣言　166
フリーダン，ベティ　270, 271
フリードリヒ2世（大王）　148, 149
ブーリン，アン　139
ブルカ　291
ブルーマー　209
ブルントラント報告書　29
プレクトルーデ　89
プレブス　42
プロイセン一般ラント法　148, 149
フロイト，ジークムント　25

プロチャスカ，エレノーア　189
プロチョイス　279
プロト工業化　148
プロライフ　279
ブロンテ，シャルロッテ　201
文成公主　64
文明化の使命　212, 220, 226, 227
ベアトリス　95
兵役義務　89, 188
ヘイロタイ　38
ベギン会　93
ペスタロッチー，ヨハン・ハインリヒ　151
ペータース，ルイーゼ・オットー　172, 173
ペティシア・ゴザディーニ　102
ベーベル，アウグスト　177-179
ベル，ガートルード　225
ペルシア戦争　40, 41
ヘールシルト制　87
ベルトラーデ　89
ベルリンの壁崩壊　286
ペロポネソス戦争　36
変成男子　60, 61
辮髪　124, 125
ヘンリ8世　138, 139
ボイマー，ゲルトルート　203
ボウイ，リーマ　289
封建制　17, 87, 94, 98, 241
奉公人　20, 96, 97, 129, 148, 165, 174, 182
亡霊婚　267
ホエルン　112
ポカホンタス　58, 59
母系／母系制　16, 18, 19, 50-52, 54-58, 65, 66, 81
母后　120, 128, 129, 141
ポジティブ・アクション　11, 28, 29, 268, 276
母性　17, 60, 61, 78, 143, 150, 161, 164, 165, 168, 182,
　　183, 200, 201, 238, 248, 249, 261
母性神話　257
ポター，ベアトリクス　225
ボダン，ジャン　134
『牡丹亭還魂記』　116, 117
ボーフォート，マーガレット　27, 103
ホモエロティック　24
ホモセクシュアル　24, 25
ホモソーシャル　24, 25
ホモフォビア　25
ボヤーレ　153
ボランティア　170, 171, 201, 230, 233

索引

ボルテ　112
ホロコースト　250
ホワイトカラー　252, 253
ポンパドゥール夫人　151

ま
マウマウ戦争　223
マグダラのマリア　105
魔女／魔女狩り　105, 106, 128, 129, 134, 136, 137, 140, 158
　白い魔女　136
　魔女罪　99, 137
マスキュリニティ　24, 25
マゼケ　222
マティルデ（トスカーナ女伯）　94, 95
『マヌ法典』　60, 226
マリア（聖母マリア）　91, 106, 107, 128, 133, 136, 220
マリア信仰　92, 107
マリア・テレジア　149, 159
マリ・アントワネット　167
マリ・ド・フランス　100
マリ・ド・メディシス　141
マリンチェ　58, 59
マルヴィ，ローラ　272, 273
マルクス・アウレリウス・アントニヌス　106
マルクス主義　178, 179, 256, 280, 281
マルコス，イメルダ　221
マルサス，トマス・ロバート　239
マンゾリーニ，アンナ・モランディ　158, 159
見合結婚　216, 217
三つの担当運動　264
緑の党　270, 287
身分制　17, 34, 70, 86, 87, 96, 100, 110, 147-149, 152, 162, 192
ミーラー・バーイー　123
ミル，ジョン・スチュアート　204, 205, 218
ミレット，ケイト　16
ミレニアム開発目標　28, 29, 288
民会　42, 43, 88, 89
民事令（朝鮮）　231, 244
民族至上主義　187, 236, 248
民族浄化　285
民法　231, 242, 246, 247, 260, 262, 266, 282, 290
民法典　149, 166, 168, 169, 258, 259
ムウビ中央協会　222
婿取り婚　18

『無人の野』　265
ムント婚　88
メアリ1世　138, 139
メアリ・ステュアート　138
「名誉（の）殺人」　76, 111, 243
妾　19, 67, 71, 82, 117, 128, 140, 151
女神信仰　52, 53
メガワティ・スカルノプトリ　221, 291
メーダー・パートカル　259
メトイコイ　33
メリアン，マリア・シビラ　154, 155
モザンス，H.J.（＝ザーム，ジョン・オーガスティン）　102, 103
モルゲンガーベ　88
モンタギュー，メアリ・ウォートリ　154, 155
門当戸対　19, 66
モンロー，マリリン　272, 273

や
ヤマト王権　64, 65
柳寛順　245
ユスティニアヌス　73, 90, 91
ユーディット・レイステル　132
ユリア法　44
養子　19, 73, 79, 118, 249
幼児婚　52, 53, 212, 214, 224
幼児婚抑制法　214
楊歩偉　241
ヨーゼフ2世　148
嫁入り婚　18, 19, 65, 118
四世同堂　55

ら
ラクシュミー　52
ラージプート　111, 122, 123, 227
ラービア・アダウィーヤ　82, 83
ラマーバーイー，パンディター　214, 215
ランゲ，ヘレーネ　201
梨花学堂（梨花女子大学）　244, 245, 262
離婚　35, 39, 42, 56, 57, 66, 70, 79, 81, 88, 90, 92, 94, 95, 120, 134, 138, 139, 149, 155, 168, 172, 173, 199, 205, 234, 235, 242, 244, 246-248, 258-262, 278, 286, 287, 290
　妻からの離婚請求権　57
李小江　280, 281
リスペクタビリティ→市民的価値観
李清照　71

リプロダクティブ・ヘルス／ライツ　29, 268, 278
劉向　54, 116
梁啓超　218, 219
良妻賢母／賢妻良母　81, 119, 220, 240, 244, 253, 283
領主制　96, 97
呂后　72
呂秀蓮　283
李蓮英　73
ルイ14世　130, 140, 141
ルイ16世　167
ルクセンブルク，ローザ　179
ル＝ゴフ，ジャック　22
ルソー，ジャン＝ジャック　150, 151, 153, 167, 183, 205
ルター，マルティン　134, 135
ルートヴィヒ1世　88, 89
ルネサンス　128, 132, 133, 138, 146
レイプ→強姦
レヴィレート（婚）　19, 68, 266, 267
烈女　114, 118, 119
『列女伝』　54, 116

『烈女咸陽朴氏伝』　118
レディ・トラベラー　124, 224, 225
恋愛結婚　149, 182, 216, 217
ロイ，ラーム・モーハン　227
労働運動　176, 236
労働組合　202, 202
労働者家族　163, 176, 177
労働者政党　176, 202
労働地代　96
ロウ判決　278, 279
魯迅　125, 240
ローマの平和　45
ローマ法大全　90
「論女学」　218

わ

YH貿易会社女子労働者の闘い　263
ワクフ　82
和蕃公主　64
ワンセックス・モデル　142
ワンブイ・オティエノ　223

執筆者

粟屋　利江（あわや　としえ）
1957 年生まれ
東京外国語大学名誉教授
主な著作：『イギリス支配とインド社会』（山川出版社，1998 年），『ジェンダー史叢書 7　人の移動と文化の交差』（共編，明石書店，2011 年）

井野瀬久美惠（いのせ　くみえ）
1958 年生まれ
人間文化研究機構監事・甲南大学名誉教授
主な著作：『興亡の世界史 16　大英帝国という経験』（講談社，2007 年），『植民地経験のゆくえ――アリス・グリーンのサロンと世紀転換期の大英帝国』（人文書院，2004 年）

宇野伸浩（うの　のぶひろ）
1958 年生まれ
広島修道大学国際コミュニティ学部教授
主な著書：『世界史史料 4　東アジア・内陸アジア・東南アジア II－10-18 世紀』（共著，岩波書店，2010 年），『モンゴル史研究――現状と展望』（共著，明石書店，2011 年）

小川眞里子（おがわ　まりこ）
1948 年生まれ
三重大学名誉教授・公益財団法人東海ジェンダー研究所常任理事
主な著作：『フェミニズムと科学／技術』（岩波書店，2001 年），『ジェンダード・イノベーションの可能性』（共著，明石書店，2024 年）

荻野美穂（おぎの　みほ）
1945 年生まれ
元・同志社大学大学院グローバル・スタディーズ研究科教授
主な著作：『「家族計画」への道――近代日本の生殖をめぐる政治』（岩波書店，2008 年），『中絶論争とアメリカ社会――身体をめぐる戦争』（岩波書店，2012 年）

小野仁美（おの　ひとみ）
1965 年生まれ
東京大学大学院人文社会系研究科助教
主な著作：『イスラーム法の子ども観――ジェンダーの視点でみる子育てと家族』（慶應義塾大学出版会，2019 年），『「社会」はどう作られるか？――家族・制度・文化（〈ひと〉から問うジェンダーの世界史第 2 巻）』（共編著，大阪大学出版会，2023 年）

香川　檀（かがわ　まゆみ）
1954 年生まれ
武蔵大学名誉教授
主な著作：『ダダの性と身体――エルンスト・グロス・ヘーヒ』（ブリュッケ，1998 年），『想起のかたち――記憶アートの歴史意識』（水声社，2012 年）

五味知子（ごみ　ともこ）
1980 年生まれ
慶應義塾大学文学部准教授
主な著作：「近代中国の夫殺し冤罪事件とメディア――楊乃武と小白菜」（山本英史編『近代中国の地域像』山川出版社，2011 年），「「誣姦」の意味するもの――明清時代の判牘・官箴書の記述から」（『東洋史研究』70 巻 4 号，2012 年）

桜井万里子（さくらい　まりこ）
1943 年生まれ
東京大学名誉教授
主な著作：『古代ギリシア社会史研究――宗教・女性・他者』（岩波書店，1996），『古代ギリシアの女たち――アテナイの現実と夢』（中公文庫，2010：初版は 1992 年）

宋　連玉（ソン　ヨノク）
1947 年生まれ
青山学院大学名誉教授
主な著作：『脱帝国のフェミニズムを求めて――朝鮮女性と植民地主義』（有志舎，2009 年），「羅蕙錫――壊れゆく朝鮮「新女性」の自我」（『講座東アジアの知識人 3 「社会」の発見と変容』有志舎，2013 年）

富永智津子（とみなが　ちづこ）
1942 年生まれ
元宮城学院女子大学教授
主な著作：『ザンジバルの笛――東アフリカ・スワヒリ社会の歴史と文化』（未來社，2001 年），『スワヒリ都市の盛衰』（山川出版社，2008 年）

野村鮎子（のむら　あゆこ）
1959 年生まれ
奈良女子大学人文科学系教授
主な著作：『台湾女性研究の挑戦』（共編，人文書院，2010 年），『中国女性史入門――女たちの今と昔（増補改訂版）』（共編著，人文書院，2014 年）

橋本伸也（はしもと　のぶや）
1959 年生まれ
関西学院大学文学部教授
主な著作：『エカテリーナの夢　ソフィアの旅――帝制期ロシア女子教育の社会史』（ミネルヴァ書房，2004 年），『帝国・身分・学校――帝制期ロシアにおける教育の社会文化史』（名古屋大学出版会，2010 年）

羽場久美子（はば　くみこ）
青山学院大学名誉教授
1952 年生まれ
主な著作：『グローバル時代のアジア地域統合――日米中関係と TPP のゆくえ』（岩波書店，2012 年），『拡大ヨーロッパの挑戦――グローバルパワーとしての EU（増補版）』（中央公論社，2014 年）

村上　薫（むらかみ　かおる）
1967年生まれ
日本貿易振興機構アジア経済研究所
主な著作：「トルコの都市貧困女性と結婚・扶養・愛情——ナームス（性的名誉）再考の手がかりとして」（『アジア経済』54巻3号，2013年），「愛情とお金のあいだ——トルコの都市における経済的貧困と女性の孤独」（椎野若菜編『シングルのつなぐ縁』人文書院，2014年）

桃木至朗（ももき　しろう）
1955年生まれ
大阪大学文学研究科教授
主な著作：『わかる歴史・面白い歴史・役に立つ歴史——歴史学と歴史教育の再生を目ざして』（大阪大学出版会，2009年），『市民のための世界史』（共著，大阪大学出版会，2014年）

森谷公俊（もりたに　きみとし）
1956年生まれ
帝京大学名誉教授
主な著作：『アレクサンドロスの征服と神話』（講談社，2007年），『図説アレクサンドロス大王』（河出書房新社，2013年）

編者

三成美保（みつなり　みほ）
1956年生まれ
追手門学院大学法学部教授
主な著作：『ジェンダーの法史学―近代ドイツの家族とセクシュアリティ』（勁草書房，2005年），『ジェンダーの比較法史学――近代法秩序の再検討』（編著，大阪大学出版会，2006年），『ジェンダー史叢書1　権力と身体』（共編著，明石書店，2011年）

姫岡とし子（ひめおか　としこ）
1950年生まれ
東京大学名誉教授
主な著作：『ジェンダー化する社会――労働とアイデンティティの日独比較史』（岩波書店，2004年），『家族のための総合政策――日独比較の視点から』（共著，信山社，2007年），『ヨーロッパの家族史』（山川出版社，2008年）

小浜正子（こはま　まさこ）
1958年生まれ
日本大学文理学部教授
主な著作：『近代上海の公共性と国家』（研文出版，2000年），『歴史教育とジェンダー――教科書からサブカルチャーまで』（共著，青弓社，2011年），『アジアの出産と家族計画――「産む・産まない・産めない」身体をめぐる政治』（共編，勉誠出版，2014年）

装幀　金子眞枝

歴史を読み替える　ジェンダーから見た世界史

2014年5月27日　第1刷発行
2024年10月25日　第7刷発行

定価はカバーに表示してあります

編　者　三　成　美　保
　　　　姫　岡　とし子
　　　　小　浜　正　子

発行者　中　川　　　進

〒113-0033　東京都文京区本郷2-27-16

発行所　株式会社　大　月　書　店
印刷　太平印刷社
製本　中永製本

電話（代表）03-3813-4651　FAX 03-3813-4656　振替 00130-7-16387
http://www.otsukishoten.co.jp/

©Mitsunari, Himeoka, Kohama 2014

本書の内容の一部あるいは全部を無断で複写複製（コピー）することは法律で認められた場合を除き，著作者および出版社の権利の侵害となりますので，その場合にはあらかじめ小社あて許諾を求めてください

ISBN978-4-272-50181-6　C0020　Printed in Japan